U0115533

中國文法要略

國家圖書館出版品預行編目資料

中國文法要略 /呂叔湘著.-- 再版.-- 臺北市
：文史哲, 民 81
　　頁：　　公分.
含索引
　　ISBN 978-957-547-173-6（平裝）

802.6　　　　　　　　　　　81004862

中國文法要略

著　　者：呂　　叔　　湘
出 版 者：文 史 哲 出 版 社
http://www.lapen.com.tw
登記證字號：行政院新聞局版臺業字五三三七號
發 行 人：彭　　正　　雄
發 行 所：文 史 哲 出 版 社
印 刷 者：文 史 哲 出 版 社
臺北市羅斯福路一段七十二巷四號
郵政劃撥帳號：一六一八〇一七五
電話886-2-23511028・傳真886-2-23965656

實價新臺幣四〇〇元

民國六十三年（1974）二月再版
民國八十一年（1992）九月再版二刷

目 録

上卷 詞 句 論

下卷之上　表達論：範疇

下卷之下　表達論：關係

上卷　詞　句　論

第一章　字　和　詞

語言和文字

1.11　語言是什麼？就是我們嘴裏說的話。說話是我們日常生活中極普通的事情，跟走路一樣的普通。平常人很少有話而不說的，有些人無說話的必要也要說話。可是，我們想想看，一個人獨自說話不說話？不。間或也有這種情形，我們就說那個人在那兒⌞自言自語⌝，髣髴有點兒反常。這是什麼道理呢？原來說話和走路不同，不是一種個人的行為，是一種社會的行為。說得明白些，要有人聽着，我們纔說話。我們說話或是報告一個消息，例如⌞今天放假⌝；或是發表一種意見，例如⌞我說咱們可以上武侯祠去喝茶去⌝；或是要求對方有所行動，例如⌞文才，這回該你的東道了⌝；或是表示一種感情，例如⌞Hm! 他呀!⌝——總之，你要把你的心中的意思和情感傳達給別人你纔說話。

說話的效用受兩重限制，空間和時間。這兩種限制都可以拿文字來突破。你在學校裏短了零用，要你家裏寄綫，你說話家裏人聽不見，你得寫信，信是文字。你買了一個錶，鐘錶店保你一年不壞，壞了免費修理，恐後無憑，保單為證，保單是文字。大多數文字的目的在於傳達遠方，却意外地保存到後世；但也有打頭兒就拿流傳後世做目的的，例如哲學家或詩人，把他們的思想形之於文字，情感發之於詩歌，不但給同時的人看，並且還希望千百年後有更多的人能了解他們。可是一般地說起來，文字只是語言的代替品，只是語言的記錄。因此文字和語言常常

相當一致,這是對的。可是不會絕對一致,因爲語言是一邊想着一邊說着的,文字卻是思索了一道纔寫下的,比較更有條理。幾乎和平常語言一致的是戲劇文字,不如此就不成爲好劇本;距離平常語言最遠的是說理的文字,那可不能像平常說話那樣囉嗦,那樣隨便。語言和文字的關係旣然這樣密切,好些語言裏頭就用一個字來代表,如英語的 language,假如要表示語和文的區別,他們加用⌊說的⌉和⌊寫的⌉作形容詞,好比說一個是⌊口語⌉,一個是⌊筆語⌉。漢語裏恰恰相反,一向把⌊語⌉和⌊文⌉分成兩件事,要表示這個整個的事情,反而要用⌊語文⌉這個聯合詞。有時爲省事單用⌊語⌉字如⌊英語⌉,這是仿他們的例子;有時單用⌊文⌉字,如⌊英文⌉,實在不很妥當,因爲文字旣然只是語言的一種形式,⌊語⌉可槪⌊文⌉,⌊文⌉不可槪⌊語⌉。

文　法

1.12 普通人的想法,兩種語言不同,是因爲所用的字眼不一樣,比如漢語說⌊書⌉,英語說 book,兩個字的聲音全不相同,所以說漢語和英語不同。這個話是對的,可是漢語和英語的區別不全在這一點上。漢語說⌊兩本書⌉,還是這個⌊書⌉字,英語就得說 two books,books 和 book 就不一樣。漢語說⌊書的封面⌉,英語說 the cover of the book,英語的 of 似乎和我們的⌊的⌉字相當了,然而不同,我們把⌊書⌉字裝在⌊的⌉字的前頭,他們把 book 裝在 of 的後頭。卽使有這麼一種語言,——當然不會有,不過姑且這樣假設——用的字眼兒全都跟漢語相同,還是可以不一樣。比如我們說⌊我的馬⌉,他們也許非說⌊馬我的⌉不可。又比方我們說⌊你嚇了我一跳⌉,他們也許要說成⌊你我嚇了一跳⌉。⌊你我嚇了一跳⌉的說法,在漢語裏意思不明白,究竟誰嚇誰呢? 必得說 ⌊你嚇我⌉或⌊我嚇你⌉,意義方纔確定。這就是說,必得把嚇人的和被嚇的,一個擱

在⌊嚇⌉字頭裏,一個擱在⌊嚇⌉字後頭。不錯,我們也可以把⌊你⌉和⌊我⌉全擱在⌊嚇⌉字頭裏,可是那就得加個字,比如說⌊你把我嚇了一跳⌉,⌊我讓你嚇了一跳⌉。甚至我們可以說⌊讓你把我嚇了一跳⌉,但是我們不說⌊把我讓你嚇了一跳⌉。可是我們不能說別種話裏沒有別種說法。這一類差別,就是文法上的差別。文法就是語句組織的條理。文法不管單字的意義,除了極少數和語句組織有關的。

白話和文言

1.2　一個社羣有一個社羣的語言,⌊漢語⌉是漢族人民的語言,這種語言寫成文字習慣上稱爲⌊中文⌉。語言是不斷的變化的,幾十年不覺得,幾百年就可觀;漢語自從有紀錄已有三千多年,當然經過了相當的變化。這個變化表現在三方面:一是語音,例如⌊文法⌉二字,隋唐以前的人說起來,有點像⌊門拔普⌉。二是⌊詞彙⌉,例如⌊電燈、鐵路⌉是現代的事物,古人的語言裏決不會有;⌊干、戈、節、鈇⌉今人已經不用,現代的語言裏也就捨棄了這些字。甚至同一物件同一動作,古語今語也可以用不同的字來表示,例如古人說⌊目⌉,今人說⌊眼⌉,古人說⌊足⌉,今人說⌊脚⌉,古人說⌊臥⌉,今人說⌊躺⌉,古人說⌊呼⌉,今人說⌊叫⌉。第三是語句的組織,例如春秋時人說⌊爾何知?⌉現在的人說⌊你知道什麼?⌉宋朝人說⌊吃不得這酒成⌉,現代的人說⌊吃不成這席酒⌉。語音的變化雖然也不小,但是因爲我們用的不是拼音的文字,古今字音雖變,不妨用同一字形,所以單從文字方面看,古今語音的差異竟不大顯露。可是後面兩種變化是可以在文字上清清楚楚反映出來的,假如我們認眞用文字作語言的紀錄。

倘若每個時代的文字都跟着語言走,周秦時代的人說周秦語,也寫周秦文;唐宋時代的人說唐宋語,也寫唐宋文;到了現代,只說現代語,只寫現代文,問題也就簡單了。無奈周秦以後,中國的文字和語言就脫

了節,寫文章的人老要摹倣周秦文,這就是所謂⌞文言⌝;通常又稱爲⌞古
文⌝。至於現代語寫在紙上,那就稱爲⌞語體文⌝或⌞白話文⌝。

　　爲了求容易懂,話就說得太簡單了一點,需要略爲修正。在二千多
年裏頭,文言自身也有了相當的變化,時代的變遷怎麼樣也得留下他的
痕跡。最明顯是在詞彙方面,這不用說,就是在文法方面也略略有些變
化。周秦時代的文字還和語言相當聯絡,時代的先後,地域的東西,都
顯示在文字上,就以文法而論也相當龐雜。後來人模倣周秦的文章,無
意之中加了一番選擇和陶鎔,取出一個最大公約數來做他們自己的規
律;不,連最大公約數都靠不上,有些周秦時代的文法條例,後來人不很
能了解,也就不遵守了。

　　對於時代變遷的影響,可以有兩種態度。一種是竭力傚效古人,用
古語代今語,例如不說⌞軍長⌝而說⌞將軍⌝,不說⌞學生⌝而說⌞生徒⌝,結
果,雖然有時還是不免露馬腳,可是他們至少是拿周秦文做他們的理想
的(唐宋以後的文人又常常拿唐宋古文家改造過的古文做他們的理想),
他們的作品表面上也做得很像;我們可以稱這一派爲⌞正統文言⌝。

　　但是很早已經有人對於口語的影響採取較寬容的態度。他們雖然
沿用文言的架子,卻應合當前的需要,容納許多口語的成分。隨筆和書
札裏面有很多例子,公文、契約等等應用文字更是如此,這一類文言可
以稱爲⌞通俗文言⌝。

　　口語成分較多的通俗文言,也就可以算做語體,最顯著的是由和尙
們開始而宋明理學家繼蹤的⌞語錄體⌝,和由唐五代的⌞變文⌝開始,後來
流爲彈詞和鼓兒詞,以及由宋詞元曲開始,後來衍爲舊劇的戲詞以及小
曲的種種語體韻文。這些裏面都還攙雜許多文言成分。比較純粹的語體
是宋人的平話,我們可以稱之爲⌞平話體⌝。舊小說一直沿用這個文體,
從前所說白話一般也就指的這個。

　　三四十年以前,白話文只應用於通俗文學,在其他方面還不能跟文言爭天下。可是近百年是中國社會變動得最劇烈的時代,主要的原因是和西洋文明的接觸,這個接觸在語文上也發生了影響。這個影響有直接和間接兩方面。間接的影響是西洋的語文相當一致的情形促起我們的語文合一運動。要語文合一,當然沒有讓語言去遷就文字的道理,只有扶起白話來奪取文言的位置。經過三十多年的鬥爭,這個運動已經取得完全的勝利。西洋文明的接觸同時直接在我們的語文上發生了影響,最重要的是詞彙的改造,新的詞語跟着新的物件和新的思想像潮水一樣的湧進來;其次是文法方面,也增加了好些新的語句組織的方式。

　　我們講文法,很顯然,白話有白話的文法,文言有文言的文法。但是因爲究竟同是漢語(古語和今語)的文法,當然有很多共同之點。(不但文言和白話有共同之點,就是漢語和別種語言又何嘗沒有共同之點。)有人把白話文法稱爲語法,文言文法稱爲文法,這也未嘗不可。但是假如我們需要說明白話和文言相同的那些條理的時候,沒有一個雙方通用的名稱也不方便。所以我們將就[文法]這個現成的名詞,有必要時分別稱爲白話文法和文言文法。

　　我們爲什麼要學習文法?本來,學習文法只是在學習外國語的時候最爲重要。漢語是我們從小學會了的,他的文法條理已經不知不覺的印在我們腦筋裏面,無須再學習了。但這只是理論上的說法。實事上,假如我們小時學會的是一種方言,我們學習標準語就得注意標準語的文法。文言現在雖然已經不用來寫文章,可是我們的豐富的文學遺產和歷史記載絕大部分都是用文言寫的,我們要閱讀這些作品,還是得學一學文言的文法。文言和我們的口語除了單字的讀音差不多一致外,在聯字造句的條理方面是有相當距離的。我們學習文言固然不及我們學習一種外國語的困難,但是至少也可以和義大利人學西班牙語相比。所以本書

講文法,在文言方面說得比較多點。

字和詞

1.3 我們平常說話, 是一句一句的說的, 所以⌊句⌉可以說是語言的通常的獨立表現單位。究竟怎麼樣是句, 怎麼樣不是句, 留在以後討論。現在要討論比句更小的單位。假如有這麼一句話:

yanz	litou	iu	ike	pipashu
院子	裏頭	有	一棵	枇杷樹

這句話可以從三方面來分析: 嘴上說出來是一串聲音, 紙上寫出來是好些個字, 同時這句話包含好些意義。

從聲音方面講, 這一句話可以分成若干⌊音綴⌉(或音組), yan 是一個, z 是一個, 一共有十個。何以稱爲音綴呢?因爲這些還不是語音的最小單位, 語音的最小單位是一些輔音(b, p, m, f 等)和一些元音(a, i, u 等)。可是這些音素單獨應用的時候較少, 通常是配合成組發出來的, 如 yan, li 等等, 所以稱爲音綴或音組。

光有聲音, 沒有意義是不成爲語言的。聲音和意義怎麼樣配合呢?上面這一句話如果從意義方面分析, 有五個段落, 上面例句裏分開寫。每個這樣的段落稱爲一個詞, 一個詞可以只有一個音綴, 如 iu, 也可以有兩個以上的音綴, 如 pipashu, 但就漢語而論, 大多數的詞是兩個音綴, 如 yanz, litou, ike. 一個音綴的詞稱單音綴詞, 兩個或更多的音綴的稱複音綴詞。

然則⌊詞⌉就是語言的最小意義單位了? 對的, 可是不完全對。比如⌊院子⌉是一個詞, 他的意義似乎都集中在⌊院⌉上, 同時我們有⌊戲院⌉, ⌊法院⌉, ⌊院長⌉等詞, 可以證明⌊院⌉這個音綴的本身就是一個意義單位, ⌊子⌉只是一個附屬品。可是我們通常不單說⌊院⌉, 而說⌊院子⌉。所

以我們這樣分別，L院子¬是最小的表現單位，這個單位稱爲L詞¬；L院¬是最小的意義單位，稱爲L詞根¬；L子¬的本身沒有豐富的意義，只有幫着造詞的作用，稱爲L詞尾¬。換一個詞來看，L枇杷樹¬，這個詞由L枇杷¬和L樹¬這兩個詞合成；L枇杷¬這個詞兩個音綴，拆開來L枇¬也沒有意義，L杷¬也沒有意義，所以這個詞同時是表現單位也是意義單位，L樹¬只有一個音綴，更不用說。這樣看來，詞有單純性和複合性兩種：單純的詞同時兼爲意義單位和表現單位，複合的詞只是最小的表現單位，不是最小的意義單位。

　　再從文字方面看，上面這句話寫成十個字，一個字和一個音綴相當。所以就文字方面講，單音綴詞可稱單字詞，複音綴詞可稱複字詞。爲兼顧語文兩方見，以後就用L單詞¬和L複詞¬這兩個名稱。綜合以上所說，列爲一表：

　　由上面所說，L字¬和L詞¬是很有分別的，每個字只代表一個音綴，可以成一個詞，可以不成一個詞。這個區別在語體文和常用文言裏都很顯明，因爲多數的詞不止一個字。但在正統文言裏這個區別就不很明顯了，因爲正統文言裏多數的詞就只一個字。例如上面那句話，可以寫作L庭有枇杷樹¬，只有L枇杷¬是兩字合成的詞，其餘都可以算一字一詞。

衍聲複詞：聯綿

1.4　複詞的逐漸增多是近代漢語裏的一貫趨勢；在現代的口語

裏,甚至在現代的文言裏,複詞的數目都比單詞更多。我們要研究一下
複詞的組成方式。照上面所說,複詞的一部分是以義相合的（如⌈枇杷
樹⌉),這一類留在後面討論。其餘的複詞有些是古代固有的,有些是後
來產生的,總之不外乎⌈衍聲⌉的原則,現在分三類來講。第一類是我們
上節所說單純性的複音綴詞,也就是前人所說⌈聯緜字⌉。這類詞從前人
給他下的定義是⌈合二字而成一語,其實猶一字也⌉,照我們現在的說法
就是⌈合兩個音綴（寫成兩個字）成一個詞,具有單一的意義⌉。所謂單一
的意義,就是不能再分析。這類詞往往是雙聲（聲母相同）或疊韻（韻母相
同）,但也有非雙聲非疊韻的。例如:

雙聲——踟躕、參差、眠勉、匍匐、踟蹰、流離、溟濛、玲瓏、伶俐、嘹亮、含
胡、留連、恍惚〔以上容狀〕；鴛鴦、鶺鴒、蚰蜒、蜘蛛、轆轤、輾轉、髣髴〔以
上物名〕。

疊韻——窈窕、逍遙、撲簌、荒唐、邂逅、蹣跚、婆娑、混沌、朦朧、莽撞、腌
臢、腼腆、囉唆〔以上容狀〕；葫蘆、芍藥、蟋蟀、玫瑰、蜻蜓、橄欖、磠礴、昆
崙〔以上物名〕。

非雙聲疊韻——鸚鵡、芙蓉、蝴蝶、蚱蜢、螺螄、窟籠、衚衕、疙瘩、巴斗、笤
帚〔以上物名〕。

疊　字

1.51　疊字就是前人所謂⌈重言⌉。這類複詞以形容詞爲最多,又可
分成兩類:不疊不能用的是一類,不疊也能用的又是一類。前一類的例子:

翩翩、盈盈、巍巍、纍纍、喋喋、津津、孜孜、喃喃、諤諤、諤諤、熙熙、攘攘。

河水洋洋,北流活活,施罛濊濊,鱣鮪發發,葭菼揭揭,庶姜孽孽。（詩,衞風）
關關雎鳩；采采卷耳；赳赳武夫；習習谷風；悠悠我思；桃之夭夭；其葉蓁
蓁；其鳴喈喈；憂心忡忡；憂心惙惙；河水瀰瀰；彼黍離離。（詩）

第二類的例子：

> 老殘從鵲華橋往南，緩緩向小布政司街走去。(老殘)

> 卻有一叢蘆葦，密密遮住。(仝)

> 老殘暗暗點頭道，⌊眞眞不錯⌉。(仝)

> 只見門口轎車漸漸擁擠多了。(仝)

1.52　從上面的例子可以看出，第一類的例子是文言裏很多的，當然白話裏也沿用了一部分，幷且還創造了好些。這一類詞以模擬事物的容狀聲音爲主，單字的本身或是無意義，或是另有意義，而用在此處卻純是標音的作用。第二類的例子就不同了。單字原來有意義，重叠起來還是這個意義，所以要重叠，爲的是要增多一個音綴，所以多數是白話獨有的用法，在文言裏只用那些單字。例如白居易的詩句⌊輕攏慢撚抹復挑⌉，用白話說就是⌊輕輕的攏⌉，⌊慢慢的撚⌉了。

但是主要的目的雖然是爲增多一個音綴，卻產生了副作用：第一，有一些詞，叠和不叠，似乎略有强弱之分，如⌊眞不錯⌉和⌊眞眞不錯⌉；⌊一個大人情⌉和⌊大大的一個人情⌉。第二，形容事物的本身往往採用不叠的形式（如⌊暗號⌉，⌊密碼⌉），形容事物的行動和情態，大率採用叠字的形式（如⌊暗暗⌉，⌊密密⌉）。這就是利用叠與不叠來分別詞的用途。

1.53　另有一類叠字複詞是把原來的一個複詞上下都重叠起來的。這也是白話裏通用的。這一類詞可以叠可以不叠，但是不能截下半截來用。我們可以說⌊糊塗⌉或⌊糊糊塗塗⌉，但不能說⌊糊糊⌉或⌊塗塗⌉。例如：

> 有話就大大方方的說，別這樣鬼鬼祟祟的。

> 一個人這樣懶懶散散，這個人便沒了前途。〔⌊懶懶⌉可以單用〕

> 偌大個戲臺，空空洞洞，一無他物。(老殘)〔⌊空空⌉可以單用〕

> 河裏的水草都有一丈多長，被那河水流得搖搖擺擺。(仝)

面前的冰，插得重重疊疊的。(仝)

願新春以後，吉吉利利，百事都如意。(宋人詞)

現在舉一個例子，裏面包含前面說過的三類疊字(還包括別的種類)：

> 我則見黯黯慘慘天涯雲布，萬萬點點瀟湘夜雨。正值着窄窄狹狹溝溝塹塹
> 路崎嶇，黑黑黯黯彤彤雲布，赤留赤律瀟瀟灑灑斷斷續續出出律律忽忽魯
> 魯陰雲開處，霍霍閃閃電光星注。正值着颼颼摔摔風，淋淋漾漾雨。高高
> 下下凹凹答答一水模糊，撲撲簌簌濕濕漉漉疏林人物，卻便似一幅慘慘
> 昏昏瀟湘水墨圖。(元曲，貨郎旦)

1.54　還有一類疊字複詞是在一個單字形容詞後面另外重疊一個字的，如└冷清清┘，└鬧轟轟┘。這重疊的部分，有的本來就沒有意義；有的本來也有意義，但是到了這類複詞裏面也就以衍聲爲他的作用。例如：

> 靜悄悄、熱騰騰、直挺挺、光堂堂、好端端、忙叨叨、甜蜜蜜、酸溜溜、澀巴
> 巴、紅通通、白篷篷、綠陰陰、黑洞洞。

> 〔雁兒落〕綠依依牆高柳半遮，靜悄悄門掩清秋夜，疏剌剌林梢落葉風，昏
> 慘慘雲際穿窗月。〔得勝令〕驚覺我的是顫巍巍竹影走龍蛇，虛飄飄莊周
> 夢蝴蝶，絮叨叨促織兒無休歇，韻悠悠砧聲兒不斷絕。痛煞煞傷別，急煎
> 煎好夢兒應難捨，冷清清的咨嗟，嬌滴滴玉人何處也？(西廂記)

1.55　以上所有例子都是形容物態的。用疊字的複詞做物名，在普通話裏不很發達，較普通的是一些親屬稱呼，此外很少。文言裏更不容易看見。

> 爸爸、媽媽、哥哥、姐姐、叔叔、姑姑、舅舅、姥姥。〔以上親屬稱呼〕

> 娃娃、餑餑、餑餑、蛐蛐兒(蟋蟀)、蟈蟈兒(紡織娘)、嘎嘎兒(一種玩具)。

> 燕燕于飛。(詩、邶風)

但在各地方言裏，疊字名詞相當發達。四川話裏就有不少，例如瓶瓶(瓶子)、罐罐(罐頭)、盒盒(盒子)、蓋蓋(蓋子)、抽抽(抽屜)、包包(包兒)、本

本(本子)。

詞　尾

1.61　有一類複詞,是在一個詞根後頭附加一個詞尾的。先拿物件的名稱來說,常在本字的後面加﹁子﹂、﹁兒﹂、﹁頭﹂等詞尾。例如:

屋子、院子、桌子、椅子、銀子、帖子、刀子、梳子。

花兒、桃兒、字兒、圈兒、亮兒、簷溜兒、字條兒、相貌兒、筋節兒。

石頭、木頭、舌頭、指頭、罐頭、苦頭、甜頭。

﹁子﹂和﹁兒﹂原來都帶有﹁小﹂的意味,可是現在已經不很明顯,尤其是﹁子﹂字。

關於這三個詞尾有幾件事情值得注意:(一)這三個詞尾裏頭,﹁頭﹂字最固定,要加﹁頭﹂的必需加﹁頭﹂。﹁子﹂字也相當穩定,加﹁子﹂字的名詞大率常加﹁子﹂,間或有例外,如﹁車﹂或﹁車子﹂。﹁兒﹂字比較自由些,常常可以隨便,如﹁字﹂或﹁字兒﹂,﹁窟窿﹂或﹁窟窿兒﹂;而且我們往往口頭說﹁兒﹂,寫在紙上的時候卻把他省了,為的是省事。(二)有些名詞可以在﹁子﹂字後面再加﹁兒﹂字,如: 孩子兒,銅子兒。(三)有些名詞,加詞尾或不加詞尾意義不同,如: 書(書本),書子(書信);門,門子(串門子);哥,哥兒;老家,老家兒(老人家);馬,馬兒(紙馬),馬子(便桶)。(四)有些名詞加﹁子﹂或加﹁兒﹂,意義無甚分別,如: 格子＝格兒,框子＝框兒。有些有分別:或是分大小,如瓶子(大),瓶兒(小);或是竟是兩樣東西,如座子(鐘座子),座兒(座位);底子(白底子紅花),底兒(茶壺底兒);帽子,筆帽兒;片子(名片、影片、留聲機片),片兒(鷄片兒,片兒湯);板子(打人的,印書的),板兒(木板兒牆);包子(吃的),包兒。

1.62　形容詞後面常加﹁的﹂字,例如﹁聰明的孩子﹂,﹁輕輕的說

話ㄣ。這個ㄥ的ㄣ字似乎也可以算是個詞尾。但是在ㄥ我認識的孩子ㄣ這類語句裏面的ㄥ的ㄣ字可不能算是詞尾，因爲ㄥ我認識ㄣ不能算是一個詞，而ㄥ的ㄣ字並非專屬於ㄥ認識ㄣ的。這兩個ㄥ的ㄣ字聲音相同 (de)，作用相同，應該認爲一個字。現在有一種趨勢，把ㄥ的ㄣ字寫成三個形式：我們底，我認識的，輕輕地，可以略示分別，這也是很好的。這裏面ㄥ地ㄣ字已經很通行，可是ㄥ底ㄣ和ㄥ的ㄣ的分別還沒有得一般公認。同時我們不要忘記，在口語裏只是同一個 de。

1.63　文言裏卻有明顯的形容詞尾，就是 ㄥ然ㄣ、ㄥ焉ㄣ、ㄥ乎ㄣ、ㄥ爾ㄣ、ㄥ如ㄣ等字。例如：

　　天油然作雲，沛然下雨，則苗浡然興之矣。(孟子)

　　凌萬頃之茫然。(赤壁賦)

　　其興也浡焉，其亡也忽焉。(左傳)〔比較上面ㄥ浡然ㄣ及今通用之ㄥ忽然ㄣ〕

　　鬱乎蒼蒼。(赤壁賦)

　　飄飄乎如遺世獨立。(仝)

　　子路率爾而對。(論語)

　　夫子莞爾而笑(仝)

　　子之燕居，申申如也，夭夭如也。(仝)

外來語

1.7　一個語言常常從別的語言裏輸入許多詞語，尤其是事物的名稱；漢語裏也很多這樣的例子。譯語有兩種，譯意的和譯音的。譯意的詞，因爲利用原語言裏固有的詞或詞根去湊合，應歸入合義複詞，而且也不能算是嚴格的外來語。譯音的詞，渾然一體、不可分離，屬於衍聲的一類。這裏略舉幾個例：

　　咖啡、可可、香檳、加利、吐司、雪茄。〔食物〕

德律風、開麥拉、梵啞鈴、莎發、司的克。〔用具〕

打(十二個)、磅、噸。〔數量單位〕。

部分譯音的：

冰淇淋、摩托車、珂瓃版、米達尺、金鷄納霜、卡片、卡車。

以上都是現代的外來語。還有好些外來語，時代較久，一般人都不覺察了，如：

葡萄、蘋果、玻璃、琵琶、佛、菩薩、僧、和尙、塔、鴉片。

譯音的外來語絕大多數是名詞，一度盛行過的⌊浪漫⌉和⌊摩登⌉是僅見的形容詞的例子。

合義複詞

1.8　合義複詞可分兩類：一類我們稱之爲⌊聯合式⌉，一類稱之爲⌊組合式⌉。聯合式的例子如：

道德、法律、文章、圖表、方面、地位、城市、戶口、親戚、兒女。

組合式的例子如：

鷄湯、粉筆、茶盃、風燈、後門、晚飯、飛機、捐款、望遠鏡、中立國。

這兩式的分別，在一個複詞的兩個(或多個)部分之間的文法關係不同，這些關係我們在第二章要討論。

我們在這裏只提出幾件和合義複詞有關的事情來注意：第一，兩個意義很具體的詞，合成聯合式複詞以後，往往含有比較抽象的意義，例如：

骨肉(親屬)、水土(與健康有關的自然環境)、領袖(領導者)、尺寸(長度)、斤兩(重量)。

其次，有一些常用來組成組合式複詞的成分(近似詞尾)，雖然意義相近，卻各有適用的處所，這是應該隨時留意的，現在舉兩類的例：一是

表示各種職業的的從業員的：

> 醫士、醫生、醫師、護士、伶人、庖人、學者、園丁、門丁、車夫、馬夫、木匠、縫
> 工、石工、教員、會員、店員、海員。

這裏面只有し員˥字比較活些，可以供製造新詞之用。另一類的例子是表
示處所的，如：

> 米店、布廠、染坊、醬園、茶館、圖書館、戲院、醫院、藥房、天文台、洗衣作、
> 跳舞廳。

簡　稱

1.91　和複詞相反的是し簡稱˥，例如し川˥就是し四川˥。簡稱和複詞
的趨勢雖似相反，實際上簡稱卻是複詞發達的結果。因爲複詞多了才需
要簡稱，而且倘若沒有複詞，一詞一字，要簡也無從簡起。簡稱的例子：

> 北大＝北京大學；教部＝教育部；校委會＝校務委員會；美國＝美利堅
> 合衆國。

文言裏面的物名複詞重疊起來用的時候不多，因此簡稱較少，通常限於
人名和地名，例如：

> 韓文＝韓愈的文；蘇詩＝蘇軾的詩；程門＝程顥程頤的門下；川督＝四川
> 總督。

> 孔曰成仁，孟曰取義。(文天祥)

但兩個複詞並舉的時候，常常應用簡稱，仍以人名地名爲多，例如：

> 孔孟、老莊、程朱、班馬。

> 京漢、津浦、川康、陝甘。

> 論孟(論語，孟子)；學庸(大學，中庸)；翰詹(翰林院，詹事府)；科道(六科
> 給事中，諸道監察御史)。

地名有時有特定的簡稱，如閩、贛、粵、桂、滇、黔、蓉、渝。雲南和貴州合

稱的時候，可以說「雲貴」，也可以說「滇黔」，但福建和江西合稱便只能稱「閩贛」。

1.92 還有一種簡稱，用於人的姓名，就是在開頭已經說過一個人的姓名，以後再提起他，就只稱他的姓或名。如「大鐵椎傳」裏面：

> 大鐵椎，不知何許人；北平陳子燦省兄河南，與遇宋將軍家。宋，懷慶清華鎮人……宋弟子高信之……長子燦七歲，少同學，故嘗與過宋將軍。

這裏面的「宋」和「子燦」，就是一種簡稱。一般說來，簡稱用名多於用姓。

口語裏面，普通是連姓帶名重說一遍，只有說起很熟習的人才只說名字。

第二章　詞的種類和配合

詞　類

2.11　一種語言裏頭, 詞的數目少則幾千, 多則幾萬, 文法書上常把他們分成多少類, 比如一般歐洲語言的詞通常分成八類或九類。漢語裏的詞沒有他們那麼容易分類, 因爲他們的詞往往可以從形式上分辨, 可是漢語的詞在形式上無從分辨。但是要討論文法就非把詞分類不可。現在按意義和作用相近的歸爲一類, 暫時分爲下面的幾類:

(1)名詞:

孔子、父、子、官、兵、友、敵等。〔人物〕

貓、犬、桃、李、耳、目、書、畫、山、川等。〔物件〕

水、火、米、布、鐵、空氣等。〔物質〕

念頭、苦頭、戰爭、睡眠、經濟、道德、法律等。〔無形〕

(2)動詞:

來、去、飛、跳、說、笑、吃、喝等。〔活動〕

想、憶、愛、恨、怨、悔、感激、害怕等。〔心理活動〕

生、死、睡、等候、盼望、忍耐、遺失等。〔不很活動的活動〕

爲、是、有、無、似、類、值(值一千)、加(二加二)等。〔簡直算不上活動〕

(3)形容詞:

紅、白、大、小、富、貴、忙、閒、謹慎、悠悠、密密等。

以上三類, 總稱爲實義詞, 因爲他們的意義比較實在些。這三類詞, 拿極端的例子來說, ⌐桃⌐和⌐跳⌐和⌐紅⌐顯然是不同的。但是如⌐戰爭⌐、⌐睡眠⌐這些詞的構成部分都是動詞, ⌐大小⌐、⌐長短⌐等詞的構成部分都

是形容詞,但是這些個複詞習慣上已經作名詞用了。又如 ⌊健⌉和 ⌊康⌉,
原來都是形容詞, ⌊涵⌉和 ⌊養⌉原來都是動詞,可是 ⌊健康⌉和 ⌊涵養⌉都是
用作名詞的時候多,用作形容詞和動詞的時候少。

　2.12　凡是意義不及名詞、動詞、形容詞那樣實在的,我們一概稱
為輔助詞。凡是實義詞,至少是那些標準的名詞,動詞和形容詞,都能在
我們腦筋裏引起具體的形象,比如我說 ⌊貓⌉,我閉上眼睛彷彿看見一
隻貓;我說 ⌊跳⌉,我可以想像一個孩子或是一隻蚱蜢的跳的形狀;我說
⌊紅⌉,我就想起桃花或國旗的顏色。但是 ⌊極⌉、⌊又⌉、⌊如何⌉這些詞能在
我們腦筋裏引起什麼形象呢?不能。他們不是沒有意義,只是那些意義
比較空虛。但是他們可以幫助實義詞來表達我們的意思,所以我們把他
們稱為 ⌊輔助詞⌉。同屬輔助詞,這裏面還有虛實之分。比如 ⌊你⌉、⌊那⌉、
⌊什麼⌉、⌊三⌉等詞的意義還是比較具體,作用也和實義詞差不多;其次,
⌊極⌉、⌊又⌉等詞,意義也還容易把握;到了 ⌊所⌉、⌊所以⌉、⌊者⌉、⌊乎⌉、
⌊呢⌉等,那就虛透了。下面把輔助詞的種類列出來:

　(4)限制詞(副詞):

　　(a)方所限制:這裏、那裏、到處等。

　　(b)時間限制:今、昔、先、後、久、暫、一會兒等。

　　(c)動態動相限制:來、去、上、下、起、住、已、方、將、着、了等。

　　(d)程度限制:頗、甚、略、僅、極、太等。

　　(e)判斷限制:能、得、會、可、必、足等。

　　(f)否定限制:不、勿、未、莫、休、別等。

　　(g)一般限制:也、亦、又、正、竟、且、卽、就、還等。

　(5)指稱詞(稱代詞):

　　(a)三身指稱:我、爾、其、之、他等。

　　(b)確定指稱:彼、此、這、那等。

(c)無定指稱:誰、何、什麼等(通常表疑問,有時不表疑問);或、莫等。

(d)數量指稱:一、二、百、千、數(以上數詞);多、些、每、各等。

(e)單位指稱(簡稱單位詞):斤、挑、塊、枝、個、隻、件等。

(6)關係詞:

之、的、所、者;與、於、以、爲、把、被、給、和;而、則、因、故、雖等。

(7)語氣詞:

(a)語中:豈、寧、難道、其、尙等。

(b)語尾:乎、哉、也、耳、了、呢、嗎等。

(c)獨立:噫、嗚呼、哎喲等。

除了以上的分類,爲敘述便利起見,還要添列一些名稱,如⌊方所詞⌋,包括方所限制詞以及表示方所的名詞（室內、書中、國外、地下）;⌊時間詞⌋,包括時間限制詞以及表示時間的名詞（今天、明年）以及日期（正月、十五）等等。

詞的配合:聯合關係

2.21　詞和詞相遇,就會發生種種關係。大多數輔助詞的作用在於表示關係和語氣,這裏討論的以實義詞爲主。實義詞相互之間的關係有三種:聯合關係,組合關係,結合關係。聯合關係最簡單,⌊牛馬⌋就是⌊牛和馬⌋。兩個同類的詞連繫起來,最普通的關係就是這種關係。例如:

〔名詞聯合〕姊妹、妯娌羣中。(寄小讀者)

子不語怪、力、亂、神。(論語)

吳家橋歲致魚、蟹、餅餌。(先妣事略)

〔形容詞聯合〕豐滿紅潤的面龐。(寄小讀者)

而世之學佛者徒求卓詭、變幻、可喜、可愕之跡。(李龍眠畫羅漢記)

思得高爽虛闊之地,以舒所懷。(滄浪亭記)

〔動詞聯合〕你若同他拱手作揖,平起平坐,這就是壞了學校規矩。(儒林外史)

右脅夾大鐵椎……飲、食、拱、揖不暫去。(鐵椎)

相將相扶而去。(鬪牛)

2.22　聯合關係,假如很密切,就使兩個詞合作一個複詞,就是聯合式的複詞。如上面的⌊姊妹⌉和⌊妯娌⌉兩詞之間是聯合關係,而這兩個詞的本身又是聯合式的複詞。其餘如⌊餅餌⌉、⌊豐滿⌉、⌊卓詭⌉、⌊變幻⌉也都是聯合式複詞。

2.23　聯合關係也常常加用關係詞來連繫。有時似乎比不用關係詞的要鬆懈一點,有時也不見得。例:

雙喜所慮的是用了八公公船上的鹽和柴。(社戲)

陰以兵法部勒賓客及子弟。(史記,項羽本紀)

文言裏聯合的形容詞,往往用⌊而⌉、⌊且⌉來連繫; 白話裏多用⌊又……又⌉連繫。

此四君者皆明智而忠信,寬厚而愛人。(過秦論)

老嫗惠且慈,白髮被兩耳。(題耕織圖詩)

又短又粗的兩個小辮子。(寄小讀者)

以上的聯合諸詞都屬於同一類。動詞和形容詞性質有很相近的地方,所以也可以有聯合關係,上面的⌊寬厚而愛(人)⌉就是一個例子。

組合關係

12.3　倘若兩個詞裏面有一個是主體,一個是附加上去的,這個關係便和聯合關係不同。我們稱這個為⌊組合關係⌉,也可以稱⌊附加關係⌉。我們稱這些主體詞為⌊端語⌉,稱附加的詞為⌊加語⌉,這樣配合的詞羣稱為⌊詞組⌉。組合關係可以分成兩類:第一類的端語是名詞,加語或

爲形容詞，或爲動詞，或仍爲名詞。組合關係有時用關係詞來表示，有時不用（組合式複詞一概不用）。表示這類組合關係的詞，白話用「的」，文言用「之」。現在就三種加語，分別用關係詞與否，各舉數例：

〔形加名〕甘草、小說、香煙、大門、洋芋、公債、散座、乾娘、三牲、四書。〔複詞〕

水紅綢子；大紅帽子。

此地有崇山峻嶺，茂林修竹。（蘭亭集序）〔以上不用關係詞〕

田田的葉子；渺茫的歌聲；薄薄的靑霧；淡淡的雲。（荷塘月色）

謬悠之說，荒唐之言。（莊子）〔以上用關係詞〕

〔動加名〕飛機、顧客、委員、捐款、臥室、笑話、中立國、不倒翁。〔複詞〕

飛鳥；落花；流水；行人。〔不用關係詞〕

討論的題目；出版的刊物。〔用關係詞〕

〔名加名〕墨水、毛筆、油畫、手巾、牙粉、瓜子臉、瓜皮帽、電影院。〔複詞〕

紫毛大衣；黑布大馬褂；深靑布棉袍。（背影）〔不用關係詞〕

父親的差使；月台的柵欄外。（背影）

誦「明月」之詩，歌「窈窕」之章。（赤壁賦）〔以上用關係詞〕

表組合關係的「之」和「的」，有些地方非用不可，有些地方可用不可用，要說明白，非三言兩語可了。主要的原則是結合得緊就不用（所以複詞內一概不用），結合得鬆就要用，例如「水紅綢子」要比「渺茫的歌聲」結合得堅些。文言裏還有一個原則，是合起來的字數最好要成雙，所以「崇山峻嶺」，「飛鳥」，「行人」，這裏面都不加「之」字；「謬悠之說」，「荒唐之言」乃至「千金之裘」，「犬馬之勞」的「之」字都不能省。又如：「初習木工，未幾改習金工，又未幾而改習製革之工」（有恆），假如說「革工」，就不要「之」字。這個字數甚至計及詞組本身以外，例如「寡人之妻，孤人之子，獨人父母」。「人父母」，本來是極不合式的，該說「人之父母」，但因爲上面有個「獨」字，就把「之」字去了。又如「駕一葉之扁舟」（赤壁賦），也

因爲有個 ⌐駑⌐字纔加一個 ⌐之⌐字。

　　有時一個端語上面有幾個加語。這時候就要看這些加語是並立的呢，還是一層一層加上去的。如果是並立的，文言裏絕對只能用一個 ⌐之⌐字，而白話裏卻可以用一個或幾個 ⌐的⌐字（這也表示 ⌐之⌐字是個獨立的關係詞， ⌐的⌐字已漸有詞尾性）。各舉一例：

　　　　徵天下舉方正、賢良、文學、材力之士。（漢書）

　　　　體會最細微最神妙的春信。（康橋）

　　　　參差的斑駁的黑影。（荷塘春色）

　　如果是層次的幾個加語，大率不全加 ⌐之⌐或 ⌐的⌐，要省去一部分。這裏的原則仍然是和端語在意義上結合得密切的加語不用 ⌐之⌐或 ⌐的⌐，並且緊接端語。但這裏面很有主觀的出入，例如：

　　　　小的紅花此時已籤了攏來。（母）

作者覺得 ⌐紅⌐比 ⌐小⌐更和 ⌐花⌐密切相關，他的心裏是先有 ⌐紅花⌐，然後有 ⌐小的紅花⌐，但在另一處：

　　　　泠泠涼露中，泛滿淺紫嫩紅的小花。（禿的梧桐）

這裏，作者心裏先有 ⌐小花⌐，後有紅紫等顏色。

　　2.32　第二類組合關係的端語是動詞，加語是形容詞。這一類加語在白話裏可以在後面加 ⌐的（地）⌐字，但在文言裏卻不能用 ⌐之⌐字。因此這個 ⌐的⌐字就和前面一類的 ⌐的⌐字不很相同，詞尾的性質較顯。文言裏對於這附加關係常用 ⌐而⌐來表示，但以附加的詞是疊字式或有詞尾 ⌐然⌐的爲限。舉例如下：

　　　　暗笑；明說；白吃；瞎摸。

　　　　見藐小微物，必細察其紋理。（記趣）

　　　　婉貞率衆急逐之……西將知不敵，棄轍倉皇遯。（馮婉貞）

　　　　又囑茶房好好照應我。（背影）

不禁簌簌地流下眼淚。(背影)

施施而行,漫漫而遊。(柳記)

拂然而怒;悠然而逝。

形容詞和形容詞也可以發生附加關係,如⌊悠然而虛;淵然而靜⌉(柳記)。但形容詞上面的附加詞以程度限制詞為最普通。

2.33　限制詞和指稱詞也和別的詞發生組合關係。限制詞一般只用做動詞或形容詞的加語,例如:

頗好;略佳;甚難;僅見。

能說會道;可欺;必敗。

且去;卽來;不卜;未知。

這裏坐;一會兒來。

方所和時間限制詞可以作名詞的加語,例如:

這裏的天氣;一會兒工夫。

指稱詞一般只用做名詞的加語,例如:

我的文章;大家的問題。

此時此地;這麼個人;怎麼回事。

六萬萬人一條心。

一部分也用做動詞或形容詞的加語,例如:

你先這麼轉一下,再那麼轉兩下,就開開了。

拔劍割肉,壹何壯也!(漢書)

三巳之,無慍色。(論語)

結合關係

2.41　結合關係又可以稱為造句關係。現在要辨明,怎麼樣是句子,怎麼樣不是。我們在第一章裏說過,⌊詞⌉是語言的最小表現單位,⌊句⌉

是語言的通常的獨立表現單位。現在有└鳥┐和└飛┐這兩個詞，連繫起來可以有└飛鳥┐和└鳥飛┐兩式。倘若我說└飛鳥┐(飛着的鳥)，你不會覺得滿足，一定等着我說下去，如果我就此不說下夫，你一定說└你這個人怎麼的?話只說半句┐那飛鳥到底怎麼樣啊?┐我一定要說└飛鳥盡┐，或└飛鳥歸林┐，纔能讓你滿意。如果我一開頭就說└鳥飛┐(鳥飛了)，你就覺得我的這句話完了，不會有懸在半空中的感覺。這就是句和非句的分別。最簡單的句子有這幾種：

〔名加名〕牛，偶蹄類。〔不用繫詞〕

　　牛是偶蹄類的動物。〔用繫詞〕

〔名加動〕水落，石出；鳥語，蟲吟；龍飛，鳳舞；石破，天驚；風吹，草動。

　　螻蟈鳴，蚯蚓出。

〔名加形〕山高，月小；月明，星稀；柳暗，花明；情長，紙短；風調，雨順。

　　芳草鮮美，落英繽紛(桃源)。

　　從上面的例子可以明白怎麼樣是一個句子。一個句子必得有個└什麼人┐，或└什麼東西┐，然後還得說明這個人或這個東西└怎麼樣┐，這兩部分缺一個就不成句(特殊情形又當別論)。我們給這兩個部分定個名稱：表示└什麼人┐或└什麼東西┐的部分稱爲└主語┐，表示└怎麼樣┐的部分稱爲└謂語┐。主語和謂語的關係是結合關係。

　　上面說，句是獨立的表現單位，可是以結合關係相配合的詞羣有時不獨立成句，例如└你看見過鳥飛?┐這裏面的└鳥┐和└飛┐之間是結合關係，└鳥飛┐本可獨立成句，但在這句裏不獨立。凡是主語和謂語的結合，不論獨立與否，可以總稱爲└詞結┐。句子是獨立的詞結。

　　2.42　詞結裏的主語一般是名詞，謂語可以是名詞、動詞或形容詞，例子已見上節。此外，指稱詞也可以作主語或謂語，例如：

〔主語〕爾爲爾，我爲我。

　　　　此一時，彼一時。

　　　　二五等於一十。

〔謂語〕「春」者何？歲之始也。

　　　　你找的是不是這個？

　　　　我想走了，你怎麼樣？

詞類的活用

　　2.51　一個詞可以分別本用和活用，例如名詞是用作詞組裏的端語，詞結裏的主語，動詞的止詞或補詞（止詞見第三章，補詞見第四章）的時候多，動詞是用作詞結裏的謂語的時候多，形容詞是用作詞組裏的加語或詞結裏的謂語的時候多，限制詞是用作詞組裏的加語的時候多，這樣用法就是他們的本用，無須特別注意。此外的用法就算是活用，有些很值得討論。現在挑幾種活用舉例說明。

　　形容詞和動詞用作名詞。——這又得分兩層說。普通，名詞化的形容詞和動詞是抽象的（所以有人稱之爲抽象名詞），就是說，還是汎指那種狀態或事情。這在文言裏是極普通的，幾乎個個形容詞和動詞都可以這樣用。舉幾個例子：

　　　　寧武子……其知可及也，其愚不可及也。（論語）

　　　　夫心之精微，口不能言也；言之微妙，書不能文也。（漢書）

　　　　吾資之聰倍人也，吾材之敏倍人也。（爲學）

　　　　吾見師之出而不見其入也。（左傳）

這裏我們可以注意，這種名詞化的形容詞和動詞常用在 ⌊…之⌋ 或 ⌊其⌋ 之後，那個 ⌊…⌋ 和 ⌊其⌋ 所代表的人物就是具有那些形容或作出那些動作的人或物，現在反而退爲加語了。（這是一種看法，還有一種看法見6.71）。在現代口語裏面，這類活用不十分普通，但通行語體文受了文言

的影響和外國語的影響，也儘多這種例子。

至於用形容詞和動詞來指具體的事物，那就比較別致些。但文言裏這一類例子也常見，如𠃋食𠃌字本動詞，但𠃋有酒食𠃌（論語）的𠃋食𠃌就等於𠃋食物𠃌，𠃋動𠃌、𠃋植𠃌也是動詞，但白居易的詩𠃋動植一時好𠃌，就是說的動物植物。餘如：

　　摧枯拉朽；乘堅策肥；欺貧愛富；驕上凌下。

　　老吾老，以及人之老，幼吾幼，以及人之幼。（孟子）

　　君之民老弱轉乎溝壑，壯者散而之四方者幾千人矣。（同上）

這些例子都是。最後一例𠃋老弱𠃌不加𠃋者𠃌字，而𠃋壯𠃌加𠃋者𠃌字，在這裏當然是因爲上面是兩個字，下面只有一個字，要湊整齊的緣故，可是由此可知這些例子裏面的𠃋老𠃌、𠃋幼𠃌、𠃋老弱𠃌等就等於𠃋老者𠃌、𠃋幼者𠃌、𠃋老者弱者𠃌。白話裏便以加𠃋的𠃌字爲正常的說法。

還有可以注意的是：許多意義相近或相對的形容詞和動詞，合成聯合式複詞往往就不能再作形容詞或動詞用，必須認爲正式的名詞了。例如：

　　〔義近〕紀念、經濟（經時濟世）、算計、見識、講究、着落、乞丐。〔動詞合成〕

　　玄虛、正經、孝廉。〔形容詞合成〕

　　〔對待〕往來、進退、交通、履歷、得失、消息、因革。〔動詞合成〕

　　是非、好歹、深淺、大小、長短、寒熱、始末。〔形容詞合成〕

2.52 名詞用作動詞的加語。——這在文言裏也是很普通的，例如：

　　席捲天下……囊括四海。（過秦論）

　　周有天下，列土田而瓜分之……履布星羅，四周於天下。（封建論）

　　豕人立而啼。（左傳）

　　入則心非，出則巷議。（史記）

天下之患,在於土崩,不在於瓦解。(仝)

天下之士,雲合霧集。(仝)

十九人相與目笑之。(仝)

范氏中行氏皆衆人遇我,我故衆人報之;至於智伯,國士遇我,我故國士報
之。(仝)

白話裏除表時間和處所的名詞外不能隨意用作動詞的加語。可是有許
多成語從文言裏傳下來,如上面的⌐瓜分⌐,⌐土崩瓦解⌐等等。

2.53　名詞用作動詞。——這也是文言裏常見的。例如:

衣冠而見之。(馮諼)

客初至時不冠不襪。(鐵椎)

但觀之,愼勿聲。(鐵椎)

故爲之文以志。(柳記)

曹子手劍而從之。(公羊傳)

父曰⌐履我⌐。(史記,留侯世家)

老僕嘗衣敝衣,星出月入,以事司徒公……及司徒公出視師,　乃以老僕爲
軍官,冠將軍冠,服將軍服,以見姚氏。(郭老僕)

甚而至於有活用人名作動詞的,眞是別致得很。例如:

今者無故誘致虜使,以詔諭江南爲名,是欲臣妾我也,是欲劉豫我也。(胡
銓上宋高宗疏)

而這句有名的句子又是本於左傳的:

爾欲吳王我乎?

白話裏間或也有名詞用作動詞的,但很不普通,不像文言裏差不多
的名詞都可以這樣活用。白話的例:

要禮貌他。(鄭書)

不怕你笑話,這總是我們的一點小小意思。

原來姑娘天不怕,地不怕,單怕膈肢他的膈肢窪。(兒、二七)

與其說是活用,不如說是這裏「禮貌」、「笑話」、「膈肢」等詞就是普通的動詞,因為我們可以說「禮貌他」,卻不能說「法律他」,可以說「膈肢他」,卻不能說「巴掌他」。真正的活用只有「不茶不煙,一言不發」(兒、四)之類。

2.54　形容詞用作動詞。——文言裏也普通,如:

漁人甚異之。(桃源)

皆苦其身,勤其力。(鄭書)

最是暖老溫貧之具。(鄭書)〔「老」和「貧」又是形容詞用作名詞〕

正其衣冠。(論語)

是以君子遠庖廚也。(孟子)

白話裏的例子,和上一節相同,限於少數形容詞,如:

老弟,你想人家好看咱們,咱們有個自己不愛好看的嗎?(兒,一五)

這件事情又得辛苦你一趟了。

我告訴你一個巧的兒,你越冷淡他,他越捨不得你。

這些也都可以算是已經具有形容詞和動詞兩種性質的詞。

第三章　敍事句: (1)起詞和止詞

起詞和止詞

3.1　上面兩章都是講的詞,現在要講句子了。句子是個什麼,上文已經約略說了一點,現在最好拿一種句子來實地觀察。句子,按照他們的構造,可以分成好幾類,現在挑一類敍述事情的句子來開始,比如說⌊貓捉老鼠⌉。這裏說的是一件事情,貓捉老鼠;這件事情的中心是一個動作,⌊捉⌉。何以呢?光有貓和老鼠不成一件事情,必得要⌊捉⌉。所以這一類句子的中心是一個動詞,可是光說⌊捉⌉也不行,知道是⌊捉⌉這麼一回事了,究竟是誰捉誰呢? 所以要把一件事情說清楚,必須說明這個動作起於何方,止於何方,如圖解:

　　　　動作起點(貓)——動作(捉)——動作止點(老鼠)

我們在句法上把動作的起點稱爲⌊起詞⌉, 如⌊貓⌉, 把動作的止點稱爲⌊止詞⌉,如⌊老鼠⌉。這兩個名稱都是跟了動詞來的,沒有動作,就無所謂起和止。現在我們知道,像⌊貓捉老鼠⌉這類句子的格局是:

　　　　起詞——動詞——止詞。

上面所舉例子裏的起詞和止詞都是名詞,但是事實上並不限於名詞。可以是指稱詞,例如⌊我認識他⌉,也可以是動詞,如⌊我愛早起,早起養身⌉。

　　本章要討論的是(1)是否凡是敍說事情的句子(簡單些稱爲敍事句)裏面都有起、動、止這三個成分;(2)這三個成分的次序是否都是⌊起——動——止⌉。

省略起詞

3.2　有些句子裏沒有起詞,不是說那些動作沒有起點。起點是有

的，沒有說出來罷了。起詞在三種情況之下可以略而不說。約分如下：

(甲)當前省略。——當面說話，⌊你⌉和⌊我⌉往往可以不說。例如：

> 請坐(＝我請你坐)；謝謝(＝我謝謝你)；再會(＝咱們再會)。〔以上套語〕

> 幾時來的?(＝你幾時來的?)；纔來不久(＝我纔來不久)。

> 兄見之，驚問:⌊將何作?⌉答云:⌊將助樵採。⌋(張誠)〔以上問答〕

> 快來(＝你快來)；別動(＝你別動)

> 食之，比門下之客。(馮諼)〔以上命令〕

通信也是一種對話，所以信札裏面常有⌊近讀何書?⌋⌊昨晤令兄，備悉佳況⌋等等語句，就等於說⌊你近來讀些什麼書?⌋⌊我昨天會見令兄⌋。日記遊記之類的性質也相近。這裏面倘若填滿了⌊我……我……我……⌋，非但寫的人膩煩，看的人也覺得討厭。

> 得西山後八日，尋山口西北道二百步，又得鈷鉧潭。(柳記)

> 〔癸亥五月〕二十二日，丁卯，晴。下午小雨，涼。閱湖海文傳，手錄汪容甫自序一篇……二十三日，戊辰。子正三刻十分小暑節。晴，鬖頭。午間出訪芝友；碩卿，俱不值。作片致伯寅，德甫，曉舟，悝齋……(越縵堂日記)

(乙)承上省略。——下面的起詞和上面的起詞相同，也就可以不再說。例如：

> 老殘到了濟南府，進得城來……到了小布政司街，覓了一家客店，名叫高陞店，將行李卸下，開發了車資酒錢，胡亂吃點晚飯，也就睡了。(老殘)

> 停數日，辭去……旣出，得其船，便扶向路，處處誌之。及郡，詣太守，說如此。(桃源)

(丙)概括性省略。—— 有時候，一個動作的起詞是⌊任何人⌋，那也就不必說出。例如：

> 不登高山，不見平地。

學而時習之，不亦悅乎？（論語）

本校歡迎參觀。（＝任何人參觀）

起詞雖不是任何人，但是難於設定或不必說出的例：

室內禁止吸煙。（自然有禁止的人，可是很不方便說出，而且何必說出；〔吸煙〕的起詞是〔任何人〕。）

打鐘了，吃飯去罷。

其院爲一大圜室，以巨幅懸之四壁，由屋頂放光入室。（巴黎油畫）

無起詞

8.3　但是確有些句子裏動詞是沒有起詞的：

第一類是表自然現象的，如：

下雨；颳風；出太陽。〔也說〔天下雨〕等等〕

城門失火，殃及池魚。

第二類是一些動詞，在意義上不容許有起詞的，如：

只剩第九個習題了。

現在輪到你做主人了。

今兒個可不興吃飯哪。（兒，二七）

嘗使人讀漢書，聞酈食其勸立六國後，大驚曰：〔此法當失，何得遂成天下？〕至留侯諫，乃曰：〔賴有此耳〕。（晉書，石勒記）

第三類是關係詞化了的動詞，如：

依我的主意，現在就去；等天黑下來，路上就不好走了。

看起來，他不但知道這件事，說不定還幫着出主意來着呢。

要說冬天比夏天好，縮手縮脚可眞不好作事；要說夏天比冬天好，蚊子蒼蠅又受不了。

總而言之，天下無難事，只要努力幹。

省略止詞

3.4　止詞的省略，也可以分當前、承上、概括性三類：

（甲）當前省略：——上面講起詞當前省略的時候，已有⌊請坐⌉，⌊謝謝⌉等例，又如：

> 別罵，是我。（別罵⌊人⌉）
>
> 改日奉擾。（擾⌊你⌉）

（乙）承上省略：

> 什麼東西都有母親：蝦兒有，魚兒有，螃蟹有，蟛蜞有，楊梅有，桃子有，荸薺有，甘蔗有。（小蜆）
>
> 管你一見（這個人）就認得（他），還是你們個親戚呢。（兒，一七）
>
> 其善射亦天性，雖子孫他人學習莫能及（之）。（漢書，李廣傳）
>
> 日出，乃遣（之）入塾。（課誦圖）
>
> 不如早為之所，無使（之）滋蔓。（左傳）

特別是文言裏，在動詞後面接着⌊以……⌉，當中的止詞多半不寫出，略舉數例（參閱 4.84）：

> 先泡一大碗炒米送手中，佐（之）以醬薑一小碟。（鄭書）
>
> 四壁琢大小佛無數……多施（之）以采色。（雲崗）
>
> 又留蚊於素帳中，徐噴（之）以烟。（記趣）

在文言裏，這一類省略當然是為求簡潔，同時也受整齊律的支配。上面的例句都可以體會此意，下面是更明顯的例子：

> 為之，則難者亦易矣；不為，則易者亦難矣。（為學）

（丙）概括性省略：

> 只要埋頭學，不怕學不會。〔學任何事〕
>
> 一天不吃還可以，三天不吃受不了。〔吃東西〕

唱罷,唱罷,我們等得不耐煩了。〔唱歌〕

一簞食,一瓢飲。(論語)

無止詞: 內動和外動

3.51　上面說過,無起詞的動詞只有很少數,可是無止詞的動詞就多了。隨便舉個例:

孟夏之月,螻蟈鳴,蚯蚓出,王瓜生,苦菜秀。(禮記月令)

這句裏有四個動詞,　都只有起詞沒有止詞。這是因爲許多動作只和一個人或物發生關係,　因此可以說是有起無止(也不妨說是無所謂起和止)。例如水的流,花的開和謝,以及行、止、坐、臥、來、去等等動作,都是只有一個方向,沒有兩個方向的;　說得更確切些,這些動作都是停留在起詞身上,　不投射到外面去的。所以在文法上這一類動詞稱爲「內動詞」,而把「貓捉老鼠」的「捉」,「王小二過年」的「過」等等動詞稱爲「外動詞」。外動詞原則上要有止詞,沒有止詞的時候是省略;內動詞原則上就不要止詞。

3.52　話是這樣說,可不能看得太死。例如「跳」,平常不帶止詞,是個內動詞,但是在「跳繩」,「跳月」,「鯉魚跳龍門」這些詞語裏頭不能不算是外動詞。同樣,「鬧」字在「莫鬧,莫鬧」裏頭是內動,在「鬧新房」,「孫行者鬧天宮」裏頭,又成了外動。另有許多動詞眞不容易斷定他是內動爲主還是外動爲主,他們有時帶止詞,有時不帶,但不一定要算省略。例如:

食不言,寢不語。(論語)

夏禮,吾能言之。(仝)

子不語怪、力、亂、神。(仝)

學而不思則罔,思而不學則殆。(論語)

見得思義。(仝)

行有餘力，則以學文。(仝)

再有一些動詞，非但有時無止詞，有時有止詞，而且在甲句裏做他的起詞的那一類字，到乙句裏成了他的止詞。例如：

皮球滾進洞去了。

楊柳兒彎，滾鐵環。

用之則行，舍之則藏。

君子藏器於身，待時而動。

血流飄杵。

流血五步。

這是個富有理論上的趣味的問題。

3.53　有一點是初學文言的應該注意的：白話裏有許多動詞常帶一定的止詞，合起來只抵得文言的一個動詞，例如：

〔話〕〔文〕	〔話〕〔文〕
走路＝行	招手＝招
睡覺＝眠	點頭＝頷
答話＝答	懷疑＝疑
住家＝住	懷恨＝怨
道謝＝謝	作揖＝揖
道歉＝謝(謝罪)	送行＝餞

這也是近代漢語裏的詞多音綴化的一種表現。

變次：起──止──動

3.61　具有三個成分的敍述句的正常次序是：起──動──止，這是無須再說什麼的。但是這個次序不是普遍的，白話和文言裏都有變

次⌉的情形。現在先討論第一種變次，就是止詞倒在動詞之前，但仍在起詞之後。在文言裏有兩個重要地方要應用這種變次：一是疑問詞作止詞的時候，一是句內有⌊不⌉、⌊莫⌉等否定詞而止詞爲指稱詞的時候。分別舉例：

　（甲）疑問詞作止詞：

　　　吾誰欺，欺天乎？（論語）

　　　子何恃而往？（爲學）

　（乙）句內有否定詞，止詞爲指稱詞：

　　　古人不我欺也。

　　　吾未之前聞。

　　　每自比於管仲樂毅，時人莫之許也。（三國志，諸葛亮傳）

　（丙）此外，在文言和白話裏含有⌊雖……⌉，⌊連……⌉，⌊任什麼……⌉等等語氣的時候，也有應用這種變次的，如：

　　　老夫其國家不能恤，敢及王室？（左傳）

　　　臣死且不避，卮酒安足辭？（史記，項羽本紀）

　　　你這個孩子，書不唸，專門淘氣！

　　　你別怪我，我可一點兒消息也不知道。

　　　問了半日，他言也不答，頭也不回，只顧低了頭洗他的菜。（兒，一四）

　　　他什麼都要管，可是一樣也沒管好。

止——起——動

3.62　另一類變次是把止詞一直提到起詞之前。在白話裏，有種種語氣應用這種變次，全是因爲着重止詞的緣故。舉例如下：

　（甲）含有⌊至於⌉，⌊要講⌉，⌊凡是⌉，⌊無論⌉等語氣：

　　　文法，我何嘗不讀，只是作文的時候幫不了忙，有什麼辦法？

家裏的事情,你不用管,你幹你的正經去。

別看她纔二十一歲,什麼事情她都懂。

(乙)兩事對比:

干他的事他也作,不干他的事他也作;作得來的他也作,作不來的他也
作。(兒,一六)

乾的我管不得,你是我自己生出來的,難道也不敢管你不成?(紅,五九)。

(丙)止詞帶有特指詞:

這件事我記得,而且很清楚。(寄小讀者)

這個話你打哪兒聽來的?

那個我不要,也不知道是那個腌臢老婆子的。(紅,一九)

文言裏應用〔止──起──動〕變次,一部分由於類此的語氣,就是
要着重止詞,一部分是因爲止詞字數較多。文言裏把止詞提前之後,往
往在原處用一〔之〕字,白話裏也有這個辦法,但比較少見。文言裏的例
子:

俎豆之事,則嘗聞之矣,軍旅之事,未之學也。(論語)

死馬且買之千金,況生馬乎?(國策)

勝者,親友懽呼從之,若奏凱狀。(鬭牛)

其眞正兒女親家,親之不若與牛親家之親。(鬭牛)

服嶺以南,王自治之。(賜南粵王趙佗書)

此,中知以上乃能慮之,臣料虞君中知以下也。(穀梁傳)

是疾也,江南之人常常有之。(祭十二郎文)〔以上有〔之〕字〕

親兄弟在眞定者,已遣人存問。(賜南粵王趙佗書)

汝之詩,吾已付梓;汝之女,吾已代嫁;汝之生平,吾已作傳;惟汝之窀穸,
尚未謀耳。(祭妹文)〔以上無〔之〕字〕

「把」字式

3.7　白話裏有在止詞前安上一個「把」字,藉此把他提在動詞之前的一種句法,卽:

　　　　　起詞——(把)止詞——動詞。

這是現代漢語中應用極廣的一種句法。如「他把窗戶玻璃打碎了」,這句話的意思其實和「他打碎了窗戶玻璃」一樣,但是有時候非應用「把」字的說法不可。下面的例句,一部分可以改成不用「把」字的說法,另一部分不能改換。

　　　　我把這個祕訣傳給你,你可別對外人說。

　　　　他把窗戶兒關上,又把窗帘兒放下。

　　　　他把那門輕輕敲了兩下,只聽得一陣腳步聲,隨卽又悄沒聲兒了。

　　　　還不快換雙鞋去呢,小心把地毯弄髒了。〔以上可改爲不用「把」〕

　　　　要不是你說起,我可眞把這件事忘得乾乾淨淨了。

　　　　你把這段布先抽抽水再量量,看到底夠不夠。

　　　　他把銀子揣在懷裏,掉轉身走了。

　　　　我昨天下午把三本書都看完了。〔以上不容易改動〕

後面這四句爲什麼非用「把字式」不可呢?簡單點說,是因爲(一)動詞的後面緊接着一些成分,不容許止詞插在中間(例五、六、七),或(二)動詞前面有特殊性質的限制詞,非緊接在止詞之後不可(例八的「都」)。前面四句也是因爲動詞後有類似的成分纔可以用「把字式」,假如是個光光的動詞,例如「把窗戶兒關」,「把窗帘兒放」,這就不成;戲詞兒裏儘管常聽見,口語裏可沒有。這是用「把字式」的條件之一。還有兩個條件:一是非富有行動意味的動詞不能用「把字式」,我們可以說「我把他看完了」,但不能說「我把他看見了」。另一個條件是止詞不能是無定性的,例如說

⌊我把那本書看完了⌉是可以的,但⌊我把一本書看完了⌉就不成。總之,⌊把字式⌉天天在我們口裏和筆下應用,可是條件並不很簡單。

文言裏除動詞直接受詞時用⌊以⌉字連繫止詞(見下章)外, 不大用⌊以⌉字把止詞提前。

被動式

3.81 現在要講一講普通所謂被動式。我們在前面說過止詞是代表動作的止點。就是接受動作的人或物。現在有一類動詞,本身的意義就是⌊接受⌉,如⌊受⌉、⌊挨⌉、⌊讓⌉等等, 用在句子裏,他們的起詞實際上就成了動作的止點。例如⌊他挨了他哥哥一頓罵⌉,這句裏面的眞正動作用一個名化動詞(一頓罵)來表現, 動作的起點卻在一個附加語(他哥哥)上。假如句法再略略改變,⌊他被他哥哥罵了一頓⌉,這句裏就有了兩個動詞(⌊被⌉原有⌊受⌉的意義, 如⌊身被十二創⌉),各有一個起詞,而第一個起詞在意念上就是第二個動詞(更重要的一個)的止詞。我們爲方便起見,就把第一個動詞⌊被⌉字認爲一個關係詞,把第一個起詞⌊他⌉看成直接和第二個動詞⌊罵⌉相屬,認爲⌊罵⌉有被動的意味;⌊罵⌉的起詞⌊他哥哥⌉退居於一個補詞(見下章)的地位。於是⌊他被他哥哥罵了一頓⌉的成分分析就成爲

起詞——(被)主動補詞——動詞(被動)。

我們要記得這只是一種方便的說法, 實際上⌊罵⌉字之前緊接着⌊他哥哥⌉,並不含有多少被動的意義。我們也未嘗不可說,這只是止詞先於起詞的一種特殊句法, 正如⌊把字式⌉是止詞先於動詞的一種特殊句法一樣。照這個看法來分析,就是

止詞——(被)起詞——動詞。

事實上,確也有把⌊把⌉和⌊被⌉兩種句法糅合在一起的時候, 如:

　　我是被一起子聽戲的爺們把我氣着了。(兒,三二)

　　被這幾文錢把這小人兒瞞過。(元人小令)

　　白話裏,除⌞被⌝字外還應用⌞叫⌝和⌞讓⌝兩字(北京口語裏⌞讓⌝字最普通)。例如:

　　好像活人得叫死人管着似的!(老舍,黑白李)

　　這話偏生又讓我聽見了。(冰心,姑母)

　　3.82　文言裏也用⌞被⌝字,但有一點不同,起詞不能插入⌞被⌝和動詞的中間。我們只能說⌞被刺⌝、⌞被奪⌝,不能說⌞被奸人刺⌝或⌞被強者奪⌝。和⌞被⌝字的作用類似的有⌞見⌝、⌞受⌝等字。這裏面⌞見⌝和⌞受⌝的後面可以用⌞於⌝字把起詞接上去,⌞被⌝字後面間或也可以。這三個字因爲常常這樣直接下面的動詞,頗有點兒像一種表被動性的副詞或詞頭。分析起來是:

　　　　止詞——(見、受、被)動詞——(於)起詞。

例如:

　　自度無罪,欲謁上,恐見擒。(史記,淮陰侯列傳)

　　吾常見笑於大方之家。(莊子,秋水)

　　循法守正者見侮於世。(史記,禮書)

　　又精繪花卉蟲鳥之形於其上,而後見重於時。(有恆)

　　吾不能舉全吳之地,十萬之衆,受制於人。(赤壁)

　　受託於人而中道棄之乎?

　　以萬乘之國被圍於趙。(史記,魯仲連傳)

　　3.83　不用這些字,單在動詞後面加一個⌞於……⌝也有同樣作用。句式是

　　　　止詞——動詞——(於)起詞。

例如:

善戰者致人，不致於人。(孫子)

兵破於陳涉，地奪於劉氏。(漢書，賈山傳)

人之思想，不縛於宗教，不牽於俗尙，而一以良心爲準，此眞自由也。(自由)

無論用﹁見﹂﹁受﹂等字與否，因爲動詞直接在止詞之前，不被起詞隔開，動詞的被動意味就濃厚多了。

　文言裏的另一句法，表示被動之意的，是應用

　　　止詞——(爲)起詞——(所)動詞

的公式。這裏的﹁爲﹂字原來應該認作一個﹁繫詞﹂(見5.4)，上面的分析只是權宜的說法。例如：

吾悔不用蒯通之計，乃爲兒女子所詐。(史記，淮陰侯列傳)

始月氏居敦煌祁連間……及爲匈奴所敗，乃遠去。(史記，大宛列傳)

羸兵爲人馬所蹈籍，陷泥中死者甚衆。(赤壁)

也有單用﹁爲﹂不用﹁所﹂的，如：

不爲酒困。(論語)

身客死於秦，爲天下笑。(史記，屈賈列傳)

吾爲子苦。(先姚)

以上是白話和文言裏表示被動的種種句法。有一點要注意，被動式的應用是很受限制的。不是每個有外動詞的句子，都可以採用這些個方式。採用被動式，不外三種情況：(1)起詞很汎，不是一個特定的人和物，不宜佔據句首的重要位置，上面的﹁見侮於世﹂，﹁受制於人﹂等句屬於此類。有些根本把起詞略去的，當然更是由於這個理由。(2)隨順上下文的句法；如﹁見擒﹂一例，倘若改爲﹁欲謁上，恐上擒之﹂，就不及原句一貫而下的通暢。又如﹁月氏﹂一例，倘若改爲主動式﹁始月氏居敦煌祁連間……其後匈奴敗之，乃遠去﹂，句子的氣勢也便不流暢，﹁被圍於趙﹂，﹁爲人馬所蹈籍﹂等句都屬於這一類。(3)簡短的指稱詞(如﹁吾﹂)以放在句首

爲宜,如「多子苦我」,「大方之家笑我」都不及原句穩定。

兩成分句的詞序

3.9 我們上面已經說過,好些句子並不具備起、動、止這三個成分。動詞是一定有的,但起詞和止詞可以有一個缺一個;缺了的那個成分,或根本沒有(內動詞,無屬動詞)或雖有而以種種原因被省略。大多數這樣的句子已經舉過例。此地要討論的是兩種特殊的二成分句,(甲)是只有起詞和動詞而起詞在後的,(乙)是只有動詞和止詞的。分別舉例如下:

(甲)女兒愁,繡房裏鑽出個大馬猴。(紅,二八)

東隔壁店裏午後走了一幫客。(老殘)

正衝着一條寬廣的大道,過來了一大羣羊。(康橋)

寺踞巖頂,叢綠中隱隱出殿簷。(記翠微山)

然燭人小洞,中坐頭陀象。(仝)

風淒露下,走燐飛螢。(祭石曼卿文)

玉樓天半起笙歌。(顧況詩)

(乙)殿前放着個大鐵香爐,又砌着個大香池子,殿門上卻攔着柵欄,不許人進去。(兒,三八)

每個船上點了一個小燈籠。(老殘)

樹根安二巨石。(課誦圖序)

壁懸巨畫,作烟雨溪山狀。

四壁琢大小佛無數,及浮屠幡幢寶蓋等種種形式。(雲岡)

這兩類句子,就(甲)類而論,那動詞後面的名詞分明是他的起詞,就(乙)類而論,分明是他的止詞。兩類相同的一點,就是句子的頭上都有一個處所詞(只有「走燐飛螢」句是例外)。所以(甲)類的詞序是「處

——動——起丨，(乙)類的詞序是丨處——動——止丨。然而這兩類句子，我們感覺是屬於一個類型的。又如下面的例句，同句之內，(甲)(乙)兩式混和一起，我們絲毫不感覺句式的變易，這也是一種證明(甲式的動詞加丨。丨，乙式的動詞加丨‧丨表之)。

　　離門約有一箭多遠，橫着一道溪河，河上架着個板橋。(兒，一四)

　　忽見馬台石邊站着一個人……靠馬台石還放着一個竹箱兒合小小的一捲鋪蓋，一個包袱。(兒，一八)

　　山坳插一城……城巔具層樓……松下繫雙戶……核側出浮屠七級……近灘維一舟。(核工)

這應該如何解說呢？這個時候我們就要在起詞和止詞以外另找一個觀念來應用，這就是丨主語丨。我們可以說這兩類句子的動詞後成分對於動詞雖有起詞和止詞的分別，對於句子則同為主語，這就是我們的同一類型之感的由來。到了不以動作為中心的句子裏，這主語的觀念就更加重要了。第五章就要討論這些句子。

第四章 敍事句: (2)補詞

受詞:間接式

4.1 一件事情(一個動作)往往牽涉到多方面,所以一個動詞除起詞止詞外,還可以有各種補詞代表與此事有關的人或物。補詞裏最重要的一種是[受事補詞],簡單些稱爲[受詞]。例如:

> 我姑姑前天送一枝鋼筆給我。

這句裏面,[姑姑]是起詞,[鋼筆]是止詞,可是送給誰呢?送給我。[我]就是受詞。含有[給與]或[告訴]等意義的動詞,通常都需要有[受詞]。

一句之中又有止詞又有受詞的時候,可以有三種表現方式:或是受詞用關係詞來連繫,或是止詞用關係詞來連繫,或是兩個都不用關係詞。上面的例句就是受詞用關係詞連繫的例。連繫受詞的關係詞,白話用[給],文言用[於]。這種句式我們稱爲間接式。同樣一個間接式,白話裏還可以有好幾種變化,如:

(甲)我要得到什麼消息就寫信給你。

> [春]已經看完了,請你再寄兩本巴金的小說給我。

(乙)不妨,我教給你個法兒。(紅、四六)

> 再賣給我們兩個柿子。(冰心,冬兒姑娘)

(丙)我把這個話照實說給他,他倒也罷了。

> 我已經把那本字典還給我哥哥了。

(丁)我們冬兒給我送棉襖來了。(冰心,冬兒姑娘)

> 二年前他父母給他娶了個媳婦。(紅,二一)

這八句裏面,(甲)組兩句的受詞在止詞後。(乙)組兩句的受詞在止詞

前，實際的位置和直接式（甲）相同，所差的是多一個⌊給⌋字（比較此處第一例和 4.21 第四例）。但這兩式的止詞和受詞全都在動詞之後，（丙）組的句子就把止詞用⌊把⌋字提在動詞之前，和直接式（乙）很相近了（比較此處第一例和 4.22 第一例）。（丁）組把止詞留在動詞之後，把受詞提在動詞之前，和⌊關切補詞⌋（見下）很相近，但是不同的是受詞可以改在止詞之後，如（甲）組的句法，而關切補詞卻不能。

　　文言裏的間接式就只能用（甲）式這一個詞序，關係詞用⌊於⌋，例如：

　　　　天之將降大任於斯人也……（孟子）

　　　　王之臣有託其妻子於其友而之楚遊者。（仝）

　　　　先君之所爲不與臣國而納國乎君者……（公羊傳）〔乎＝於；上半句用直接
　　　　式甲〕

直接式

　　4.21　受詞不用關係詞連繫的，我們稱爲直接式。這裏面又分爲甲乙兩種，直接式（甲）是受詞和止詞都不用關係詞的，受詞的位置在止詞前，例如：

　　　　憑你送他什麼，他一概不收。

　　　　加他幾文還不賣嗎？

　　　　情人許下我把紅紗扇，情人許下我根白玉簪。（霓裳續譜）

　　　　你既不願意，我教你個法兒。（紅，四六）〔比較上節乙組第一例〕

　　　　襲人也幫着搶白我，說了我許多不知好歹的話。（紅，四六）

　　　　是時曹操遺權書曰……（赤壁）

　　　　舟尾一小童，擁爐噓火，藍供客茗飲也。（核工）

　　　　子噲不得與人燕。（孟子）

公語之故，且告之悔。（左傳）

樂羊返而語功，文侯示之謗書一篋。（國策）

君不如借之道而示之不得巳。（仝）

4.22　受詞直接動詞，用關係詞把止詞提開的，我們稱之爲直接式（乙）。這個關係詞，白話用 ⌊把⌉，文言用 ⌊以⌉。例如：

你可別把實話告訴他，他不安好心。〔比較上節丙組第一例〕

先以書遺操，詐云欲降。（赤壁）〔比較（甲）式 ⌊曹操遺權書⌉〕

天子不能以天下與人。（孟子）〔比較（甲）式 ⌊子噲⌉句〕

秦亦不以城予趙，趙亦終不予秦璧。（記史。藺相如傳）〔下半句用（甲）式〕

上面例句裏，用 ⌊把⌉ 或 ⌊以⌉ 提開的止詞，都提在動詞之前，但是文言裏的 ⌊以⌉ 字帶止詞也可以移在受詞之後，例如：

投我以木瓜，報之以瓊琚。（詩，衞風）

天生物而賦之以自捍自保之良能。（權利）

貽人以口實；予人以難堪。

這一式省去 ⌊以⌉ 字就變成（甲）式了。

受詞和止詞

4.3　從上面直接間接各式例子看來，受詞和動詞的關係相當密切，簡直有點像是止詞。⌊我姑姑送一支鋼筆給我⌉，送的動作起於 ⌊姑姑⌉，止於 ⌊鋼筆⌉，可是沒有完全停止，拐個灣兒又到了我的身上，⌊我⌉也可算是止詞不是？　在直接式（甲）裏，止詞和受詞都不用關係詞，而且受詞還和動詞更接近。再拿直接式（乙）來說，受詞可以直接動詞，止詞反而要用關係詞連結，格外顯得受詞和動詞的關係更密切似的。

此外還有一點可以注意：有些句子裏省去止詞，只留受詞，受詞就很像止詞。我們可以比較下列各例：

你要我教你，我就教你。〔當然也可以說し教給你了。〕

得饒人處且饒人（僅有受詞）；饒他一頓板子（兼有止詞）；饒命（僅有止詞）。

敢告叔父（僅有受詞）；且告之悔（兼有止詞）；衞人來告亂（僅有止詞）。（皆左傳）

因此，有些文法書上把受詞也認爲一種止詞，把止詞和受詞合稱し雙賓語了。

照上面所擧各例，已有直接間接三式，而每一式內還有變化（如し給…了可以有三個位置；し以…了可以有兩個位置；し以了字後面的止詞可以省略，見4.8）。這些句法往往可以交換，例句裏已經指出幾處，此外還可以自己試驗。但是我們務必要記住：不是每句都可以任意變化的。這裏有兩個關鍵：

第一，在直接式（甲）裏假如止詞和受詞字數有多寡之分，總是字數少的在前，因此三身指稱詞作受詞自然常在止詞前。

第二，是動詞的性質，例如し教了字在文言裏決不能採用し教（止）於（受）了（間接式），し示了字也是這樣。不同的動詞有不同的用法，可以根據這個再分小類。

第二類受詞

4.41　上節的例句裏的動詞是含有し給、與了或し教、示了等意義的，在這些句子裏面，受詞從起詞那兒得到點兒什麼。和上面那些意義相反，即有し奪、取了或し學、問了等義的動詞後面也可以跟一類補詞，這類補詞和起詞的關係恰恰和普通受詞相反：不是補詞因這個動作而有所失，就是起詞因此而有所得。這一類補詞假如要另外起個名目，可以稱爲し反受詞了，爲簡單起見，也可以仍稱受詞。一部分這類受詞取直接式，

例如：

到底他前後借過你多少錢，現在還欠你多少錢？

誰要犯了，就罰他二十兩銀子的東道。(紅，二四)

不知賺了我們多少東西。(紅，五九)

牽牛以蹊人之田，而奪之牛。(左傳)

紾兄之臂而奪之食。(孟子)

欲見賢人而不以其道，猶欲其入而閉之門也。(孟子)

晉饑，秦輸之粟；秦饑，晉閉之糴。(左傳)〔L輸之粟丨的L之丨是第一類受詞〕

一夫不耕，或受之飢；一女不織，或受之寒。(漢書食貨志，賈誼論積貯疏)

4.42　但另有一部分只能用間接式。白話裏常用的關係詞是L和丨，L跟丨等等，和L交與補詞丨所用的一樣，所以在白話裏這些受詞未始不可歸入交與補詞一類。例如：

叫我和老太太討去……就怕老太太不給。(紅，四六)

我跟人一打聽，才知道走錯了路。

紫鵑欲向侍書打聽消息。(紅，九○)

這可是L倉老鼠問老鴰去借糧丨，守着的沒有，飛着的倒有？(紅，六一)

文言在這兒用的關係詞，卻和第一類受詞一樣，用L於丨字，如：

是猶弟子而耻受命於先師也。(孟子)

子之不得受燕於子噲。(仝)

孔子適周，將問禮於老子。(史記，老子傳)

請奉命求救於孫將軍。(赤壁)

假繪術書於朋友而讀之。(有恆)

布氏初學於鄉之畫工。(仝)

有省去L於丨字的：

臣聞之胡齕。(孟子)

叩之寺僧,則史公可法也。(左公逸事)

也有用⌞從⌝字的,和白話的⌞從⌝字意思全不相同。例:

從昆弟假貸,猶足爲生,何至自苦如此?(史記,司馬相如傳)

關切補詞

4.51 關切補詞代表與一事有利害關係的人物(物件極少見)。就是起詞對於補詞有一種⌞服務⌝的關係。普通是補詞因句中動作而有利的,因此在意義上和第一類受詞很接近,並且在白話裏,表現的形式也很相近,同用⌞給⌝字作關係詞。如:

你畫個畫兒給我,我就給你磨墨。

請你給我看着坐位,我去買兩個橘子。

這是我給你們打算的萬無一失的一條出路。(兒,三八)

⌞給……⌝有時只有⌞順某人之意而爲之⌝的意思,這也是關切補詞,例如:

快給我進來罷,外面風大得很。

4.52 關切補詞也有因句子裏的動作而蒙不利的,猶如受詞之有第二類一樣。這樣的例子如:

你再這樣給我到處宣傳,我可不答應你。

待要不接,又怕給他掉在地下,惹出事來。(兒,三八)

他自己說,她要把博士與教授的尊嚴一齊給他毀掉了。(老舍)

4.53 還有一些句子裏表示起詞替代補詞去作一件事,這當然也是一種⌞服務⌝,所以那個補詞也可以算在關切補詞裏頭。這裏所用關係詞原來多用⌞替⌝,但現代北方話裏用⌞給⌝的也不少,本來在意義方面這兩類就不容易分(所以方言裏有凡是關切補詞都用⌞替⌝的)。例句:

你若見了三妹妹,替我問候一聲罷。(紅,八九)(現在也可以說⌞給⌝)

大娘只管留下罷；我娘不應，我替他老人家應了。（兒，二四）

結結實實的替我給他寫一封書子。（兒，三）〔這兒倘若不因爲底下有⌊給他⌉（受詞），也未嘗不可說⌊給⌉〕

這些⌊給……⌉或⌊替……⌉不能移在動詞（或止詞）之後，這就是關切補詞和受詞不同之處。在文言裏這個區別更容易看出，因爲用的關係詞不同。

4.54　連結關切補詞的關係詞，文言用⌊爲⌉，例如。

善爲我辭焉。（論語）

爲長者折枝。（孟子）

爲之駕，比門下之車客。（馮諼）

誰習計會，能爲文收責於薛者乎？（仝）

當橫行天下，爲漢家除殘去穢。（赤壁）

今爲君計，莫若遣腹心自結於東。（仝）

故爲之文以志（柳記）。（⌊文⌉動詞）。

姑慰之曰：天方雨，雨止，爲母訪之。（杜環）

有時補詞省略了，只留一個⌊爲⌉字，例如：

先生不羞，乃有意欲爲收責於薛乎？（馮諼）〔比較上面⌊誰習計會⌉句〕

巫行視人家女好者……則娉取洗沐之，爲治新繒綺縠衣……爲治齋宮河上……爲具牛酒飯食。（西門豹）

卽解貂覆生，爲掩戶。（左忠毅公逸事）

余思粥，擔者卽爲買米煮之。（記趣）

⌊爲⌉字還有連繫⌊目的補詞⌉及⌊原因補詞⌉的功用，以後另有討論。

交與補詞

4.6　交與補詞代表和起詞共同動作的人物。受詞和關切補詞雖然

不能說是置身事外,可並沒有積極行動,而交與補詞卻是積極參加動作的。無論文言或白話,都把這類補詞放在動詞前,都應用普通表示聯合關係的關係詞,白話用⌊和⌉或⌊跟⌉,文言用⌊與⌉。分別舉例,先是白話的:

> 你愛和那個姐姐、妹妹、哥哥、嫂子頑,就和那個頑。(紅,二〇)
>
> 有一件爲難的事……我不得主意,先和你商議。(紅,四六)
>
> 你跟我們說話,少用那些酸字眼兒。
>
> 他跟我們定了合同的,他不能依時完工,我們可以跟他打官司。

文言的例:

> 與其妾訕其良人,而相泣於中庭。(孟子)
>
> 遂與外人間隔。(桃源)
>
> 與曹操共爭天下。(赤壁)
>
> 則清冷之狀與目謀,瀯瀯之聲與耳謀。(柳記)

這類補詞也可以省去,單留個⌊與⌋字,如:

> 則宜撫安,與結盟好。(赤壁)〔⌊撫安⌋下亦省止詞〕
>
> 北平陳子燦省兄河南,與遇宋將軍家。(鐵椎)
>
> 客不得已,與偕行。(鐵椎)

憑藉補詞

4.71　這一類補詞和以上幾種又不同,指人爲少,指物爲多,是代表賴以完成動作的事物。這類補詞的關係詞文言用⌊以⌋,白話用⌊用⌋、⌊拿⌋、⌊憑⌋等等。最具體最容易明了的憑藉補詞是⌊工具⌋之類,如:

> 兩個人見了面,只得用浮言勸慰,眞眞是親極反疏了。(紅,八九)
>
> 你拿毛筆寫,我拿鋼筆寫,看誰先寫完。

在文言裏,憑藉補詞的位置可以在動詞前, 也可以在動詞後,動詞

前的例：

> 以白紙糊窗。(記趣)。

> 迨以手捫之，始知其爲璧也畫也。(巴黎油畫)

動詞後的例：

> 殺人以梃與刃，有以異乎？(孟子)

> 楚子弗從；臨之以兵，懼而從之。(左傳)

> 二牛竝峙，互相注視良久，乃前鬪，鬪以角，乘間抵隙，各施其巧。(鬪牛)

4.72　比較抽象一點的，就是「使用」之意少，而「憑藉」之意多了，如：

> 就憑你那陣花言巧語，就能說服他嗎？

> 以堅毅不撓之精神與民賊相搏。(黃花岡)

> 久之，能以足音辨人。(項脊)

> 苟遇強迫，拒之以死，彼強迫亦無所用。(說自由)

4.73　再引申便有憑了某種標準的意，大部分的「以」字有「依」字的意義，白話裏便索性用「依」，例如：

> 事情要依次序做，不要亂。

> 這些書可以照大小分三排。

> 餘船以次俱進。(赤壁)

> 大小石窟以數百計。(雲崗)

> 自環以下皆以母事之。(杜環)

> 而以余所聞，或死或遁，不以姓名里居示人者頗多。(書網巾先生傳)

「以」字又用作原因補詞的連繫詞，另有討論。

「以」字的省略、「以」字前後的省略

4.81　文言裏連繫補詞的關係詞最重要的是「於」、「以」、「爲」、「與」

四字。這裏面,「爲」字和「與」字後面的補詞往往因見於上文而省去(我們可以說是省去一個「之」字),上面4.54和4.6兩節已經有例。「於」字後面的補詞不能省去(「於之」可以用「焉」字來代),但是「於」字本身卻常常省去(例見十二章)。只有「以」字,有時可以本身省去,有時可以省去後面的補詞,有時還可以省去「以……」前面的字,分別說明如後。因有受詞而用「以」字連繫止詞時 (4.2),止詞的地位和補詞相同,現在也合併在此舉例。

4.82 省去「以」字的例甚多,有許多作動詞的加語用的名詞(2.52)可以在前面加一「以」字,如:

> 乃效女兒咀嘔耳語。(史記,魏其傳)
>
> 目挑心招,出不遠千里,不擇老少者,奔富厚也。(史記,貨殖列傳)
>
> 好讀書,或手自抄寫。(晉書,紀瞻傳)
>
> 羣臣後應者,臣請劍斬之。(漢書,霍光傳)

又如:

> 陳人使婦人飲之酒。(左傳)
>
> 客聞之,請買其方百金。(莊子)
>
> 以藍手巾裹頭,足纏白布。(鐵椎)

第三例上下兩小句,構造不同,若互換句法, 作「頭裹藍手巾,以白布纏足」,也是可以的。

又4.21 所說直接式(甲),也可以作爲省去「以」字看,如「示之謗書一篋」,也未嘗不可以作「示之以謗書一篋」。

4.83 略「以」字後補詞(或止詞),可以說是省用一個「之」字。如:

> 民所上書皆以與相國。(史記,蕭相國世家)
>
> 陳勝起山東,使者以聞。(史記,叔孫通列傳)
>
> 古之爲關也,將以禦暴;今之爲關也,將以爲暴。(孟子)

以攻則取,以守則固,以戰則勝。(論積貯疏)

貧者自南海還,以告富者。(爲學)

以四事相規,聊以答諸生之意。(示龍場諸生)

4.84 因有⌊以⋯⋯⌉而省去上面的止詞(也可以說是省⌊之⌉字)。上文 3.4 已有幾個例,餘如:

乃合父老子弟,刑牲而盟, 授以器,申以約,課以耰鉏,齊以步伐, 導以和睦。(守望社題詞)

有食瓜者,見孝子立於側,與以餘,持之去。(啞孝子)

余告以故,衆咸嘆服。(記趣)

其畜牛也,臥以青絲帳,食以白米飯,釀最好之酒以飲之。(鬪牛)

文朵雙鴛鴦,裁爲合歡被,著以長相思,緣以結不解。(古詩)

無論省⌊以⌉字或省⌊之⌉字,都不完全是爲求簡潔,也爲的求整齊。拿⌊臨之以兵⌉,⌊余告以故⌉,⌊公語之故⌉這三句一比較,第一句用⌊之以⌉二字,第二句留⌊以⌉去⌊之⌉,第三句留⌊之⌉去⌊以⌉,都無非要以四字成句,就知道求整齊也是很重要的一個動機了。又如漢書東方朔傳有一句⌊失之毫釐,差以千里⌉,現在通作⌊差以毫釐,失之千里⌉(如⌊理性與迷信⌉篇所用),全式應是⌊失之以毫釐,差之以千里⌉,也是一省⌊之⌉字,一省⌊以⌉字,湊成兩個整齊的四字句。

⌊以⌉字的位置

4.85 ⌊以⌉字又可以位於補詞之後,如:

禮以行之,遜以出之,信以成之。(論語)〔=以禮行之⋯⋯〕

楚國方城以爲城,漢水以爲池。(左傳)

其有不合者,仰而思之,夜以繼日。(孟子)〔=以夜繼日〕

勤以補拙,儉以養廉。

老母在，政身未敢以許人也。(史記，聶政傳)

當其時惟一死以伸吾志耳。(費傳)

按照文言的習慣，普通的補詞(卽非⌐所˩、⌐何˩等字)通常放在關係詞之後，所以上面的例句值得注意。這六句的情形不一樣，前四句只能說是⌐變次˩，第五第六兩句可以說是先有一個停頓，⌐以˩字下省一⌐之˩字，作爲

政〔之〕身，未敢以〔之〕許人也；

當其時，惟〔有〕一死，以〔之〕伸吾志耳。

照這個看法，就和上面4.83的省略句法相似了。

有一種句法，把⌐以˩字插在兩個動詞之間，表示前一動作以後一動作爲目的 (見21.72)，似乎就可以用上面的構造來說明。如上面4.84⌐釀最好之酒以飲之˩這個小句，就可以解爲⌐釀最好之酒，以之飲之˩。

補詞總說

4.91　除了上面所說幾種補詞以外，還有方所補詞，方面補詞，時間補詞，原因補詞，目的補詞，比較補詞等等，留着在下卷適當的章節討論。

我們現在可以說一說到底補詞是個什麼。拿敍事句來說，旣是敍述一件事情，句子的重心就在那個動詞上，此外凡動作之所由起，所於止，以及所關涉的各方面，都是補充這個動詞把句子的意義說明白，都可稱爲⌐補詞˩。所以起詞也可以稱爲⌐起事補詞˩，止詞也可以稱爲⌐止事補詞˩，受詞也可以稱爲⌐受事補詞˩。可是所有的補詞和動詞的關係幷非同樣密切，起詞和動作的關係最密切，止詞次之，其他補詞又次之，如時間補詞及方所補詞和動詞的關係就疏得很，有他不嫌多，無他不嫌少。但是如果沒有起詞，那個動詞就懸在半空，代表很抽象的概念，不成一

個具體的動作了。止詞有時候也有同樣的重要，所以我們纔把他們另外
提出來，不和其餘補詞一律看待。

　　4.92　不但動詞可以有補詞，形容詞也可以有補詞。例如：

　　　　民勇於公戰，怯於私鬪。（史記，商君列傳）

這裏的﹁公戰﹂和﹁私鬪﹂便是﹁勇﹂和﹁怯﹂的補詞，表示在哪方面勇，哪方
面怯。形容詞的補詞多半是﹁方面補詞﹂和﹁比較補詞﹂。

第五章　表態句,判斷句,有無句

句的種類:主語,謂語

5.1　敘事句只是句子的一種,雖然是最常用的一種。此外還有三種句子:

表態句。——記述事物的性質或狀態,如:

> 天高,地厚。
>
> 月白,風清。

判斷句。——解釋事物的涵義或判辨事物的同異,如:

> 項脊軒,舊南閣子也。
>
> 鯨魚非魚。

有無句。——表明事物的有無,如:

> 蜀之鄙有二僧。
>
> 我有嘉賓。

在表態句和大多數判斷句裏,通常不用動詞。假如有動詞,不是性質異常特別(如⌊是⌉、⌊非⌉),就是用來和形容詞一樣(一部分表態句裏如此,見下)。因爲這兩類句子的中心不是一個動詞,就不適用⌊起詞⌉、⌊止詞⌉這兩個名稱。說明這些句子的時候,我們需要別種名目。這些句子都可以分成兩個部分,一個⌊什麼⌉(如⌊項脊軒⌉、⌊天⌉、⌊地⌉),另一個⌊什麼⌉或⌊怎麼樣⌉(如⌊南閣子⌉、⌊高⌉、⌊厚⌉)。我們把前者稱做⌊主語⌉,後者稱爲⌊謂語⌉。其實最好一個稱⌊句頭⌉,一個稱⌊句身⌉,不過主語和謂語這兩個名稱現在已經通用,我們也就沿用這兩個名稱。

敘事句裏也可以區分這兩個部分。但是主語不一定就是起詞。如

3.9 節裏(甲)(乙)兩類句子, 動詞後的名詞, 對於動詞說, 一是起詞, 一是止詞, 但就句子說, 同是主語。又如 **3.8** 裏的句式, 也是拿止詞做主語的; **3.62** 裏的例句也可以說那前置的止詞是句的主語。像 **4.85** 節⌊老母在, 政身未敢以許人也⌉這句, 就是拿關係詞後的補詞做主語的。

有無句的分析留着在以後討論。

表態句

5.21　典型的表態句用形容詞做謂語, 如:

山清, 水秀; 柳暗, 花明。

溪深而魚肥; 泉香而酒冽。(醉翁亭記)

其聲嗚嗚然; 餘音嫋嫋。(前賦)

其色慘澹; 其容清明; 其氣慄冽; 其意蕭條。(秋聲賦)

5.22　有時用名詞做謂語, 這些名詞在此處表示一種性質或狀態, 作用和形容詞相同。如:

信如君不君, 臣不臣, 父不父, 子不子, 雖有粟, 吾得而食諸?(論語)

觚不觚。觚哉! 觚哉!(論語)

這是文言裏的特別用法, 用白話說, 就是⌊君不成個君⌉, ⌊國不成個國⌉, 句法變了。

5.23　有時謂語是個詞組(往往已經成爲複詞), 如:

他本來很熱心, 可是今天有點兒不高興。

你這個人呀, 怎麼這樣貧嘴!

高祖爲人, 隆準而龍顏, 美須髯。(史記, 高祖本紀)

且是人也, 蠭目而豺聲, 忍人也。(左傳)

其不能發達者, 鄉里作惡, 小頭銳面, 更不可當。(鄭書)

5.24　有時謂語本身是個表態句。如:

小孩子家，不嘴懶脚嫩就好。(紅，九〇)

中國地大物博。

四人從太子，年皆八十餘，鬚眉皓白，衣冠甚偉。(史記·留侯世家)

5.25　甚至是一個敍事句，如：

院子裏那棵桂花清香撲鼻。

但是我從吃早飯後到此時水米沒沾唇，我可餓不起了。(兒，九)

相如因持璧，卻立倚柱，怒髮上衝冠。(史記，藺相如傳)

5.26　表態句裏的正常詞序是先主語，後謂語。倒過來的有贊嘆語氣，如：

靜極了，這朝來水溶溶的大道。(康橋)

快哉，此風！(風賦)

動作和狀態

5.31　動作和狀態是兩回事，但不是渺不相關的兩回事，事實上是息息相通的。我們現在來看看他們的關係。

(甲)動作完成就變成狀態。因此凡是敍事句的動詞含有「已成」的意味的，都兼有表態的性質。最明顯的是被動意義的動詞，換句話說，就是這類表態句的主語是動詞的止點(止詞)。例如3.83節的一個例句「兵破於陳涉，地奪於劉氏」，假如把「於陳涉」和「於劉氏」省了，只剩下「兵破，地奪」，就成了一種表態句，「破」是「兵」的狀態，「奪」是「地」的狀態；這就和史記屈賈列傳的「兵挫，地削」的句法一樣了。別的例子：

房子呢，賣了；衣服呢，當了。

恩斷義絕。

言聽，計用。(史記，淮陰侯列傳)

農事傷，則飢之本也，女紅害，則寒之源也。(漢景帝詔)

（乙）非被動意義的內動詞，只要有「完成」的意味，也就近似表態句的謂語，例如：

嗷大勢去矣。

水落，石出。

嘉木立，美竹露，奇石顯。（柳記）

（丙）還有，假如一個動作連緜下去，也就成為一種狀態，如：

雨裏一個人立着，不聲不響的，也在顫着。（朱自清，秋）

見所製蠟人……或立，或臥，或坐，或俯，或笑，或哭，諦視之，無不驚為生人者。（巴黎油畫）

5.32　（丁）同樣，形容詞做表態謂語，有時不是表示一種無始無終的一瞬間的狀態，而是表示一種狀態的開始，或是表示一種狀態的完成，於是這個形容詞也就帶有動作的意味。狀態開始的例：

說到這裏，聲音漸漸低了下去，一回兒忽然高了起來。

一到十月，這些樹葉便紅了起來。

（戊）狀態完成的例：

老夫耄矣，無能為也。（左傳）

故聞伯夷之風者，頑夫廉，懦夫有立志；聞柳下惠之風者，鄙夫寬，薄夫敦。

　　　（孟子）

5.33　（己）從上面的例句看來，許多內動詞可以用來像形容詞，同時許多形容詞可以用來像內動詞。而且有好些個字彷彿兼有內動詞和形容詞的性質，例如「枯」、「朽」、「爛」、「熟」、「飢」、「飽」、「醒」、「醉」等字，用做加語的時候，形容詞的性質就明顯些，用做謂語的時候就很難斷定。例如：

加語	謂語
朽木不可雕也。	死且不朽。

熱鐵，熟紙。　　　　　瓜熟蒂落。

飢腸轆轆。　　　　　　臣朔飢欲死。

醉漢。　　　　　　　　不醉無歸。

這一類字在詞類有形式分別的語言裏常有一對形式來分別表示形容詞和動詞，有時由形容詞孳生動詞，如英語之 ripe 變 ripen（熟），有時由動詞孳生形容詞，如英語的 rot 變 rotten（朽）。中文沒有形式區別，這類字的歸類就有些困難。

另有一類字，表示心理變化的，如⌊喜⌉、⌊怒⌉、⌊哀⌉、⌊樂⌉等等，在漢語裏，應該認為動詞。但如用英語一比較，就可以知道這些字也很有形容詞的意味。（英語的 glad, angry, sorry, happy 等字都是形容詞。）

　　5.34　（庚）一種動作沒有實際出現，只是一種可能實現的事情，那麼也就成為一種性質。所以動詞前加⌊可⌉、⌊足⌉等字或在後面加⌊得⌉字（白話），作用和形容詞相同。例如：

可憐，可愛，可喜，可恨，可惡，可恥，可悲，可念，可笑，可惱，可怪，可怕，可惜，可嘆，可為，可觀，可取，可靠。

可溶性；不可分性；可逆反應。

士可殺，不可辱。

黃金可成，而河決可塞；不死之藥可得，而仙人可致也。（史記，封禪書）

嗚呼，身前既不可想，身後又不可知。（祭妹文）

抑為采色不足視於目歟？聲音不足聽於耳歟？便嬖不足使令於前歟？（孟子）

這匹馬騎得；這種鞋穿得；這本書還看得；這個房子住得。

這盃酒可喝不得；這個話信不得；這張票子使不得；這條道兒走不得。

這類句子的主語，在意義上多數是後面的動詞的止詞，所以這些動詞也含有被動意味。⌊可…⌉是可能實現的動作所構成的狀態（或性質），⌊…了⌉便是已經實現的動作所構成的狀態。如上面封禪書的例子，假如去

了「可」字,成爲

　　　黃金成而河決塞,不死之藥得而仙人致(或至),

就和 5.31 (甲)(乙)兩類的句子同式了。

　　5.35　以上所舉各項例句,足够表示動作和狀態的相關。這些例句的謂語都可以說是兼有敍事和表態的兩種作用。然則這些句子算敍事句呢,表態句呢?似乎算是表態句好些,但要說是敍事句也未嘗不可。古人詩文裏常常把各類謂語錯雜起來用, 我們雖然不能因此就斷定他們沒有分別, 卻也可見在我們的語言心理中這種種謂語具有某種共同的性質。略舉數例:

　　　物格而后知至,知至而后意誠,意誠而后心正,心正而后身修,身修而后家
　　　甲　　　乙　乙　　　戊　戊　　　戊　戊　　　甲　　　甲
　　　齊,家齊而后國治,國治而后天下平。(大學)
　　　戊　　戊　　　甲　甲　　　戊

「誠」、「正」、「齊」、「平」四字, 本義是形容詞, 但前三字在原文的上句已用做動詞(誠其意……), 所以此處這幾個字不是表示固有狀態(如「居心不正」,「天下太平」),而是表示完成的狀態。「物格」、「身修」、「國治」的謂語都是被動性的外動詞。「知至」的「至」卻是內動字,原文上句的「致知」的「致」字是致動類的外動詞(見 7.42)。

　　　狡兔死,良狗烹;飛鳥盡,良弓藏;敵國破,謀臣亡。(史記,淮陰侯列傳)
　　　　乙　　　甲　　　乙　　　甲　　　甲　　　乙
　　　國破山河在,城春草木深。(杜甫)
　　　甲　乙　(名)　(形)
　　　鳳去臺空江自流。(李白)
　　　乙　戊　丙

判斷句

　　5.41　在基本式判斷句裏, 主語和謂語都是名詞或指稱詞。構成一個判斷句,白話裏必須在主語和謂語的中間加一個繫詞「是」(反面用「不是」)。文言裏,肯定的句子可以用連繫詞,可以不用;否定的句子非用連繫詞「非」字不可。肯定句所用連繫詞有三類:(1)「爲」,(2)「乃」、「卽」

等、(3)「者」(主語後)、「也」(謂語後)。這三類可以單用，也可以合用。但是這些字沒有一個是純粹的繫詞，可以和白話的「是」字相比——「爲」字多少帶有普通動詞的性質，他的意義有時近於「是」，有時近於「做」；「乃」、「即」都是限制詞，意義和白話的「就是」相近；「者」、「也」，更不用說，是語氣詞——不過這些字用在判斷句裏都有連繫的作用罷了。

　　判斷句有兩個用處，一是解釋事物的涵義，二是申辨事物的是非。這兩個作用是相通的，比如我說「馬是一種動物」，我是解釋「馬」的涵義，但是馬既是動物，當然就不是植物了。不過我說「馬是一種動物」的時候，並不注重後面的那個意思，假如我注重後面那個意思，我就得把「是」字說得重些，或乾脆說「馬不是植物」。所以凡否定的判斷句都是申辨是非的，肯定的判斷句卻可以有解釋和申辨兩種作用。

　　5.42　解釋性的判斷句主要的用途是傳記式句子，說明某人是什麼人，或注釋式句子，說明某物即某物，舉例如下：

　　長江是中國第一大水。

　　陳嬰者，故東陽令史。(史記，項羽本紀)

　　天下者，高祖天下。(史記，魏其傳)

　　南陽劉子驥，高尚士也。(桃源)

　　子瑜者，亮兄瑾也。(赤壁)

　　淑靜者，大姊也。(先妣)

　　「仁」者，「人」也。

　　呂公女乃呂后也。(史記，高祖本紀)

　　梁父即楚將項燕。(史記，項羽本紀)

　　桀溺曰：「子爲誰？」曰：「爲仲由。」(論語)

　　爾爲爾，我爲我。(孟子)

　　船頭坐三人，中峨冠而多髯者爲東坡。(核舟)

以上例句裏可以看到各種連繫詞或分或合的應用。

5.43 再說申辨性的判斷句。上面已經說過,凡否定的判斷句都有申辨的作用,如:

> 春天不是秋天,可是春天裏可以有兩天像秋天。

> 鯨非魚也,而其形類魚;蝠非鳥也,而其狀類鳥。

> 惠子曰:「子非魚,安知魚之樂?」莊子曰「子非我,安知我不知魚之樂?」
> (莊子)

肯定的判斷句也有帶申辨口氣的,尤其是拿指稱詞做主語的,如:

> 我子瑜友也。(赤壁)

魯肅對諸葛亮說:「我子瑜友也」,等於說「我不是外人,是令兄的朋友啊」。

此外,「此」、「是」、「這」等字做主語,也多數有申辨的作用,如:

> 這是紀念郵票。

> 無傷也,是乃仁術也。(孟子)

> 是造物者之無盡藏也。(前賦)

> 此國之大事也;臣駑下,恐不足任使。(史記,荊軻傳)

> 乃歌夫長鋏歸來者也。(馮諼)〔主語「此」省〕

第一句「這是紀念郵票」,含有「不是普通郵票」的意思。第二句,孟子對齊宣王說,「沒關係啊,你這件事情確是仁術啊。」第三句的上文有「天地之間物各有主」的話,然後說到清風明月,接上所引的一句,有「這可不是誰的私囊了」的口氣。第四句等於說「這不是小事啊」。第五句「這不是別人,就是那位彈劍把子的朋友啊」。

假如叠用肯定句和否定句,那個肯定句的申辨口氣也就特別清楚,例如:

> 這是紅土啊,哪裏是什麼硃砂!

此天之亡我，非戰之罪也。(史記，項羽本紀)

故王之不王，非挾太山以超北海之類也；王之不王，是折枝之類也。(孟子)

文言裏這一類「是」字，雖然和「非」用在上下句裏，也仍然是指稱詞，和「此」字相同，不是連繫詞。但白話的繫詞「是」字就是從這個「是」字化出來的。(參閱王力：「中國文法中的繫詞」，載清華學報十二卷一期。)

5.44　白話裏有一類判斷句，在整個一句話的頭上用一個「是」字來肯定，或用「不是」來否定，也有正反疊用的，如：

是我疏忽了，請你原諒。

不是我挑眼兒，你看這也叫做墨嗎？

不是我不想來，是事情多分不開身啊。

這類句子就是從文言裏「此……」，「此非……也」的句法脫化來的，不過省去指稱的主語了。

準判斷句

5.51　上節所說是眞正的判斷句。另有一類句子，地位在判斷句與敘事句之間，所用的動詞，性質在普通動詞與純粹繫詞(白話的「是」，文言的「非」)之間。我們稱這類句子爲「準判斷句」，這幾個動詞爲「準繫詞」。準繫詞有以下幾類。

「作爲」義。——「爲」字已見上節，但下面的「爲」字在白話裏不能說做「是」，只能說做「做」，所以只算是準繫詞。例如：

是當爲河伯婦。(西門豹)

山樹爲蓋，巖石爲屏。(冷泉亭記)

軒東故嘗爲廚。(項脊)

白話的「做」，有時也可以認爲準繫詞，但「做」字的動詞力量似乎又比「爲」字強些。

5.52 ⌊變化⌉義。——這一類動詞如⌊化⌉、⌊成⌉、⌊變⌉等，本是普通動詞，但是他們常和⌊爲⌉字合用，我們不妨把⌊化爲⌉、⌊變爲⌉乃至⌊化成⌉等詞認爲準繫詞。例如：

> 仲春之月……鷹化爲鳩。(禮記，月令)
>
> 絲體變爲縷體，縷體卽是絲體。(范縝神滅論)
>
> 有三奇樹，鼎足立，忽至半空凝合爲一。(峽江寺飛泉亭記)
>
> 拔劍斬蛇。蛇分爲二，道開。(漢書高帝紀)

有時單用⌊爲⌉字也有變化的意思，如：

> 高岸爲谷，深谷爲陵。(詩，小雅)
>
> 季夏之月……腐草爲螢。(禮記，月令)
>
> 橘踰淮而北爲枳。(周禮，考工記)
>
> 踞地卽爲小兒，執杖卽成林木。(抱朴子)

5.53 ⌊稱謂⌉義。——⌊謂⌉字本是外動詞，但有一種特別用法，如：

> 宮中之門謂之闈，其小者謂之闈，小闈謂之閣。

這些句子省略起詞，止詞在前成爲主語。如果把⌊之⌉字再省去，⌊謂⌉字卽有被動意義，也就有了近乎繫詞的性質。⌊曰⌉字也有近似的用法。例如：

> 醉而不出，是謂伐德。(詩，小雅)〔伐，悖也〕。
>
> 太守謂誰？盧陵歐陽修也。(醉翁亭記)
>
> 室有東西廂曰廟，無東西廂有室曰寢，無室曰榭，四方而高曰臺，陝而修曲曰樓。(爾雅)
>
> 五行：一曰水，二曰火，三曰木，四曰金，五曰土。(書，洪範)
>
> 林覺民字意洞，號抖飛，又號天外生，閩之閩縣人。(林覺民)

上面例句在白話裏有時用⌊叫做⌉，有時就簡直用⌊是⌉字，如：

> 喝醉　還不走，這就叫做沒道理。

第一是水,第二是火……

5.54　「猶若」義。——「猶」、「如」等字本是普通動詞,「同」本是形容詞,但有時用來很像繫詞,所以也不妨列入準繫詞。如:

「曰」猶「爲」也,「謂之」也……家大人曰:「謂」猶「爲」也。(經傳釋詞)

兵猶火也;弗戢,將自焚也。(左傳)

名詞如「天」、「地」,動詞如「來」、「去」。

「亻」同「人」;「刂」同「刀」;「忄」同「心」。

如「曹公,豺虎也」是正式的判斷句,但是這句裏面實有比喩之意,無妨加一「猶」字,「曹公猶豺虎也。」又如「以爲無益而舍之者,不耘苗者也;助之長者,揠苗者也。」(孟子),這在形式上是無疑問的判斷句,但是也含有「猶如」的意思。所以我們把「猶若」義的句子歸在準判斷句內。但「猶」、「如」等字連結兩個詞結時,如「人之視己,如見其肺肝然」等句,可以認爲關係詞。

有無句

5.61　有無句可分兩類:有起詞的和沒有起詞的。先說:

(甲)無起詞的有無句。例如:

你老可要我作甚麼呀?有跑堂兒的呢。(兒,四)

你走罷,沒你的事。

豈有此理!

有人於此。

這一類有無句單純表示事物的存在,也可以稱爲「存在句」。這些句子裏面的「理」、「人」等詞,是「有」的起詞呢,還是他的止詞呢? 是止詞。何以見得?假如我問:「有此言乎?」你可以回答「有之」,這個「之」字照例只當止詞用,這是一個證據。又如說「所有的書」,這個「所」字照例也只

指示下面的名詞原來是止詞或補詞（見 6.6），這又是一個證據。所以我們不必模倣英語，把這些詞當作起詞，但是就這種無起詞的句式而論，卻不妨當作句子的主語。

這些止詞，有時可以倒在⌊有⌉字之前，如：

> 晚飯有了，可送不送?（紅，五八）

> 只怕逛膩了的日子還有呢。（紅，六〇）

> 苗而不秀者有矣夫，秀而不實者有矣夫。（論語）

可是仍然不能認爲⌊有⌉的起詞。文言裏通常要在⌊有⌉字後面補一個⌊之⌉字，這就表示那個名詞雖然用作句子的主語，可是對於⌊有⌉字還是個止詞。例如：

> 苗而不秀者有之，秀而不實者亦有之。

> 甚且身死而父母兄弟妻子不免凍餒者亦有之。〔林覺民〕

⌊無之⌉不很用，大率用⌊未之有⌉。例如：

> 其家不可教而能教人者，無之。（大學）

> 不好犯上而好作亂者，未之有也。（論語）

> 所藏乎身不恕，而能喩諸人者，未之有也。（大學）

5.62 其次，我們要談談有起詞的有無句。有無句裏的起詞，按性質可以分爲三類：時地性的，分母性的，領屬性的。

（乙）時地性起詞的有無句——很多有無句是拿方所詞做起詞的，例如：

> 蜀之鄙有二僧。（爲學）

> 座上有健啖客。（鐵椎）

> 此地有崇山峻嶺，茂林修竹。（蘭亭集序）

> 北冥有魚，其名爲鯤。（莊子）

這些⌊蜀之鄙⌉之類的詞語，意義上是⌊方所補詞⌉，表示事物存在於何

處。「有人於此」的「於此」,位置在「有」字之後,顯然是補詞。「於傳有之」(孟子),「於我心有戚戚焉」(孟子),這兩句裏的補詞就移在「有」字之前,但是還有一個「於」字表示他們的性質,假如刪去這個「於」字(例如「傳有之」),就變成「蜀之鄙有二僧」的句法了。

　　但是「蜀之鄙」之類的詞語既然佔據了起詞的位置,又可以和「我有嘉賓」〔(丁)類有無句;這裏面的「我」字公認爲「有」的起詞〕式的句子混列在一起,如:

　　庖有肥肉,廄有肥馬,民有飢色,野有餓莩。(孟子)

這裏一、二、四、這三小句是「蜀之鄙有二僧」一類、「民有飢色」是「我有嘉賓」一類,但是四句聯立得很調和,可以推見他們確是同一類型。因此我們無妨把「蜀之鄙」也認做起詞,或稱爲「準起詞」,和(丁)類的起詞分別。有了方所性準起詞以後,間或把「有」字省去,如

　　戶內一僧……對林一小陀……舟尾一小童。(核工)

時間詞有時也可以做準起詞,如:

　　一九三一年有一次大水災。

　　蓋上世嘗有不葬其親者。(孟子)

5.63　(丙)分母性起詞的有無句。——又有兩小類。第一類的例:

　　船有兩種,普通坐的都是烏篷船,白篷的大抵作航船用。(烏篷船)

　　不孝有三,無後爲大。(孟子)

　　玫瑰花有紅的,有白的。

這種句子用來列舉事物的種類;普通在下面逐一說明,但也有接着只說意思所在的一種的,如第二句。這類句子的起詞也是假性的,我們可以把他取銷,改爲「有兩種船」,「有三種不孝」,「有紅的玫瑰,有白的玫瑰」等,就和(甲)類句法相同了。

　　還有一類是只就一類人或物的一個或一部分說話,不理會別的,例

如：

> 宋人有閔其苗之不長而揠之者。(孟子)
>
> 客有吹洞簫者，倚歌而和之。(前賦)
>
> 京綏鐵路旣闢，中外旅行家漸有齒及斯窟者。(雲岡)

這類句子的起詞的形式有點兒近似方所性起詞，⌊宋人⌉、⌊客⌉這些詞的底下都可以加⌊之中⌋兩字。但是骨子裏是不同的，因爲這裏的起詞並不代表另一概念，他和止詞是一而二，二而一的，揠苗助長者就是宋人，吹洞簫者就是客。雖然宋人等所指甚廣，其實作者只就着其中一人或一部分人有話說。這是文言裏常用的句法，白話裏就乾脆說⌊有一個宋人……⌋⌊有一個客人……⌋⌊總有些旅行家……⌋，就和前面的(甲)類句法相同。第一句也可以說成⌊宋國有個人……⌋，就是(乙)類的句法。

5.64　(丁)領屬性起詞的有無句。——這就指⌊我有一本書⌋等等句子。很有人認爲這一類句子裏的⌊有⌋表所有權，是普通動詞，另外那些⌊有⌋表存在，只能稱爲⌊同動詞⌋，意思就是⌊準動詞⌋。這個話有一部分眞理，⌊我有一本書⌋的⌊有⌋和⌊蜀之鄙有二僧⌋的⌊有⌋確是有點兒兩樣；可是我們也不要把他們當中的距離看得太大。也有些句子彷彿可以兩屬，例如⌊村有村長，鄉有鄉長⌋，⌊此書有序有跋⌋。⌊村有村長⌋可以解爲一村之中有一人爲長，也可以解爲村長爲村所有，屬於此村。

眞正只表示⌊存在⌋而不參加別的概念的，只有上面的(甲)類和(丙)類。(乙)類例句除表示一人一物的存在外，兼表示此人此物與某地某時有關係，例如⌊蜀之鄙有二僧⌋，表示兩個和尚的存在，同時表示這兩個和尚跟四川地方有關係。而(丁)類的句子，也無非表示事物的存在，同時表示此物與某人有關係而已；例如⌊我有一本書⌋，同時表示兩件事，一是表示有一本書存在，其次是此書與一個人(我)有關係。這種關係通常稱爲⌊領屬關係⌋，其實這個關係也是很活動的。⌊我有一個朋

友⌉和⌊我有一個敵人⌉，我們能說我跟這兩個人的關係相同嗎?⌋我有一塊錢⌉，這塊錢可以隨我怎樣化；⌊我有一個哥哥⌉，我可不能隨便處置他。⌊上星期我有一封信，收到沒有?⌉這封信是我寫的；⌊我有信沒有?⌉這是人家寫給我的。

第六章 句子和詞組的轉換

表態句和形容性加語

6.1 我們在第二章裏討論過，詞和詞的配合，可以有組合關係(卽附加關係)，結果是 L詞組 」，又可以有結合關係 (卽造句關係)，結果是 L詞結 」，獨立的詞結就是 L句子 」。由此可見詞組和句子的分別是配合的方式不同，並不是說詞組裏頭包含的意義一定比句子少些。比如

　　　　我前天在少城公園無意之中遇到的那位北京來的朋友，

雖然包含許多概念，只是一個詞組；而

　　　　山高；水深；人來；客去，

卻是四個句子，雖然每句只包含兩個概念。

　　大概說來，相同的幾個概念，可以配合成句子，也可以配合成詞組；所以一句現成的句子大概可以改換成一個詞組；大多數的詞組也可以改換成句子。例如上面的那個詞組，可以改成

　　　　我前天在少城公園無意之中遇到一位北京來的朋友

這就成了句子了。又如那四個短句，如改成

　　　　高山；深水；來的人；去的客，

便都成了詞組。本章就要討論這種轉換關係。可是句子和詞組雖然可以轉換，卻不可誤會他們的作用相同。無論怎樣複雜的詞組，他的作用只等於一個詞；造句的時候，他只能做句的一個成分。

　　同時我們也可以借此考查一下一個詞組的加語和端語之間的關係。這個關係有時隱藏在內，有時用 L的 」或 L之 」來表示。我們在第二章裏只汎槪的稱這種關係為 L附加關係 」，其實這個隱藏着的，或由 L的 」或

⌊之⌉表示的關係並不單純，⌊附加關係⌉只是從形式方面着眼的一個總名稱而已。

我們拿上面的兩個例子來看：⌊高山⌉，⌊深水⌉這兩個詞組裏的加語都是形容詞，我們稱之爲⌊形容性加語⌉。這兩個詞組轉換成⌊山高⌉，⌊水深⌉，這兩個句子都是表態句。所以我們可以得一結論，由表態句轉成的詞組，他的加語是形容性的。一部份表態句的謂語是動詞(5.3)，所以動詞用作加語也是形容性，這個下文還要討論。現在再把5.21裏的例句找兩個來試變詞組，如：

　　深溪：肥魚；香泉；冽酒。

　　嗚嗚之聲，嫋嫋之音。

　　慘淡之色，清明之容；慄冽之氣；蕭條之意。

凡是⌊形加名⌉的複詞，裏面所隱藏的關係就是這種關係，不過整個詞組的意義往往特殊化了，例如⌊甘草⌉不是任何⌊甜的草⌉(參閱2.31)。

我們翻翻5.2各節的例句，應該注意到一件事：⌊他本來很熱心⌉，不能轉成⌊很熱心的他⌉。儘管現代語體文裏也不乏其例，如⌊落在這樣生疏的甚至還有些敵意的環境中的他們倆⌉(大澤鄉)，口語裏是絕對沒有的。同樣，假如有⌊這個乾淨⌉這麼一句表態句，也不能轉成⌊乾淨的這個⌉。因此我們可以得出結論：凡是指稱詞都不受修飾，即不能做詞組的端語。這條規律適用於以下各節。

以上討論的是拿主語做端語的例。我們是否還可以拿謂語做端語呢，例如⌊溪之深⌉，⌊魚之肥⌉？也可以，下面6.7各節要討論。

有無句和領屬性加語

6.2　只有止詞沒有起詞的有無句，即所謂純粹的⌊存在句⌉，是不能改變成詞組的，例如⌊有兩個和尙⌉不能改成⌊有的兩個和尙⌉。

　　有無句的另一極端是有起詞,有止詞,類似敍事句形式的⌐領屬句⌐,如⌐我有一本書⌐。⌐我⌐和⌐書⌐這兩個概念,如果配合成詞, 就是⌐我的書⌐。和一般的敍事句不同,這裏無需保留原來的動詞。⌐我讀書⌐改成詞組是⌐我讀的書⌐,但是⌐我有書⌐不必說⌐我有的書⌐,是因爲⌐有⌐字實在和普通動詞的性質不同,本質上是個關係詞。

　　⌐我的書⌐和⌐紅的書⌐同用⌐的⌐字,因爲⌐我⌐和⌐紅⌐同是加語。可是雖然同用一個⌐的⌐字,表示的關係可不完全一樣,⌐我的書⌐的⌐的⌐表示一種領屬關係。

　　有些領屬句也可以拿起詞做端語,改成詞組,例如⌐那些人有錢⌐可以轉成⌐有錢的那些人⌐,這裏的⌐有錢的⌐是形容性加語。同樣,⌐這本書有二百頁⌐ 可以轉成⌐二百頁的一本書⌐,加語也是形容性,但是不帶⌐有⌐字。這一式含數量的加語,在許多複詞裏可以見到,如:

　　　　獨幕劇; 雙眼井; 三角板; 三家村; 三脚貓; 三聯單; 四腮鱸; 五線譜;

　　　　七絃琴; 八角亭; 八行書; 九頭鳥; 百葉窗。

如⌐獨幕劇⌐,轉成句子就是⌐這個劇本只有一幕⌐,餘例同此。

　　但是這種轉換很有一點兒限制,例如⌐人有兩條腿⌐,轉成⌐(有)兩條腿的人⌐,也不能說是不通,可是事實上用不着,除非在⌐坐在轎子裏的也是一個有兩條腿的人⌐這一類話裏。

　　拿方所詞做起詞的有無句轉成詞組以後, 那些加語(方所詞)又像是領屬性,又像是形容性,例如:

　　　　蜀鄙之僧; 北冥之魚;. 黔之驢; 中國的桐油。

都可以有兩種看法, 但如不用⌐之⌐或⌐的⌐, 則加語的形容性就特別明顯,如:

　　　　蜀僧; 黔鱸; 中國桐油; 煙台蘋果。

這個區別,有時很有關係, 例如⌐我有幾個廣東朋友⌐(形容性)和⌐廣州

是廣東的省會⌉（領屬性）。

判斷句和同一性加語

6.3　註釋式的判斷句，如⌊馬，動物也⌉，⌊仁者，人也⌉這類句子，不能轉成詞組。我們不能說⌊動物馬⌉或⌊馬動物⌉或加⌊之⌉字成⌊動物之馬⌉或⌊馬之動物⌉。但傳記式判斷句卻有轉換可能，如：

> 中國第一大水長江；故東陽令史陳嬰；大姊淑靜；南陽高士劉子驥。（參閱 5.42 例句）

這種加語是一種頭衝式的加語，⌊中國第一大水⌉就是⌊長江⌉，所以稱為同一性加詞。

以上的轉換是拿主語做端語的，下面的例子是拿謂語做端語的。

> 呂公女呂后；梁父燕。

何以這兩個詞組不能取⌊呂后呂公女⌉和⌊項燕項梁父⌉的形式呢？我們只要和前面的例子比較，就知道這一類頭衝式的加語是不能拿人名地名來充當的（雖然在判斷句裏人名地名儘可以做謂語）。

因此，⌊子瑜者亮兄瑾也⌉這一句不好安排成一個詞組的道理也就不難明白，因為兩頭都是人名啊。（⌊亮兄瑾⌉這個詞組裏，⌊亮兄⌉是同一性加語。）

形容性詞組和領屬性詞組都不大用人名地名做端語，而同一性詞組常拿人名地名做端語，這很可以表示這種詞組和前兩種的性質不相同。

還有一點也可以表示這種詞組和別種詞組不同，就是不能在加語和端語之間加⌊之⌉字。但是另有一類同一性詞組裏面可以加⌊之⌉字或⌊的⌉字，例如：

> 來到⌊省親別墅⌉的牌坊底下。（紅，四一）

誦⌊明月⌉之詩, 歌⌊窈窕⌉之章。(前賦)

這些詞組的加語也是同一性的, ⌊省親別墅⌉就是那座牌坊。

上面第一個例子的⌊的⌉字還可以省去, 但第二例的⌊之⌉字就不可少。以下詞組裏的⌊的⌉字也差不多都是非用不可的。

建國的事業; 戰爭的威脅; 沙漠旅行的經驗; 明日開船的消息; 遷地爲良的主張; 赤壁之戰的故事。

這裏面加語對於端語的關係是同一性, 不是領屬性(如⌊我的事業⌉), 也不是狹義的形容性(如⌊偉大的事業⌉); ⌊建國⌉就是⌊事業⌉, 所以是同一性。

敍事句轉成詞組

6.41　敍事句轉成詞組和句法變化最有關係, 情形也比別種句子來得複雜。把一個敍事句改成詞組, 可以用謂語動詞做端語, 如⌊國之將興⌉, 下面6.7要討論, 這裏只講拿敍事句裏的起詞、止詞、補詞做端語的詞組。

(甲)我們先看有起詞無止詞的句子, 就是動詞爲內動詞的句子, 我們在5.33節裏已經說過, 內動詞和形容詞很相近, 改造成詞組以後, 這種性質尤其明顯。

句子	詞組
水流。	流着的水; 流水。
事情已成。	已成之事; 成事。
客健啖。	健啖客。
將軍百戰死, 壯士十年歸。	百戰而死之將軍, 十載歸來之壯士。
眼終夜常開, 眉平生未展。	(惟將)終夜長開眼, (報答)平生未展眉。

有許多⌊動加名⌉式複詞, 就是這一式詞組, 如:

書家； 畫士； 遊子； 旅客； 歌童； 舞女； 中立國； 不倒翁；

自鳴鐘； 高射炮； 未亡人； 流行病。

6.42 (乙)其次，有起詞兼有止詞的句子，如果拿起詞做端語，其
例如下：

句子	詞組
人看人。	看人的人。
力拔山兮氣蓋世。	拔山之力，蓋世之氣。
亂石奔雲，驚濤裂岸。	奔雲亂石，裂岸驚濤。
浪淘盡千古風流人物。	淘盡千古風流人物的大浪。

複詞的例：

售票員； 編劇人； 縫衣婦； 浣紗女； 生髮油； 除蟲菊； 記事詩；

指南針； 食蟻獸； 吐蚊鳥； 教書先生； 注音字母。

有些本來該屬這一式的複詞，省去止詞，就和上面(甲)項的複詞相同，
如：

縫婦； 牧童； 渡船； 搭客； 剪刀； 掃帚； 鼓吹手； 研究員；

發起人； 保護色。

照漢語的習慣，在詞組裏也是要先動詞後止詞的，但是現在有如下
的例子：

日報讀者； 電影演員； 飛機乘客； 衞生展覽會； 學習輔導員。

這些例子多半是因爲下半截已經成爲一個複詞，上半截是外加的，所以
也可以在當中加一個[的]字，如[日報的讀者]，[電影的演員]。不過多
少也受了點外國語的影響，如英語的 newspaper readers 之類。假如這
些複詞解散了，成爲普通的詞組，仍然應該守通常的習慣把止詞擱在動
詞後面，如[看報的人]，[演電影的人]。

6.43 (丙)如果拿止詞做端語，其例如下：

句子	詞組
朱先生教英語。	朱先生教的英語。
老牛拉車。	老牛拉的車。
美人捲珠簾。	美人捲起的珠簾。
余遊巴黎蠟人館。	余所遊巴黎蠟人館(∟所˥字用法詳 6.6)。

句子裏的起詞可以省略,詞組裏也可以,如:

> 啞子吃黃連,說不出的苦;
>
> 扶不起的阿斗。

複詞的例:

> 人造絲; 天落水; 脚踏車; 手提箱。

大多數的複詞是省去起詞的,這個時候附加的動詞有顯明的被動意味。
例如:

> 佩刀; 插畫; 提琴; 拉麵; 燻魚; 燒酒; 白切肉; 精裝本。

上面所說種種轉換都是有限制的,尤其是(丙)式。如∟眇者不識日˥,如果拿起詞做端語,改成詞組∟不識日之眇者˥,已經勉強; 如果拿止詞做端語,成爲∟眇者不識之日˥,簡直不成話。餘如∟鑼鼓喧天˥,∟呼聲震耳˥,∟行人避路˥這些句子都只能變成(乙)式詞組,不能轉成(丙)式詞組。如∟大哥回家˥之類,同樣不能轉成(乙)式詞組。

6.44 (丁)如果拿句子的補詞做詞組的端語,白話裏對於人和物是分別看待的。憑藉補詞多數指物,轉成詞組的例:

用話激他。	用來激他的話。
拿紙糊窗。	拿來糊窗的紙。

假如補詞指人(受詞,關切補詞,交與補詞),照例在關係詞後仍然還得用個∟他˥字,如:

你送花給一個人。	你送花給他的人(……我認得)。

我就向一位老人家問路。　　我向他問路的老人家(……偏偏是個聾子)。

你替你的朋友買票。　　　　你替他買票的朋友(……早已走了)。

文言裏在這些詞組裏都要應用⌊所⌉字，和止詞作端語的詞組一樣。

方所補詞和時間補詞作端語的例：

他把書插在書架上。　　　　他插書的書架。

、他那天看見王胖。　　　　　他看見王胖的那天

許多⌊動加名⌉式複詞，那裏的端語對於加語(動詞)處於補詞的地位，大率都是工具補詞(憑藉補詞)，例如⌊望遠鏡⌉本是⌊以此鏡望遠⌉。餘如：

磨刀石；　穿衣鏡；　習字帖；　敲門塼；

發刊詞；　疑問號；　計算尺；　救護車。

照相機；　留聲機；　紡紗機；　……機。

測音器；　描準器；　聽診器；　……器。

複詞裏面工具補詞和起詞很難分，例如⌊磨刀石⌉的⌊石⌉也可以算起詞，⌊剪刀⌉的⌊刀⌉也可以算工具補詞。方所補詞作端語的例：

游泳池；　藏書樓；　簽到簿；　人行道；　積谷倉；　防風堤。

其餘補詞做端語的例就不大看見了。

⌊者⌉字的作用

　6.51　表態句和敘事句改造成詞組，常在加語和端語之間加用⌊的⌉字或⌊之⌉字，上面已經說過。我們應用這種詞組，有時把端語省去，比如上文剛說過，就無須重說。例如：

三十二個學生裏頭考在甲等的五個。

剛纔看見三個騎馬的人過去，後面跟着一個騎驢的。

這是化錢買來的書啊，別把他當撿來的。

有錢的和尙沒去成，窮的倒去了來了．

　　以上都是白話的例子。我們知道白話裏用├的┤字的地方，文言裏多用├之┤字，但是這些地方卻不能用├之┤字，要用├者┤字。

　　三十二人中考列甲等者五人。

　　富僧不能至，而貧者至焉。

　　桃花不名一色……與梨花間植者，尤有殊致。(看桃花記)

　　旁皆大松，曲者如蓋，直者如幢，立者如人，臥者如虯。(新城遊北山記)

　　天下事有難易乎？爲之則難者亦易矣；不爲，則易者亦難矣。(爲學)

　　看七月半之人……名爲看月而實不見月者……身在月下而實不看月者……
　　…亦在月下，亦看月而欲人看其看月者……月亦看，看月者亦看，不看
　　月者亦看，而實無一看者……看月而人不見其看月之態，　亦不作意看
　　月者。(陶庵夢憶)

這些句子裏如果用├之┤字，那個詞組就缺點兒什麼似的，非用├者┤字站不住。所以我們可以說這個├者┤字有一種├完形作用┤。

　　6.52　這個├者┤字的完形作用，常常可以利用來改變加語和端語的次序。例如白話裏說├有錢的和尙沒去成，窮的倒去了來了┤，文言裏彷彿覺得這種把端語放在兩個加語的一個後面不大整齊似的，就把端語索性放在前面，兩個加語後頭都用├者┤字襯住，就成了

　　僧富者不能至，而貧者至焉。(爲學)

其餘的例子：

　　兒女大者攀衣，小者乳抱。(先妣)

　　佛像大者數丈，小者數寸。(雲岡)

　　以土礫凸者爲邱，凹者爲壑。(記趣)

有時在端語之後加個├之┤字使他處於一種分母地位，如：

　　大夫之忠儉者從而與之，泰侈者因而斃之。(左傳)

牛之佳者不大勝亦不大敗；次者雖敗猶能好整以暇……下者則蒼黃觝觸……不可牽挽。(鬭牛)

這可以和分母性起詞的有無句比較，如⌈玫瑰花有紅的有白的⌉，改成詞組就是⌈玫瑰紅者……白者……⌉或⌈玫瑰之紅者……其白者⌉。

但是這實在是一種把加語移在端語之後的手法，一看下面的例子就明白了。

使吏召諸民當償者悉來合券。(馮諼)

請益其車騎壯士可爲足下輔翼者。(史記)

這都是因爲加語太長了，放在端語之前不方便，所以移在後面的。

也有在這種句子裏加一個⌈之⌉字的，大率端語若是一個單字就非加不可。如：

其石之突怒偃蹇，負土而出，爭爲奇狀者，殆不可數。(柳記)

此亦理之不可信者。(市聲說)

此又勢之必不可者矣。(全)

況其他學術之較爲複雜者乎？(有恆)

有了⌈之⌉字，儼然像是有分母分子的關係，其實下面只舉一事，並非眞的分述式(比較⌈客有吹洞簫者⌉式的句子)，仍然是爲了要把加語挪後。而且連挪後加語也不一定有必要，第一句的加語確是太長，其餘無非利用這種格式而已。白話裏就可以而且只能說在前，如⌈不能叫人相信的道理⌉，⌈辦不到的事情⌉，⌈其他比較複雜的學術⌉。但是經過這一番挪動以後，詞組成分的形式上的關係變了，加語變成端語，端語變成加語了(參閱8.8)。

6.53　有時詞組的端語並沒有見於上文，只是因爲不言而喩，也就無須說明，尤其是汎指⌈人⌉的時候。這個辦法，文言裏比白話裏更常用，在下面的例句裏有許多⌈者⌉字，翻成白話，不能單用一個⌈的⌉字，要加

一個Ḻ人丨字。

> 看戲的比唱戲的多。
>
> 這樣說來，出門的倒比在家的安逸了。
>
> 一個巴掌拍不響，老的也太不公些，小的也太可惡些。(紅，五八)
>
> 自恃其聰與敏而不學，自敗者也。(爲學)
>
> 負者歌於塗，行者休於樹，前者呼，後者應……射者中，弈者勝。(醉翁亭記)
>
> 適燕者北其轅……適越者南其楫。(辨志)
>
> 知者不惑，仁者不憂，勇者不懼。(論語)

不指人而指Ḻ物丨或Ḻ地丨的，例如：

> 君子務知大者，遠者，小人務知小者近者。(左傳)〔大事，小事〕
>
> 逝者如斯夫。(論語)
>
> 西望夏口，東望武昌……此非孟德之困於周郎者乎？(前賦)〔困於周郎之地〕
>
> 百年老屋，塵泥滲漉，雨澤下注，每移案，顧視無可置者。(項脊)〔無可置案之地〕

在複詞裏面，白話和文言一樣，也常用Ḻ……的丨代替Ḻ……的人丨，例如：

> 當家的；　看門的；　打更的；　掌櫃的；　賣糖的；　算命的；　打鐵的。

文言裏Ḻ…者丨複詞之例：

> 瞽者；　瘖者；　跛者；　躄者；　狂者；　賢者；　智者；　長者；　弱者；
>
> 健者；　老者。
>
> 騎者；　耕者；　鬥者；　主者；　從者；　行者；　卜者；　作者；　讀者；
>
> 歌者；　學者；　旁觀者；　當局者。

這可以看出Ḻ者丨字比Ḻ的丨字應用更廣，例如Ḻ瞽者丨、Ḻ跛者丨，白話裏只能說Ḻ瞎子丨、Ḻ瘸子丨。

還有一類複詞，隱藏一個「者」字，如：

主席；　主筆；　司令；　司書；　司機；　推事；　錄事；　將軍；　屏風；

繫闈；　緊身；　戒指。(以上動詞帶止詞)。

教授；　警察；　監督；　經理；　傳達；　書記；　看護；　買辦。(以上動詞

不帶止詞)。

6.54　以上說明「……的」在白話裏可以獨立作名詞用，「……之」在文言裏不能獨立，要把「之」字改成「者」字纔行。可是這「者」字上面只許用形容詞或動詞，不能用名詞或指稱詞。換句話說，連繫形容性的加語的「之」可以改用「者」，連繫「領屬性」的加語的「之」字不能改用「者」；當然也不能就用「之」，乾脆就是不能獨立，例如我們在白話裏可以說：

尊敬咱們的老輩，也就得尊敬人家的。

但是文言只能說：

老吾老，以及人之老。(孟子)

不能說「以及人者」，更不能說「以及人之」。

「所」字的作用

6.61　「所」字有兩個作用，一是指示，二是完形。

怎麼樣是「所」字的指示作用呢？比如說「貓捉老鼠」，這是個句子，改變成詞組，可以拿「貓」做主體，也可以拿「老鼠」做主體。拿「貓」做主體詞，「捉老鼠的貓」，用文言說，是「捕鼠之貓」，只是把個「的」字換成「之」字就完了。拿「老鼠」做端語，白話是「貓捉的老鼠」，文言可不能照樣換個「之」字，作「貓捕之鼠」就完結，要加個「所」字在動詞之前，「貓所捕之鼠」。這個「所」字的作用就是指示這個詞組的端語「鼠」。

在古書裏間或有「所」字指示原為起詞的端語，但是照通常的用法，只有端語原為止詞或補詞時才用這個「所」字。以下是止詞做端語的例

句：

　　　　仲子所居之室……所食之粟。(孟子)

　　　　天所立大單于敬問皇帝陛下無恙。(史記，匈奴列傳)

　　　　視駝所種樹，或移徙，無不活。(郭橐駝傳)

　　　　故拯幼時，每朝入塾，所讀書乃熟於他童。(課誦圖)

　　　　復至飛來峯下，尋前所見村落而歇焉。(遊西湖記)

從上面例句裏可以看出：(一)用了「所」字以後，動詞下面就可以不用
「之」字，而白話裏的「的」可不能不用；(二)動詞的起詞已見上文，可以
省去，如「課誦圖」及「遊西湖記」二例，白話裏也可以省去。

　　現在的口語裏面是不用「所」字的(除少數成語)，但一般白話文裏
常常看見，這是從文言裏吸收過來的。

　　6.62　這類詞組，假如省去端語，在白話裏無須特殊表示，如：

　　　　你寫的字比我寫的好。

　　　　街上賣的哪有樹上現摘下來的新鮮。

在文言裏有「所」字的詞組，假如省去端語，可以用「者」字來完成詞組的
名詞性，但多數可以不用「者」字。我們可以說「所」字本身也兼有完形的
作用。我們又常在原來的起詞之下加一個「之」字，彷彿表示起詞處於一
種領屬性的地位。

　　這種「所……者」或「所……」，假如省去的端語並未見於上文，那就
是泛指「事物」，指人的例子較少，讀者可以在下邊例句裏試為辨別。

　　用「所」字兼用「者」字之例：

　　　　視吾家所寡有者。(馮諼)

　　　　然則吾所求者無不可乎？(左傳)

　　　　叔孫所館者，雖一日必葺其牆屋，去之如始至。(左傳)

　　　　所愛者，撓法治之；所憎者，曲法誅滅之。(史記，酷吏列傳)

單用 ⌞所⌝ 字不用 ⌞者⌝ 字的例:

> 仲子所居之室,伯夷之所築與?抑亦盜跖之所築與?(孟子)

> 舟車所至,人力所通,天之所覆,地之所載,日月所照,霜露所墜,凡有血氣
> 者莫不尊親。(中庸)〔所至、所通……之處〕

> 令我日聞所不聞。(陸賈傳)〔⌞所⌝上隱⌞吾⌝字〕

> 聞所聞而來,見所見而去。(晉書,嵇康傳)

> 吾不忍爲公所爲,公所爲不合古。(史記,叔孫通傳)

> 非騷人之事,吾所不取。(黃岡竹樓記)

> 但願常如此,躬耕非所嘆。(陶潛詩)

> 鬻百貨於市者,類爲曼聲高呼,跨所挾以求售。(市聲說)

> 以吾所長,攻敵所短,徼天之幸,或能免乎。(馮婉貞)

6.63　以上各例,詞組的端語原來是動詞的止詞。但不是只有止詞
需要 ⌞所⌝ 字,各種補詞(假如能用作端語)都要用 ⌞所⌝ 字;只有起詞通例
不用。以下舉補詞作端語的例; 說出端語的較少,大多數單用 ⌞所⌝,或
⌞所……者⌝。

> 揖所與立。(論語)〔交與〕

> 其妻問所與飲食者,則盡富貴也。(孟子)〔交與〕

> 其在東所與遊者,率皆赤心人。(林覺民)〔交與〕

> 梁乃召故所知豪吏,諭以所爲起大事。(項羽本紀)〔目的〕

> 陛下所爲不樂,非爲趙王年少,而戚夫人與呂后有卻邪? (史記,張丞相列
> 傳)〔原因〕

> 所以飾後宮,充下陳,娛心意,悅耳目者必出於秦然後可。(史記,李斯傳)
> 〔憑藉〕

> 臣恐侍御之不察先王之所以畜幸臣之理, 而又不自於臣之所以事先王之
> 心。(國策,樂毅報燕王書)〔上原因,下憑藉〕

夫江湖所以濟舟，亦所以覆舟。(三國名臣序贊)〔上憑藉，下原因〕

　　(此二例可以表示原因補詞和憑藉補詞很相近，所以用同一個關係詞
「以」字。)

見漁人，乃大驚，問所從來。(桃花源記)〔來由〕

自古至今，所由來遠矣。(史記三王世家)〔來由〕

以上各例，如用白話說，「和」、「跟」、「給」等字之後一定還要有個「他」字
(參閱6.44)。所以不用「所」字而用個「之」字在「與」、「爲」、「以」等字之
後，也可以幫助明瞭意義，但是這些句子便不合文言習慣了，因爲這兩
個字性質大異，不可通用。例如「江湖，所以濟舟，亦所以覆舟」，如果說
「江湖，以之濟舟，亦以之覆舟」，是不很通順的。

　　方所補詞的情形，又跟別的補詞兩樣些。比如說「馬生於某地」，倘
若拿某地做主體而改成詞組，照上面「所與」、「所爲」、「所以」、「所從」等
例子，應該是「馬所於生之地」，但是通常不用這個「於」字，如：

冀北之土，馬之所生。(左傳)

殽有二陵焉……其北陵，文王之所辟風雨也。(左傳，殽之戰)

市者，聲之所聚；京師者，又市之所聚也。(市聲說)

予以罪廢無所歸。〔滄浪亭記〕

下面用「於」字的例句，反而是例外，可以和上面最後一例比較；

以官爲家，罷則無所於歸。(韓愈)

我們還可以用白話來比較，「他把書插在書架上」變成詞組是「他插書的
書架」，不說「他插書在上的書架」。

　　應用「所」字構成的複詞遠不及應用「者」字爲多，下面是幾個常見
的：

所得；　　所有；　　所在；　　所天；　　所歡。

組合式詞結

6.71　句子化爲詞組還有一個方式，上面已經提起過，就是把謂語做端語，把主語改做加語。辦法很簡單，只在主語和謂語之間加個「之」字就行，分類舉例如下：

（甲）敍事句轉成組合式詞結：

　　三子之不遷其業，非保守而不求進步之謂也。（有恆）

　　旁觀者徒豔羨其功之成。（毅力）

　　例如比之受攻於德，比人奮勇而禦敵，雖死無悔。（舍己爲羣）

以上例句裏的「…之…」，形式上是一個詞組，「三子之不遷其業」和「三子之業」是同一形式。但是就內容而論，「三子之不遷其業」實在是一個詞結，和「三子不遷其業」是一個意義。我們稱這一類詞組爲「組合式詞結」，當然也不妨稱之爲「結合性詞組」。不管名稱如何，反正只要知道，這些原來是句子，現在不是句子了。這裏所加的「之」字，可說他的作用是取消句子的獨立性。至於這些「組合式詞結」在句子裏頭有什麼作用呢，我們七八兩章都要討論，現在單注意他們的形式。以下是表態句等

（乙）表態句轉成組合式詞結：

　　吾資之聰，倍人也；吾材之敏，倍人也。（爲學）

　　忘路之遠近（桃源）

　　雖不若市聲之嘵嘵然，而無聲之聲，震於鐘鼓矣。（市聲說）

（丙）判斷句轉成組合式詞結：我們要注意，這個時候不但否定性句子要有繫詞「非」，肯定性句子也非有繫詞「爲」不可了。

　　今三世以前，至於趙之爲趙，趙主之子孫侯者，其繼有在者乎？（國策）。〔此「爲」有「成爲」之意，「趙之爲趙」卽「趙始建國」。〕

漢之爲漢幾四十年矣。(論積貯疏)

是第知盲者之爲盲,而不知不盲者之盡爲盲也。(盲者說)

言之津津,幾忘我之爲牛,牛之爲我焉。(關牛)

今夫弈之爲數,小數也。(孟子)

(丁)有無句轉成組合式詞結(無起詞的有無句不能轉成組合式):

象之有鼻猶人之有手也。

故士大夫之無恥,是謂國恥。(顧炎武,廉恥)

6.72　在文言裏,⌊三子之業⌋之前,假如已經說過⌊三子⌋,就可以拿⌊其⌋字來代⌊三子之⌋,成爲⌊其業⌋。這個原則同樣適用於組合式詞結,⌊三子之不遷其業⌋也可以作⌊其不遷其業⌋。下面是應用⌊其⌋字造成的組合式詞結之例,仍分四類。甲類的前兩例都是先用⌊……之⌋,後用⌊其⌋。

(甲)大夫之許,寡君之願也,若其不許,亦將見也。(左傳)

孟子,吾見師之出而不見其入也。(左傳)

旣共出,則或咎其欲出者,而予亦悔其隨之而不得極夫遊之樂也。(遊襃賢

　山記)〔⌊其⌋指⌊予⌋〕

比其反也,則凍餒其妻子。(孟子)

(乙)寧武子……其知可及也,其愚不可及也。(論語)

及其老而病也,曰……(有恆)

不學者以觊深文其淺陋。

(丙)迫以手捫之,始知其爲壁也,畫也,皆幻也。(巴黎油畫)

又四圍幽靆深林,不類人境,懼其爲虎豹之窟穴,因返。(遊西湖記)

(丁)人之有是四端也,猶其有四體也。(孟子)。

6.73　組合式詞結,一般說來,是文言所特有,白話裏本不大見。但是近來的語體文,一方面是受文言的影響,一方面受外國語的影響,也

常有這種形式出現了。如：

> 她的質問和我的羞愧都是一點理由沒有的。(寄小讀者)

> 我心裏暗笑他的迂。(背影)

> 我辨認了星月的光明，草的青，花的香，流水的殷勤。(康橋)

這些詞組的加語原是端語(謂語)的主語，這是合於文言的慣例的。但另有一類的加語是端語(動詞)的止詞(即動詞有被動性)，如：

> 校舍的修建；　園地的開闢；　國語的學習；　革命的完成；　條約的訂定；

> 諾言的履行；　一個人的毀滅；　一個劇本的演出。

從前的文言裏雖然間或也有這種例子，可是不多。現代的廣泛應用，不能不說是完全由於外國語的影響。

詞組代句

6.8　詞組不是句子，但是有時可以拿來代句子用，在詩詞裏很普通，如有名的元人小令[天淨沙]：

> 枯藤老樹昏鴉，小橋流水人家，古道西風瘦馬，夕陽西下，斷腸人在天涯。

除[夕陽西下]和[斷腸人在天涯]各成一句外，其餘十八字每兩字成一詞組，放在這裏不能不說是有句子的功用，我們可以說是一種變相的[存在句]。這一類例子很多，如：

> 綠螘新醅酒，紅泥小火爐。晚來天欲雪，能飲一杯無？(白居易)

> 秦時明月漢時關，萬里長征人未還。(王昌齡)

> 惻惻輕寒翦翦風，杏花飄雪小桃紅。(韓偓)

> 西塞山前白鷺飛，桃花流水鱖魚肥；　青箬笠，綠簑衣，斜風細雨不須歸。

> 　(張志和)

> 玉釵斜簪雲鬟重，裙上縷金雙鳳。八行書，千里夢，雁南飛。(溫庭筠)

> 其一，樓船簫鼓，峨冠盛筵，燈火優傯，聲光相亂……其一，小船輕幌，淨几

煖爐,茶鐺旋煮,素瓷靜遞。(陶庵夢憶)

白話裏沒有這一類用法,但贊嘆的句子也常取詞組的形式,如:

多麼熱的天啊!

漁陽——好一個順口的名兒!(大澤鄉)

第七章　繁　　句

繁句和複句

7.1　句子可以分別「簡句」和「繁句」：只包含一個詞結的是簡句，含有兩個或更多的詞結的是繁句。我們從第三章起所討論的句法，都是拿簡句做對象的；雖然例句裏頭已經有了不少繁句，可始終沒有拿他們做討論的題目。

在討論繁句的構造以前，我們要先解決一個問題，詞組在句子裏面的地位。由表態句、判斷句和有無句轉成的詞組，都很簡單，當他一個詞看好了；但是由敘事句轉成的詞組往往顯得很重要，彷彿另敘一件事似的，是不是也當他一個詞呢？是的，也當他一個詞，不管他多複雜，例如：

　　　　我將他給我做的紫毛大衣鋪好坐位。(背影)

　　　　我最不能忘記的是他的背影。(全)

這兩句裏面的「他給我做」和「我最不能忘記」這兩個詞結，只抵兩個詞用，這兩個句子也只算簡句。

但是「組合式的詞結」的性質要兩樣些。例如：

　　　　我心裏暗笑他的迂。(背影)

這一句裏頭，「他的迂」雖然形式上和普通詞組如「他的心」沒什麼分別，但是以內容而論，確是一個詞結。假如取去「的」字，

　　　　我心裏暗笑他迂，

「他迂」就是一個普通詞結。所以我們仍然把「他的迂」當一個詞結看待，把含有這種組合式詞結的句子放在繁句裏討論。可是這一點值得我們

注意:這裏詞結旣取詞組的形式,就是接近單個的詞的形式;　句子裏應用這樣的詞結,就是把繁句化爲簡句。

兩個詞結的配合方式很多,有兩個以上的詞結更不用說,所以繁句的句法幾乎可說是變化無窮。上面說,凡含有兩個或更多詞結的句子都稱爲繁句,現在爲討論方便起見,可以再分一分。詞結與詞結相合,可以是⌊構造的結合⌉,例如一個詞結是另一個詞結的主語;　也可以是⌊關係的結合⌉,卽詞結與詞結憑因果、比較、並時、先後等關係相結合。說得粗淺一點,就是有一種句子,裏頭的詞結一個套住一個,是拆不開的,假如拆開,一定有一個詞結站不住;另有一類句子,裏頭的詞結是拆得開的。我們給後面這一類另外起個名詞,叫⌊複句⌉,把⌊繁句⌉縮小範圍,專指前面的一類。現在就先打這狹義的⌊繁句⌉討論起。

表態和判斷繁句

7.21　兩個詞結合在一起,可能是有一個詞結做另一詞結的一個成分。我們先看表態句和判斷句。這裏的主語(以及謂語)可能是一個詞結(但是這些詞結裏頭的主語往往省去──概括性省略)。判斷句的例:

> 說謊不一定是使壞,比如醫生對病人。

> 知之爲知之,不知爲不知。(論語)

> 寬柔以敎,不報無道,南方之強也;袵金革,死而不厭,北方之強也。(中庸)

> 世俗所謂不孝者五:惰其四支,不顧父母之養,一不孝也;博弈好飲酒,不顧父母之養,二不孝也;好貨財,私妻子,不顧父母之養,三不孝也;從耳目之欲,以爲父母戮,四不孝也;好勇鬥狠,以危父母,五不孝也。(孟子)

表態句的例:

> 貧而無怨,難;富而無驕,易。(論語)

> 由儉入奢,易;由奢返儉,難。

見兔而顧犬，未爲晚也；亡羊而補牢，未爲遲也。(國策)

　　文言裏這一類做主語的詞結，往往取「組合式詞結」的形式，就是利用「之」字和「其」字，使一個詞結化成一個詞組。如

民之服焉，不亦宜乎？(左傳)

水之就下，性也。

其至，爾力也；其中，非爾力也。(孟子)

尤其是在用「猶」「若」等字的準判斷句(5.54)裏頭，主語和謂語假如是詞結，多數取組合式詞結的形式，如：

民之歸仁也，猶水之就下，獸之走壙也。(孟子)

夫賢士之處世也，譬如錐之處囊中。(史記，平原君列傳)

孤之有孔明，猶魚之有水也。(蜀志，諸葛亮傳)

　　7.22　詞結做主語，無論取詞結或詞組的形式，文言往往在後面加一個指稱詞「是」做句子的形式上的主語。

知之爲知之，不知爲不知，是知也。(論語)

既欲其生，又欲其死，是惑也。(全)

德之不脩，學之不講，聞義不能徙，不善不能改，是吾憂也。(全)

故王之不王，是折枝之類也。(孟子)

以不教民戰，是謂棄之。(論語)

好人之所惡，惡人之所好，是謂拂人之性。(大學)

白話裏的判斷句繫詞「是」就是從文言裏這種用法蛻化來的。

敍事繁句

　　7.31　詞結作敍事句起詞的例：

飯後散步可以幫助消化。

天天吃茶，也費好些錢呢。

好學近乎知,力行近乎仁,知恥近乎勇。(中庸)

存亡決於幾微,生死定於俄頃。

詞結作敍事句起詞,在白話裏也不多,在文言裏更少。但詞結作止詞,在文言和白話裏都很普通。

7.32　詞結作敍事句的止詞,最常見的是在兩類動詞的後面:(甲)聞,見,知,述等;(乙)喜,懼,願,欲等。這些詞結的主語往往省去,或爲槪括性省略,或因和句的起詞相同。文言裏這一類詞結往往取詞組的形式:

(甲)你猜他還來不來?

我早知道他不會來。

今人乍見孺子將入於井。(孟子)

小弟聞姊來,磨刀霍霍向猪羊。(木蘭)

同行十二年,不知木蘭是女郎。(仝)

度楚王不足事,而六國皆弱,無可爲建功者。(史記,李斯列傳)

大宛聞漢之饒財,欲通不得。(史記,大宛列傳)

公與語,不自知厀之前於席也。(史記,商君列傳)

見其生,不忍見其死。(孟子)

子燦又嘗見其寫市物帖子,甚工楷書也。(鐵椎)

(乙)寶玉只恐他睡出病來。(紅,一九)

小馬兒乍行嫌路窄。

矢人惟恐不傷人,函人惟恐傷人。(孟子)

今七年不飲酒,此後願日夜倍飲酒以償之。(郭老僕)

民又益喜,惟恐沛公不爲秦王。(漢書,高帝紀)

未知明年又在何處?豈懼竹樓之易朽乎?(黃岡竹樓記)

又冀幸君之一悟,俗之一改也。(史記,屈原傳)

哀吾生之須臾，羨長江之無窮。(前賦)

余丞嘆其技之奇妙。(巴黎油畫)

吾不忍其觳觫，若無罪而就死地。(孟子)

孟嘗君怪其疾也，衣冠而見之。(馮諼)

嫌其暗，以白紙糊壁，遂亮。(記趣)

7.33 詞結作止詞，和名詞作止詞一樣，常常可以提在句子頭上作為一頓(3.62)，文言常在動詞之後用一「之」字代他，這可以和 7.22 節插一「是」字的句法比較。例如：

路遠我不怕，我只怕路上不太平。

當時父母念，今日爾應知。(白居易)

巧言令色，足恭，左丘明恥之，丘亦恥之；匿怨而友其人，左丘明恥之，丘亦恥之。(論語)

7.34 可是也有止詞詞結在動詞之後，而插一「之」字在中間的，如：

吾聞之也，君子不以其所以養人者害人。(孟子)〔比較「吾聞君子……」〕

記有之，觀於鄉而知王道之易易也。(守望社題詞)

嗚呼噫嘻，我知之矣，疇昔之夜，飛鳴而過我者非子也耶？(後赤壁賦)

最後一例的下半句變了問句，但按意思說，仍是「知」字的止詞。

致使句

7.41 這一類句子的標準動詞文言裏是「使」和「令」，白話裏是「叫」(敎)等字，這些動詞都有使止詞有所動作或變化的意思，所以後面不但跟一個止詞，還要在止詞後面加一個動詞。這個止詞合上後面的動詞也構成一個詞結。例如：

我剛叫他買柴去了，你要差他做什麼？

你只照着我的話做去,包管叫你滿意。

使眇者御眇者,使跛者御跛者,使僂者御僂者。(穀梁傳)

比夜,則姊恆執女紅,籌一燈,使拯讀其旁。(踝誦圖)

君第重射,臣能令君勝。(史記,孫武傳)

爲諸君決戰,必三勝之……令諸君知天亡我,非戰之罪也。(史記,項羽本紀)

太守卽遣人隨之往。(桃源)

命人迹之,則老僕……飮於鹿邑之城門樓。(郭老僕)

⌊勸⌋、⌊請⌋等動詞也是有影響止詞的行爲的,⌊禁⌋、⌊阻⌋等字是反面的⌊致使⌋,⌊任⌋、⌊從⌋等字,表示不禁不阻,是中立性的⌊致使⌋,句法都和上面的例子相似。

我勸你過兩天再去找他。

辛苦了這半天,你也該讓我休息一會了。

王請無好小勇。王請勿疑(孟子)。〔此⌊請⌋字用法和白話不同,要注意。⌊王請⌋不妨從權當作等於⌊請王⌋,但實際上這種順當的詞序是後起的。〕

於是家人延畫工畫。(先妣)

余竊麵,倩鄰婦爲之;但食,勿言也。(張誠)

乞衆聖冥加,使往還無梗。(慈恩法師傳)

孺人中夜覺寢,促有光暗誦孝經。(先妣)

漢果數挑楚軍戰。(史記,項羽本紀)

沿隄植柳,禁人採伐。

瀕卒,誠子必丐審爲其墓誌。(劉叟墓碣)〔此句致使之中又有致使〕

汝又慮戚吾心,阻人走報。(祭妹文)

但使龍城飛將在,不敎胡馬度陰山。(王昌齡)〔不敎=不讓〕

然往往任其辱身賤行,貽父母羞。(啞孝子)

此外又有些動詞，本身雖不作「致使」講，但可兼帶有致使之意，如：

　　你這一高興，又要帶累我們挨罵了。

　　全都走了，也不留一個人看屋子！

　　你要能領我見一見，我是求之不得。

　　願借明駝千里足，送兒還故鄉。（木蘭辭）

　　天黎明輒呼拯起，持小几，就園樹下讀。（課誦圖）

　　這些動詞後面所跟的止詞加動詞，既然也構成一種詞結，那麼和上節所說的止詞詞結有什麼分別沒有呢？白話裏是沒有什麼分別，文言裏略略有點不同。上節所舉止詞詞結的例子，假如詞結的主語已見上文，就用「其」字來代（合下面的動詞成一組合式詞結），不用「之」字，而致使句內則常常用「之」。例如：

　　使之逐魚鹽商賈之利。（史記，貨殖列傳）

　　遂散六國之從，使之西面事秦。（史記，李斯傳）

　　故裂地而封之，使之得比乎小國諸侯。（國策）

　　助之長者，揠苗者也。（孟子）

　　於是速之歸。（張誠）。

只有「求」、「任」等少數幾個動詞用「其」。至於「使」字後面用「其」，那簡直是例外。更普通的是省去這個詞結的主語，這也是「知」、「見」、「喜」、「恐」等動詞後面辦不到的，因為「之」字可省，「其」字不能省。例如：

　　無使滋蔓，蔓難圖也。（左傳）

　　寡人有弟不能和協，而使餬其口於四方。（左傳）

　　使樵，日賣柴一肩。（張誠）

　　勿令入山，山中虎狼惡。（仝）

　　司徒公嘗遣視南圃之堅，久之，所司皆荒失。（郭老僕）

　　今而後吾將再病，教從何處呼汝耶？（祭妹文）〔「教」下省「我」〕

吏來而呼曰:∟官命促爾耕,勗爾植,督爾穫。﹂(郭橐駝)〔∟命﹂下省∟我﹂字,
此句致使之中又有致使。〕

7.42　　文言裏表示∟致使﹂之意還有一個辦法,就是不用∟使﹂、
∟令﹂等字,直接把止詞後面的動詞翻到前面去使他具有∟致使﹂的意思,
這種用法稱爲∟致動用法﹂。例如:

龍蛇之蟄,以存身也。(易)

小子,鳴鼓而攻之,可也。(論語)

華元登子反之床,起之,曰……(左傳)

君三泣臣矣。(左傳)〔三使臣泣〕

然嬴欲就公子之名,故久立公子車騎市中。(史記,魏公子傳)〔欲使公子之
　　名成就,故使公子車騎久立市中〕

吾欲輔重耳而入之晉如何?(韓非子)

進不滿千錢,坐之堂下。(史記,高祖本紀)

舞幽壑之潛蛟,泣孤舟之嫠婦。(前賦)〔使蛟舞,使婦泣〕

感時花濺淚,恨別鳥驚心。(杜甫)

也有把兩個動詞都保留,但第二動詞也安在止詞之前,也就有致動
的意味,其實∟致使﹂的動作仍在第一動詞。如:

今夫水,搏而躍之,可使過額;激而行之,可使在山。(孟子)〔=搏之使躍,
　　激之使行〕

白話裏有一種類似的句法,就是應用∟把﹂字,例如:

他昨天又來過,我把他回走了。〔=回他走〕

就這麼一句話,把他嚇退了。〔=嚇他退〕

7.43　　∟使﹂、∟令﹂這一類動詞不但可以使止詞有所作爲,也可以使
他有所變化,所以後面可以跟一個形容詞,合成一個詞結,如:

五色令人目盲,五音令人耳聾,五味令人口爽。(老子)〔爽,差失也〕

橐駝非能使木壽且孳也。(郭橐駝)

└使┘字之後的└之┘字常常省去，└使┘字就直接形容詞，如：

> 孟嘗君使人給其食用，無使乏。(馮諼)

> 吾不得志於漢東也，我則使然。(左傳)〔等於說└自己弄得事情如此┘〕

7.44 但是真正使止詞發生這種變化的動詞，大率本身不含有└致使┘之意，所以在不很古雅的文言裏常常採用 └…之使…┘的句法，這個└使┘字後面也省去一個└之┘字。例如：

> 浚之使深；磨之使平；蒸之使熱；焙之使乾。

還有一個辦法，就是在動詞之後用└而┘字接上那個形容詞，這個形容詞也就當動詞用了。如：

> 推而廣之；擴而充之。

> 匠人斲而小之。(孟子)〔比較└搏而躍之┘〕

前面不用動詞，單用這些形容詞，那就成了正式的└致動┘動詞，如孟子└人皆有不忍人之心┘章，上云└凡有四端於我者，知皆擴而充之矣┘，下卽云└苟能充之……苟不充之……┘。2.54 節└正其衣冠┘，└遠庖廚┘，└暖老溫貧┘等例都是。餘如：

> 人潔己以進。(論語)

> 大學之道，在明明德。(大學)

> 齊其家；正其心；誠其意。(仝)

> 高其閉閟，厚其垣牆。(左傳)

> 晉侯謂慶鄭曰，└寇深矣，若之何?┘對曰，└君實深之，可若何?┘(仝)

> 然吾居鄉，見長人者好煩其令。(郭橐駝)

> 適燕者北其轅……適越者南其楫。(辨志)

白話裏表示同樣的意思，常常應用└把┘字把動詞提前。如：

> 把河開深；把石版磨光；把饅頭蒸熱；把茶葉烘乾；把木頭斫小。〔比較└把

他嚇退⏋⏌

或把後面的形容詞提在止詞之前，和動詞合組成一複詞，如：

推廣教育；擴充事業；擡高米價；關緊大門。〔比較⎣嚇退追兵⏋〕

7.45 ⎣封⏋、⎣拜⏋、⎣推⏋、⎣舉⏋等字也使止詞變化，但跟的不是形容詞而是名詞，並且差不多一定要帶個準繫詞⎣爲⏋，所以我們可以說這些動詞後面的詞結是⎣準判斷式⏋。如：

我們舉你做會長，好不好？

陸生卒拜尉陀爲南越王。（史記；陸賈傳）

吳起娶齊女爲妻。（史記，吳起傳）

乃關地爲圃，以藝瓜果。

先是，庭中通南北爲一。（項脊）

又常常用⎣以……爲⏋的句法：

陳平用其計，迺以五百金爲絳侯壽。（史記，陸賈傳）

安息以銀爲錢，如其王面。（史記，大宛列傳）

盡以家貲爲軍費。（文天祥）

及司徒公出視師，乃以老僕爲軍官。（郭老僕）

以山樹爲蓋，以巖石爲屏。

客至不設茶，惟以檳榔爲禮。（嶺外代答）

筵中以猜枚贏吟輪飮爲令。（記樂）

這裏面的⎣以⏋字應該算是動詞，等於說⎣奉五百金爲絳侯壽⏋，⎣鑄銀爲錢⏋，⎣捐家貲爲軍費⏋等等。這些句子用白話來說，都用⎣拿⏋字代⎣以⏋字，不用⎣把⏋字，這也是可以注意的。

⎣以……爲⏋，⎣舉……爲⏋，⎣拜……爲⏋裏面的⎣爲⏋作⎣作爲⏋講，就是5.51節準判斷句的⎣爲⏋。

意謂句

7.51 這一類句子最常用的動詞也是「以爲」，可以合用，也可以分用。合用的例如：

> 一心以爲有鴻鵠將至。（孟子）
>
> 王往而征之，民以爲將拯己於水火之中也。（同）
>
> 以爲李廣老，數奇。（史記，李將軍列傳）
>
> 諸兒見家人泣，則隨之泣，然猶以爲母瘦也，傷哉！（先妣）
>
> 其意以爲天下事固易易也。（毅力）

分用的例如：

> 市人皆以嬴爲小人，而以公子爲長者，能下士也。（史記，魏公子傳）
>
> 始以薛公爲魁然也，今視之，乃渺小丈夫耳。（史記，孟嘗君傳）
>
> 如不可見，終此身勿望返也，願父猶以兒爲死。（張誠）
>
> 以叢草爲林，以蟲蟻爲獸，以土礫凸者爲邱，凹者爲壑，神遊其中，怡然自得。（記趣）
>
> 死事之慘，以辛亥三月二十九日圍攻兩廣督署之役爲最。（黃花岡）
>
> 凡對於以眞話爲笑話的，以笑話爲眞話的，以笑話爲笑話的，只有一個方法：就是不說話。（魯迅，說鬍鬚）

從上面的例子可以看出，「以」和「爲」本是拆開的，是「以此爲彼」的意思。「以此爲彼」如見之於事實，就有「致使」的意思；如只存在心中，就有「意謂」的意思。「以」字和「爲」字，在這裏都應該認爲動詞。「以爲」合用之後，雖然有些例子還可以分開講，如「以爲李廣老」等於「以李廣爲老」，但如「以爲有鴻鵠將至」便不能分講，只能把「以爲」當作混然一體的一個動詞了。「以爲」的「以」字之後很少接「之」的，所以後面的詞結往往只有謂語而無主語。例如：

寓久則溺，以爲當然。(滄浪亭記)〔以此爲當然〕

積二歲餘，以爲常。(郭老僕)〔以此爲常〕

三保以爲難，卻其言不用。(馮婉貞)

久之且以爲勝不啞子也。(啞孝子傳)

7.52　和〔以爲〕的意義相近的，文言有〔謂〕(＝說)字，白話有〔當〕字；〔把……當〕連用，等於文言的〔以……爲〕。和〔以爲〕的意義略隔一層的有〔稱〕、〔謂〕(＝稱)等字，後面也常常連〔曰〕字和〔爲〕字。例如：

子謂公冶長可妻也。(論語)

子無謂秦無人，吾謀適不用也。(左傳)

管仲曾西之所不爲也，而子爲我願之乎？(孟子)〔＝謂〕

你還當他不知道呢，他不說罷了。

　　〔以上等於〔以爲〕合用〕

你別把我當三歲孩子。

　　〔等於〔以……爲〕分用〕

謂他人父，謂他人母。(詩，王風)〔＝稱〕

孝子無姓名，人以其啞而孝也，謂之啞孝子。(啞孝子)

郭橐駝，不知始何名，病僂……故人號之駝。(郭橐駝)

婦人謂嫁曰歸。(公羊傳)

長婦謂稚婦爲娣婦，娣婦謂長婦爲姒婦。(公羊傳)

指鹿爲馬；誣良爲盜。

這些〔謂〕、〔名〕之類的動詞，如果用於被動意義就成了 5.53 節所講的準繫詞了。

7.53　文言裏有時不用〔以爲〕等字，直接把形容詞倒在上面當動詞，可稱爲〔意動用法〕，如 2.54 的〔漁人甚異之〕的〔異〕，又如：

不遠千里而來。(孟子)〔＝不以千里爲遠〕

登東山而小魯,登泰山而小天下。(孟子)

民窮爲君危之。(國策)

人主自智而愚人,自巧而拙人。(呂氏春秋)〔＝自以爲智,以人爲愚〕

時充國年七十餘,上老之。(漢書,趙充國傳)〔比較「以爲李廣老」句〕

有無繁句

7.6　有無句的止詞之後常常緊接別的動詞,如:

我有一句話奉勸足下。

我在康橋時雖沒馬騎,沒轎子坐,卻也有我的風流。(康橋)

這類句子沒有多少可以討論的地方。要討論的是沒有起詞的那些,如:

有人敲門呢。

有個鄉下人進城逛廟。

有朋自遠方來。(論語)

有風颯然而至。(風賦)

有鵬鳥飛入誼舍,止於坐隅。(鵬鳥賦)

我又不得閑,又沒有別人認得這條路,怎麼辦呢?

一騎紅塵妃子笑,無人知是荔枝來。(杜牧)

我們要問這些句子裏的「有」字有什麼作用呢?一般地說來,有一種介紹作用,因爲主語是上文沒有提過的,帶有或多或少的無定性質,需要介紹一下。例如第二例可以說是「有這麼一個鄉下人,他進城逛廟」的緊縮形式。所以從形式方面講,可以說是一個有無句之後融接一個敘事句。但是我們還可以有另外一種看法。尤其是對於「有人……」式的句子,例如「有人敲門」這句話實在只是一個敘事句,他的意義都在「人」(起),「敲」(動),「門」(止)這三個詞上,「有」字只是一個形式詞,既然有敲門的事情,其爲「有」人,不言而喻,何必再說? 所以要這樣說,因爲不

知道是誰敲門。前面有沒有這個乚有丨字就可以表示起詞是無定或有定，例如：

有客來了。

客來了。

前句的客人是不速之客，後句的客人是約好了的客。所以，爲權宜計，也未嘗不可把乚有丨字作爲一個表無定性的指稱詞，把乚有人丨當作和文言的乚或丨字相等（如乚或謂孔子曰：子奚不爲政？丨就可譯成乚有人問孔子……丨）。

　　乚沒有人認得這條路丨的乚沒有丨，嚴格說不能相提並論。既然是否定句，不能沒有一個表否定的詞，正如文言裏的肯定判斷句可以不用繫詞，但否定判斷句不能不用乚非丨一樣。但是文言裏有個乚莫丨字，可以說乚莫我知也夫！丨，否定的乚莫丨和肯定的乚或丨恰好相對，白話就不能不用乚有丨和乚沒有丨。但是乚莫丨和乚或丨都只能指人，不能指物，指物的時候文言也還是不得不利用乚有丨和乚無丨。下面8.2—4各節還要討論。

　　這個表示無定性而以介紹爲主要作用的乚有丨字，不但句子的主語是一般名詞時可以利用他，甚至是個人名或地名，如表態句或判斷句的主語有待於下文的說明時，也就常常利用他，如：

　　有馮三保者，魯人，素精技擊。（馮婉貞）

　　有魏宮人者，年差長於費，亦端麗。（費宮人）

　　齊人有馮諼者，貧乏不能自存。（馮諼）

　　窮髮之北有冥海者，天池也。（莊子）

從形式方面講，上面的乚有個鄉下人進城逛廟丨之例，我們說是一個有無句之後融接一個敍事句，現在的例句可以算是一個有無句融接一個表態句或判斷句，例如最後一句可以說本是乚窮髮之北有冥海，冥海者，天池也。丨但如第一句就很難說本是乚有馮三保，馮三保者，魯人丨，只能說

是相當於白話的⌊有這麼一個姓馮的, 山東人⌉。這就特別顯示⌊有⌉字的
介紹作用。假如這個人名已見上文, 或已見於題目(如某某傳), 通常是
不用這個⌊有⌉字的。

複 句

7.7 前面說過, 複句裏面的詞結和詞結是憑着種種關係結合成句
的。這種種關係, 如離合、對照、時間、因果等等, 我們要在下卷裏分別提
出討論。所以現在講複句, 可以簡單些, 單從形式方面着眼。從形式方面
着眼, 複句往往可以中途停頓, 每一個這樣的停頓, 假如含有一個或
一個以上的詞結, 我們稱之爲⌊小句⌉, 假如不夠一個詞結, 我們稱之爲
⌊頓⌉, 這兩個名稱不是句法上的名稱(如詞結、句、簡句、繁句、複句等),
但是有了這兩個名稱, 述說的時候方便些。

複句既是由兩個或更多的詞結合成的, 這些詞結的主語可以相同,
也可以不同。詞結和詞結的結合既然憑着種種關係, 這些關係也可以用
關係詞明白表示, 也可以含蓄着不言而喻。現在就依此分別舉例, 並略
加解釋。

(甲)主語同, 用關係詞(第二詞結以下大率不標主語)。

我要是你, 一定不這樣幹。

(兩小句, 上假設, 下假設結果。)

敵雖屢勝, 然皆烏合, 不足畏。

(三小句, 第一句與第二三對照關係相合; 第二與第三以因果關係相合, 不用關係

詞。)

來就來, 不來就拉倒。

(兩小句, 選擇關係相合; 每一小句各有兩詞結, 皆上表條件, 下表後果。)

以上例句中第三例四個詞結的主語都是⌊當前省略⌉。第一第二兩例都

只有頭一個詞結有主語，以後就⌊承上省略⌋。但是以下的例子就不能用⌊省略⌋的說法，因爲決不能補一個上去，只能說是兩個詞結先後相承，合成一個謂語，這種句子是一種緊縮式的複句。

　　　假繪術書於朋友而讀之。(有恆)

　　　　(不分小句，兩詞結，以兩事相繼而合，但也可說以手段與目的關係相合。)

　　　舍己以救羣。(爲羣)

　　　　(不分小句，兩詞結，以手段與目的關係相合。)

　　　弟子入則孝，出則弟。(論語)

　　　　(兩小句，各爲一複句，共一主語，以互相補充關係相合。兩複句各有兩詞結，以並時
　　　　　關係相合，但也帶有條件與後果關係。)

　　(乙)主語同，不用（或不全用）關係詞（第二詞結以下大率不標主語）：

　　　我們過了江，進了車站。(背影)

　　　　(兩小句，以時間相繼而合。)

　　　回家變賣典質，父親還了虧空，又借錢辦了喪事。(同)

　　　　(三小句；一二兩小句以手段目的關係相合，但主語不在第一小句，而在第二小句；
　　　　　第三小句兩詞結，以手段目的關係相合；全句以兩事相繼而合；⌊又⌋字也可認爲
　　　　　關係詞。)

　　　民扶老攜幼，迎君道中。(馮諼)

　　　　(兩小句；第一小句表第二小句之情境；第一句兩詞結，聯列相合。)

　　　凡長安豪富人爲觀遊，及賣果者，皆爭迎取養。(郭橐駝)

　　　　(⌊凡……者⌋兩頓，皆不成小句，共爲句之主語；⌊皆爭迎取養⌋五字含四個詞結，
　　　　　⌊迎⌋、⌊取⌋、⌊養⌋各爲一事，三事相繼而合，微有手段目的關係；⌊爭⌋表迎取之情
　　　　　境。)

　　　既出，得其船，便扶向路，處處誌之。及郡，詣太守，說如此；太守卽遣人隨
　　　之往。尋向所誌，遂迷，不復得路。(桃源)

（共三句，十一小句，每一小句含一詞結。惟「太守」一小句另有主語，其餘皆同爲「武
陵人」（承上省）。各小句事事相繼，以此相合，其中三處用關係詞。今定爲三句，亦
係今人應用「句」之觀念分之，前人下筆，猶如流水，胸中只有一個一個小句及整
段文字兩種觀念，未嘗預定分成幾句。隨筆記事之文大率如此，議論文則不然。）

方其破荆州，下江陵，順流而東也，舳艫千里，旌旗蔽空，釃酒臨江，橫槊賦
詩，固一世之雄也，而今安在哉？（前賦）

（九小句，一氣呵成，作者預定其合爲一句，與前一例不同。九小句合成三個中句，第
一中句含三小句，以三事相繼而合（第三小句兩詞結，用「而」字連繫，第一表第二
之情境或憑藉）；第二中句分四小句，六詞結，第一小句爲表態句，其餘三小句雖
爲敍事句，亦以表態爲其作用，此四小句以並時關係相合；第三中句分兩小句，第
一小句爲判斷句，第二小句兼有敍事句和存在句的性質（「在」字性質特別），以對
照（擒縱）關係相合。第一中句與第二中句以並時關係相合，以「方」字表之；前兩
中句又合表第三中句第一小句之理由，言其何以當得「一世之雄」四字也。）

（丙）主語異，用關係詞：

你待他好，他自然也就待你好。

（兩小句，以條件與後果關係相合。）

事半而功倍。

（兩詞結，以對照關係相合。）

日出而作，日入而息。

（兩小句，結構相同。每句各含二詞結，主語不同（第二詞結主語省），以並時關係相
合，用「而」字連繫。兩小句以聯列關係（略兼互相補充關係）相合，但不用關係
詞。）

凡事愈大，阻力愈多，欲衝破之亦愈難。（毅力）

（三小句，以比例關係相合。第三小句之主語爲一詞結，故此小句爲一繁句。）

已在羣中，羣亡則已隨之而亡。（爲羣）

（兩小句，第一小句示第二小句之理由。第二小句有三詞結，第二詞結表第三詞結之
情境，用「而」字連繫，二三兩詞結與第一詞結以條件與後果關係相合，用「則」字
連繫。）

（丁）主語異，不用關係詞：

我買票，他忙着照看行李。（背影）

（兩小句，以並時關係相合。第二小句兩詞結，第一詞結表第二詞結之容態；亦可視爲⌐照看⌐的加語，則第二小句可作爲僅有一個詞結。）

小敵去，大敵來矣。（馮婉貞）

（兩小句，以對照關係相合；時間相繼關係在此句內非主要關係。）

是役也，碧血橫飛，浩氣四塞，草木爲之含悲，風雲因而變色。（黃花岡）

〔一頓之後分四小句，以聯列關係相合。一二兩小句字數相同，構造相似，三四兩句亦然，皆所謂⌐偶句⌐也。⌐是役也⌐一頓，就一二兩小句言，爲一表時間之加語；但就三四兩小句言，則爲句中動詞之補詞（⌐爲之⌐即⌐爲是役⌐，⌐因而⌐即⌐因是役而⌐）。今提列全句之首，可視爲句之主語。〕

其本欲舒，其培欲平，其土欲故，其築欲密。（郭橐駝）

（四小句平列相合；所謂⌐排句⌐也，但一二之間及三四之間關係較密，實分兩個段落。四小句構造相同，皆表態詞，⌐欲⌐字可從權當作⌐可能與必要類限制詞⌐；但四小句之主語，一三爲普通詞組，⌐其⌐字代⌐樹之⌐；二四爲組合式詞結，⌐其培⌐等於⌐本之培⌐，⌐其築⌐等於⌐土之築⌐；然四句平列，頗平勻，則組合式詞結之妙用也。此四小句之主語雖爲⌐本⌐、⌐培⌐、⌐土⌐、⌐築⌐四字，然其上皆冠以⌐其⌐字，此四⌐其⌐字所指固不盡同，然皆直接間接與樹有關，故四小句之主語，亦可云部分相同。）

複句之內可以包含繁句，上面已有過例子。繁句之內也可以包含複句，下面是兩個例子：

我常喜歡挨坐在母親的旁邊，挽住她的衣袖，央求她述說我幼年的事。（寄小讀者）

（⌐挨坐⌐、⌐挽住⌐兩小句皆簡句，而⌐央求⌐一小句爲一繁句，此三小句以並時關係相合（亦可云前二表後一之情境），成一複句，爲⌐喜歡⌐之止詞。故從全句說，是一繁句，中包一複句，而複句之內又有一繁句

彼能征服此蹇運，利用此幸運，而我不能，卽彼成我敗所由判也。（毅力）

（全句爲一判斷繁句，分四小句，前三小句爲句之主語，第四小句爲謂語。一二兩小
句爲同主語之二詞結，聯列相合，又共同與第三小句以對照關係相合，成一複句。
第四小句爲一由敍事繁句〔彼成我敗由此而判〕轉成之詞組。）

第八章 句法的變化

句式的應用

8.1 句法的變化不外⌊以繁馭簡⌉和⌊以簡馭繁⌉兩個原則。何謂⌊以繁馭簡⌉?意念的初步形式多半是(不一定盡數是)一些簡句,而且常常是形式不完備的。而略略正式的言談和文字,尤其是文字,決不採取這種形式,常常組織成許多繁句(包括複句)。例如:

　　他吃飯,他飽了,他睡,他醒了,他吃飯,他生病。

我們要表達這一串事實,決不會用這六個簡句,一定是說:

　　他吃飽了就睡,睡醒了又吃,終於生病了。

又如:

　　獨樂樂,與人樂樂,孰樂?(孟子)

這三個簡句,一個跟一個,雖然可算是一個複句,可是並沒有組織過。假如我們改為:

　　獨樂樂,孰若與人樂樂?

這就是一個有組織的繁句了。這就是⌊以繁馭簡⌉。這一方面用不着多說。

　　何謂⌊以簡馭繁⌉呢?上面這兩個例子也就是一種⌊以簡馭繁⌉,用一個句子不比用幾個句子簡單些嗎? 但是我們現在要討論的是一種狹義的⌊以簡馭繁⌉,就是把繁句拿來在形式上簡句化。例如我們說⌊有了機器,那麼好些東西,人力不能造,機器就能造⌉,⌊那麼⌉以下是一個複句。假如改成

　　有機器則人力不能造者機器能造之(機器說),

從⌊則⌉字以下就成了一個簡句。又如晉書庾翼傳(附見庾純傳)裏有這

麼兩句：

> 不答所問，答所不問。

這是兩個互相補充的小句，合成一個複句。我們現在通常說：

> 所答非所問。

這就是一個簡句了。又如：

> 夫世之人，喜爲非禮之貌，好爲無用之觀；事至而不能見，見而不能遠；（中
> 節去十小句，六十三字）卒蹈於網羅入於陷阱者，往往而是。（盲者說）

假如說成

> 世之人往往喜爲非禮之貌，好爲無用之觀……卒蹈於網羅，入於陷阱，

那就是一個由十六個小句合成的複句。作者應用句子轉成詞組的方法，就把十六個小句全納在一個詞組∟……者┐裏面，句子的骨幹就是∟……者往往而是┐這麼一個簡句形式，顯得很緊湊，雖然字數並沒有減少（還多了∟者┐和∟而是┐三個字）。

　　以上就是∟以簡馭繁┐的例子。這一類句法變化，在文言裏很重要，白話裏沒有這麼發達。以下討論的句法變化，不一定全是繁句化簡句，但多數合於這個原則。

有無句式的利用：有（無）……者

8.21　我們在上節的兩個例句裏已經可以看出一件事，在句法的變化裏，∟所┐字和∟者┐字有絕大的作用。我們現在先看這兩個字如何應用於有無句式。∟有┐和∟者┐合用有三個型式：

　　第一，∟者┐字所指爲何，無明文。此時的∟者┐字就等於∟的人┐，而∟有……者┐就等於∟有人……┐。我們在 7.6 節討論過∟有人敲門┐之類的句子，文言裏表達同樣的意思多用∟有……者┐，如：

> 有牽牛而過堂下者。（孟子）

有饋生魚於鄭子產者。(仝)

念此外無可與謀者，固屬其子趣之。(看桃花記)

用白話說，就是⌊有個人牽了一頭牛，打堂下過去⌋；⌊有個人送子產一些活魚⌋。但是文言裏很少說⌊有人牽牛而過堂下⌋；應用一個⌊者⌋字就把⌊牽牛而過堂下⌋從一個詞結的謂語轉成一個詞組的加語（⌊者⌋字可以從權認爲代用端語），於是繁句便簡句化了。

8.22　其次，假如不只是⌊有人⌋二字，而是可以說出是何等人的，通常就把這個名詞擱在⌊有⌋字之前，成爲

　　　　(名)有……者

的句式。5.63 所說的分母性起詞有一部分就是這樣的句法，如⌊宋人有閔其苗之不長而揠之者⌋，表面上⌊宋人⌋是⌊有⌋字的起詞，事實上是後面動詞的起詞，假如我們把這些準起詞移在⌊有⌋字之後，句法雖變，意義相同。結果就和 7.6 的⌊有人敲門⌋同式。如

　　有宋人閔其苗之不長而揠之

　　有客吹洞簫，倚歌而和之。

　　漸有中外旅行家齒及斯窟。

這樣一改造，⌊有⌋字的介紹作用就更明顯了。當然，這些改造過的句子的⌊宋人⌋等等和原句的⌊宋人⌋等所指範圍大小不同：原句是說⌊宋人之中有……者⌋，宋人指全部宋人，而此地的⌊有宋人……⌋只是指某一個宋人。可是我們要知道，和句中事情有關係的本來只是這一個宋人，其餘的宋人原是沒有關係的。其餘的例子：

　　如此則天下忠臣義士將有聞風而起者。(文天祥)

　　國亡在旦夕，而天下之兵無一人一騎赴救者。(文天祥)〔此例的起詞分在⌊無⌋字的前後〕

　　凡四方之士，無有不過而拜且泣者。(五人墓碑記)

以下是不指人而指事，⌊有⌉字後多爲形容詞，如：

> 後患有不可言者矣。(機器說)〔將有不可言之後患矣〕
>
> 先生所處之境，其有與余同者耶？(侍膳圖記)
>
> 天下之至樂無有逾於此者矣。(仝)

8.23　最後，還有一種句法，是把名詞放在⌊有⌉字之後成爲

有(名)……者

的格式，如：

> 歐陽子方夜讀書，聞有聲自西南來者。(秋聲賦)
>
> 已不治，則必有他力焉起而代治之者。(自治)
>
> 勇士入其大門則無人門焉者；入其閨，則無人閨焉者。(仝)

拿這些例句和7.6的例句一比較，就知道意義的表達是相同的，只多一個⌊者⌉字，這個⌊者⌉字的作用就是把謂語轉成加語(位端語之後)，把繁句化成簡句的形式。7.6節的例句有一部分可以這樣改造，如⌊有風颯然至者⌉。

又如桃花源記的第一句是：

> 晉太元中，武陵人捕魚爲業。

這個⌊武陵人⌉是個帶有無定性的名詞，只是⌊某一個武陵人⌉；像原文這樣直率，不用⌊有⌉字介紹，是比較少見的。假如我們應用⌊有⌉字和⌊者⌉字，我們可以有三種變式

> 晉太元中，有武陵人捕魚爲業。(7.6)
>
> 晉太元中，有武陵人捕魚爲業者。(8.23)
>
> 晉太元中，武陵人有捕魚爲業者。(8.22)

有所，無所

8.3　白話裏雖沒有專用的無定指稱詞，但有時可借用疑問指稱詞

來達意。例如：

> 討飯討到點兒什麼，一定拿回來孝敬他媽。

翻成文言，就用得到「所」字來幫忙了：

> 有所得，必持歸陳母前。(陳孝子)

其餘的例子：

> 故余雖愚，卒獲有所聞。(送馬生序)〔聽見點兒道理〕
>
> 有所借貸，要周全他。(鄭書)〔借點兒什麼〕
>
> 女亦無所思，女亦無所憶。(木蘭)〔不想什麼〕
>
> 至著，果無所遇而返。(杜環)〔沒遇見誰〕
>
> 伯章若無所聞。(仝)〔沒聽見什麼似的〕
>
> 皆怡然自得，一無所求。(市聲說)〔什麼都不求〕
>
> 大鐵椎外，一物無所持。(鐵椎)〔什麼都不拿〕

以下「有所」、「無所」之後都有「不」字：

> 狷者有所不爲也。(論語)〔有不爲之事〕
>
> 所惡有甚於死者，故患有所不辟也。(孟子)〔有不避之患〕
>
> 至於窮堣僻巷，無所不到。(市聲說)〔哪兒都到〕
>
> 小人閑居爲不善，無所不至。(大學)〔什麼壞事都做得出〕
>
> 蓋不廉則無所不取，不恥則無所不爲。(五代史)〔什麼都要；什麼事情都幹
> 得出〕

有以，無以

8.4　我們在文言裏常常遇到「有以」、「無以」這兩個熟語，例如：

> 人各有以事君。(左傳)
>
> 某生無以答。(盲者說)

這裏的「有以事君」就是「有所以事君(之道)」，「無以答」就是「無所以答

(之言)」。

這兩個熟語裏頭,」無以」應用較廣,例如:

布氏初學於其鄉之畫工,盡其技,師無以爲教。(有恆)

長鋏歸來乎,無以爲家。(馮諼)

得十九人,餘無可取者,無以滿二十人。(史記,平原君列傳)

雖有巧醫善道,亦無以過於槃與燭也。(日喻)

故推恩足以保四海,不推恩無以保妻子。(孟子)

王語暴以好樂,暴未有以對也。(孟子)

這些句子都可以應用上面的分析來解說,如」無所以爲教之技」,」無所以爲家之資」,」無所以足數之人」等等。這是從形式上着眼,推求何以這裏用」以」字之故。我們同時發現這些例句都含有否定可能性的意義,」無以」彷彿就等於」不能」,或者更確切些,等於」沒法兒……」。孟子第一例拿」無以」和」足以」相對,尤其足以表示」無以」等於」不能」。

但是這一個例句裏不拿」有以」和」無以」相對,也可見」有以」不恰恰等於」可以」或」足以」。如上面的」有以事君」,就不含可能性的意義。又如:

齊有以取之也。(穀梁)

殺人以梃與刃,有以異乎?(孟子)

也只能說是」齊有所以取敗之道」,」有所以相異之處」,不能說是」齊足以取之」等等。但如下面的例,就含有可能的意義了:

臣有以知陛下之不能也。(漢書賈誼傳)〔=我敢斷言〕

惟足下有以教之。〔=盼望你能指教〕

判斷句式的利用:者

8.51　判斷句式,因爲以判別是非爲用,一般說起來要比敍事句式

沈重些。凡是說話要表示煞斷的口氣，就常有依循這個原則的轉變。這兒所利用的又是「者」字和「所」字，還有藉以造成組合式詞結的「之」字和「其」字。利用「者」字造判斷句分四項舉例。

首先是在他式謂語後加「者」字，使化爲判斷式謂語，例如「此僕當濟公於難」，這是一個平平淡淡的敍事句，但如改作

> 此僕當濟公於難者也。（郭老僕）

便有勁多了。餘外的例：

> 弈秋，通國之善弈者也。（孟子）
>
> 渤海吳君彥律，有志於學者也。（日喻）
>
> 是母是子，豈易得者哉？（啞孝子）
>
> 阻力雖亦有大小，而要之無可避免者也。（毅力）
>
> 志者，發諸己而非可見奪於他人者也。（立志）

白話句子可以拿來比較的，如：

> 我認得你，我的拳頭是不認得你的。

8.52 第二種格式，把原有的謂語加「者」字再移在前面，成爲判斷式的主語，這比第一種格式語氣還要重些。如：

> 嗚呼！有盡者言詞，不盡者伊怨悽楚之情。（祭中山先生文）

這句如改作「言詞有盡，哀怨無窮」，就平淡了。就是說「言詞，有盡者也……」，也不及原句能表深厚的感情。

我們還可以比較下面的兩句：

> 或則乘一時之客氣，勉過此一關，再遇之而退矣；其較强者遇三四次而退，
>
> 　　上焉者遇五六次而退……非强者之人，未有能堅持到底者也。（毅力）
>
> 但見己之過，不見世人之過，但服人之善，不知己有一毫之善者，此上流
>
> 　　也；見己之過，亦見世人之過，知己之善，亦知世人之善，因之取長去短，
>
> 　　人我互相爲用者，其次焉者也……世人但見人之過，不見己之過，但誇

己之善,不服人之善者,此下流也。終身流品之高下,其定於此。(示程在
仁)

這兩句裏面,第一句的作者把無毅力的人分成幾等,有高有低,然而他並
不重視這種五十步與百步的差別(因爲都非強毅之人),所以他決不願
用判斷句式;假如我們給他改過,那就改糟了。第二句的作者說「終身流
品之高下,其定於此」,他當然很重視這些個分別,他採用了判斷句式。

「彼」、「此」等指稱詞通常多作主語。假如把謂語倒上去作主語,把
「彼」、「此」等字拉下來作謂語,句子就特別強勁。人名由主語變爲謂語
也有同樣的效果。我們可以比較下面每一例句的三種句法:

　　沛公必奪項王天下。〔普通敍事句〕

　　沛公必奪項王天下者也。〔判斷甲式〕

　　奪項王天下者必沛公也。(史記,項羽本紀)〔判斷乙式〕

　　此樹經霜作老紅色。

　　此卽秋來經霜爲老紅者也。

　　秋來經霜爲老紅者此也。(記翠微山)

又如:

　　起予者商也。(論語)

　　生我者父母,知我者鮑子也。(史記,管晏列傳)

　　滅六國者六國也,非秦也;族秦者秦也,非天下也。(阿房宮賦)

這三句如改作「商能起予」,「父母生我,鮑子知我」,「六國自滅而秦自
族」,就異常疲弱了。

　　白話不用「者」字,但也有這種主語謂語互換的句法,如:

　　專門造謠生事的就是這些人!

　　想來陳勝倒不是怎樣可怕,可怕的是那雨呀!(大澤鄉)

　　你如愛花,這裏多的是錦繡似的草原。你如愛鳥,這裏多的是巧囀的鳴禽。

（康橋）

8.53　主語如有數量詞，可利用⌞者⌝字析出作謂語，如：

是役也，男子死於火者數千人。（何俙傳）

牛之來也，鳴鉦前導，頭簪金花，身披紅綢，簇擁之者數十人。（鬬牛）

這兩句當然也可以作⌞男子數千人死於火⌝，⌞數十人鳴鉦前導……⌝但顯然不像原句的特別注重⌞數千人⌝和⌞數十人⌝。又如：

天下無田無業者多矣。（鄭書）

世之遠遊而不克顧養者多矣。（侍膳圖記）

這兩句分析所含成分，和前面兩句相同，如第一句包含⌞多⌝、⌞人⌝、⌞無田業⌝三部分。但白話裏儘管可以說⌞天下許多人無田無業⌝，文言的習慣不是如此，通常是⌞天下多無田無業之人⌝。這是謂語倒在主語之前的表態句。因為這是通常的句法，所以雖是倒裝式，並不顯得語氣重。現在把次序改過，雖然合於一般的先主後謂的正常次序，卻反而語氣加重了。這可和白話的句法比較，白話裏因為⌞山多水少⌝式的句法是通常的句法，所以⌞多的是……⌝就成了特重的句法了。

8.54　含有條件與後果的關係的複句，常可以利用⌞者⌝字使他簡句化。例如大學裏有一句：

善則得之，不善則失之矣。

可以改成

善者得之，不善者失之。

此外的例：

樂民之樂者，民亦樂其樂；憂民之憂者，民亦憂其憂。（孟子）〔若樂民之樂，則民亦樂其樂……〕

有毅力者成，無毅力者敗。（毅力）〔苟有毅力則成……〕

坐而玩之者，可濯足於林下，臥而狎之者，可垂釣於枕上。（冷泉亭記）

是故守不用機器調濟貧民之說者，皆飢寒斯民，困阨斯民者也。(機器說)
這種寓條件於加語的句法，底下還要談到(22.5)。

所

8.61 利用⌊所⌉字造成判斷句式可分兩類。一類是讓含有⌊所⌉字
的詞組做謂語，如：

> 魚，我所欲也，熊掌亦我所欲也。(孟子)
> 王夷甫太解明，樂彥輔我所敬，張茂先我所不解。(世說新語)
> 夫過者，大賢所不免。(示龍場諸生)
> 市者，聲之所聚；京師者，又市之所聚也。(市聲說)
> 甕磴課誦圖者，不材拯官京師日之所作也。(課誦圖序)
> 東谷者，古謂之天門谿水，余所不至也。(登泰山記)
> 粟者，民之所種。(漢書，食貨志)
> 持之有恆若此，吾所不及也。

⌊魚我所欲也⌉，照最直率的說法就是⌊我欲魚⌉，一個簡單的敍事句。現
在因爲要着重⌊魚⌉字，就把他提出來做主語，用⌊所⌉字把⌊我欲⌉組成一
個詞組做謂語。其餘的句子也是如此：如⌊大賢不免於過⌉，⌊聲聚於市，
市聚於京師⌉，⌊拯官京師日作課誦圖⌉。這個變化可以和 8.51 的例子相
比，不同的是那裏的⌊此僕⌉原來是起詞，這裏的⌊魚⌉原來是止詞，所以
一個應用⌊者⌉字，一個應用⌊所⌉字。

我們還可以把這類句法和白話比較，上面魚和熊掌這個例句白話
裏可以有兩種說法：(一)魚，我要的；熊掌，我也要的；(二)魚，我也要；
熊掌，我也要。第一種說法和文言一樣，轉成判斷句；但第二種說法呢？
我們起頭仍把他放在敍事句裏講(3.62)，後來又說過像這樣的⌊魚⌉字，
雖然是⌊欲⌉字的止詞，可是句子的主語(5.1)。現在和文言一比較，就知

道這一類〔止——起——動〕次序的句子裏頭很有一些是帶有判斷句的意味的。

我們在3.62節裏說過，止詞居前不外三個條件，（一）比較，（二）特提，（三）止詞是（或含）特指詞。上面一二兩例是比較類，餘例是特提類；特提類往往在主語後加一〔者〕字，這是判斷句主語之後常用的。下面是止詞是（或含）特指詞的例子：

> 是謀非吾所能及也。（孟子）
>
> 此非人力之所能爲也。（鞭虎救弟記）
>
> 此從前閉關獨治之說，非所施於今日也。（機器說）
>
> 凡人用物，蘄其質良價廉；此情之所必趨，勢之所必至，非峻法嚴刑之所能禁也，非令名美譽之所能勸也，非善政溫辭之所能導也。（機器說）

以下用〔所以〕、〔所由〕，因主語原來是謂語裏的動詞的補詞（參閱6.63），前兩例原爲憑藉補詞，後二例原爲原因補詞：

> 羣者，所以謀衆人公共之利益也。（爲羣）
>
> 衡所以權權利之輕重，劍所以護權利之實行。（權利）
>
> 權利義務之不能平衡，實世事騷擾天下糾紛之所由起也。（權利與義務）
>
> 〔騷擾糾紛起於（不用〔由〕字）權利義務之不能平衡〕
>
> 四靈不至，君子所爲致慨也。（市聲說）〔君子爲四靈不至而致慨〕

8.62 另一類是讓含有〔所〕字的詞組做主語：

> 狄人之所欲者，吾土地也。（孟子）
>
> 臣之所好者道也，進乎技矣。（莊子）
>
> 君子之所哀其僅市聲也哉！（市聲）
>
> 但吾人之所以律己者，寧多盡義務而少享權利。（權利與義務）

以上的例句的直率說法是〔狄人欲吾地〕，〔臣好道〕，〔君子不僅哀市聲〕，〔吾人寧律己以……〕。這也是把敍事句的止詞（第四例爲補詞）提出的

辦法, 但是提出來作謂語, 和 8.52「奪項王天下者必沛公也」等例把起詞提作謂語可以相比。

我們可以注意四句例句裏有三句用「所……者」。「所」字之後本可用「者」(6.62), 但大多數不用, 這裏因爲判斷式句子的主語 (儘管是個簡單的名詞) 之後習慣用「者」一頓 (5.42), 所以多數用「者」。

白話裏也有類似的句法, 如:

　　我認識的是他的二哥。〔不是他的大哥〕

這句話的基本內容只是「我認識他的二哥」。又如:

　　我最不能忘記的是他的背影。

　　深山一住三年, 眼睛看的是這個, 耳朵聽的是這個。(兒, 三三)

因爲白話裏沒有「者」字和「所」字的分別, 這一類句子是可以和 8.52 的例句合成一類的。

8.63　還有在主語和謂語裏都用「所」字的, 如:

　　今之所謂良臣, 古之所謂民賊也。(孟子)

這句話倘若說成「此等人, 今謂之良臣, 古則謂之民賊」就是一個繁句。除原文那樣上下都改詞組外, 我們還可以只改去一個小句, 如

　　今之所謂良臣, 古固謂之民賊也。

或是

　　古之所謂民賊, 今乃謂之良臣。

同樣的句式有如:

　　子之所不樂亦人之所不樂也。

　　敵之所利卽我所不利。

組合式詞結的利用

8.71　我們又常利用「組合式詞結」造成表態句, 如:

　　　夫天之愛人，甚矣！（盲者說）

這句話，平平淡淡地說，是⌊天甚愛人⌉。⌊甚⌉是動詞⌊愛⌉的加語，加語照例在句子裏不佔重要位置。現在我們要着重這個字，只有把他改成謂語，把其餘的部分由一個句子縮成一個組合式詞結，做句子的主語，就成了例句的形式。白話裏也有近似的句法：

　　　老天爺疼人可疼得利害。

這個⌊得⌉字也寫⌊的⌉，因爲兩個字的輕聲同爲 de，我們不可誤會這個⌊的⌉就是文言的⌊之⌉的變相。更舉幾個白話的例：

　　　今兒個天氣熱得很。

　　　我這兩天悶得慌。

　　　飛得不高，跌得不重。

可是我們要注意，白話用⌊得⌉的句式只能對翻一部分文言例句，有一部分是不能應用⌊得⌉字的。另有一些白話用⌊得⌉的句子，和此處討論的文言句法不相當。

　　　以下是文言裏利用⌊之⌉字造成組合式詞結作主語的例，多數用⌊也⌉字作一頓：

　　　王之好樂甚，則齊國其庶幾乎！（孟子）

　　　道之難見也，甚於日。（日喻）

　　　天下之無道也久矣。（論語）

　　　二子之不欲戰也宜。（左傳）

　　　西蜀之去南海，不知幾千里也。（爲學）

　　　君子之愛人也，以德；細人之愛人也，以姑息。（檀弓）

　　　三代之得天下也，以仁；其失天下也，以不仁。（孟子）

　　　風之積也不厚，則其負大翼也無力。（莊子）

上面最後兩例，第一小句用⌊之⌉，第二小句即用⌊其⌉。

如果特別重視那個加語，把他作成謂語以後，還可以再利用〔變次〕，如：

甚矣吾衰也！(論語)

甚矣市聲之可哀也！(市聲說)

宜乎百姓之謂我愛也！(孟子)

異哉此人之敎子也！(顏氏家訓)

8.72　組合式詞結在文言的句法裏異常重要。我們已經討論過的，是作敍事句的起詞和止詞 (7.3)，作表態句和判斷句的主語和謂語 (7.2)，現在又看過他的改變句法的作用(作判斷句主語)。但組合式詞結的功用還不限於此，他又可以把表時間、原因等等小句改變成詞組的形式作爲補詞，因而使繁句在外形上化成簡句，這也是白話裏沒有的。例如：

大道之行也，天下爲公。(禮記)〔大道行則天下爲公，原爲繁句，今將時間小句變補詞：(及)大道之行〕

危險之來，若非羣中之人出萬死不顧一生之力以保之，則羣亡。(爲羣)〔危險來，時間小句，變補詞：(方)危險之來〕

昔巴律西之製造瓷器也，積十八年之試驗而後成。(有恆)

夫子之至於斯邦也，必聞其政。〔論語〕

諸葛亮之爲相國也，撫百姓，示儀軌，約官職，從權制，開誠心，布公道。(三國志，諸葛亮傳)

以歲之非時，獻禽之未至，敢獻諸從者。(左傳)〔因歲尙非時，獻禽者未至……；原因小句變補詞〕

如有能信之者，則不遠秦楚之路，爲指之不若人也。(孟子)〔信＝伸〕

凡學之不勤，必其志之尙未篤也。(示龍場諸生)〔學不勤，因志不篤；原因小句變判斷句謂語〕

我們現在可以翻開 6.71, 6.72 兩節來看看那些例句裏的組合式詞結在句子裏的地位了。無論是做主語或是做謂語，做起詞、止詞或補詞，都是從句降爲詞，這就是組合式詞結的作用。

8.73　有時，我們把謂語裏的補詞提出，用⌐之⌐字和主語合成組合式詞結，這也是強調謂語的主要部分的一種方法，可算組合式詞結這個方式的極端活用了。如：

> 寡人之於國也，盡心焉耳矣。(孟子)
>
> 君子之於禽獸也，見其生不忍見其死，聞其聲不忍食其肉。(仝)
>
> 口之於味也，有同嗜焉；耳之於聲也，有同聽焉；目之於色也，有同美焉。(仝)
>
> 今執事之於僕乃有不然者。(侯方域與阮光祿書)
>
> 獻子之與此五人者，友也。(孟子)

外　位

8.8　我們在 3.62 節裏看見過止詞提前而在原位補個⌐之⌐字的例，如⌐是疾也，江南之人常常有之⌐；又在 7.22 節看見過主語（詞結）之後加一⌐是⌐字的例，如 ⌐……是知也⌐；又在 7.34 節看見過動詞和止詞（詞結）當中插一⌐之⌐字的例，如⌐吾聞之……⌐，這種種句法都是語氣上有這種需要才採用的。從意念上講，止詞還是止詞，主語還是主語；可是在形式上，止詞和主語的位置已經讓⌐之⌐、⌐是⌐等字佔去，⌐是疾也⌐等等反而好像和動詞或謂語失去聯絡似的。我們給這些離開本位的成分立個名稱，稱爲⌐外位語⌐。外位語的原位常有指稱詞填補，尤其是文言裏；但也有讓他空着的，白話裏大多數是如此。前者固然是外位語，後者也不妨作外位語看待。以下分類舉例，以有指稱詞的爲主。

（甲）外位止詞（參閱 3.62）；

險阻艱難，備嘗之矣；民之情僞，盡知之矣。(左傳)

雖驅世以笑我，胡地中山，吾必有之。(史記，趙世家)

高者抑之，下者舉之，有餘者損之，不足者補之。(老子)

(乙)外位補詞：

這些人你可別再跟他往來了。

是役也……草木爲之含悲，風雲因而變色。(黃花岡)

(丙)繁句內第二詞結之主語：

這人人稱他秦一官。(兒，一四)

這位將近九十歲的老人家，難道還指望他辛辛苦苦跟了我去不成？(兒，一九)

鳥，吾知其能飛；魚，吾知其能游；獸，吾知其能走。(史記，老莊列傳)

殺者亦竟絕莫知(其)爲誰。(史記，游俠列傳)

青天白日，奴隸亦知其清明。(韓愈)

若夫狂惑喪心之人，蹈河而入火，妄言而罵詈，則有之矣；而愈，人知其無是疾也。(仝)

民，可使(之)由之，不可使(之)知之。(論語)

以上例句所以要採用外位的句法，理由不外乎特別重視那個外位語，可參閱3.62的說明，並比較8.61的例句。

(丁)外位主語(參閱7.22)：

吝嗇，自私，嫉妒，這些都是他的缺點。

富與貴，是人之所欲也；不以其道得之，不處也。(論語)

這一類例句所以採用外位句法，不是因爲重視外位語(外位語已經是句的主語了)，是因爲主語不止一物，⌐是⌐和⌐這些⌐有總括的作用。至於7.22的外位主語，是因爲用詞結作主語，不能不有一個停頓。

(戊)外位加語：

回也,其心三月不違仁。(論語)

三軍,可奪(其)帥也;匹夫,不可奪(其)志也。(仝)

由也,千乘之國,可使治其賦也。(仝)〔l由l又爲l使l的外位止詞〕

人之不廉而至於悖禮犯義,其源皆生於無恥也。(廉恥)

夫十有一月之中,凡富貴之子,慷慨得志之徒,其疾病而死,死而湮沒不足
道者,亦已衆矣。(五人墓碑記)

以上例句所以採用外位句法,不全是因爲重視外位語。第一第二兩句確
是重視外位語,如改作l回之心三月不違仁l,l三軍之帥可奪也,匹夫之
志不可奪也l,就顯得疲弱。其餘三句是因爲加語合上端語,如l可使治
千乘之國之賦l,l人之不廉……之源l,l凡富貴之子……之疾病而死…
…者l,未免太長太累贅,所以利用l外位l句法把他們拆開,可以舒緩語
氣。7.34 的l記有之……l也是由於同一理由。

(己)外位端語:

衣服首飾,休穿戴十分好的。(楊繼盛家書)

一部水滸傳,他一天就看了半部。

這裏的外位語原是一個詞組,做動詞的止詞,但是只把端語提到句頭,
把加語留在原位置上。這是白話裏特有的句法,文言裏大率要在加語上
下加用l其l或l者l,如上面兩例勉強改作文言就是l衣飾勿御(其)最佳
者l,l水滸一書彼一日盡其半l。這個l其l字把端語和加語在形式上倒
了個過兒,l衣飾l等字變成外位加語了。這可以和 (戊) 項最後一例比
較,那裏面原是一個極長的詞組l疾病而死,死而湮沒不足道之富貴之
子,慷慨得志之徒l,先利用 l之……者l 把端語和加語對換(6.52),然
後又用l其l字代 l之l字,使l富貴之子,慷慨得志之徒l成爲外位加語,
可以作一停頓。

就是 6.52 節的l兒女大者……小者l,l僧富者……貧者l等例裏面

的〔兒女〕、〔僧〕等,也都是端語變加語,並且也可以當作外位加語看,因爲既不用〔之〕字連接,中間似可認爲有一停頓。但這些句子的採用外位句法,可不是因爲裏面有長的詞組,乃是因爲一個加語(僧;原來的端語)下面有兩個端語(富者,貧者;原來的加語)分承,不用〔之〕字整齊些。我們可以比較(辛)項一部分例句。

(庚)外位語爲分迷之詞:

　　已遂迷數行,(其)一以(之)自存,(其)一以(之)與僧。(峽江寺飛泉亭記)

　　樹根安二巨石,(其)一姊氏擣衣以(之)爲碪,(其)一使拯坐(之)而讀。(評誦圖)

(辛)外位語同時爲兩個(或更多)詞結的成分:

　　科學上之發明,仁者用(之)以生人,不仁者用(之)以殺人。

　　若是者,古謂之民賊,今謂之良臣。

　　古之君子,其責已也重以周,其待人也輕以約。(原毀)

　　諸名侯士,可下以財者,厚遺結之;不肯者,利劍刺之。(史記,李斯傳)。

　　〔兩〔之〕字分代兩外位語,但〔諸侯名士〕是共同的外位語。本例可與
　　6.52〔大夫之忠儉者〕例比較。〕

　　拱把之梓桐,人苟欲生之,皆知所以養之者。(孟子)

　　今夫水,搏而躍之,可使(之)過顙;激而行之,可使(之)在山。(孟子)

　　子路,人告之以有過則喜。(孟子)〔子路〕,在第一詞結爲外位受詞;在第
　　二詞結爲主語,是否可以算全句的外位主語呢? 很不好斷定。比較白話
　　〔子路這個人呀,你告訴他他做錯了事,他就高興〕。下面幾句情形相似。〕

　　青,取之於藍,而深於藍;冰,水爲之,而寒於水。(荀子)

　　古之聖人,其出人也遠矣,猶且從師而問焉。(韓愈,師說)

　　雖然,幽遠之小民,其足跡未嘗至城邑,苟有不得其所,能自辨於縣吏乎?
　　(韓愈)

馬,(其)蹄可以踐霜雪,(其)毛可以禦風寒,齕草飲水,翹足而陸——此馬之眞性也。(莊子)

夫顓臾,昔者先王以(之)爲東蒙主,且在邦域之中矣;是社稷之臣也,何以伐(之)爲?(論語)〔「顓臾」,在第一小句爲外位止詞,在第二小句爲主語,在第三小句爲外位主語,在第四小句爲補詞的一部分。〕

　　我們在先曾經說過(5.1),提在句頭的止詞可以作主語看;其實句子裏頭任何重要的名詞或指稱詞提到句頭,差不多都有變作主語的神氣,讀者不妨把本節所舉各例細細玩味一下,尤其是(辛)項的例。我們很可以說:作者先把他心中認爲最重要的一個詞提出來做句子的主語,然後把其餘的部分照原來的次序說出來做句子的謂語;假如有必要,就在提出來做主語的那個詞的原位置塡補一個「之」字,「是」字,或「其」字;謂語如包含兩個或更多的小句,那就這個小句內補個「其」字,那個小句內補個「之」字也可以,這個小句內補個指稱詞,那個小句內不補也不妨。(乃至表面上沒有外位語的句子,如「弟子入則孝,出則弟……」,「君子不重則不威,學則不固……」等也是依循同樣的心理構成的。)西洋語言裏不大容許這種句法,他們彷彿覺得除了被動式外,只有動詞的起詞才有資格當句子的主語,我們似乎沒有這種成見。所以像「古之聖人」那句例句,有人講「其出人也遠矣」是後附「形容子句」,「其」字是個「聯接代名詞」,等於英語的 who ,「聖人」直接「從師而問」(同樣,「幽遠之小民」句的「其」字說是等於 whose),巧則巧矣,但恐不合於說漢語的人的心理。

省　略

　　8.91　起詞,止詞,以及補詞的省略(當前及承上)已在第三第四兩章內討論過。承上性省略,在漢語語句的構造上非常重要,尤其在文言

裏。下面例句中多數是錯雜省略的例子,這裏面往往先省去一個⌊甲⌉,又省去一個⌊乙⌉,接着又省去一個⌊甲⌉。大體說來,漢語裏用三身指稱詞比西洋語言要少得多;以漢語而論,文言又要比白話少得多。初學文言的學生常常被這種現象迷惑了,尤其是遇到沒有標點過的文字。我們先拿兩句例句,把省去的詞填補出來,可是我們要記好,實際上沒有人說話或寫文是那麼不怕麻煩的。

> 我父親打發(我)來求嬸子,上回老舅太太給嬸子的那架玻璃炕屏,(我們家)明兒請個要緊的客,(我父親想借去)略擺一擺,就(把他)送來。(紅、六)

> 陳太丘與友期行,(共)期日中,(友)過中不至,太丘舍(之)去,(太丘)去後(友)乃至。(世說新語)

以下例句裏,把這份笨活留給好事的讀者。

> 廟裏現成的茶飯,乾淨房子,(　)住一夜,(　)隨心布施,(　)不爭你的銀錢。(兒,五)

> 那婆子……又向平兒道,⌊(　)說了:(　)使喚你來,你就貪住嘴不去了!(　)叫你少喝鍾兒罷。⌋平兒笑道,⌊(　)多喝了(　)又把我怎麼樣?⌋(紅,三九)

> 應箕性暴些,應尾自幼曉得他性兒的,(　)看我面皮,(　)若有些衝撞,(　)擔待他罷。(楊繼盛家書)

> 賊為(　)開去鐐扣,延(　)坐堂上,假(　)以筆墨。(林覺民)

> 擔者頗不俗,拉(　)與(　)同飲。(記趣)

> 先是浦口劉大山過余,要(　)與(　)同入燕。(乙亥北行日記)

> 前年予病,汝終宵刺探,(　)減一分則(　)喜,(　)增一分則(　)憂。(祭妹文)

> 蹇之識叟亦三四十年。往者天日晴煦,(　)時過其家,間從(　)乞果樹;亦

延（　）至（　）家，屬（　）指揮圍事，叟以（　）爲樂。(劉叟墓碣)

見漁人，乃大驚。問（　）所從來，（　）具答之。（　）便要（　）還家，設酒殺雞作食。(桃源)

芸作新婦，初甚緘默，終日無怒容，（　）與之言，（　）微笑而已。(記樂)

卻子至。請伐齊，晉侯弗許；（　）請以其私屬，（　）又弗許。(左傳)〔以其私屬＝以其私屬伐之〕

郰夏……射其左，（　）越于車下；（　）射其右，（　）斃於車中。(左傳)

多讀了文言書籍，涵養在這種習慣裏，不必一一推求，自然會明瞭哪一個動作屬於哪一個人（或物）。但在下面這個例句裏：

寶玉笑道，匚要像只管這麼鬧，我還怕死了乾淨！倒不如死了乾淨！」黛玉忙道，匚正是了，要是這麼鬧，不如死了乾淨！」寶玉道，匚我說自家死了乾淨，別錯聽了話又賴人。」(紅，二〇)

黛玉就故意利用主語的省略來和寶玉扯皮。

8.92　文言裏還有一個地方，照例省略，就是對話記錄裏的匚某某曰……某某曰……」。當然一開頭得說明誰跟誰說話，但是張一句李一句交代明白以後就只用匚曰……曰……曰……」曰下去了；有時候甚至連匚曰」字都省去。現在標點符號已經用開了，又有分行寫的辦法，就一個匚曰」字不寫也不妨事，但在從前不用標點號的時代，這未免太經濟了一點。

下面是一個標點好了的例子：

左師公曰：匚父母之愛子，則爲之計深遠。媼之送燕后也……豈非計久長，有子孫相繼爲王也哉？」

太后曰：匚然。」

左師公曰：匚今三世以前，至於趙之爲趙，趙主之子孫侯者，其繼有在者乎？」

曰：⌊無有。⌉

曰：⌊微獨趙，諸侯有在者乎？⌉

曰：⌊老婦不聞也。⌉

⌊此其近者禍及身，遠者及其子孫。豈人主之子孫則必不善乎哉？位尊而無功，奉厚而無勞，而挾重器多也……⌉

————國策，觸龍見太后。

注意最後換了一個人說話，沒有用⌊曰⌉字標明。

下面的例子，一句用⌊曰⌉，一句不用。

王曰：⌊騁而左右，何也？⌉

曰：⌊召軍吏也。⌉

⌊皆聚於中軍矣。⌉

曰：⌊合謀也。⌉

⌊張幕矣。⌉

曰：⌊虔卜於先君也。⌉

⌊徹幕矣。⌉

曰：⌊將發命也。⌉

⌊甚囂，且塵上矣。⌉

曰：⌊將塞井夷竈而爲行也。⌉

⌊皆乘矣，左右執兵而下矣。⌉

曰：⌊聽誓也。⌉

⌊戰乎？⌉

曰：⌊未可知也。⌉

⌊乘而左右皆下矣。⌉

曰：⌊戰禱也。⌉

————左傳，鄢陵之戰。

下面是沒有標點過的一個例子：

> 陳相見孟子道許行之言曰(中略)孟子曰許子必種粟而後食乎曰然許子
> 必織布而後衣乎曰否許子衣褐許子冠乎曰冠曰奚冠曰冠素曰自織之與曰否
> 以粟易之曰許子奚爲不自織曰害於耕曰許子以釜甑爨以鐵耕乎曰然自爲之
> 與曰否以粟易之以粟易械器者不爲厲陶冶(中略)何許子之不憚煩曰百工之
> 事固不可耕且爲也然則治天下獨可耕且爲與有大人之事有小人之事(下略)

這是孟子裏有名的「許行章」一部分，這裏面有五個地方省去「曰」字，其
中有三處是簡短的詢問句，很容易和上下文分辨。

　　再舉一個例子，還是孟子，這回是「養氣章」。這一章太長了，不能照
錄。這一章全是問答體，頭上標明「公孫丑問曰……孟子曰……」。以下
二問二答，各冠「曰」字。以下公孫丑問「敢問夫子之不動心與告子之不
動心，可得聞與?」，冠以「曰」字；從「告子曰」到「無暴其氣」，孟子答語，
不冠「曰」字；下面從「既曰志至焉」起，又是公孫丑問語，也不冠「曰」字
(這兩個「曰」字省得最沒有道理)。以下孟子答，有「曰」字。再以下九問
九答，答語皆有「曰」字，問語則冠「曰」字者僅三句而已。總計全章問答
各十四次，答語不標「曰」字的只有一次，問語則有「曰」字的和無「曰」字
的恰恰各半。這也可見省去「曰」字以問語之前爲多。

下卷之上　表達論：範疇

第九章　數　　量

單位詞

9.11　世界上的事物，有可以計數的，有不能計數的。可以計數的，可以直接用數字來表示數量，如：

三人行，必有我師焉。(論，述而)

十目所視，十手所指。(大學)

不能計數的，如各種物質，必須憑依種種度量衡單位，或方便借用的量器，才能計數，如：

一尺布，尚可縫；一斗粟，尚可舂；兄弟二人不相容。(史，淮南厲王傳)

一肩行李，兩袖清風。

但如抽象的觀念，既不可數，也不可量，而有時也可以直接加以數字，如：

彼亦一是非，此亦一是非。(莊，齊物論)

俗傳顧愷之有三絕：才絕，畫絕，癡絕。(晉書，顧愷之傳)

以上是文言的通例。在白話裏，不但上面第二類的例子要用單位詞，第一第三類也都要用單位詞：「三個人」，「十隻眼睛」，「十隻手」，「一種是非」，「三種過人之處」。換句話說，白話裏名詞之上不能直接加數字，當中必須插一個單位詞。

9.12　這些單位詞可以分成幾類來看。

(1)度量衡單位，如尺，寸；升，斗；斤，兩等。

(2)借用器物的名稱:

杯:一杯酒,一杯茶。　　　盆:一盆水,一盆花。

桌:一桌酒,一桌茱。　　　床:一床被,一床毯子。

身:一身,新衣一身汗。　　架子:一架子書。

(以上容器)

刀:一刀紙。　　　　　　　帖:一帖藥。

(以上來源應用之器物)

盤:一盤棋。　　　　　　　袋:一袋煙。

台:一台戲。　　　　　　　口:一口茶,一口上海話。

(以上使用時應用之器物)

(3)借用動詞:

挑:一挑水。　　　　　　　綑:一綑柴。

擔:一擔禮物。　　　　　　盤:一盤香,一盤念珠。

堆:一堆石子,一堆針綫。　把:一把米,一把花。

(4)集合性的單位:

隊:一隊兵。　　　　　　　級:一級學生。

雙:一雙鞋。　　　　　　　對:一對燈籠。

副:一副牌,一副對聯。　　套:一套制服,一套曲子。

(5)與時間有關的單位:

陣:一陣風,一陣雨,一陣香氣,一陣心酸。

場:一場病,一場笑話。

頓:一頓飯,一頓罵,一頓打。

以上各類單位詞,除(4)類外都用於不可計數的物件,卽物質或抽象觀念。(4)類雖然常用於可計數的物件,但量詞本身包含數量,也可以說是應實際的需要。

9.13　以下三類,大多數用於可計數的物件,可說是爲了要有單位詞而用的單位詞。

(6)取物件部份的名稱:

頭:一頭牛。　　　　　　　　尾:一尾魚。

口:一口猪,一口鍋,一口刀,一口井。

面:一面鑼,一面旗,一面鏡子,一面琵琶。

(7)略依物件的形狀,長的用「根」;用「條」,薄的用「片」,厚實的用「塊」,可展開的用「張」,可把握的用「把」,諸如此類。好些個例子沒有道理可說,只是習慣如此。這類單位詞極多,略舉數例:

根:一根竹竿,一根繩子。　　枝:一枝筆。

條:一條狗,一條路。　　　　幅:一幅布,一幅畫。

片:一片雲,一片糕。　　　　段:一段布,一段因緣。

塊:一塊糖,一塊玉。　　　　朵:一朵花,一朵雲。

張:一張紙,一張桌子。　　　扇:一扇門,一扇屏風。

把:一把刀,一把壺。　　　　股:一股香。

(8)幾個一般性的單位詞:

個:應用最廣,人和物都可以用。

位:稱人,含敬意,如一位客人。

隻:多用於動物,如一隻雞,一隻蝴蝶; 又用於本來成對的物件,如一隻眼睛,一隻手,一隻筷子。

件:用於物件及事情,如一件布衫,一件陳設,一件案子,一件心事。

9.14　在白話裏,數字之後不跟單位詞是例外,這些例外多半見於成語,如:

一錢如命。

雙拳難敵四手。

又如大單位後面跟着小單位而後面不說名詞時，小單位可省，如：

　　　　一丈二，二畝三，三塊四（但一丈二尺布；二畝三分地；三塊四角錢）。

數目字裏的十，百，千跟在百，千，萬之後也可以省，如：

　　　　二百五；三千三；三萬六。

　　9.15　在文言裏還有一個習慣，數量是一，可以只說單位詞，例如
⌊盃酒⌉就等於⌊一盃酒⌉，又如：

　　　　尺布斗粟；隻雞斗酒；片紙隻字。

　　白話裏也有類似的現象，如：

　　　　倘或來個親戚，看着不像。（紅，四〇）

　　　　穿着件短布衫兒，拖着雙薄片鞋兒。（兒，三八）

但只限於在句子中間，我們不能說⌊杯白乾不算什麼⌉。

詢問數量

　　9.21　詢問數量，白話用⌊幾⌉和⌊多少⌉。可計數的事物，可用⌊幾⌉，
也可用⌊多少⌉，用⌊幾⌉則暗示數目不大。用⌊幾⌉要連帶單位詞，用⌊多少⌉
可以不帶。不可計數的事物只能用⌊多少⌉。例如：

　　　　你家有幾個人？住幾間房子？

　　　　你一點鐘能寫多少字？〔以上可計數〕

　　　　點這種燈，一個月得用多少油？〔不可計數〕

　　　　這個瓶子能裝多少？〔⌊多少⌉之後無名詞〕

早先的白話文裏有⌊好多⌉、⌊幾多⌉等詞，現在的方言裏還有沿用的。

　　9.22　物件有多寡，物件的屬性也有多寡，後者的詢問詞也用⌊多
少⌉，通常只說一個⌊多⌉字，例如：

　　　　不知片兒該切多薄才合式？

　　　　我只不信。那屋子有多大，就能容得下這麼多人？

你能活了多大？見過幾樣東西？就說嘴來了！(紅，四〇)

9.23 文言裏詢問數量，用匚幾〕、匚幾何〕、匚若干〕等詞，例如：

將軍度羌虜何如？當用幾人？(漢，趙充國傳)

問士之有田宅身在陳列者幾何人？餘子之勝甲兵者有行伍者幾何人？……

問一民有幾年之食也？問兵車之計幾何乘也？(管子，問)

子年幾何矣？(盲者說)

一人每日織布九尺，問三人織八日，共得若干尺？

定量：整數

9.31 確定的數量用數目字來表示。一、二、三、四……十、百、千、萬、億等。對匚序數〕說，稱爲匚基數〕，對匚分數〕說，稱爲匚整數〕。

9.32 表示2這個數目的有匚二〕和匚兩〕兩個字。文言裏用到匚兩〕字多半有匚雙〕或匚對〕的意思，如：

叔于田，乘乘黃；兩服上襄，兩驂雁行。(詩，鄭風)〔裏面的一對馬兒，外面的一對馬兒。〕

如天之福，兩君相見，何以代此？(左，成十二)〔雙方的國君〕

否則多用匚二〕，如：

夫子欲之，吾二臣者皆不欲也。(論，季氏)

見其二子焉。(仝，微子)

翻成白話，這些匚二〕字就都要改說匚兩〕字了：匚我們兩個〕，匚兩個兒子〕。

白話裏用匚兩〕也用匚二〕，這兩個字的分別不容易定出一條簡單而概括的規則。只能說，匚兩〕字比較家常些，親切些；尋常的單位詞之前都用他。例如：

有兩個人騎着兩匹馬，走了兩天兩夜，到城裏去買了兩口袋米，兩隻雞，兩條魚，兩棵白菜；他們每天喫兩頓飯，喫了兩個月兩星期纔喫完，

這裏面的⌊兩⌉字都不能改用⌊二⌉。⌊二⌉字比較正式些，計算味濃厚些；所以計數時用⌊二⌉，如：

　　　　二十，二百，二千，二萬；二萬二千二百二十二。

度量衡的計數也用⌊二⌉，如：

　　　　二丈二尺；二斤二兩；二畝二分；二斗二升。

常用的度量衡單位也可以用⌊兩⌉，尤其是錢幣單位只能用⌊兩⌉，如：

　　　　兩丈，兩尺，兩寸；兩斤；兩斗，兩升；兩畝；兩塊，兩角（兩毛），兩吊。

但大小單位連用時，⌊兩⌉字又只限於第一個單位，如：

　　　　兩丈二尺，兩尺二寸；兩擔二斗；兩斗二升；兩塊二角，兩角二分。

9.33　文言裏在兩位數字中間往往加個⌊有⌉字，這個⌊有⌉字作⌊又⌉字解，如：

　　　　李龍眠畫羅漢渡江，凡十有八人，一角漫滅，存十五人有半。

白話裏只有在多位數的空位上才加一個⌊零⌉字（有兩個空位也只用一個⌊零⌉），早先也用⌊單⌉字，如：

　　　　這本書有二百零五面。

　　　　⌊天方夜譚⌉又名⌊一千零一夜⌉。

　　　　宋江看了衆多頭領，恰好一百單八員。（水滸，六九）

9.34　其次要討論的是數量詞和名詞的先後問題。數字可以在名詞前，也可以在名詞後，加以單位詞的有無，就可以有四種格式，卽(1)二馬，(2)馬二，(3)兩匹馬，(4)馬二匹。分別說明如次：

　　(1)二馬。——這是文言裏極普通的用法，⌊十目⌉，⌊十手⌉，⌊二子⌉，⌊二臣⌉等例都是。白話裏這是例外，多半是沿襲文言的習慣。

　　(2)馬二。——這也是文言裏常用的格式，和(1)式比較，計算味更重些。例如：

　　　　計人凡七：僧四，客一，童一，卒一。宮室器具凡九：城一，樓一，招提一，浮

屠一,舟一,閣一,爐竈一,鐘鼓各一。(核工)

鄭商人弦高將市於周,遇之,以乘韋先,牛十二犒師。(左,僖三十三)〔乘韋=四張熟皮〕

(3)兩匹馬。——這是白話裏的通常說法,不必舉例。文言裏也有這種例子,如前引⌈一尺布,一斗粟⌋之例。

(4)馬二匹。——這也是文言裏的通常用法,意味和(2)式相同。例如:

季弟獲桃墜一枚。(核工)

因作小樓二間,與月波樓通。(黃岡竹樓記)

成都有桑八百株,薄田十五頃,子弟衣食,自有餘饒。(蜀志,諸葛亮傳)

白話裏只有開賑單時用這種格式。

下面這個例子,在一篇之內(1)(2)(4)三種格式,都可以看見:

寺就石窟建四層樓二座(4)……又西,五層樓一(2)……三樓以西,又有五大窟(1)……繼復繞出寺外……又有大窟十餘(2)。(雲岡)

分　數

9.41　文言裏表示分數有好幾種說法,如:

一月之日,二十九日八十一分日之四十三。(漢,律曆志)

道中十之六七屬坦途,十之一二陟山坡,又十之一二則行河床中。(雲岡)

關中之地,於天下三分之一。(史,貨殖傳)

三分天下有其二。(論,泰伯)

這裏面,多數都用⌈之⌋字,有一例承上用⌈其⌋字;多數用⌈分⌋字,有一例不用⌈分⌋字。名詞或在分母前,或在分母後。

現代白話裏也用⌈幾分之幾⌋的說法,如:

三分之二的房屋已經完工。

這塊地(的)三分之二種糧食，三分之一種蔬菜。

和文言不同的是名詞只能說在分母前或分子後（用L的「字連接），卻不能插在中間（如L三分日之一「），除非當中有動詞（如L三分天下裏頭已經得了兩分「）。L分「以外也用L股「字，從前還有L停「字，如：

　　眼看本錢三股裏頭已經折了兩股。

　　檢點人馬，三停裏面倒有兩停不堪出陣。

9.42 分母是十的時候，文言和白話都有比較簡單的說法。文言裏可以既不用L分「，又不用L之「，分母直接分子，L十「常作L什「。這個辦法又可用之於L百「和L萬「。例如：

　　候時轉物，逐什一之利。（史，越世家）

　　會天寒，士卒墮指者十二三。（史，高祖紀）

　　充國襄每上，輒下公卿議臣；初，是充國計者什三；中，什五；最後，什八。

　　（漢，趙充國傳）〔是＝贊成〕

　　願歸農者十九。（韓愈，平淮西碑）

　　惟知心之難得，斯百一而爲收。（韓愈，別知賦）

　　冀臣愚直，有補萬一。（後漢，劉瑜傳）

白話裏連L十「字也不說，只在下面用L分「或L成「，就表示是L十分之一「，例如：

　　不必等他了，八成兒又不來了。

　　看見這個光景，心裏先有三分不願意。

9.43 L二分之一「用L半「字表示。和整數合用時L半「字說在單位詞後，假如整數是L一「，可省。例：

　　前有半畝花園，後有畝半菜圃。

但L月半「是L月之半「，不是L一月又半「：

　　到了月半就過了半月。

用作數量稱代詞,白話說ㄥ一半ㄱ,文言作ㄥ其半ㄱ;用作動詞或形容詞的加語,文言只用一個ㄥ半ㄱ字,白話說ㄥ一半ㄱ。如:

> 你喫一半,我喫一半。

> 一半兒昏迷,一半兒醒。(元人曲)

> 衞車當其半,寡人當其半,敵矣。(左,定九)

> 但引兵少卻,使之半渡,我以鐵騎蹙而殺之,蔑不勝矣。(通鑑,淝水之戰)

約　量

9.51　表示不確定的數量,除了在數目上面加ㄥ大約ㄱ、ㄥ無慮ㄱ等限制詞外,還有種種方法。第一,可以在定量後加用含有ㄥ大約ㄱ意思的字,如ㄥ上下ㄱ、ㄥ左右ㄱ、ㄥ來往ㄱ;ㄥ來ㄱ,限於十、百等數字後,並且要說在單位詞之前;ㄥ把ㄱ,江淮官話裏用,限於省說 ㄥ一ㄱ 的單位詞後,意思是一兩個,但百、千等字也作單位詞看。例如:

> 三十上下年紀,川東鄂西口音。

> 約略估計,有三百左右人戶。

> 大門口三丈來往就是一道山溪。

> 竟認不透兩個是甚麼人;看去一個有二十來歲,一個有十來歲。(兒,四)

> 這房子待好有百來年沒有修理了。

> 怕不一年要尋千把銀子。(儒林外史,二)

> 不是親的也來認親,不相與的也來認相與,忙了個把月。(同,三)

文言裏用ㄥ所ㄱ、ㄥ許ㄱ二字,如:

> 良殊大驚,隨目之;父去里所,復還。(留侯)

> 才留三千所兵守武昌耳。(吳志,周魴傳)

> 轉入巴蜀,往來二十許年。(後漢,申屠剛傳)

9.52　其次,在定量後加ㄥ多ㄱ、ㄥ餘ㄱ等字。上項的例句表示在某一

數目的兩頭都有活動餘地，現在卻有一頭有了限制了。例如：

　　　這條魚足有二斤多。

　　　你別看這本書薄薄兒的，夠一千多面呢。

　　　地之相去也，千有餘里；世之相後也，千有餘歲。(孟，盡心)

　　　頃之，二十餘騎四面集，步行負矢從者百餘人。(鐵椎)

9.53　接近的兩個數字合用，也可以表示約量。例如：

　　　一去二三里，煙村四五家，亭臺六七座，八九十枝花。

　　　冠者五六人，童子六七人。(論，先進)

不密接的兩個數字合用，只有⌊三五⌋。⌊十⌋和⌊八⌋也可以合用，但須各別加單位詞。例如：

　　　尋常三五個人休想近得他。

　　　這得常吃，十天八天未必見效。

9.54　數字活用也可以表示約量，例如：

　　　我們都多吃兩杯就有了。(紅，四〇)

　　　這件事情也不是三言兩語可了，過兩天得閑兒再談罷。

　　　三番五次的交代了，臨時還是弄錯！

　　　二三子以我為隱乎？吾無隱乎爾。(論，述而)

　　　近利市三倍。(易，說卦)

　　　雖九死其猶未悔。(離騷)

　　　檀公三十六策，走是上計。(南齊書，王敬則傳)

數目字往往不能呆看。清儒汪中有一篇⌊釋三九⌋，說此意最好。他說：⌊凡一二之所不能盡者，則約之三以見其多；三之所不能盡者，則約之九以見其極多。⌋又如⌊三分人材，七分打扮⌋，⌊三分像人，七分像鬼⌋等話，難道定是三七分，就不會是二八分？這兒的⌊三分⌋、⌊七分⌋無非是說⌊小牛⌋、⌊大牛⌋而已。近人樊縯有⌊釋三七⌋一文，詳論此點。至於百、千、萬

等字, 如「百工」、「千里」、「萬年」之類, 不用說, 自然更是約言其多了。曾有人給「十八般武藝」和「三十六策」下注脚, 列舉十八種兵器和三十六條妙計, 豈不可笑?

9.55 還有一個辦法, 就是直接用表示約量的詞。白話裏常用「幾」字, 如:

> 院子裏栽了幾棵花樹, 又疏疏落落布置了十幾叢草花。

> 這一嚷立刻圍上了好幾十個看熱鬧的。

文言裏和「幾」字相當的是「數」字, 如:

> 堂高數仞, 榱題數尺, 我得志, 弗爲也; 食前方丈, 侍妾數百人, 我得志, 弗爲也。(孟, 盡心)

「幾」字可以有「幾十」、「幾百」等複合詞, 又可以有「十幾」、「二十幾」等複合詞, 他的用法和一個數字相同, 不同的是他的數值不定而已。在這些複合詞裏, 「幾」的數值是從二到九, 但單說「幾」字卻不能這樣拘泥, 例如說「還認得幾個字」, 不一定就是不滿十個。「數」字的數值和「幾」字相同, 說「幾十」, 大概是不上百, 但如孔子說「假我數年以學」, 未必十年以外他就嫌多。但「數」字的複合詞只有「數十」、「數百」這一類, 「十數」雖然也可以看見, 不及「十餘」普通, 「二十數」、「三十數」就簡直沒有了。這是「數」字和「幾」字不同的地方。

專門用來表示相當多的約量的有「許多」, 在中部的官話區域很普通, 因此常見於語體文, 但在北京話裏不及「好些個」常見。

文言裏又有「少許」一詞, 表示相當少的約量, 如:

> 芸用小紗囊撮茶葉少許置花心。(記趣)

「若干」表示不定量, 有時是中性, 有時有約言其多的意思, 如:

> 例如法國一七八九年之革命, 其事前之鼓吹運動而被拘殺者若干人, 臨時奮鬪而死傷者若干人。(爲羣)

些,點

9.56　用し幾¹表約量,限於可計數的物件,不可計數的用し點(兒)¹,
例如:

　　外面落着點小雨,越發覺得冷淸淸的。

　　你倒是先住在你姨兒家去,給她幫幫忙,學點粗活,日後自然都有用處(多
　　　兒)。

し些¹字可以兩方通用,如:

　　璉二奶奶打發平姑娘和玉釧兒姐姐要些玫瑰露。(紅,六一)〔不可計數〕

　　台階兒上也擺着些碎貨攤子。(兒,三八)〔可計數〕

し些¹字和し幾¹字不同的地方是 し幾¹字必須合上單位詞, 如し幾匹馬¹;
し些¹字可以不合單位詞,如し養着些馬¹。假如要合單位詞,只有し些個¹,
並且不限於可計數的。例如:

　　做些個夾坎肩兒給丫頭們穿。(紅,四〇)〔可計數〕

　　也作了幾日好事,燒了些個冥資。(兒,二三)〔不可計數〕

　　し些¹和し點¹雖然同表少量,但是し些(個)¹前面可以加し好¹表示多,
正如し好幾個¹、し好兩歲¹一樣,如:

　　太太耳房裏櫃子開了,少了好些零碎東西。(紅,六一)

而し好點兒¹就沒有這個說法。還有,前面加了特指詞し這(麽)¹或し那(麽)¹
以後,し點¹仍表少量,し些¹就表多量。例如:

　　我看你們這些人都只喫這一點兒就完了,媤你們也不餓!(紅,四〇)〔少〕

　　這些酒,吃下去看不受用!(兒,三〇)〔多〕

　　小寶貝啊,你多好,這麽些個人疼你!(分)〔多〕

　　我哥哥家那些個孩子,再加上我,還帶着多兒,我嫂子嘴裏不說,心裏還能
　　　喜歡嗎?(多兒)〔多〕

以上，以下

9.57　還有一種不定量的表示法是在定量之後加「以上」、「以下」等詞，例如：

　　六十分以上爲及格。

　　年八十以上，賜米人月一石，肉二十斤。（漢文帝詔）

　　今農夫五口之家，其服役者不下二人，其能耕者不過百畝，百畝之收不過百石。（重農貴粟疏）

這和上面所說加「多」或「餘」的不同。第一，同樣是定下一個界限，但「六十餘分」是近六十，「六十分以上」則可到一百（在別的上下文裏還可以無限制，如百里以外）。第二，「六十餘分」雖然不是定量，卻只是一個數量，「六十分以上」則六十一分，六十二分……包括許多個數量。

一和多：們

9.61　現在要略略討論漢語裏有沒有從單數變成複數的辦法。普通說「們」字是個表複數的詞尾。就「我們」、「你們」、「他們」這些稱代詞來說，有點兒像，但是如果拿名詞來看，就不盡然。有三點值得注意。第一，「們」字只適用於人，不適用於物。我們說「先生們」、「孩子們」，但不說「石頭們」、「花兒們」。「船舷上的鷗鷺們不再看天了，他們已聽見了鯉魚們的說話」，也只見於童話（葉紹鈞，鯉魚的遇險），那裏面的動物已經人格化了。

　　第二，名詞上頭有了確定的數量詞，底下就不能再用「們」字。我們說「孩子們」，也說「三個孩子」，但不說「三個孩子們」。所以這個「們」字的作用，可說是大致和文言的「諸」、「羣」等字相等，是個「概括之詞」。

　　第三，不會有幾個的名詞，後面卻可以加「們」字，例如：

校長們都沒在這裏。(老舍,大悲寺外)

楊大個兒們一齊叫了聲⌊哥兒們⌉。(上任)

一個學校不會有幾個校長的,楊大個兒自然更不會有第二個,這裏的⌊們⌉字是指他們的同僚或同伴。這個⌊們⌉字的意義是⌊及其他⌉,它的作用等於文言的⌊等⌉字,是個⌊連類之詞⌉。

9.62　文言裏和⌊們⌉字相近的字有⌊曹⌉、⌊屬⌉、⌊儕⌉、⌊輩⌉、⌊等⌉,都可以和⌊吾⌉、⌊爾⌉、⌊彼⌉、⌊此⌉等指稱詞相合,見下章。⌊輩⌉、⌊等⌉二字又可以和名詞合用,例如:

客問之,徐答曰,⌊小兒輩遂已破賊⌉。(晉書,謝安傳)

我國歷史舊分三體:一曰記傳體……如史記、漢書等是也;二曰編年體……
……如左氏春秋傳及資治通鑑等是也;三曰記事本末體……如尙書及通
鑑紀事本末等是也。(蔡元培,歷史)

⌊等⌉字接名詞,不限於指人;⌊輩⌉字限於指人,和白話的⌊們⌉字更相近。⌊輩⌉字又可以加用數量詞,如:

羣兒結數十輩攻之,健兒縱拳四揮,或啼或號,各抱頭歸。(健兒)

這個⌊輩⌉字就只等於⌊人⌉字或⌊個⌉字了。

⌊們⌉和⌊等⌉都有槪括和類及兩種意義,因此有時候可能產生歧義。例如⌊天華、廣生、小苓們都來了⌉,可能只是這三個人,可能還有別人;「貴州、雲南、廣西等省」,可能只是這三省,可能還有別的省份。這只能靠上下文決定。

9.63　一般而論,漢語裏的名詞本身不顯其爲一個或多個。例如⌊馬來了⌉,也許是一匹馬,也許是一隊馬。有表明數量的必要時,可以加用數量詞(定量或不定量)。假如要表明是全體,就加用⌊槪括之詞⌉。文言用⌊凡⌉、⌊諸⌉⌊衆⌉、⌊羣⌉、⌊庶⌉等字。口語裏原沒有適當的字,語體文裏用⌊所有⌉和⌊一切⌉。

口語裏雖沒有加在名詞前的概括詞，卻有兩個概括詞可以加在動詞前，し全丁和し都丁，如：

村子裏的人全來了。(或し都來了丁，或し全都來了丁。)

文言裏這類詞更多，如し皆丁、し咸丁、し盡丁、し悉丁、し畢丁、し胥丁等，而且常常和名詞前的概括詞並用。如：

諸秦所徙適戍邊者皆復去。(史，匈奴傳)

羣賢畢至，少長咸集。(蘭亭集序)

男女衣著，悉如外人；黃髮垂髫，並怡然自樂。(桃源)

次　序

9.71　事物的次序用し序數丁來表示。序數的構成是在基數的上面加一し第丁字，如：第一，第二，第三。文言和白話都通用這個辦法。

9.72　文言裏又常常用基數表次序，有好些一直留傳到現代口語裏。略舉數例：

(行第)二哥哥；三姑娘；六郎；秦七，黃九。(秦觀，黃庭堅)

(年月)一九四〇年九月十三日。

(星期)星期一……星期六。

(書之卷次)卷一，卷二；卷之一，卷之二。

(數事分述)一則……二則；此其一……此其二；一樂也……二樂也……三樂也。

(其他)一年級，二(層)樓，五號字，七重天，九品官。

9.73　在口語裏，我們對於第一個還有好些別種稱說法，如：

元年，正月，初一。

大哥，大叔，大爺；長子，長孫。

首都，首坐；頭一句話。

9.74 最後一個，也有別種說法，如：

> 末位，末班車，末日，末尾，末了兒。
>
> 小叔叔，小兒子，小指頭。

9.75 ⌊次⌉字表相對的第二，如：

> 奮長子建，次子甲，次子乙，次子慶，皆以馴行孝謹，官皆至二千石。(史，萬
> 石君傳)
>
> 王當歃血而定從，次者吾君，次者遂。(史，平原君傳)

這個⌊次⌉字有時也作固定的第二講，例如單說⌊次子⌉。正如⌊第二⌉有
時也可以有相對的第二的意義，如說⌊誰知第二天他就走了⌉。

9.76 次序或依空間造成，或依時間造成。前者如⌊第三家⌉、⌊第
五教室⌉；後者如⌊三哥⌉、⌊頭一句話⌉。此外還有別種來源，如⌊五號字⌉
和⌊小指頭⌉是依大小。但是序數也常常用來表價值高下，如⌊一等功⌉
⌊二等獎⌉。這類價值次序又往往用⌊上，次，次⌉和類似的詞語來表示，
如：

> 太上有立德，其次有立功，其次有立言。(左，襄二四)
>
> 故善者因之，其次利導之，其次教誨之，其次整齊之，最下者與之爭。(史，
> 貨殖傳)
>
> 今以君之下駟與彼上駟，取君上駟與彼中駟，取君中駟與彼下駟。(史，孫
> 子傳)

而⌊次⌉字也就常含有不及⌊正⌉的意義，如⌊次等貨⌉。

9.77 ⌊次⌉字又可以作動詞用，正如⌊甲⌉字也可以作⌊為最⌉、⌊為
……第一⌉講。表示第一的動詞還有⌊冠⌉字，是由名詞活用的。例：

> 故善戰者服上刑，連諸侯者次之，辟草萊任土地者次之。(孟，離婁上)
>
> 桂林山水甲天下。
>
> 勇冠三軍。

程　度

9.81　一般說起來，物件有數量，性狀無數量。但是我們雖不能說⌊一個紅⌉或⌊一兩紅⌉，卻可以說⌊深紅⌉、⌊淺紅⌉。我們說深淺是程度的差別。其實程度的差別也就是數量的差別；只要有測量的標準，程度也可以用精確的數量來表示的，例如溫度。只是就一般情形而論，程度的表達只能借用一部份數量詞來活用，另外應用一些限制詞。

數量的觀念也可以應用到動作上去，例如⌊笑一笑⌉，⌊跳兩跳⌉，這個留在下節討論。動作也可以有程度的差別，如⌊大笑⌉，⌊微笑⌉，表達法和性狀的程度相同，一併在這裏舉例。

9.82　表示程度不高，我們用副詞，如⌊還⌉、⌊稍⌉等字，或用形容詞作副詞，如⌊少⌉、⌊小⌉等字。例如；

今天算是還涼快；今天還算是涼快。

雖非佳品，尙堅實可用。

今乃可以稍行吾志矣。

前亦略有所聞，未敢置信。

斷頭置城上，顏色不少變。(五人墓碑記)

其爲人也，小有才。(孟，盡心下)

9.83　或是用數量詞，最普通是⌊有點⌉(有些)。例如：

覺得以下的話有些難說，連忙嚥住。(紅，六四)

我看那樣子，又有點喝過去了。(兒，三一)

倚酒三分醉。

走道兒總叫個人兒招呼着點兒。(兒，四〇)

你老人家擔待他們些就完了。(紅，二〇)

這兩日方覺身上好些了。(紅，六四)

後面三例的⌊些⌉和⌊點⌉都擱在動詞或形容詞之後。最後一例有比較之意，⌊好些⌉等於⌊較好⌉（參閱 19.52—3）。

9.84　還可以用表示程度很高的副詞，然後用⌊不⌉字否認。例如：

改來改去，還是不大稱身。

看着不很難，做起來倒也不挺容易。

這事情，我看不怎麽挺簡單。

地不甚廣，而饒竹石之趣。

9.85　表示程度很高，也是或用副詞，或用數量詞。用副詞的例如：

很好，就這麽辦。

一不小心，在手上拉了個挺長挺深的口子。

我已經大好了，你就去罷。（紅，五七）

人家老遠的來看你，你就不留人家多坐一坐？

這裏的雞兒也俊，下的這蛋也小巧，怪俊的，我且得一個兒。（紅，四〇）

這孩子特別愛哭，又特別怕人。（朱自清，兒女）

意氣洋洋，甚自得也。（史，管晏列傳）

絳侯得釋，益顏有力。（同，袁盎傳）

德璉常斐然有述作之志……美志不遂，良可痛惜……孔璋章表殊健，微爲繁富……元瑜書記翩翩，致足樂也。（魏文帝與吳質書）

何無忌酷似其舅。（宋書，高帝紀）

有時利用本來表示⌊極限⌉的副詞，如：

山有小口，髣髴若有光……初極狹，纔通人。（桃源）

其事至微淺。

秦女絕美，王可自取。（史，伍子胥傳）

甚至用表示⌊超過極限⌉的字樣，如：

想不到你也在這裏，眞是太巧了。

這個地方太好了，誰來了都不想走。

夕陽無限好。(李商隱詩)

用「極」「至」等字，不能講邏輯，假如眞正「挾到極頂」，一個螞蟻也鑽不過，而況一個人。「太」字更是如此，旣然是「好」，那就越「好」越好，哪有「好得過了頭兒」的？可是爲了要表示程度之高，就不得不誇張點兒。

98.6　以上例句裏，這一類副詞用在形容詞或動詞的前頭，但「很」和「極」也可以放在後頭，又有「慌」和「利害」兩詞，只能用在後頭，不能用在前頭。「很」、「慌」和「利害」要用「得」字連接，「極」字前頭不用「得」字，後頭常用「了」字。例如：

好得很，就是這麼說。

好幾天沒有出門，悶得慌。

臉色不大好，瘦得利害。

夢湘先生論得透闢極了。(老殘，二)

同一限制詞，前後都可附加的，加在後頭比加在前頭更加重些，比較「很好」、「極好」和「好得很」、「好極了」。

9.87　用數量詞表示程度很高的例：

遇了這幾天的雨，卻叫我十分難過。

前天失迎，十二分抱歉。

萬分無奈暫歸曹。

我敢擔保這個消息百分之百的可靠。

千辛萬苦；千妥萬當。

按說「十分」已經是個足數(所以又稱「十足」)，「十二分」算是添了帶饒；說到「萬分」，大致已經不顧「分」字的本義了。

9.88　表示程度很高，除用副詞和數量詞外，還有種種方式。或用感嘆語氣(參閱17.53—8)，如：

好快！一混就是十二年！

你把信退給我。我走。多麼乾脆！

或叠用形容詞，如：

好天分本就不多，有好天分又肯用功夫的眞是少而又少。

經他這麼神乎其神的一渲染，倒像眞有那麼一回事似的。

這壺茶一沏再沏三沏，那茶味兒自然淡之又淡了。

或用典型的事物來比擬（參閱19.22），如：

一個白的白似雪，一個黑的黑似鐵。（兒，四〇）

或用結果來襯托（參閱 21.53 ），如：

這場哭直哭得那鐵佛傷心，石人落淚。（兒，一九）

哥哥救我一救，餓殺鐵牛也。（水滸，五三）

或用比較和假設來表示極限，如：

哪天也沒有今天冷。

他的喉嚨要多高就多高，他的中氣要多長就多長。（老殘、二）

或以含蓄表極致，如：

這一筆眞是說不出的妙。

就別提多爲難了。

徑寸之地，爲字六百，其細可知。

你這話就糊塗得可以，怎麼你自己的哥哥也不認得？

一切表高度的詞語，用久了都就失去鋒鋩。「很」字久已一點不「很」，「怪」字也早已不「怪」，「太」字也不再表示「超過極限」。舊的誇張沒落了，新的誇張跟着起來，不久又就平淡無奇了。

動　量

9.91　數量的觀念，應用在動作上，也有定量和約量的分別；再就

所用單位詞看，又有另用單位詞和卽以動詞爲單位詞的不同。

先說單位詞，白話裏所用單位詞有三類：

(1)專用的單位，如：

問一聲，	走一趟，	進一次城，
哭一陣，	罵一頓，	拍一下桌子。

城不能論﹝次﹞，桌子不能論﹝下﹞，這些單位詞不是管着後頭的名詞，是管着前頭的動詞的。

(2)表現動作的工具，如：

看一眼，	踢一脚，	喝一口。

(3)卽以動詞爲單位，如：

笑一笑，	說一說，	走一走。

這兒的第二個動詞有單位詞的性質。但我們也說：

笑笑，	說說，	走走。

這個時候第二個動詞的單位詞性質就不很顯明，並且連﹝一﹞這個數量也模糊了。

9.92　文言裏通常只在動詞前加數字，例如：

一擧一笑；一言一動。

一擧兩得，一勞永逸。

生不用封萬戶侯，但願一識韓荆州。(李白，上韓荆州書)

這種說法和白話的第(3)類相等。可是間或也採用和白話第(2)類相同的說法，例如：

一目十行。〔比較：一覽無餘〕

善拳擊，嘗以一掌斃一犬。(健兒)〔比較：一擊斃之〕

這兒的﹝一目﹞、﹝一掌﹞自然不是﹝用一隻眼睛看﹞、﹝用一隻手打﹞，是表示動作的單位。

9.93　以上是單個動作的例。表示多個動作, 只要把⌊一⌉字換成別的數字, 例如：

問了他三回, 他只是不作聲。

今天一天就開了兩次會。

要注意的是⌊兩⌉字往往活用, 等於⌊幾⌉（參閱 9.54 ）。例如：

湊到跟前把安老爺上下打量兩眼。（兒, 三八）

將兩隻手呵了兩口便伸向黛玉膈肢窩內。（紅, 一九）

拿起一本書來翻了幾翻, 又撂過一邊。

9.94　文言只有在動詞上面加數字的一個方式, 如：

令尹子文三仕爲令尹, 無喜色；三巳之, 無慍色。（論, 公冶長）

先帝不以臣卑鄙, 猥自枉屈, 三顧臣於草廬之中。（出師表）

十一易其稿而後公諸世。（有恆）

但⌊兩次⌉不用⌊二⌉, 也不用⌊兩⌉, 用⌊再⌉, 如：

季文子三思而後行。子聞之, 曰, ⌊再斯可矣⌉。（論, 公冶長）

日再食, 無鮮肥滋味之享。（送馬生序）

⌊再⌉、⌊三⌉連用表頻繁, 白話也用。例如：

一彈再三歎, 慷慨有餘哀。（古詩）

他再三囑咐茶房, 甚是仔細。（背影）

9.95　定量的動詞在句子裏有什麼用呢? 可以用作主語或止詞, 像一個名詞似的。例如：

姐姐這一笑我猜着了。（兒, 二七）

這一嚷早驚動了外面的人。（兒, 三一）

一諾千金。

從前兩例可以看出, 這樣用的時候, 白話裏把前頭的那個動詞去掉了。這樣留下的表動量的詞又可以用來做動詞的加語, 如：

武松見大蟲撲來, 只一閃閃在大蟲背後。(水滸, 二三)

不想一頭就碰在一個醉漢身上。(紅, 二四)

只一口把一碗酒都喝完。

但是定量化了的動詞仍然可以作普通動詞用, 作爲謂語的主要部分。這個時候, 白話裏必須保留前頭的動詞。例如:

一面說, 一面故意進去尋了一尋, 抽身就走。(紅, 二七)

室西連於中閨, 先妣嘗一至。(項脊)

但恨生千載後, 不得與拔山舉鼎之雄一較勝負耳。(健兒)

這些動詞, 在文言裏除表示⌐有這麼一次⌐外, 沒有別的涵義。在白話裏往往還有些別的意思, 留在講⌐動相⌐(13.71—3)時討論。

第十章　指稱（有定）

三身指稱：第一身

10.11　文法上把「我」、「你」、「他」這三個詞稱爲三身指稱詞，以說話的自稱爲第一身，聽話的爲第二身，其他爲第三身。

第一身指稱詞，白話用「我」，表領屬加「的」，這都很簡單。

10.12　文言的第一身指稱詞常用的有「吾」、「我」、「余」、「予」四個字。「吾」和「我」的用法，在秦漢以前很有點分別：「吾」多用作主語和加語，或用作變次的止詞，用作常次的止詞的差不多可以說是沒有；「我」字則大多數用作止詞，用作主語和加語的也有，但較少。略引幾個並見的例以示一斑：

> 善爲我辭焉。如有復我者，則吾必在汶上矣。（論，雍也）
>
> 我善養吾浩然之氣。（孟，公孫丑上）
>
> 今者吾喪我。（莊，齊物論）
>
> 相國爲民請吾苑，不許，我不過爲桀紂，而相國爲賢相。吾故繫相國，欲令百姓聞吾過。（漢，蕭何傳）

10.13　「予」和「余」是另外一個系統，在先秦文字裏（除書經外）遠不及「吾」和「我」用得多。這兩個字的用法沒有很大區別。

就後世的文言說，「吾」和「我」多用於對話的處所，「予」和「余」多用於自敍的處所。例如：

> 上曰，「夫運籌策帷幄之中，決勝千里外，吾不如子房。」余以爲其人計魁梧奇偉，至見其圖，狀貌如婦人好女。（留侯）
>
> 余幼時即嗜學，家貧無從致書以觀。（送東陽馬生序）

蓋予所至，比好遊者尚不能十一……於是予有嘆焉。(遊褒禪山記)

第二身

10.21　第二身的指稱詞，白話用⌊你⌉，客氣或恭敬點兒用⌊您⌉。表領屬也是加⌊的⌋，和第一身相同。

10.22　文言最常用的第二身指稱詞是⌊爾⌉和⌊汝⌉（古書往往作⌊女⌉）。這兩個字原來也許很有區別，但卽在先秦書籍中，這個區別也不大明顯，後世更是隨便用了。此外還有⌊若⌉、⌊而⌋、⌊乃⌋三字。

⌊若⌉字先秦少見，秦漢以後才漸漸多用，但仍不及⌊爾⌉、⌊汝⌉兩字普通。⌊若⌉字的例：

> 旣使吾與若辯矣，若勝我，我不若勝，若果是也我果非也邪？(莊，齊物論)

> 若雖長大，好帶刀劍，中情怯耳。(淮陰)

⌊而⌋、⌊乃⌋兩字大率用作加語，但只加在表人的名詞之上，表物的名詞上仍以用⌊爾⌉、⌊汝⌉爲主。例：

> 吾翁卽若翁，必欲烹而翁，則幸分我一杯羹。(史，項羽紀)

> 吾翁卽汝翁，必欲烹乃翁，幸分我一杯羹。(漢，項羽傳)

第三身

10.31　第三身的指稱詞，白話裏用⌊他⌉，表領屬加⌊的⌋。雖然文字上可以有⌊他⌉、⌊她⌉、⌊它⌉的分別，並且有人給他們定下不同的讀音，可是口語裏只說一個 ta. ⌊他⌉字稱人爲常，稱物較少，通常我們把那個物件的名字複說一遍，或是能省略就省略。比較下列的例句：

> 有說行述的，行略的，行狀的，我也不知道他準叫作甚麼。(兒，三二)〔用⌊他⌉〕

> 但是縫衣要布，說到布就不可沒有織布的工人；布是紗織成的，說到紗就

不能沒有紡紗的工人。〔複〕

他們聽見說買了蛋糕，就吵着要吃。〔省〕

我們設想第二第三例改用文言來說，就可以利用⌈之⌉字，如⌈布則必有織之者，紗則必有紡之者⌉，⌈欲分而食之⌉。當然也可以省略，如⌈布則須織，紗則須紡⌉，⌈卽誼呕索食⌉。

可是另有些⌈他⌉字是空無所指的，如：

管他下雨不下雨，反正我今天不出門。

倒莫如遶着太太的話睡他一天。(兒,三五)

之, 其, 彼

10.32　嚴格說，文言沒有第三身指稱詞，⌈之⌉、⌈其⌉、⌈彼⌉三字都是從指示詞轉變過來的。這本是很合理的，可是這三個字沒有一個是發育完全的，合起來仍然抵不了白話裏一個⌈他⌉字，雖然另有勝過⌈他⌉字的地方。

⌈之⌉字只能用作止詞和補詞，如：

愛共叔段，欲立之。(左,隱元)

有牽牛而過堂下者，王見之，曰，⌈牛何之?⌉對曰，⌈將以釁鐘。⌉王曰，⌈舍之……以羊易之⌉。(孟,梁惠王上)

此迫矣，臣請入，與之同命。(項羽)

閫以內者，寡人制之，閫以外者，將軍制之。(史,馮唐傳)

須臾，從之者盈三百，翠積脂凝，河水爲之不流。(賣宮人)

以上五例，三例作止詞，兩例作補詞。第一第三例⌈之⌉字代人，第二例代物，第四第五例代事。用白話說，代人的兩例無問題的可以用⌈他⌉。⌈牽牛過堂下⌉的例句裏，多牛要不用代詞(⌈看見了……放了……換個羊吧)，雖然第二個⌈之⌉字也未嘗不可說⌈他⌉(把他放了)。可是第四第五

兩例就決不能用⌊他⌋字。這是⌊之⌋字勝過⌊他⌋字的地方。但是⌊之⌋字的
用途只限於作止詞及補詞，不能作主語或領屬性加語。這是⌊之⌋字不及
⌊他⌋字的地方。

　　⌊他⌋字有⌊睡他一覺⌋等活用，⌊之⌋字也有，如下例的⌊之⌋字都不能
說出是指什麼。

　　　　填然鼓之，兵刃既接，棄甲曳兵而走。（孟，梁惠王上）

　　　　天油然作雲，沛然下雨，則苗浡然興之矣。（同）

　　　　大之足以致國家於危亡，小之足以招國家之分裂。（權利與義務）

　　　　頃之，二十餘騎四面集。（鐵椎）

　　　　久之，且以爲勝不啞子也。（啞孝子）

　　　⌊之⌋字有一個合音字，⌊諸⌋，等於⌊之於⌋（12.47），如：

　　　　子張書諸紳。（論，衞靈公）

或等於⌊之乎⌋，如：

　　　　冉有問，⌊聞斯行諸?⌋子曰，⌊聞斯行之。⌋（論，先進）

　　10.33　⌊其⌋字專作表領屬的加語用，也是可以代人，可以代物，
代事。例如：

　　　　於是乘其車，揭其劍，過其友，曰，⌊孟嘗君客我。⌋（馮諼）

　　　　人各任其能，竭其力，以得所欲。（史，貨殖傳）

　　　　見藐小微物，必細察其紋理。（記趣）

　　　　軻也請無問其詳，願聞其指：說之將如何?（孟，告子下）〔⌊其⌋代說之之辭〕

前三例在白話裏可說⌊他的⌋，第四例不能。以下的例句也是代人的可譯
爲⌊他⌋，代物的兩可，代事的不行：

　　　　主人恐其擾，不敢見。〔怕他打麻煩……〕

　　　　比其反也，則凍餒其妻子。（孟，梁惠王下）〔等到他回來啊……〕

　　　　風之積也不厚，則其負大翼也無力。（莊子，逍遙遊）

方其破荆州，下江陵，順流而東也……固一世之雄也。(赤壁賦)

這些例句和前面四句不同，⌊其⌉字底下接動詞不接名詞，因此白話裏可說⌊他⌉，無須說⌊他的⌉。但如因此就說這些⌊其⌉字是⌊處於主位⌉，髣髴有和⌊他⌉字相等的地位，那就錯了。⌊他打廝煩⌉是可以獨立的，⌊其擾⌉是不能獨立的。我們雖然承認這也是一個詞結，可是他已經採取了詞組的形式(參閱 6.7)。⌊其⌉字只是一個領屬性的加語，要按⌊主格⌉、⌊領格⌉這一套名詞說，正是處於⌊領格⌉。

10.34　上面很簡略的比較了一下⌊之⌉、⌊其⌉和⌊他⌉的用法：第一，就句子裏的功能說，⌊之⌉和⌊其⌉各有限制，這兩個詞沒有一個能作句的主語，而⌊他⌉字是沒有限制的。其次，就所稱代的對象說，⌊之⌉和⌊其⌉都能代人，代物，代事，而⌊他⌉字以代人爲主，代物代事都是例外。此外還有第三點：⌊之⌉和⌊其⌉都有時候代表第一身，⌊其⌉字有時還代表第二身，⌊他⌉字是不能的。例如：

　　臣市井鼓刀屠者，而公子親數存之。(史，魏公子傳)

　　今也父兄百官不我足也，恐其不能盡於大事。(孟，滕文公上)

　　自余爲僇人……日與其徒上高山，入深林，窮迴溪。(柳記)

　　獨惜執事怢機一動……必至殺盡天下士，以酬其宿所不快。(與阮光祿書)

這樣看來，⌊之⌉和⌊其⌉，作爲第三身指稱詞看，一方面是不很完備，一方面又不很純淨。

10.35　⌊彼⌉字是個確定指稱詞(通稱指示代詞，見下)。雖然指人的時候無妨用⌊他⌉字來翻譯，⌊彼⌉字的指示氣味還是很濃。例如：

　　彼丈夫也，我丈夫也，吾何畏彼哉？(孟，滕文公上)

　　彼可取而代也。(項羽)

　　彼必自負其材，故受辱而不羞。(史，季布傳)

這些⌊彼⌉字的口氣，除第一句第二⌊彼⌉字外，用白話來說，還是⌊那個

人﹂比﹁他﹂更合式些。否則像下面的例句就大可利用﹁彼﹂字,無須把名詞複述一遍了:

> 京叛太叔段,段入於鄢。(左,隱元)

> 昔者有饋生魚於鄭子產,子產使校人畜之池。(孟,萬章上)

當然,後世因爲文言缺乏作主語的第三身稱代詞,常常用﹁彼﹂字來充數,讀者也慢慢的不覺得他的語氣重了。例如:

> 我意彼必從是出,而彼竟不料我從此出也。(鬥牛)

可是﹁彼﹂字作主語,是乘﹁其﹂和﹁之﹂兩字力所不及,所以相當站住了,但用作止詞就不能和﹁之﹂字競爭,如﹁愛共叔段,欲立之﹂不能改爲﹁愛共叔段,欲立彼﹂。

10.36　另有兩個第三身指稱詞,在通俗文言(隨筆書信之類)裏很通用,一個是﹁伊﹂,一個是﹁渠﹂。例如:

> 羊鄧是世婚,江家我顧伊,庾家伊顧我,不能復與謝裒兒婚。(世說,方正)

> 蚊子叮鐵牛,無渠下嘴處。(寒山詩)

> 爾自後須苦言之,若有不入,待朕留渠細語之。(宋,闕名,朝野遺記)

10.37　關於文言的第三身指稱法,總述如下:(1)作止詞和補詞用﹁之﹂;(2)作加語,表領屬,用﹁其﹂;(3)主語爲第三身時,通常複述或省略那個名詞,有時用﹁彼﹂,﹁彼﹂用作止詞和補詞較少;(4)﹁伊﹂、﹁渠﹂二字,文言裏嫌他俗,白話裏又嫌他文,可是通俗文言裏常用。

們;我們和咱們

10.41　三身指稱,所指不止一人的時候,加﹁們﹂字。﹁們﹂字的性質已在9.61節討論過,用在三身指稱詞之後,大致和歐洲語言的﹁複數﹂相當。

可是漢語裏除﹁我們﹂、﹁你們﹂、﹁他們﹂外又有﹁咱們﹂,也是第一身

的一種複數式。這個詞的音是 zam (en)，寫出來有⌞咱⌝、⌞喒⌝、⌞偺⌝、⌞咱們⌝、⌞喒們⌝、⌞偺們⌝等形式。⌞咱們⌝和⌞我們⌝的分別是：⌞我們⌝包括我和其他人，你不在內；⌞咱們⌝包括我和你（或你們），有沒有第三者在內，沒有關係。下例最可以表示這個區別：

> 也不用老弟你陪我。我瞧你們那位老程師爺……還有寶珠洞那個不空和尚……再帶上女婿，我們就走下去了。我回家，咱就喝；我出去，我們就逛。（兒，二九）

這是鄧九公對安水心說的，他們兩位都是好酒量，所以說⌞我回家，咱就喝⌝。再還有一個例子，可以表明⌞咱們⌝的範圍：同書第七回裏，那和尚廟裏不知羞恥的婦人誇說了一陣⌞人家大師傅⌝給他穿的怎麼好，吃的怎麼好以後，說：

> ⌞咱們配麼?⌝那女子（十三妹）說道，⌞別咱們！你！⌝

可是這個區別只限於北京和北方幾省，長江官話裏就沒有⌞咱們⌝，該說⌞咱們⌝的處所也說⌞我們⌝。

　　同時，文言裏也沒有類似的區別。現代通行的語體文，尤其是論說文，本是依違於文言和口語之間的文體，因此在許多語體文裏就只有⌞我們⌝一詞，有時連生長在北方的作家也不能不隨和點兒。

　　10.42　⌞們⌝字在宋代多寫作⌞懣⌝或⌞門⌝，金元人的戲曲小說裏又差不多盡作⌞每⌝。在那個時候，⌞我們⌝、⌞你們⌝、⌞咱們⌝各有合音字，寫作⌞俺⌝、⌞您⌝、⌞喒⌝，所以這三個字原來都是複數式，現在的北方方言裏還有保存這種用法的。可是這種複數式很早就兼用於單數，⌞俺⌝等於⌞我⌝，見於很多地方的方言，⌞喒⌝在好些方言裏也用來稱⌞我⌝。

　　口說複數而所指只是一人，現代仍有這樣的例子，如：

> 我們一個丫頭，姑娘只是混說！（紅，三一）
>
> 我賤姓王——呸！我們死鬼當家兒的姓王。（兒，七）

10.43　文言可以在指稱詞後加「儕」、「曹」、「屬」、「輩」、「等」諸字表示衆數，現代文言中第一身又常用「吾人」。例如：

吾儕小人所謂「取諸其懷而與之」也。（左，宣十一）

吾愛之重之，不願汝曹效之也。（馬援，誡兄子書）

雍齒尚爲侯，我屬無患矣。（留侯）

聖人忘情，最下不及情，情之所鍾，正在我輩。（世說，傷逝）

吾人之生活於世界也亦然。（蔡元培，合羣）

若不容置此輩，何以爲京都？（世說，政事）

此等快快，素不服官，迫此事機，那可專信？（南史，恩倖傳）

這些字並不盡數可以隨意加在指稱詞之後，如「曹」字以「汝曹」、「爾曹」爲常見，「屬」字以「我屬」、「此屬」爲普通，「儕」字差不多限於「吾儕」，只有「輩」、「等」二字可以通用。

的，之

10.44　白話在指稱詞後加「的」字表示領屬關係，這個「的」字往往可以不說，尤其是在「們」字之後。例如：

我們〔的〕冬兒她〔的〕爸爸，在海淀大街上看熱鬧，這麼一會兒的工夫就丟了。（冬兒）

冬兒是躲到她〔的〕姨兒，我〔的〕妹妹家去了。（同）

文言也可以用「之」字表領屬。「吾」字之後照例不用，「我」字後可用可不用（組合式詞結後常用），「余」字後常用，「予」字後常不用。「爾」、「汝」之後通常也直接名詞，不加「之」字。「彼」字之後則必加「之」字（「彼詩」就是「那首詩」，「彼之詩」才是「他的詩」）。

10.45　文言的三身指稱詞（以及確定指稱詞）如作否定句內的止詞，要放在動詞之前，已見3.6，再舉數例於下：

　　我無爾詐,爾無我虞。(左,宣一五)

　　雖使五尺之童適市,莫之或欺。(孟,滕文公上)

　　晉國之命未是有也。(左,襄一四)。

相,見

10.46　文言裏有兩個字,「相」和「見」,原來都不是指稱詞,但有些句子裏用來有指稱的作用。「相」字本是「互相」之意,是個副詞,可是在下面例句裏只偏指一方.

　　故密以手書相曉,欲君自圖進退。(漢,薛宣傳)

　　兒童相見不相識,笑問「客從何處來?」。(賀知章詩)

　　耶孃聞女來,出郭相扶將。(木蘭辭)

這三句裏頭,「相曉」的意思是「曉君」,「相見不相識」是「見我不識我」,「相扶將」是「扶將之」。我們雖不能說「相」字等於你、我、他,但應該承認他有間接指稱的作用。

　　同樣,「見」字本是動詞,意思是「被」(如臧洪與陳琳書:「請師見拒,辭行被拘」)。但有些句子裏「見」字不表被動,例如:

　　生孩六月,慈父見背。(李密,陳情表)

　　諸葛亮見顧有本末,終不爾也。(蜀志,費詩傳)

　　家叔以余貧苦,遂見用於小邑。(陶潛,歸去來辭序)

這裏的「見背」是說「背我(而去)」,「見顧」是「顧我」,「見用」是「用我」,也有一種間接指稱的作用。

尊稱和謙稱

10.51　中國舊社會的習慣,社會地位較低的對於社會地位較高的,如卑幼對尊長,僕人對主人,平民對官長,窮人對闊人,是不能用普

通第一第二身指稱詞的，得用尊稱和謙稱。雖無地位的差別（如一般來往的人或路人），也得用尊稱和謙稱，除非很熟的朋友之間。有時連地位高的對於地位低的也有特定的尊稱，如﹂卿﹁，這是禮貌，否則是無禮貌。這個習慣古代就有，古書裏有記載：

> 人能充無受﹂爾﹁﹂汝﹁之實，則義不可勝用也。（孟，盡心下）

> 見公卿，不爲禮；無貴賤，皆﹂汝﹁之。（隋書，楊伯醜傳）

10.52 然則稱什麼呢？一種辦法是用尊貴的字樣，如﹂君﹁、﹂先生﹁；﹂子﹁字本來也是一種美稱，但很早已失去尊稱的意味，比﹂爾﹁、﹂汝﹁略略客氣一點而已。或不直指對方，而指他的近旁，如﹂足下﹁、﹂左右﹁。和這相對的謙稱，大率用卑賤的字樣，如﹂臣﹁、﹂僕﹁和﹂妾﹁、﹂奴﹁（女）等。﹂在下﹁的稱代法屬於﹂足下﹁一型。書簡裏面又常有用形容詞稱代的辦法，如﹂高明﹁、﹂大雅﹁（尊），﹂晚﹁、﹂愚﹁、﹂蒙﹁（謙）。還有一種辦法，是利用雙方的身分稱呼，最普通的是親屬關係，但﹂兄﹁、﹂弟﹁二詞已應用得很廣泛，尤其在書札裏。用官職的名稱也可以算在身分稱代一類。以下揀常見的雜舉數例，尊稱用﹂·﹁，謙稱用﹂。﹁表示。

> 子始與蘇秦善，今秦已當路，子何不往遊以求通子之願。（史，張儀傳）

> 舍人曰，﹂臣非知君，知君乃蘇君……蘇君使臣陰奉給君﹁。（同）

> 公是韓伯休耶，乃不二價乎？（後漢，韓康傳）

> 舉江東之衆，決機於二陳之間，與天下爭衡，卿不如我；舉賢任能，各盡其心，以保江東，我不如卿。（吳志，孫策傳；對孫權語）

> 諾，先生休矣。（馮諼）

> 妾聞志士不飲盜泉之水，廉者不受嗟來之食。（後漢，樂羊子妻傳）

> 僕初入廬山，山谷奇秀，平生所未見。（東坡志林）

> 其委諸伯父（左，昭三二）。〔周王稱同姓諸侯爲伯父〕

> 丞相數言將軍，將軍何以教寡人計策？（淮陰）

豫州今欲何至?（赤壁）

微之，微之，不見足下面，已三年矣! 不得足下書，欲二年矣!（白居易，與元微之書）

竊惟閣下素切⌊不共⌉之憤，熟籌恢復之方。（岳飛遺札）

懼左右不察，謂南中臣民，媮安江左，竟忘君父之怨。（史可法，復多爾袞書）

執事當自追憶其故，不必僕言之也。（侯方域，與阮光祿書）

雖然，非愚之所敢言也。（顧炎武，與友人論學書）

此世所謂⌊上下相孚⌉也，長者謂僕能之乎?（宗臣，報劉一丈書）

現代用不着這樣麻煩，客氣點稱⌊您⌉就够了。

10.53 以上的例句，尊稱用來代⌊你⌉，謙稱用來代在⌊你⌉面前說話的⌊我⌉。此外在稱及第三身而恰為地位較高的人的時候，有時也不便直說⌊他⌉，得酌量用尊稱，很普通的是就身分關係措詞，如：

我已經和我母親說了，我母親說萬萬使不得。

或是稱⌊他老人家⌉。

他老人家瞧了幾個，都不中意。（兒，一五）

但是在文言裏則仍稱⌊先生⌉、⌊君⌉、⌊公⌉等等，如許多傳記文裏所常見。例如：

史前跪，抱公膝而嗚咽，公辨其聲，而目不可開。（左公逸事）

先生既失網巾……於是二僕為先生畫網巾。（戴名世，畫網巾先生傳）

孺人死十一年，大姊歸王三接，孺人所許聘者也。（先妣）

10.54 在一般的文章（非對話，非書信）裏頭，作者對讀者有時也用⌊愚⌉、⌊不佞⌉等謙稱。例如：

愚故冒揣固陋……輯為一書，名曰⌊文通⌉。（馬建忠，文通序）

不佞此譯頗貽艱深文陋之譏，實則刻意求顯，不過如是。（嚴復，譯天演論例言）

現代的文章中常用⌊作者⌉√⌊筆者⌉自稱,這是受歐洲文字的影響。

稱 名

10.55 早先還有一種謙稱的方式,稱自己的名字。這個習慣在古時口語裏很通行,如論語裏就常見:

> 康子饋藥,拜而受之,曰,⌊丘未達,不敢嘗。⌉(鄉黨)

> 吾無行而不與二三子者,是丘也。(述而)

有許多書上用⌊某⌉字,那是寫書的人用來代替說話的人的名字的,並非說話的人自稱爲⌊某⌉。後世書札裏沿用其例的,如:

> 南中向接好音,法隨遣使問訊吳大將軍,未敢遽通左右。(史可法,復多爾袞書)

> 承先生吐胸臆相教,而鼐深蓄所懷而不以陳,是欺也,竊所不敢。(姚鼐,答翁學士書)

而且不限於對話和書信,在一般文章中,作者對讀者也常常稱自己的名字。例如:

> 有光七歲,與從兄有嘉入學。每陰風細雨,從兄輒留,有光意戀戀,不得留也。(先妣)

> 嫛磑課誦圖者,不材拯官京師日之所作也。(課誦圖)

確定指稱:特指

10.61 確定指稱詞分近指遠指兩類:近指,白話用⌊這⌉,文言用⌊此⌉和⌊是⌉;遠指,白話用⌊那⌉,文言用⌊彼⌉和⌊其⌉。

確定指稱詞之爲⌊確定⌉,並非這幾個詞本身能決定何所指。比如我單說⌊那個人⌉,你未必就知道是誰;你問我⌊誰?⌉我可以用手一指,或努努嘴,或是說⌊咱們剛才看見的那個人⌉。或是說 ⌊那個人——懂了

有?」你一樣的可以恍然大悟。可見要在某種情況之下，這些指稱詞才能有指定的作用。現在依此分特指、承指、助指三類說明。大多數指稱詞都有單純指示和指示兼稱代兩種用法，就是說有時後面接名詞，有時後面不接名詞。下面例句也各分兩項。

10.62　特指常伴以手勢，很多的時候「這」和「那」對稱。特指指人指物，不指事。指示用的例：

這本書名爲小說，一點兒故事也沒有。

吾騎此馬五歲，所當無敵。(項羽)

自余爲僇人，居是州，恆惴慄。(柳記)

高祖召戚夫人指示四人者，曰，「我欲易之，彼四人輔之，羽翼已成，難動矣。」(留侯)

10.63　省去名詞的例：

你喜歡這件你就穿這件，我可以穿那件。

「外面不是枕頭?拿一個來枕着。」──「那個我不要，也不知是那個腌臢老婆子的。」(紅，一九)

以上兩例，省說名詞，但留單位詞，「這」、「那」含彼此分別之意。文言裏沒有這種用法。白話可以說，「這篇文章比那篇〔文章〕好」，文言只能說，「此山望見彼山高」。

10.64　但如直指事物(非省去名詞)，則文言白話同有其例，如：

你看，那是誰?

倒是丟了印平常，若丟了這個，我就該死了。(紅，三二)

此亦人子也，當善視之。

此秋聲也，胡爲乎來哉?(秋聲賦)

然；我所長不在彼，在此。(健兒)〔「彼」指弓矢，「此」指刀。〕

以上人、物並指。文言指人，「彼」、「此」並用，「彼」字例已見 10.35。

承　指

10.65　上文已說，或說的人和聽的人了然於何所指，謂之承指。我們要注意的是在這一類用法裏，遠指和近指的區別不很顯著，白話的「這」和「那」有時竟可通用。文言裏用「彼」少而用「此」多，又常用「其」字。「其」字應歸入遠指，但因專用於承指而不用於特指，已髣髴是個中性指稱詞。「是」字的近指性也不及「此」字強，用於承指比「此」字更合式。「其」字不能有稱代用法；下邊有數目時也不用「其」，因爲「其」字下接數字有「其中」之意。指示用的例：

> 從前有個富翁……那個富翁買了一件古董……誰知那個古董是假的……那個古董商早已躲的不見面。

> 鳥之聲聚於林，獸之聲聚於山，人之聲聚於市：是聲也，蓋無在無之。（市聲說）

> 鬻百貨於市者……蓋不知幾千萬人也……然使此千百萬人者厭其勤苦……。（同）

> 近聞卿與甘興霸飲，因酒發作，侵陵其人，其人求屬呂蒙督中。此人雖麤豪，有不如人意時，然其較略，大丈夫也。（吳志，孫皎傳）

以上是承接上文的例子。無明文而有默契的例：

> 您別誤會，我哪兒會說這個話。

> 別是那個事情發作了罷？

> 子貢欲去告朔之餼羊。子曰，「賜也，爾愛其羊，我愛其禮。」（論，八佾）

> 吾問養樹得養人術，傳其事以爲官戒也。（郭橐駝）

10.66　依文言的習慣，承上文而下，可以用指稱詞，也可以不用。例如：

> 廣乃從百騎往馳三人。三人亡馬，步行，行幾十里。廣令其騎張左右翼，而

廣身自射彼三人者。(漢,李廣傳)〔上文有⌊匈奴三人⌋〕

⌊三人⌋三見,只第三次用⌊彼⌋字。又如:

有一老父……父曰,⌊履我⌋……父以足受……父去里所,復還。(留侯)

這一段要用白話來說,就要⌊那個老頭兒怎麼樣,那個老頭兒又怎麼樣⌋了。(比較上面⌊富翁買古董⌋例)

10.67　白話裏的指稱詞,一般而論,比文言裏用得多些。如人名地名,本身已很確定,實在並無指定的必要,但也加用指稱詞,可說是帶有幾分裝飾性了。文言裏雖也有這種例子;遠不及白話裏多。如:

太任有身,生此文王。維此文王,小心翼翼。(詩,大雅)

陟彼南山,言采其薇。(詩,召南)

卻說這座涿州城正是各省出京進京必由的大路。(兒,三八)

那華忠急了,說,⌊這不是丟了嗎?⌋(同)

10.68　以上都是指示性的用例。稱代性的例:

今天他又哭了一場,這都是你一句話惹出來的。

要說謝我,那我可是不想的呀。(紅,二五)

你剛才看見我書桌上有一對玻璃鎭紙不是?那就是我姊姊送我的禮。

今天下三分,益州疲弊,此誠危急存亡之秋也。(出師表)

⌊以五十步笑百步,則何如?⌋曰,⌊不可。直不百步耳,是亦走也。⌋(孟,梁惠

　王上)

承指的⌊是⌋字還有些例句已見 7.2 節。

從以上例句可以看出,稱代性的承指多數指事,也有指物的例,但沒有指人的。不是不許有指人的例,指人而又是稱代性承指,那就是三身指稱的第三身了。文言不用⌊此⌋,多用⌊彼⌋。10.35 節頭上所舉三例,例二和例一的第一⌊彼⌋字是特指,例三和例一的第二⌊彼⌋字是承指。所以,就文言說,三身指稱可以改爲⌊對語指稱⌋,第三身可以取銷,

⌐彼⌐、⌐其⌐、⌐之⌐都可以歸入確定指稱詞。但就白話說，三身確是三身，⌐他⌐字只有稱代作用，沒有指稱作用，不可改屬確定指稱詞。

10.69　文言最常用的指稱詞是⌐此⌐、⌐彼⌐、⌐是⌐、⌐其⌐四字，上面已經討論。此外還有好些，擇要舉例如下：

⌐斯⌐——近指。論語裏用得最多。以下第二例是稱代用。

斯人也，而有斯疾也。（論，雍也）

先王之道，斯為美。（同，學而）

後之覽者，亦將有感於斯文？（蘭亭集序）

⌐茲⌐——近指。尚書裏用得最多。例如：

念茲在茲。（書，大禹謨）

書於石，所以賀茲邱之遭也。（柳記）

⌐夫⌐——遠指，只作指示用。先秦書中多用，後世文言裏用得較少。就後世的用法而論，比⌐彼⌐輕些，和白話裏的裝飾性的⌐那⌐字很相近，如下面第二第三兩例；第一例指示作用較強。

夫人不言，言必有中。（論，先進）

予觀夫巴陵勝狀，在洞庭一湖。（岳陽樓記）

客亦知夫水與月乎？（赤壁賦）

又見於⌐且夫⌐⌐今夫⌐⌐夫……者⌐等熟語。

助　指

10.71　助指是說指稱詞要伴同其他加語才能產生指定的作用。白話裏用⌐那⌐為多，不大用⌐這⌐；⌐那⌐或⌐這⌐通常放在其他加語的後面。例如：

你昨天看的那本書好不好？

牆角上那棵桂花樹也開花了。

　　　　我說的這個人你也認得。

這是白話特有的用法。第一例和第三例在文言可以利用L所1字(爾所閱之書,我所言者);第二例便不用指稱詞(牆邊桂樹)。

　　10.72　稱代性的助指,白話裏也常見。例如:

　　　　你昨天看的那本呢?拿來跟我換。

　　　　過了幾天,牆角上那棵也開花了。

文言裏多利用L者1字(君所閱者,牆邊者)。如:

　　　　一人脫衣,雙手捧之……一人前其杖,迴首視捧衣者。(畫羅漢記)

　　　　一人貌亦老蒼,傴僂策杖……一人貌老過於傴僂者。(同)

用白話說就是L捧着衣服的那個1,L彎腰駝背的那個1。

指稱複數

　　10.81　白話裏常在L這1、L那1之後加L些1字,指示不止一人一物。例如:

　　　　卽使將這些書看爛了,和創作也沒有什麼關係的。(魯迅,讀書雜談)

　　　　無力的晚陽照在那些花的上面著實有些寒意。(葉紹鈞,母)

文言無相當字樣,指人的時候或說L彼等1或L此輩1,指物的時候多半不加字,如第二句只可作L日光映花上1。

　　　　L這些1、L那些1又有L這麼些1、L那麼些1的意思,見9.56。

　　10.82　但文言也有一種表達法是白話沒有的,就是在總括上文所說事物而說出數目的時候,如:

　　　　子曰,L足食,足兵,民信之矣。1子貢曰,L必不得已而去,於斯三者何先?1

　　　　(論,顏淵)

　　　　君請擇於斯二者。(孟,梁惠王下)

　　　　此數者,用兵之患也。(赤壁)

有時省去⌊此⌉字,如:

> 二者不可得兼,舍魚而取熊掌者也。(孟,告子上)

白話裏沒有和這個⌊者⌉字相當的通用字,多半要說出一個名詞,如⌊這三件事情⌋,⌊這兩種辦法⌋。也可說⌊這三樣⌋。

指稱容狀和程度

10.91　指稱容狀和程度,白話用⌊這麼(樣)⌋和⌊那麼(樣)⌋。這兩個詞可以指示事物,如:

> 誰叫你挑這麼個日子出門的!

但更普通是指示動作或性狀,如:

> 話不能這麼說。
>
> 這幅畫得那麼樣看。(以上表樣式)
>
> 別這麼儍,他還會記得你嗎?
>
> 料不到他竟那麼糊塗!(以上表程度)

或稱代動作或性狀,如:

> 左右也不過是這麼着,三日好兩日不好的。(紅,六四)

在早期白話裏還有一個⌊恁⌋字,常見的形式是⌊恁地⌋,有時近於⌊這麼⌋,有時又近於⌊那麼⌋。例句:

> 和尚,只恁地罷。(水滸,四)
>
> 我們直恁地苦!(同,一六)

10.92　文言裏或用⌊如⌋、⌊若⌋等字加⌊彼⌋、⌊此⌋等字。(⌊如彼⌋不單用,多與⌊如此⌋對舉。)例如:

> 以德若彼,用力如此,蓋一統若斯之難也。(史,秦楚之際月表序)
>
> 言不可以若是其幾也。(論,子路)
>
> 吾夢如是。(左,昭三一)

　　　　蓋余之勤且艱若此。(送馬生序)

或用「然」、「爾」兩字，如：

　　　　其然，豈其然乎？(論，憲問)

　　　　子無然，禍福無門，唯人所召。(左，襄二三)

　　　　設已然之事不能與吾當然之理合，則立除其已然者而求合乎吾之當然。若
　　　　　　徒嘆其不然，聽其自然，或待其概然，幸其或然者，舉非志內之事，吾人
　　　　　　所絕不爲也。(高一涵，立志)

　　　　未能免俗，聊復爾耳。(世說，任誕)

　　　　今爲渡江，艱辛乃爾，殊可怪也。(畫羅漢記)

「然」字常見於「然而」，「然則」等關係詞，這裏面的「然」都作「如是」講；
正如白話的「那麼」也常常用來作關係詞一樣。又「不以爲然」、「不盡
然」、「要不然」等詞語，也見於口語。

　　10.93　　白話裏「這」、「那」的複合詞還有「這裏」和「那裏」，指示處
所；「這會兒」和「那會兒」指示時間。文言裏「彼」、「此」也指處所，「爾」、
「茲」也指時間。分見十二章和十三章。

第十一章　指稱（無定）

疑問指稱：問人

11.11　無定性的指稱詞可分與疑問有關的和與數量有關的兩類。表示疑問的指稱詞也不一定只用於詢問，有時只表示不能決定或不必決定。就疑問指稱詞而論，主要的是問人物和問情狀事理兩類，此外有詢問數量的，已見 9.2，詢問處所和時間的分見 12.1 和 13.1。

問人的疑問指稱詞，ㄴ誰ㄱ字通用於文言和白話。可以做判斷句的主語和謂語，如：

老弟，你知道這起子人到底都是誰呀？（兒，二〇）

ㄴ他ㄱ是誰？誰是ㄴ他ㄱ？（紅，六三）

吾言之而聽者誰歟？（韓愈，與孟東野書）

也可以做動詞的起詞，止詞，和補詞，如：

誰這麼編派我？（紅，三四）

你找誰？

都樂去了，這屋子交給誰呢？（紅，二〇）

以此衆戰，誰能禦之？（左，僖四）

一國三公，吾誰適從？（同，僖五）

在於王所者，長幼尊卑皆非薛居州也，王誰與爲善？（孟，滕文公上）

11.12　我們常常在起詞ㄴ誰ㄱ的前頭加一個ㄴ是ㄱ，有時還在句末或動詞後再加個ㄴ的ㄱ，如：

是誰在外面嚷個不清？

是誰叫你來的？

是誰起的這樣刁鑽名字？

這是因為我們不很願意用⌊誰⌉做動詞的起詞，所以把句子改成判斷式，讓⌊誰⌉在形式上成為謂語，這似乎是⌊誰⌉字的最合式的身分。（第三例的⌊誰⌉字只是謂語的一部分。）

11.13　文言裏也有避免⌊誰⌉字做起詞的趨勢，例如：

誰習計會能為文收責於薛者乎？（馮諼）

君卽百歲後，誰可代君者？（史，蕭相國世家）

文之佳惡，吾自得之，後世誰相知定吾文者邪？（曹植與楊脩書）

這些句子裏都加用一個⌊者⌉字，由敍事句轉成判斷句，這裏的⌊誰……者⌉，無論把哪一頭算主語，哪一頭算謂語，總之已不是單純地做動詞的起詞了。

11.14　我們有時不用⌊誰⌉而用⌊什麼人⌉和⌊何人⌉。如：

今兒那個穿紅的是你什麼人？（紅，一九）

他獨來了？還有什麼人？（紅，三七）

便總有千種風情，更與何人說？（柳永詞）

我獨何人，貪求無厭？（鄭書）

⌊什麼人⌉的涵義本來和⌊誰⌉不同。回答⌊誰？⌉只要說出一個人來便了，⌊什麼人⌉却是打聽這個人的底細——職業、家世之類。但是這個標準有時並不嚴格遵守，例如上面的例二例三的⌊什麼人⌉和⌊何人⌉用來和⌊誰⌉沒有分別；又如 11.11 例一，可以用⌊什麼人⌉，而用了⌊誰⌉。所以有些方言裏簡直不用⌊誰⌉，只用⌊什麼人⌉（如吳語⌊啥人⌉）。

11.15　文言裏問人的指稱詞還有一個⌊孰⌉字，這個字的主要用處是⌊多中擇一⌉（見下），但也常常用來和⌊誰⌉一樣，如：

孰謂鄹人之子知禮乎？（論，八佾）

百姓足，君孰與不足？（同，顏淵）〔比較 11.11 王誰與為善〕

誰爲爲之，孰令聽之。(報任少卿書)〔上用⌊誰⌉，下用⌊孰⌉〕

白話裏也有把⌊哪個⌉當⌊誰⌉用的，如：

這會子，你倘或有個好歹，撇下我，叫我靠那一個?(紅，三三)

明日就叫⌊四兒⌉，不必什麼⌊蕙香⌉、⌊蘭氣⌉的——那一個配比這些花兒?

(紅，二一)

在北京話，只是間或如此，但有許多方言(如長江官話)就只有⌊哪個⌉沒有⌊誰⌉。

問　物

11.21　問物的疑問指稱詞，白話用⌊什麼⌉(又作⌊甚麼⌉)。這個詞有指示和稱代兩用。指示的例：

這是倆甚麼字?(兒，三八)

有什麼事，這麼要緊?(紅，三九)

什麼藥就這麼貴?(紅，二八)

11.22　稱代用的⌊什麼⌉，也可以和⌊誰⌉字一樣從他在句中的職務來分別觀察。在判斷句裏，⌊什麼⌉做主語和做謂語，涵義有點差別。大率不知是何事何物便用⌊什麼⌉做謂語。如：

前兒你替三姑娘打的那花樣是什麼?(紅，三五)

我到他家可算個什麼?(兒，二六)

知道事物的名字而詢問他的意義，才可以用⌊什麼⌉做主語，如：

甚麼是個⌊呱咭⌉(滑稽)呀?(兒，三〇)

依我說，什麼是例?必定四個五個的?骰使就罷了。(紅，三五)

但這類句子也可以用前面的一式，如⌊呱咭是個甚麼呀?⌋

11.23　⌊什麼⌉做動詞的止詞和補詞都很普通，如：

你想什麼吃?回來好給你送來。(紅，三五)

見了什麼了,這麼樂?(紅,三八)

你拿什麼謝我呢?難道白找了來不成?(紅,二七)

用⌊什麼⌉做起詞,很難得看見,我們通常應用⌊是⌉和⌊的⌉把句子改成判斷式。例如我們不說⌊什麼咬了你了?⌉我們說:

是什麼咬了你了?

我們不說⌊什麼會在水裏遊又會在空中飛?⌉我們說:

會在水裏遊又會在空中飛的是什麼?

更簡單的辦法是在⌊什麼⌉底下加個⌊東西⌉,就不受這個拘束,如:

什麼東西咬了你了?

什麼東西會在水裏遊又會在空中飛?

11.24　文言裏問物的指稱詞用⌊何⌉,也可以有指示和稱代兩用。指示的例:

齊宣王問⌊卿⌉。孟子曰,⌊王何卿之問也?⌉王曰,⌊卿不同乎?⌉曰,⌊不同。⌉

（孟,萬章下）

問今是何世?(桃源)

此何聲也? 汝出視之。(秋聲賦)

11.25　⌊何⌉字稱代用,在判斷句限於做謂語,在敘事句限於做止詞和補詞,這是和白話的⌊什麼⌉很相像的。例如:

⌊元年⌉者何?君之始年也。⌊春⌉者何?歲之始也。(公羊隱元)〔判斷句謂語〕

何哉爾所謂達者?(論,顏淵)〔謂語變次〕

孟嘗君曰,⌊客何好?⌉曰,⌊客無好也。⌉曰,⌊客何能?⌉曰,⌊客無能也。⌉(馮諼)

卿欲何言?(赤壁)

11.26　我們又常在⌊何⌉字後頭加一⌊所⌉字,把敘事句改造成判斷句,這可以和⌊誰……者⌉比較。例如:

今大王誠能反其道,任天下武勇, 何所不誅? 以天下城邑封功臣, 何所不

服?(淮陰)

何所聞而來? 何所見而去?(晉書,嵇康傳)

問女何所思? 問女何所憶?(木蘭辭)

飄飄何所似? 天地一沙鷗。(杜甫詩)

11.27　文言裏詢問事物除⌊何⌉字外,還有一個⌊奚⌉字,如:

問臧奚事?則挾策讀書;問穀奚事?則博塞以遊。(莊,騈拇)

離道而內自擇,是猶以兩易一也,奚得?(荀,正名)

抉擇人物

11.31　抉擇性的疑問指稱詞,白話用⌊哪⌉(和確定指稱詞⌊那⌉不同,但舊時也寫作⌊那⌉,引例句時照原樣)。普通在後面加用單位詞,和⌊什麼⌉不同,例如我們可以說⌊什麼花⌉,但必需說⌊哪朵花⌉或⌊哪一朵花⌉或⌊哪些花⌉(當然也有不便加單位詞的)。

代表抉擇的對象的名詞,有時和⌊哪⌉結合成詞組,例如:

你愛看哪一本小說?

你這是哪一家舖子裏買的?

有時把這個名詞先說在頭裏,這才說⌊哪⌉。例如:

這些小說裏頭,你愛看哪一本?

這幾家舖子哪一家價錢公道?

以上是指物的例,指人的時候,或用⌊哪⌉,或用⌊誰⌉。例如:

你們誰願意跟我進城去?

看看這些孩子,哪一個捨得放下?

11.32　文言裏的抉擇疑問詞用⌊孰⌉。這個字通常只有稱代用法,所以名詞必須說在⌊孰⌉字的前頭。

弟子孰爲好學?(論,雍也)

人非生而知之者,孰能無惑?(師說)

事孰爲大?事親爲大。守孰爲大?守身爲大。(孟,離婁上)

戰克而王享,吉孰大焉?(僖,二五)

但稱人的時候也可以用 L誰 7,如:

人誰無過?過而能改,善莫大焉。(左,宣二)

又因爲 L孰 7字只有稱代用法,所以需要抉擇性指示詞的時候,只能仍用 L何 7字,如:

以此攻城,何城不克?(左,僖四)

何草不黃?何日不行?何人不將?(詩,小雅)

11.33 以上都是 L來中擇一 7的例子。另有 L二者相比 7的例子,白話裏頭指人大率用 L誰 7,指物用 L哪一樣 7或 L哪個 7,文言一概用 L孰 7。例如·

父親和丈夫誰親些?

買了魚就不能買雞,買了雞就不能買魚,你愛吃哪樣?

父與夫孰親?(左,桓十五)

禮與食孰重?(孟,告子下)

關於兩事相比的詢問句法,19.41節還要討論。

問情狀

11.41 詢問情狀,白話用 L怎麼 7、L怎樣 7和 L怎麼樣 7。 文言主要是用 L何 7字和他的結合詞 L何如 7、L如何 7、L若何 7、L奈何 7、L何以 7、L何爲 7等。

這裏所說情狀,包括事物本身的性質和狀態,以及動作的容狀等等。詢問及於事物的本身時,L怎麼樣 7比 L怎麼 7更普通,可以用作加語,也可以用作謂語。加語的例:

那狀元夫人又是怎麼件事呢?（兒,三二）

這⌊一口鐘⌋到底是件怎麼樣的衣服呢?

謂語的例:

你看這個小花瓶兒怎麼樣?

⌊當初⌋怎麼樣?⌊今日⌋怎麼樣?（紅,二八）

我又怎麼了,你又勸我?（紅,二一）

你們跟去瞧瞧是怎麼了?（兒,三九）

11.42　文言詢問事物的性狀,所用的詢問詞以⌊何如⌋為最常見, ⌊如何⌋不及⌊何如⌋;秦漢以後又用⌊何等⌋。用作加語的例:

⌊陛下以絳侯周勃何如人也?⌋上曰,⌊長者也。⌋又復問,⌊東陽侯張相何如 人也?⌋上復曰,⌊長者。⌋（史,張釋之傳）

善藏我兒胞,丞知是何等兒也?（漢,外戚傳）

用作謂語的例:

於是張良至軍門見樊噲。樊噲曰,⌊今日之事何如⌋（項羽）

撫軍問孫興公,⌊劉真長何如?⌋曰,⌊清蔚簡令。⌋⌊王仲祖何如?⌋曰,⌊溫 潤恬和。⌋⌊桓溫何如?⌋曰,⌊高爽邁出。⌋（世說,品藻）

11.43　詢問動作的容狀及方法等等,用⌊怎麼⌋,但往往在動詞後 面加⌊法兒⌋,也就在⌊怎麼⌋後面加用⌊個⌋字。例如:

這件事你該怎麼謝我呢?（紅,二一）

你是怎麼拾着的?（紅,三一）

這算什麼?又不是帳,又不是禮物,怎麼個寫法兒?（紅,二八）

這摔了個粉碎的瓦,可怎麼個整法兒呢?（兒,三二）

11.44　文言用⌊何以⌋為主,也用⌊如何⌋、⌊若何⌋,不用⌊何如⌋。例 如:

不為者與不能者之形何以異?（孟,梁惠王上）

王曰,何以利吾國?大夫曰,何以利吾家?士庶人曰,何以利吾身?(孟,同)

彼之角如何來,我之角如何往……(鬬牛)。

奚以知其然也?(莊,逍遙遊)

何由知吾可也?(孟,梁惠王上)

11.45　下面的例句形式上和 11.41 的第二類例子相似,但不是泛問事物的性質如何,只是問這件事好不好,使得使不得,實質上已經等於⌊是非問句⌋了。

咱們這就去,怎麼樣?

所以我才合你商量。你想着怎麼樣?(兒,三〇)

姑奶奶,你想我這主意怎麼樣?(兒,四〇)

文言裏這種商量可否的例:

仍舊貫,如之何?(論)。

亦使知之,若何?(左,僖二十四)

吾欲之南海,何如?(爲學)

11.46　另有一類問句,先懸擬一種事態,然後詢問一個辦法,詢問詞白話用⌊怎麼樣⌋。例如:

寶姐姐和你好,你怎麼樣?不和你好,你怎麼樣?前兒和你好,如今不和你好,你怎麼樣?你和他好,他偏不和你好,你怎麼樣?你不和他好,他偏要和你好,你怎麼樣?(紅,九一)

多喝又把我怎麼樣?(紅,三九)

聽得進去便怎麼樣?聽不進去便怎麼樣?(兒,三〇)

要是他只管不理會,你又打算怎麼樣呢?

倘若說疑問指稱詞是有所代的,那麼這裏的⌊怎麼樣⌋所代的是一個動詞。

文言裏類似的句子用⌊奈何⌋爲主,也用⌊若(之)何⌋、⌊如(之)何⌋。

竭力以事大國，則不得免焉，如之何則可？(孟，梁惠王下)

一薛居州獨如宋王何？(孟，滕文公下)

晉侯謂慶鄭曰，⌐寇深矣，若之何？⌐對曰，⌐君實深之，可若何？⌐(左，僖十五)

雖不逝兮可奈何？虞兮虞兮奈若何。(項羽)

諸侯不從，奈何？(留侯)

問原因和目的

11.51　詢問原因和目的，白話裏常用的疑問詞是⌐爲什麼⌐和⌐做什麼⌐；嚴格說，詢問原因用⌐爲什麼⌐，位在動詞前，詢問目的用⌐做什麼⌐，位在動詞後。但是這個分別有時維持不住，因爲原因和目的這兩個觀念本來是很相近的，有的時候竟很難分別。舉例如下：

你爲什麼又和雲丫頭使眼色兒？(紅，二二)

你既這麼說，爲什麼我去了你不叫丫頭開門呢？(紅，二八)

這早晚就跑過來作什麼？(紅，二一)

你可儘着招他哭哭咧咧的是作甚麼呢？(兒，六)

11.52　詢問原因也用⌐怎麼⌐。普通總覺得⌐怎麼⌐以問情狀爲主，實際上很多⌐怎麼⌐是詢問原因的。⌐怎麼⌐本來就是⌐做什麼⌐的合音，當然可以用來問原因，用來問情狀倒應該算是引申的用法了。用⌐怎麼⌐詢問原因，可以位於起詞之後動詞之前，又可以位於起詞之前，後面這種位置是問情狀的⌐怎麼⌐不能有的。例句：

你怎麼這時候兒才來？(兒，二七)

我也算會說的了，怎麼說不過這猴兒？(紅，二二)

怎麼寶姐姐和你說的這麼熱鬧，見我進來就跑了？(紅，二一)

這還不樂？怎麼倒愁的這麼個樣兒？(兒，四〇)

11.53　詢問原因還有一個辦法，是只用⌐什麼⌐，形式上是一個止

詞,骨子裏是問原因;這有一個證據,就是有些動詞明明是內動詞,不能有平常的止詞,可是能跟個⌞什麼⌝。例句:

　　好端端的你垂頭喪氣的瞎什麼?(紅,三一)

　　令官都准了,你們鬧什麼?(紅,二八)

　　媽可忙甚麼呢? 沒事就在這裏坐一天說說話兒不好?(兒,二九)

還有把⌞什麼⌝用作止詞的加語的,如:

　　不拘怎麼着,誰還敢爭? 又辦什麼酒席呢? (紅,二二)〔不是問辦海味席還
　　　是燒烤席,是說何必辦酒席。〕

　　好沒意思,白白的起什麼誓呢?(紅,二八)

　　他說: ⌞我不氣別的,我氣的十八歲的女孩子出什麼閣!⌝ 我撲嗤一笑說:
　　　「你呢?十九歲的年紀,認什麼姑姑!⌝(姑姑)

　　11.54　文言詢問原因的指稱詞用⌞何⌝和他的結合語爲主。⌞奚⌝、⌞胡⌝、⌞曷⌝是⌞何⌝的同義字,但用途似乎都有點限制,如⌞胡⌝字多數用在⌞不⌝或⌞爲⌝之前,⌞曷⌝字多數用在⌞爲⌝字前,而這些地方也正是不大用⌞奚⌝字的地方。

　　單用⌞何⌝、⌞奚⌝和⌞怎麼⌝相當。例如:

　　嫂何前倨而後卑也?(秦策一)

　　漢皆已得楚乎?是何楚人之多也?(項羽)〔怎麼這麼多呢〕

　　或謂孔子曰,⌞子奚不爲政?⌝(論爲政)

　　天下之刖者多矣,子奚哭之悲也?(韓非子,和氏)

　　11.55　詢問原因的⌞何⌝字可以用作謂語;前面用⌞者⌝字,等於⌞之故⌝。⌞何⌝字之後常用⌞也⌝、⌞歟⌝等字;用慣了,⌞何也⌝、⌞何歟⌝就都成了熟語。

　　今恩足以及禽獸,而功不至於百姓者,獨何與?(孟,梁惠王上)

　　吾君在前,叱者,何也?(史,平原君傳)

所以然者何?水土異也。(晏子春秋,內,雜下)

11.56　╎何不╎等於白話的╎爲什麼不╎,常常含有勸令的意義,如下面第二例:

苟如君言,劉豫州何不遂事之乎?(赤壁)

無徵不信,公愛之,何不記之?(袁枚,飛泉亭記)

╎何不╎合音爲╎盍╎,例如:

盍各言爾志?(論,公冶長)

而畫中有草蟲一法,盍仿而效之?(記趣)

╎胡不╎等於╎何不╎,例如:

人而無禮,胡不遄死?(詩,鄘風)

歸去來兮,田園將蕪胡不歸?(陶潛,歸去來辭)

11.57　用╎何以╎、╎何故╎等詢問原因的例:

法人好勝,何以自繪敗狀,令人喪氣若此?(巴黎油畫)

知必危,何故不言?(左,哀七)

11.58　╎何爲╎本來應以詢問目的爲主,但也常用來問原因。例如:

人而無儀,不死何爲?(詩,鄘風)

今戰而勝之,齊之半可得,何爲止?(淮陰)

╎何爲╎常常拆開來用,中間大率加個╎以╎字,這種句法只用來問目的。例如:

今我何以子之千金劍爲乎?(呂氏春秋,異寶)

君何以疵言告韓魏之君爲?(趙策)

匈奴未滅,何以家爲?

奚以之九萬里而南爲?(莊,逍遙遊)

╎胡爲╎、╎曷爲╎等於╎何爲╎。例如:

噫嘻,悲哉!此秋聲也。胡爲乎來哉?(秋聲賦)

吾使子往視之,子曷爲告之?(公羊,宣十五)

11.59　⌊如何⌉、⌊若何⌉、⌊奈何⌉也可以用來問原因,如:

如之何其使斯民飢而死也?(孟,梁惠王上)

非國家之利也。若何從之?(左,襄二十六)

奈何非金石之質,欲與草木而爭榮?(秋聲賦)

旣見君子,云何不樂?(詩,唐風)

任　指

11.61　⌊誰⌉、⌊什麼⌉、⌊怎麼⌉、⌊哪兒⌉等詞平常稱爲⌊疑問指稱詞⌉,因爲他們的主要用途是詢問人、物、情狀等疑點。可是這些詞也可以不作疑問用:⌊誰⌉可以代表不知或不論是誰的一個人,⌊什麼⌉可以代表不知或不論是什麼的一件東西。這樣用法的時候,可以稱之爲⌊無定指稱詞⌉。無定指稱詞用途有二:表不論的可稱爲任指,表不知的可稱爲虛指。

文言的疑問指稱詞裏只有⌊何⌉字有非疑問的用法, 而在通用的文言裏也不常見。所以文言裏表任指和虛指, 常常藉助⌊者⌉字和⌊所⌉字(參閱6.5; 6.6; 8.3等節),或其他詞語。

11.62　任指指稱詞多數用在複句的第一小句裏,這些指稱詞的上頭常常加⌊無論⌉、⌊任憑⌉、⌊不管⌉等字樣,但也不是非加不可,尤其是在否定句裏。例句:

你喜歡誰,只管叫來使喚。(紅,三五)〔任擇所欲〕

寶姐姐有心,不管什麼他都記得。(紅,二九)〔事事皆默識之〕

我這話那一句講的不是,姐姐只管駁。(兒,二六)〔有不當者〕

二嫂子憑他怎麼巧,巧不過老太太。(紅,三五)〔雖巧……〕

是了是了,無論怎麼着罷,算我們明白了就完了。(兒,三三)

誰也不知道他是哪天走的。〔莫知〕

他什麼都不怕，就只怕人說他不夠朋友。〔無所畏〕

哪兒不躲偏要躲在那兒，這還有什麼說的。

任指的用法和疑問的用法比較相近，實在是一種撇開性的間接問句（16.61）。比較，

他見了就要，也不管那是誰的。〔普通間接問〕

不管是誰的東西，他見了就要。〔任指〕

任指指稱詞常常前後叠用，造成一種連鎖句（見 23.61 ）。

虛　指

11.63　虛指的用法離開疑問的本義比較遠些，在近代文言以及語體文裏常常用⌊某⌋字來表示，如⌊似乎在哪裏看見過⌋作⌊似曾於某處見之⌋。例句：

這件東西好像是我看見誰家的孩子也帶着一個的。（紅，二九）

姑老爺常說的呀，孔夫子的徒弟誰怎麼聽見一樣兒就會知道兩樣兒，又是誰還能知道十樣兒呢。（兒，三六）〔有聞一以知二者，又有……者。〕

他方才還在這裏來着，此時想是作甚麼去了。（兒，三三）〔有所事〕

只嚷餓的慌，要先吃點甚麼。（兒，三九）

他後悔得什麼似的。（紅，三二）

待要怎麼樣，料着寶玉未必是安心踢他。（紅，三〇）

你倒是在那裏弄些吃的來，再弄碗乾淨茶來喝。（兒，一四）

以上是肯定句的例。我們有時加⌊不知⌋二字，明白表示這是虛指，如：

多半是薛大爺……不知在外頭挑唆了誰來在老爺跟前下的蛆。（紅，三三）

這些東西都攔在東樓上不知那個箱子裏，還得慢慢找去。（紅，四〇）

湘雲伸手擎在掌上，心裏不知怎麼一動，似有所感。（紅，三一）

這個「不知」只管着「誰」、「哪個」、「怎麼」等詞，並不管到整個下半句，所以不是「間接問句」。有時去了這個「不知」，意義並無改變，如上面第一句。

11.64　以下是否定句的例：

「你纔說什麼？」——「我沒說什麼」。（紅，二六）〔無所言〕

「落下什麼了？」——「沒落下什麼」。（兒，四〇）〔無所遺〕

也倒不想什麼吃。（紅，三五）

這一遭半遭兒的也算不得什麼。（紅，二七）〔無所謂〕

那僱騾子的本主兒倒不怎麼樣，你瞧跟他的那個姓華的老頭子眞來的討人嫌。（兒，四）〔無所謂〕

且把他們鬆開，大約也跑不到那裏去。（兒，三〇）〔無所逃〕

否定句裏的虛指和任指很相近。如上面的前三句，如果略改詞序，變成「我什麼也沒有說」，「甚麼也沒落下」，「什麼都不想吃」，語氣加重，就有了任指的意思了，

11.65　虛指指稱詞又可以用在「是非問句」裏。因爲所問爲全句之是非，「誰」、「什麼」等詞不是疑點所在，所以仍是虛指。例如：

還有誰笑話咱們不成？（紅，四〇）

還吃點兒甚麼不吃？（兒，二八）

奶奶有甚麼止痛的藥沒有？（兒，三〇）

你此刻逼他也無用，難道他還能上哪兒去偷一對來還你不成？

第一例的「誰」可以改成「人」。例二的「甚麼」可以改成「東西」，例三的「甚麼」和例四的「上哪兒去」可以省去，雖然語句要減色不少，基本的意義還不至於受影響。倘若這些詞表疑問，這就辦不到了。

11.66　文言裏用「何」字虛指，僅見於「何人」一詞，例如：

今君又當厚積餘藏，欲以遺所不知之何人。（史，孟嘗君傳）

臣夜人定後，爲何人所賊傷，中臣要害。（後漢，來歙傳）

有何人，天未明，乘馬以詔版付允門吏。（魏志，夏侯玄傳）

11.67 文言裏還有一個專作虛指指稱用的字，就是⌞或⌝字。例如：

或告子旗，子旗不信。（左，昭八）

或勸以少休，公曰：⌞吾上恐負朝廷，下恐愧吾師也。⌝（左公逸事）

⌞或⌝字等於說⌞有……者⌝，如上面第一例可改爲⌞有告子旗者⌝（參閱 7.7；8.2）。⌞或⌝字也限於指人，而且只能用作主語。上面用⌞何人⌝的前兩例都不能改作⌞或⌝，第三例用⌞或⌝就不再用⌞有⌝字。

數量稱代

11.71 基數和序數，假如後頭不跟名詞，他本身就有一種稱代的作用。基數稱代又分單純和帶形容詞兩種。前者的例：

一隻手抱了一個孩子，一隻手又牽了一個。

假如我要讀書，依舊可以帶幾本去讀。（儒林外史，一）

如今我們洞裏菓品短少，須得趁此打刼些個來纔好。（紅，一九）

11.72 文言裏，一般說來，沒有白話裏這麼自由的數量稱代。白話裏數字下有單位詞，文言裏不普遍用單位詞，所以不容易站住，如⌞君有三城，我亦有三城⌝，不能說⌞我亦有三⌝。單位詞是實體詞，所以白話裏的數字本身並沒有變成實體詞。反而文言裏有以下的例子，這裏面的數字倒是實體詞：

賜也何敢望回，回也聞一以知十，賜也聞一以知二。（論，公冶長）〔比較 11.63 例二⌞兩樣兒⌝、⌞十樣兒⌝。〕

問一得三：聞詩，聞禮，又聞君子之遠其子也。（論，季氏）

子玉使宛春告於晉師曰，⌞請復衞侯而封曹，臣亦釋宋之圍。⌝子犯曰，⌞子玉無禮哉！君取一，臣取二，不可失矣。⌝。（左，僖二八）

這裏的數字所代表的是⌐事⌐，但是這個字上文並沒有，所以這種稱代法和白話裏的不同。又如：

> 方六七十，如五六十，求也爲之……。(論，先進)〔如＝或〕
>
> 四十五十而無聞焉，斯亦不足畏也矣。(同，子罕)

這裏的⌐六七十⌐、⌐五六十⌐指⌐里⌐，⌐四十⌐、⌐五十⌐指⌐年⌐，也是上文所無，不能算是普通稱代，只是習慣上說到年歲和道里的時候可以省去這兩個字而已。又如：

> 多則析堂與室爲二……夏則合爲一。(陸游，居室記)

這是表數量分合的，也沒有被稱代的本詞。

11.73　數量詞帶形容詞的例：

> 裏面養着各色折枝菊花，賈母便揀了一枝紅的簪在鬢上。(紅，四〇)
>
> 打開一包銀子，揀了一塊一鎊多重的給他，說，⌐請你喝盃酒。⌐

這在文言裏是有相同的表現法的，比如說：

> 以重價求之珠商，一日而得徑寸者二。

但是也不常見。說到人數的時候，數字之後照例有⌐人⌐字，如：

> 孟氏選國人之壯者三百人。(左，定八)

這要在白話裏，就可以說成⌐在馬夫裏頭挑了三百個身强力壯的⌐了

11.74　序數稱代的例如：

> 第一道題是作文，第二道是文言譯白話，第三道是白話譯文言。
>
> 張二有三個小孩，大的撿煤核，二的滾車轍，三的滿院爬。(柳家大院)

文言裏的⌐其一……其二……⌐、⌐其次……其次……⌐也可以算序數稱代。

總和及配分指稱：全稱

11.81　我們又常常說及一羣人或一起物件的總和或他的部分，這也是和數量有關的。

　　無論文言或白話,說到總和都只有表⌐衆多⌐或⌐全體⌐的限制詞,或加於名詞,或加於動詞(9.63),但沒有稱代詞(和英語的單用的 all 相當的)。

　　11.82　表示否定的總和,白話只能用⌐沒一個⌐或⌐全都不⌐等構造,或利用無定指稱,如⌐誰也不⌐等(11.62)。文言除應用⌐無⌐字外(8.2;8.3),還有一個專作此用的⌐莫⌐字。例如:

　　　狂者傷人,莫之怨也;嬰兒詈老,莫之疾也。(淮南子,說林)

　　　吾視沛公大度,此眞吾所願從遊,莫爲我先。(史,酈生傳)

⌐莫⌐字等於說⌐無……者⌐,如上面第一例可改爲⌐狂者傷人,無怨之者……⌐,或是說⌐誰也不怨他⌐。

　　可是⌐莫⌐字,和無定指稱的⌐或⌐字相同,限於指人,又限於作主語,這是這兩個字的用法的共同限制。

偏　稱

　　11.83　只就全體裏邊的一部分說,這就是偏稱。例如:

　　　四個孩子裏頭有兩個已經進了中學。

　　　且喜平日看文章的這些學生裏頭頗有幾個起來的。(兒,三)

　　　宋人有閔其苗之不長而揠之者。(孟,公孫丑上)

　　直接用⌐有⌐字起,如⌐有牽牛而過堂下者⌐(8.2),以及前邊 11.67 所說的 ⌐或⌐字其實也都是 ⌐偏稱⌐的例子, 只是上面沒有表示總和的字(人),所以偏稱之意不顯。

他　稱

　　11.84　就總和裏減去一部分,就着其餘的說,謂之他稱,如:

　　　〔已經有兩個進了中學,〕其餘的都還在小學。

另外那些你自己留着罷。

我們這裏實賣完了，別家去問問看。

我只管編輯，其他的事情我不管。(別的我不管。)

「另」和「別」只用在白話裏，「餘」和「他」用於文言爲主。文言的例：

大兒孔文舉，小兒楊德祖，餘子碌碌，不足數也。(後漢，禰衡傳)

子不我思，豈無他人。(詩，鄭風)

王顧左右而言他。(孟，梁惠王下)

白話裏有時又借用「那」字，如：

只倒茶的這個工夫兒又進來了兩個人……前頭那一個打着個大長的辮子
……那一個梳着個大歪抓髻。(兒，四)

那馱騾又是戀羣的，一個一跑，那三個也跟了下來。(兒，五)

分 稱

11.85 分稱是就着總和的幾個部份分別述說，普通是應用偏稱的
說法重叠着說。例如：

每人要了一斤半麵的薄餅，有的抹上點子生醬，捲上棵葱，有的就蘸着那
黃沙碗裏的鹽水爛蒜，吃了個滿口香甜。(兒，一四)

這個當兒，這號進來的人就多了，也有搶號板的，也有亂坐次的，還有諸事
不作，找人去的，人來我的，甚至有聚在一處亂吃的，酣飲的。(兒，三四)

文言也用「有……者」，例如：

即聞有買賣數錢聲；有買豬首者，有買腹臟者，有買肉者，(口技甲)

還有一種方法是用「或」字，「或」等於「有……者」，已在 11.67 說
明。例如：

凡有名者，往往留像於館，或立，或臥，或坐，或俯，或笑，或哭；驟視之無不
驚爲生人者。(巴黎油畫)

　　以手指畫,若告語者,人或解或不解也。(啞孝子)

以上諸例, 分稱時不用確定的數量詞, 所以合起來是否全體包括在內, 是要看上下文的。如上列諸例, 多數包括全體, 但「兒」三四」的例就不然, 因爲至少該有幾個安分的考生。

　　11.86　有時候我們用確定的數量詞, 一般都徧及全體, 如:

　　弟兄三個,一個撑船,一個挑水,一個開漿洗店,反正都跟水有緣。

總和爲二的時候, 我們有三種說法:

　　我認得兩個趙肯,一個是畫家,一個是大夫。

　　他們兩位不是一路,一位是本省口音,那一位說是剛從雲南來的。

　　兩個丫鬟,這個合他點點頭兒,那個又合他搖搖手兒。(兒,三八)

例一無須解說, 例二是併用偏稱和他稱合表全體。例三用「這」、「那」二字, 貌爲指示, 其實并未指定, 這是指稱詞的活用。可是例三可以改用例一的說法, 例一反而不能改用例三的說法, 比較兩句的語氣, 用「這」、「那」的表示反而更隨便也。下例更爲明顯:

　　他擺弄那四個碗,轉轉這個,轉轉那個,把紅魚要一點不差的朝着他。(黑
　　白李)

「這」和「那」各稱一次, 但已經足够包括四個碗。又如:

　　這個孩子一聲「老師」,那個孩子一聲「老師」,可把她忙壞了。

我們也可以斷定決不止兩位小朋友。

　　11.87　文言裏沒有借用指稱詞的說法, 只用「一」或「其一」。這個「其」字是「其中之」的意思。例:

　　俄聞二人途中相遇,揖敍寒喧,其聲一老一少。(口技甲)

　　一死一生,乃知交情;一貧一富,乃知交態;一貴一賤,交情乃見。(史,汲鄭
　　列傳)

　　故人喜,命豎子殺雁而烹之。豎子請曰,「其一能鳴,其一不能鳴,請奚殺?」

（莊,山木）

使奕秋誨二人奕;其一人專心致志,惟奕秋之爲聽;一人雖聽之,一心以爲有鴻鵠將至。（孟,告子上）

普稱, 各稱

11.91 普稱和各稱都是就個體立言,而意在全體;意思和全稱相近而說法不同。至於這兩種說法之間,也稍稍有些差異。

先說普稱。文言有叠用本詞的說法, 白話除一部分沿用這種辦法外,通常改爲叠用單位詞。例如:

條條街上都擠滿了人,個個戲院子都賣滿座。

軍書十二卷,卷卷有耶名。（木蘭辭）

三百六十行,行行出狀元。

家家泉水,戶戶垂楊,比那江南風景覺得更爲有趣。（老殘,二）

夜夜夜半啼,聞者爲沾襟。（白居易詩）

人人自危;事事掣肘。

但文言裏也可以單用本詞, 白話不能。例如:

良庖歲更刀,割也;族庖月更刀,折也。（莊,養生主）

非遇水旱之災,民則人給家足。（史,平準書）

11.92 除叠用本詞外,文言又用[每]字, 白話除[每人]、[每天]、[每年]等語外,[每]字只能加在單位詞前頭。例如:

子入太廟,每事問。（論,八佾）

每人而悅之,日亦不足矣。（孟,離婁上）

他每天下午必來這裏喝茶,你來這裏等他就是了。

他在每本書上都簽上名字。

[每]字除加在名詞之前,還可以加在動詞之前,作[每次]講,例如:

獨在異鄉爲異客,每逢佳節倍思親。(王維詩)

或云此舟每出,必有風雨。(武林舊事)

11.93　各稱和普稱的分別是：後者注意個體之間的⌞共相⌝,前者注意個體之間的⌞殊相⌝。各稱通常應用⌞各⌝字,如：

咱們各付各的,誰也不擾誰。

法子多得很,你們各自去想,不必彼此商量。

人各有能有不能。

天地之間,物各有主。(赤壁賦)

從上面的例句可以看出,⌞各⌝字(白話裏常作⌞各自⌝)通常只加在動詞前。

白話裏有些名詞可以在前頭加⌞各⌝字,如⌞各人⌝,⌞各位⌝,⌞各地⌝,這些都帶有熟語質性。近代文言裏有時也在名詞前用⌞各⌝字,例如:⌞中外各報⌝,⌞國立各院校⌝。這種用法的時候,⌞各⌝字沒有⌞各別⌝之義,只等於⌞諸⌝字了。

11.94　白話裏除用⌞各⌝字外,又有如下的說法:

一家有一家的難處。

一時是一時的風氣。

這個地方進步很快,一年是一年的樣子。

伺候着河上的風光,這春來一天有一天的消息。(康橋)

這裏面含有⌞這家和那家的難處不同⌝,⌞此時與彼時的風氣兩樣⌝的意思,所以是⌞各稱⌝。文言沒有類似的說法。而且白話好像也只限於⌞有⌝和⌞是⌝這兩個動詞,換別的動詞就不行,例如我們不說⌞一人做一人的事⌝,說⌞各人做各人的事⌝。

隅　稱

11.95　我們有時要說明兩個數量的對當關係，例如說「一天上五課」。雖然只說「一天」，天天都是如此，仍是注意共相，所以仍是普稱，但說法不同，只說「一天」，不說「天天」。這可以名爲「隅稱」，就是舉例言之的意思。這互相對當的數量之中，分得出一個「當量」和一個「被當量」，這兩個裏面通常一定有一個是「一」。通常「一」是當量，但有時「一」是被當量。通常的次序是當量在先，例如：

　　一天上五課，星期六只有四課，下午放假。

　　一家招待兩位，全都不用去住旅館。

　　這麼三步一停，五步一歇的，今天還想到得了嗎？〔比較「一停三步」〕

　　十天半個月搬一回家，眞麻煩！

有些句子先說被當量，後說當量，例如：

　　白米九十元一斗。

　　分給他們三十猷一個。

這些句子也可以改換次序，說成「一斗九十元」，「一個三十猷」，但不及原句更合口語的習慣。

　　文言只有一種次序，當量在先，被當量在後。當量是「一」的時候，「一」字可省（參閱9.15）；被當量是「一」的時候，通常必須寫出。例如：

　　斗米千錢。

　　封三子爲侯，侯千三百戶。（史，衞將軍傳）

　　澤雉十步一啄，百步一飲。（莊，養生主）〔每十步，每百步〕

　　五日風，十日雨。〔五日一風〕

　　上古有大椿者，以八千歲爲春，八千歲爲秋。（莊，逍遙遊）〔以八千歲爲一春〕

11.96 近於白話的文言以及帶點文氣的白話裏面又常用⌊每⌋字表對當,例如:

好的每斤可以出十兩油,次等的就只有七八兩。

每營分三連,每連分三排。

每三排爲一連,每三連爲一營。

始擬膳每月一輪,週而復始, 其媳曰:⌊翁姑老矣,若一月一輪………太疎。⌋擬每日一家,週而復始,媳又曰:⌊翁老矣,若一日一輪,……亦疎。⌋乃以一餐爲率。(陸隴其,崇明老人記)

逐 稱

11.97 表示若干個體先後相續,謂之逐稱。例如:

一代傳一代。

一蟹不如一蟹。

一晚又一晚的,只見我出神似的倚在橋欄上向西天凝望。(康橋)

這些句子的形式和 11.94 的各稱例句相似, 但意思大不相同:⌊一時是一時⌋指同一時,⌊一代傳一代⌋指先後兩代,雖然這兩句的意思同樣延及若干時和若干代。

這種句法又用於⌊一天冷一天⌋之類的比較句(19.74)。

另一種逐稱句法是疊用名詞或單位詞,例如:

看看前面的旅客,一個個檢查過去。

梧桐樹,三更雨,不道離愁正苦。一葉葉,一聲聲,空階滴到明。(溫庭筠詞)

這種句法和普稱很相似,但普稱一般不加⌊一⌋,逐稱一定要加⌊一⌋。

文言疊詞不加⌊一⌋,因此形式上和普稱沒有分別,例如:

步步爲營。

苦恨年年壓金線,爲他人作嫁衣裳。(秦韜玉詩)

這裏的⌐步步⌐和⌐年年⌐有⌐一步一步⌐、⌐一年又一年⌐的意思，所以可以作爲逐稱的例子。又或用⌐一一⌐，如：

　　喃喃教言語，一一刷毛衣。（白居易詩）

　白話和通俗文言裏又用⌐逐⌐或⌐逐一⌐，例如：

　　此宅買價雖廉，逐年修理，所費亦已不貲。

　　張勝回到家中，將前後事逐一對娘說了一遍。（志誠張主管）

第十二章　方　　所

詢問方所

12.11　白話裏詢問方所沒有專用的指稱詞，應用⌊什麼⌉和⌊哪⌉造成⌊什麼地方⌉和⌊哪兒⌉（哪裏，哪），⌊哪兒⌉較普通。例如：

> 燙了那裏了？（紅，三五）

> 你們把林姑娘藏在那裏了？（紅，二七）

> 這烏里雅蘇臺可是那兒呀？（兒，四〇）

12.12　方所詢問有很特別卻是很常見的一式，就是不用任何疑問詞而單靠語氣詞⌊呢⌉來表示。如：

> 跟上學的人呢？（紅，三三）

12.13　文言裏詢問方所，可以用⌊何處⌉、⌊何所⌉、⌊何許⌉等詞，例如：

> 人面祇今何處去？桃花依舊笑春風。（孟棨，本事詩）

> 大鐵椎不知何許人。（鐵椎）〔間接問句〕

這是和白話比較接近的疑問詞。又可以單用⌊何⌉字，如：

> 於何本之？……於何原之？……於何用之？（墨，非命上）

> 士生於世，使其中不自得，將何往而非病？使其中坦然，不以物傷性，將何適而非快？（蘇轍，快哉亭記）

12.14　⌊何處⌉等複合詞是後起的，更早的時候有專用的詞⌊安⌉、⌊焉⌉、⌊惡⌉等。例如：

> 大風起兮雲飛揚，威加海內兮歸故鄉，安得猛士兮守四方？（史，高祖紀）

> 視其所以，觀其所由，察其所安，人焉廋哉？人焉廋哉？（論，爲政）

君子去仁,惡乎成名?（論,里仁）〔惡乎＝於何〕

方所性的詢問詞徃徃引申成爲邏輯性的詢問詞,用於反詰。白話的⌐哪
兒」,文言的⌐安」、⌐焉」、⌐惡」等都有這種作用（見 16.74 ）。

方所詞

12.21　回答⌐哪兒?」可以說⌐這兒」或⌐那兒」, 也可以說⌐東門」、
⌐學堂裏」等等。前者是稱代性的方所詞,後者是實指性的方所詞。實指
性的方所詞有地名,如⌐燕」、⌐魯」、⌐川」、⌐湘」;有普通名詞,如⌐室」、
⌐案」、⌐門」、⌐書」。另有⌐上」、⌐下」、⌐左」、⌐右」、⌐前」、⌐後」、⌐內」、⌐外」、
⌐中」、⌐旁」、⌐東」、⌐西」,⌐上頭」、⌐底下」、⌐前頭」、⌐頭裏」、⌐後頭」、⌐面
前」、⌐背後」、⌐裏頭」、⌐外頭」、⌐左邊」、⌐右邊」、⌐旁邊」、⌐東邊」、⌐西邊」
等等專門表示方位的詞,自成一類。這類方位詞常常和普通處所詞聯合
起來用,如⌐室內」、⌐案頭」、⌐門外」、⌐書中」。在文言裏,是遇有必要纔加
這些方位詞的,如:

> 戶內一僧,側耳傾聽。（核工）

> 交趾山中有石室,唯一路可入。（嶺外代答）

> 兒復立案上,拜起如前儀。（彭士望,觚戲記）

否則單用普通處所詞就够了。例如:

> 久居城市者不習於鄉村。

> 口雖不言,了然於心。

12.22　白話裏面用方所詞,除地名外, 大率加用方位詞,以⌐裏」、
⌐上」、⌐下」爲最普通。例如:

> 城裏住慣的人,鄉下住不慣。

> 嘴裏不說,心裏明白。

這些⌐上」、⌐下」、⌐裏」的方位意義大率很模糊,如⌐手裏」也可以說⌐手

上⌉、⌊書上⌉也可以說⌊書裏⌋。到了要表示明晰的方位意義的時候，就不能再用⌊裏⌋、⌊上⌉、⌊下⌉等，必須說⌊裏頭⌉、⌊上頭⌉、⌊底下⌉。例如：

> 嘴的裏頭有牙齒，有舌頭。

> 天的上頭還有什麼？

至於⌊外頭⌉、⌊旁邊⌉等等，那是跟文言一樣，非有必要不用的。

12.23　⌊裏頭⌉除以上所說外還有一個意義，是說⌊在若干個中間⌉，例如：

> 這些個孩子裏頭，數阿巧最淘氣。

> 這兩本裏頭，你愛哪本？

例二的⌊裏頭⌉和⌊他的好文章都在這兩本裏頭⌉的⌊裏頭⌉顯然不同。同樣，⌊中間⌉也有兩義。例如：

> 學畫可臨帖，又可寫生；在這兩條路中間，寫生自然較爲重要。(朱光潛，談作文)

這兒的⌊中間⌉和⌊這兩條路中間有一大片草地⌉的⌊中間⌉意思也不同。

12.24　方位詞和前頭的名詞連接的時候，白話可以用⌊的⌉，但常常不用，文言的⌊之⌉字也是可用可不用。但文言用⌊之⌉的例子比白話用⌊的⌉的要多些。例如：

> 楚之南，有冥靈者，以五百歲爲春，五百歲爲秋。(莊，逍遙遊)〔楚國南邊〕

> 夢之中又有夢焉。〔夢裏頭又有夢；夢裏頭又做夢〕

白話又用⌊往⌉，文言又用⌊以⌉或⌊而⌉，來表示處所和方位之間的關係，這個關係有時和⌊的⌉或⌊之⌉所表的相同，有時要兩樣些。例如：

> 宜昌而東，江行平地。

> 形而上者謂之道，形而下者謂之器。(易，繫辭)

> 鼻以上畫有光，鼻以下畫大姊。(先妣)

12.25　有時候，所指處所已見上文，只要單說一個方位詞。例如：

裏面數楹茅房，外面卻是桑、楡、槿、柘、各色稚樹新條，隨其曲折，編就兩

溜青籬。（紅，一七）

然燭入小洞，中坐頭陀象。（林紓，記翠微山）

中軒敞者爲艙……旁兩小窗，左右各四。（核舟）

這是文言和白話相同的。但文言又常常加一「其」字，白話裏卻不加「那個的」之類的詞語。例如：

乃接木爲橋，距地八尺許，一男子履其上……其下則二男子一婦一女童與

一老婦鳴金鼓，俚歌雜俗曲和之。（舠戲記）

金玉其外，而敗絮其中。

這兒，那兒，到處

12.31 「這兒」指近，「那兒」指遠，這兩個指稱性方所詞的分別和「這」和「那」這兩個指稱詞相當；從這兩個詞的原來的形式「這裏」和「那裏」上可以知道本來是由「這」、「那」加「裏」合成的。

「這兒」和「那兒」所指本有一定，但是正如「這個……那個」可以活用指「一個……一個」（11：8.6）一樣，「這兒……那兒」也可以活用，例如：

這兒一跑，那兒一跑，一天又過去了。

這兒一個洞，那兒一條縫，簡直補不勝補。

12.32 文言也用「彼」、「此」的複合詞，如「此地」、「此中」、「此間」、「彼中」等；另有「其地」，專爲承指用。例如：

此地有崇山峻嶺，茂林修竹。（蘭亭集序）

不滿十年，此中狐兔遊矣。（王冕）

頃有人間道來歸，自云留彼十載，備知彼中山川道里。

自大宛以西至安息國……其地皆無絲漆，不知鑄鐵。（史，大宛傳）

12.33 但往往也單用「彼」和「此」（茲，斯）。例如：

然予居於此,多可喜,亦多可悲。(項脊)

某所,而母立於茲。(同)

有美玉於斯,韞匵而藏諸?求善賈而沽諸?(論,子罕)

我在彼三載,去官之日,不辦有路糧。二郎在彼未幾,那能便得此米邪?可載米還彼。(宋書,孔覬傳)

12.34　⌊處處⌉和⌊到處⌉是普稱性的方所詞,和⌊個個⌉相當(11.91)。⌊到處⌉又說⌊滿處⌉,又可以加重說成⌊滿到四處⌉。例如:

屋上,街上,城牆上,處處都是雪。

你如愛兒童,這鄉間到處是可親的稚子。(康橋)

滿處價問,滿處價打聽,也沒個影兒。(冬兒)

敢則這就是姑老爺天天兒叫得震心的他那位程大哥呀? 這還用滿到四處找着瞧⌊海裏奔⌉去嗎?(兒,三七)

文言裏也用⌊處處⌉,但典雅的文言裏不大看見。

方所詞的連繫:在,於

12.41　方所詞用作起詞、止詞或加語,和普通名詞無異,不必討論。用作方所補詞,大率用關係詞來連繫,但也有不用的。動作和處所能有好幾種關係:如一件動作在某處發生,或是一個動作起於某處,經由某處,終止在某處等等。有這種種不同的關係,所用的關係詞也就不止一個。

先說⌊靜境⌉,就是動作和方所之間只有一種靜止的關係。表示這種關係,白話用⌊在⌉,文言用⌊於⌉。

⌊在⌉字加方所補詞,或是放在動詞前,或是放在動詞後;有些句子裏頭這兩種位置都可以用,有的句子裏頭只能用這一種或那一種位置。這就必須把⌊靜境⌉再分析。大多數句子,裏頭的方所詞只表示動作的所

在,猶如唱戲的戲台。這類方所詞位於動詞前,如:

> 如一條飛蛇在黃山三十六峯半中腰裏盤旋穿插。頃刻之間,周匝數遍。(老
> 殘,二)

> 睜着兩隻小眼睛兒,撥瞪兒撥瞪兒的,在一旁聽熱閙兒。(兒,一七)

12.42　有一類句子,裏頭的動詞是外動詞,他的止詞因爲這個動作的結果,而停留在一個處所,表示這個處所的方所詞一定在動詞後(同時,這個止詞用⌐把」字或用外位法提在動詞前頭)。例如:

> 把這話聽在心裏。(兒,一四)

> 他不中我,倒也平常,誰想他單單把我擱在末尾兒一名。(兒,一五)

這兒決不能說⌐在心裏聽」,⌐在末尾擱」。

12.43　另有一類句子,裏頭的動詞是內動詞,他的起詞因爲這個動作的結果而停留在一個處所,表示這個處所的方所詞通例也是擱在動詞後頭。例如:

> 北風吹在身上,刺骨的冷。

> 這眞是一根針落在大海裏,叫我怎麼個找法?

12.44　可是這一類句子裏頭有好些是可以讓方所詞佔或前或後的兩種位置的。例如:

住在東街上。	不在這裏住了。
躺在炕上。	在炕上躺着。
藏在門背後。	在門背後藏着。
坐在窗口。	在窗口坐下。

左右兩排例句代表兩種看法:左排方所詞在後,表示先有此動作而後有此境地;右排方所詞在前,表示先已到此境地而後有此動作。這只是說明兩種位置的意味不是絕對相同,實際上除第四例外意義並無多大出入。右排例句的詞序,大部分由於動詞後有⌐了」、⌐着」等字;⌐不在這裏住」也

還可以說，⌞在炕上躺⌟、⌞在門背後藏⌟、⌞在窗口坐⌟就不行了。

　　12.45　文言用⌞於⌟（或⌞于⌟）通例在動詞後，在前是例外，所以不必分別⌞靜境⌟的種類。例如：

> 吾嘗驗之於身，驗之於人，百不失一。（汪縉，示程在仁）
>
> 不疲其神於不急之務，不用其力於無益之爲。（盲者說）
>
> 間與同志創私立小學於城北，又於城南創立閱報所。（林覺民傳）

乎, 諸, 焉

　　12.46　⌞於⌟、⌞于⌟二字最早的時候也許有分別，以現在而論，音義皆同。⌞乎⌟字是⌞於⌟字的同義字，⌞諸⌟和⌞焉⌟是⌞於⌟字的複合字。⌞乎⌟的例：

> 擢之乎賓客之中，立之乎羣臣之上。（燕策）
>
> 然則是所重者在乎色樂珠玉，而所輕者在乎人民也。（史，李斯傳）

　　12.47　⌞諸⌟字是⌞之乎⌟或⌞之於⌟的合音。例如：

> 我不欲人之加諸我也，吾亦欲無加諸人。（論，公冶長）
>
> 礎潤而雨，徵諸涇也；履霜堅冰至，驗諸寒也。（理信）

　　12.48　⌞焉⌟字的意義和⌞於之⌟或⌞於是⌟相當，但近代只用在句末。例如：

> 罷舟處，當寺陰；高阜，鐘閣鋸焉。（核工）
>
> 樹陰有屋二椽，姊攜拯居焉。（課誦圖）
>
> 其存居興國而欲反覆之，一篇之中，三致意焉。（史，屈原傳）

這個⌞焉⌟字，引申開來，就成了一個語氣詞（見 15.81—4 ）。

從, 往, 到

　　12.51　動作和方所之間，又可以有動的關係。例如方所爲動作的

出發點。表示這個關係的詞，白話常用⌊從⌉或⌊打⌉，有時也用⌊在⌉，方所詞常在動詞前。例如：

> 一口氣從車站走回家，走得滿頭大汗。
>
> 何必繞那麼遠，打這兒走近多了。
>
> 又在鞋掖裏取出筆墨來。（兒，一〇）

文言用⌊自⌉、⌊由⌉、⌊從⌉，方所詞通常也在動詞前，但用⌊自⌉字時，也可以在後。例如：

> 越明年，貧者自南海還。（爲學）
>
> 余還自西廣，道番禺，乃得看之。（嶺外代答，鬥雞）
>
> 由屋頂放光入室。（巴黎油畫）
>
> 有一人從橋下走出。（史，張釋之傳）

有時也用⌊於⌉，方所詞在後。如：

> 民以爲將拯己於水火之中也。（孟，梁惠王下）
>
> 千里之行，始於足下。
>
> 竊疑纂輯成書，當出於有子曾子門人之手。（梁啓超，論語解題）

表示動作離開一個處所的方式，有⌊出⌉、⌊下⌉等字。如：

> 踱出店外，看那些車夫吃飯。（兒，一四）
>
> 上前連拉帶拽纔把他架下樓來。（兒，三五）

⌊踱出店外⌉等於⌊從店裏踱出來⌉。文言裏⌊出⌉、⌊下⌉等字當動詞用。

　　12.52　表示通過某一處所，白話和文言都沒有專用的關係詞，通常把⌊經過⌉的意思用動詞來表示；用關係詞的時候，那就和上項相同。例如：

> 把那煙從嘴裏吸進去，卻從鼻子裏噴出來。（兒，四）
>
> 出了正房，從西院牆一個屏門過去。（兒，一五）
>
> 軒東故嘗爲廚，人往，從軒前過。（項脊）

白話的⌞過⌝字已有從動詞變爲關係詞的傾向,如:

> 渡過河,走不遠就到了鎭上。

12.53 表示動作的趨向, 白話常用⌞往⌝(望)、⌞朝⌝、⌞向⌝等字, 文言也用⌞向⌝或⌞嚮⌝(鄉), 但不及白話用的多。例如:

> 你要找東莊兒,一直的往西去就找着了。(兒,一四)

> 向外一綽,往裏一裏,早把棍綽在手裏。(兒,六)

> 他把那尖刀,背兒朝上,刃兒朝下,……一刀到底的只一割。(兒,六)

> 西門豹簪筆磬折嚮河立。(西門豹治鄴)

> 黑煙滾滾,東向馳去。(鐵椎)〔注意:⌞向⌝在⌞東⌝後。〕

12.54 表示動作的到着, 白話用⌞到⌝字。例如:

> 甚至吃喝嫖賭,無所不至,已經算走到下坡路上去了。(兒,一五)

> 聽得那先生說了這等一番言詞,字字打到自己心坎兒裏。(兒,一九)

⌞到⌝字只表示一般的到達,如果要表示特殊的到達方式,有⌞進⌝、⌞上⌝、⌞下⌝等字。如:

> 就好比那太陽爺照進屋裏來了。(兒,一五)

> 托地一跳跳上房去。(兒,六)

> 泥牛滾下海,有去沒回來。

文言裏和⌞進⌝、⌞上⌝相當的⌞入⌝、⌞登⌝等字是只作動詞用的。

> 文言裏表示到着用⌞於⌝字。例如:

> 河九折而注於海。

> 孟子自齊,葬於魯,反於齊。(孟,公孫丑下)

此外有⌞至⌝字,意思就是⌞到⌝,但通常只作動詞用,如:

> 初二日晨發成都,晚至內江,宿。

> 復哀泣從人至金陵。(杜環)

附在別的動詞後面的很少。而且⌞至⌝字之後仍常跟⌞於⌝字,例如:

　　　順流而東行，至於北海。(莊，秋水)

　　　平原君已定從而歸，歸至於趙。(史，平原君傳)

　12.55　「從」和「到」常常連起來用，表示一件事情的起訖兩點，例如：

　　　從五四到現在，語文方面的變化是很大的。

　　　從這兒到山頂，名爲八十里，實際不到五十里。

文言上用「自」，下用「於」、「至於」或「至」。這兒的「至」字顯出幾分關係詞的性質。例如：

　　　則由放縱而流於殘忍矣。(自由)

　　　長江爲我國第一大川，自青海至吳淞口，歷八省，長萬里有奇。

　　　自百家諸子之書，至於難經，素問，本草，諸小說，無所不讀。(王安石，答曾子固書)

　　　自王公卿相以至工藝雜流，凡有名者，往往留像於館。(巴黎油畫)

　12.56　方所詞又常常用弱化的動詞來連繫。在白話裏頭，這類動詞後頭大率加「着」字，例如：

　　　他自己卻挨着炕邊坐了。(兒，二〇)

　　　方才不該當着這班人作這舉動，又多了一番牽扯。(兒，一九)

　　　衆人答應一聲，便順着那帶灰棚搜去。(兒，一一)

文言的例：

　　　緣溪行，忘路之遠近。(桃源)

　　　環湖築路，以通車馬。

以文言而論，這些詞仍然應作普通動詞看，這些詞和後面的主要動詞之間常常可以加用「而」字或「以」字，如「緣溪以行」(20.93)。

不用關係詞連繫

　12.61　現在討論方所詞不用關係詞連繫的例子。在白話裏，「這

兒丨和丨那兒丨之前常常不用關係詞,別的方所詞之前也有不用的。例如:

　　請這裏坐。

　　你路上遇見熟人沒有?

　　只好袖子裏拿二百錢送了看坐兒的, 縫弄了一條短板凳, 在人縫裏坐下。

　　(老殘,二)

　　看那戲台上擺了一張半桌,桌上放着一面板鼓, 鼓上放了兩片鐵簡兒。(同)最後一例是特種句法, 已在 3.9 討論過, 這裏的方所詞統不加丨在丨字。丨路上丨、丨處處丨這一類方所詞本是不用關係詞的, 也不用說。就其餘的例子而論,可以看出兩點: 一,只有意義較攏統的關係詞丨在丨字可以不用, 如丨往丨、丨到丨、丨進丨、丨出丨等字是不能省略的。二,只有動詞前的處所詞可以不用關係詞, 像 12.42—3 的丨在丨字就是不能不有的。

　　12.62　文言裏不用關係詞的例子更要多些。可以按方所詞在動詞之前或後分成兩類。

　　方所詞在前,不用關係詞,最習見的是表方位的。我們要注意的是這些方位詞有時表示動作的趨向, 有時又表示動作所從來的方向。例如:

　　憑軒下瞰,老柏三數章, 碧翳天日。(記翠微山)〔向下〕

　　西望夏口,東望武昌。(赤壁賦)〔向西,向東〕

　　月明星稀,烏鵲南飛。(曹操詩)〔向南〕

　　時新學說西來,學子心醉平等自由之說。(林覺民)〔從西方〕

　　東犬西吠。(項脊)〔在西家〕

　　極目四望, 則見城堡,岡巒,溪澗, 林樹, 森然布立(巴黎油畫)。〔向四面〕

　　頃之, 二十餘騎四面集。(鐵椎)〔從四面〕

其他方所詞較少,如:

　　上古之人,穴居而野處。

乃謝病家居不復出。

道逢豪客,不其殆乎?

12.63　方所詞在後而不用關係詞,大多數例句可以說是省用⌊於⌋字。如:

北平陳子燦省兄河南,與遇宋將軍家。(鐵椎)

或失足田中,或傾身岸下。(鬥牛)

將歸,飲旅館中,觶金置案頭。(健兒)

秦始皇大怒,大索天下。(留侯)

橘生淮南則爲橘,生於淮北則爲枳。(晏子春秋,內雜下)

從末後一例可以看出,⌊於⌋字的用和不用,常常受修辭需要的支配。

12.64　但文言裏有一類動詞,用⌊於⌋和不用⌊於⌋一樣的普通,我們不能說不用⌊於⌋一定是省略;我們甚至可以說,不用⌊於⌋字的時候,那些動詞是外動詞,就拿方所詞作止詞。例如:

在於王所者,長幼尊卑皆薛居州也,王誰與爲不善?(孟,滕文公下)

在王所者,長幼尊卑皆非薛居州也,王誰與爲善?(同)

東流入於海水。(柳記)

渡大江,入淮楚。(王冕)

昔者有王命,有采薪之憂,不能造朝。(孟,公孫丑下)

今病小愈,趨造於朝。(同)

鄭世子忽復歸於鄭。(左,桓一五)

冕旣歸越,復大言天下將亂。(王冕)

孔子遊於匡。(莊子,秋水)

北遊燕都。(王冕)

這一類動詞很不少。有些文法書上的所謂⌊關係內動詞⌋,一大部分都有這種現象。

方面, 對象, 觀點

12.71　前面討論方所詞, 都選用較具體的例子, 但實際上方所的概念常常引申開來應用; 尤其是文言用 L於] 字連繫的補詞, 包括的意念範圍極廣。以下擇要舉例。

第一是表示 L方面]。文言常在形容詞之後用 L於] 字連繫一個補詞, 表示那個形容詞適用的方面, 例如:

> 明於治亂, 嫻於辭令。(史, 屈原傳)

> 民勇於公戰, 怯於私鬭。(同, 商君傳)

> 夫談有悖於目, 拂於耳, 謬於心, 而便於身者; 或有說於目, 順於耳, 快於心, 而毀於行者: 非有明王聖主, 孰能聽之? (漢, 東方朔傳)

> 然亮才於治戎為長, 奇謀為短。(蜀志, 諸葛亮傳) 〔合用一「於」字, =長於治戎, 短於奇謀。〕

這個 L於] 字有時也可省, 如 L悅目], L快心], 又如:

> 毒藥苦口, 利病; 忠言逆耳, 利行。(漢, 淮南王安傳)

史記裏就是作 L苦於口, 利於病……]。

12.72　白話也常用 L在……上] 來表示這種 L方面] 觀念, 如:

> 他這個人別的倒罷了, 就是在銀錢上有些看不破。

> 這本書在文字上倒還過得去, 思想方面很差

或單用 L上]。現代文言也常用。如:

> 也只是面子上敷衍敷衍罷了。

> 誠歷史上, 宗教上, 美術上之巨構也。(雲岡)

12.73　其次, L於] 字又可以作 L對於] 講, 所連繫的補詞代表動作 (包括心理) 的對象。其實這也是一種 L方面]。例如:

> 君子於其所不知, 蓋闕如也。(論, 子路)

口之於味也,有同嗜焉。(孟,告子上)

吾於天下賢士功臣,可謂無負矣。(漢,高帝紀)

於趙則有功矣,於魏則未爲忠臣也。(史,魏公子傳)

然若過其度而有愧於已,有害於人,則不復爲自由,而謂之放縱。(自由)

然不革命而奴隸於惡政府,則雖生猶死。(爲靈)

勤於職守;篤於故舊;忠於國家。

以上例句中,前四例的補詞都在前。例五也可以改在前:「於已有愧,於人有害」,正如例三和例四的前半句也可以改在後:「無負於天下賢士功臣」,「有功於趙」。

12.74　白話的「在」字是沒有和這個「於」字相等的用法的,通常用「對於」。例如:

> 不獨是對於一個人如此,就是對於家庭,對於社會,對於國家乃至對於自己,都是如此。(最苦與最樂)

> 對於子女的教育,簡直不管。

例二的「對於」所連繫的補詞,其實就是下邊動詞的止詞,我們也不妨說這兒「對於」是一種把止詞提前的關係詞,和「把」字異曲同工。

12.75　「關於」和「對於」的用法有些不同,大率用於「問題」「事情」等詞的前頭;可是在意念上很相近,例如「關於這件事情,我沒有意見」也可以說「對於這件事情……」。「關於」的例:

> 第三,說幾句關於批評的事。(魯迅,讀書雜談)

> 「語絲」我仍舊愛看,還是他能夠破破我的岑寂。但據我看來,其中有些關於南邊的議論,未免有一點隔膜。(魯迅,通信)

> 關於這個問題,最近的刊物上已經有許多人討論過。

最後一例的「關於」也有提前止詞的作用。

文言的「於」字有和這個「關於」的意味很相近的,如:

然自計平昔;於方外養生之說,曾無所聞。(陸游,居室記)

但這類句子並不多,白話裏⌊關於⌉的發達是受了外來語法的影響。

　　和⌊關於⌉的概念相近的有⌊至於⌉,但這有說完一事另起一端的語氣,我們留在別處討論(22:1.7)。

　　12.76　方所詞還有一個用處是表示觀點,就是從哪方面看。這類方所詞常用⌊自⌉字連繫,下用動詞⌊觀⌉字,例如:

　　　自其變者而觀之,則天地曾不能以一瞬;自其不變者而觀之,則物與我皆

　　　無盡也。(赤壁賦)

用⌊於⌉用⌊在⌉,也可以表示觀點。這一類補詞一定在動詞或形容詞之前,和一部分對象補詞相同。例如:

　　　然力足以至焉而不至,於人爲可譏,而在己爲有悔。(遊襃禪山記)

　　　於汝安乎?(論,陽貨)

　　　不義而富且貴,於我如浮雲。(論,述而)

　　　此布衣之極,於良足矣。(留侯)

　　　上問袁盎曰,⌊今吳楚反,於公何如?⌉對曰,⌊不足憂也。⌉(史,吳王濞傳)

間或也有省去關係詞的,如:

　　　吾女子,義不忍與賊俱生。(夏之蓉,沈雲英傳)〔於義〕

　　　法無可恕,情有可原。〔於法,於情〕

　　12.77　白話裏的關係詞也用⌊從⌉和⌊在⌉,如:

　　　從另一方面看來,這正是變動的社會中應有的現象。

　　　這應該是眞實的,但在我卻未曾感得。(鴨的喜劇)

　　　我們的祖先——猿猴——尋到了成熟的榛栗,呼朋喚類去採集,預備過冬,

　　　在他們是最快活的。(綠漪,扁豆)

　　12.78　我們又常用⌊於⌉字來表示⌊在……中⌉,用於有比較或選擇之意的句子。這個⌊於⌉字所連繫的補詞大率位於動詞之前。例如:

必不得已而去,於斯三者何先?（論,顏淵）

君請擇於斯二者。（孟,梁惠王下）

燕於姬姓獨後亡。（史,燕世家）

這類句子在白話裏就是前邊⌊在……裏頭⌉(12.23)的例子,只是這裏的⌊於⌉字底下不加⌊中⌉字就覺得跟常用的⌊於⌉字不一樣罷了。

12.79　文言裏的⌊於⌉字實在是一個多方面應用的關係詞。除上面已經說過的各項例句外,比較重要的有第三章所見連繫被動句的施事詞的例 (3.81),有第四章所見連繫受詞的例 (4.1; 4.4);還有下章要講的連繫時間補詞的例 (13.44),以及第十九章連繫比較補詞的例 (19.55)。白話裏把他分化了,一部分固然仍用⌊在⌉字,⌊於⌉字的繼承字,但另一部分便用別的關係詞如⌊給⌉等來代替;還有一部分用⌊對於⌉、⌊關於⌉等複詞,這裏面還保存⌊於⌉字,可是已是次要的成分。

以下雜舉一些用⌊於⌉字的例句,就文言而論,都可以用⌊方所⌉、⌊方面⌉等概念來解說,可是這裏頭大部分在白話裏已不用⌊在⌉字,因此在現代的人看來,這些⌊於⌉字就往往和他上頭的字合成熟語了。例如:

易姓名,隱於庖丁。（健兒）

是皆基於舍已為羣者也。（為羣）

豈其忿世疾邪者耶?而託於柑以諷耶?（劉基,賣柑者言）

鑒於人言之可畏,乃多方飾詞以卸責。

今寇衆我寡,難於持久。（赤壁）

同於我者安知非依附之謀,異於我者未必無切磋之益

銅錫諸礦幾於遍地皆是。

空氣過於乾燥,則溫度雖低,亦可無霜。

老於北京的人說,地氣北轉了。（鴨的喜劇）

動 態

12.81 ⌊上⌉、⌊下⌉、⌊進⌉、⌊出⌉等字，本來是動詞，用在別的動詞和方所詞之間，又成了關係詞，上文巳見(12.51,54)。不和方所詞合用而單獨黏附在動詞之後，這些字又有表示動作的趨向或勢力的作用。比較下面三句：

　　一個蘋果吃下肚。

　　樹上又掉下一個。

　　留下這個明天吃。

第一句裏，⌊下⌉字連繫⌊肚⌉字，是個關係詞。第二句裏，⌊下⌉字並不連繫什麼，只是表示⌊掉⌉的趨向，是說⌊掉下來⌉，不是⌊掉上去⌉。第三句的⌊下⌉，以句子裏的地位而論，和第二句的⌊下⌉相同，但是他的意義又引申了一步，不能仍說是表⌊趨向⌉，只能說是表示動作的⌊勢力⌉。

　　爲兼顧動向和動勢兩方起見，我們稱這一類詞爲⌊動態詞⌉。除⌊進⌉、⌊出⌉、⌊上⌉、⌊下⌉外，還有⌊過⌉、⌊回⌉（也可以用作關係詞）、⌊起⌉、⌊開⌉、⌊住⌉、⌊來⌉、⌊去⌉(不能用作關係詞)等字，也都有這種作用。這裏面⌊來⌉、⌊去⌉二字，除單獨表動態外，又常常和別的動態詞連合起來用。分別說明於下。

　　12.82 來。——表示動作從別處向着說話的中心點（多半不是主語的所在）而來。如：

　　昨天舅母家送來一盒蛋糕，我也留着等你呢。

　　晉升早雇了兩乘小官轎來。(兒，一二)

　　去。——表示動作背着說話的中心點（常常就是主語所在）向別處去。如：

　　跑去一看，已經無影無跡。

可按期取了題目來, 作了分頭送去。(兒, 二)

12.83　上, 上來, 上去。──⌊上⌉表向上, 加⌊來⌉、⌊去⌉可參考上面兩項的說明。表動向以複式爲常, 如:

還要說幾句, 又恐慪上他的酒來。(紅, 二八)

搶上去一頓亂翻亂擲。(紅, 六一)

引申的意義, 表物件歸着到應歸着的地位。以單用⌊上⌉字爲常。如:

後園裏的角門關上了沒有?

登上靴子, 穿上皮襖, 繫上搭包 套上件馬掛兒。(兒, 三一)

12.84　下, 下來, 下去。──表動向也以複式爲常, 如:

嚇得他連忙跪了下去。

潑了一桌子茶, 順着桌邊流下來。(兒, 三三)

引申的意義, 表物件離開原來的位置, 或由動而靜。用⌊下⌉或⌊下來⌉。例如:

那本書的皮子已經脫下來了。

走不到幾步, 見他又落在後面, 只得又停下來等他。

⌊下來⌉、⌊下去⌉又表示某一類屬性的逐漸加增, 和⌊起來⌉相似, 而應用範圍不同。例如:

過了德州, 下了一陣雨, 天氣頓覺涼快, 天色也暗下來了。

過了些時, 這件事也就冷下去了。

⌊下去⌉又表動作的延長, 這是一種⌊動相⌉, 見下章(13.65)。

12.85　進, 進來, 進去。──表向內, 以複式爲常。如:

打他二十板子才帶進來見我。(兒, 三七)

話是這樣說, 可不知道他聽得進去聽不進去。

12.86　出, 出來, 出去。──表向外, 也以複式爲常。如:

你叫出芳官來, 我和他說話。(紅, 六一)

這些話,傳出去可不好聽。

⌊出來⌉有由隱而顯的意思,如：

你一應了,未免又叨登出趙姨奶奶來。(紅,六一)

又查出許多虧空來。(紅,六二)

⌊出來⌉或⌊出⌉又有產生的意思,如：

如今鬧出事來,我原該承認。(紅,六一)

看你這等惡少年……也未必作得出好文字。(兒,三四)

12.87　起,起來。——表向上。如：

揭起菜箱一看,只見裏面果有十來個雞蛋。(紅,六一)

只聽那黑影裏戞的一聲,卻飛起一個白鶴來。(紅,七六)

⌊起來⌉的引申意義最多,可以表示合攏,如：

合起來也有百十塊錢,也就不差什麼了。

趕快把些零碎東西收拾起來,打了一個小小的包裏。

又有由隱而顯的意思,和上面的⌊出來⌉相似而不盡同,如：

誰知這句話又勾起他的心事來。

竟忘了,此刻才想起來。(紅,六二)

又表示性質的逐漸增加,和上面的⌊下去⌉、⌊下來⌉相似而又相對,因為⌊下去⌉或⌊下來⌉所表示的是低、小、暗、冷這一類消極的性質,而⌊起來⌉所表示的多半是高、大、亮、熱這一類積極的性質。例如：

二人你言我語,十來句話,越覺親密起來了。(紅,七)

諸君的村里中,富起來的人家多呢,還是窮下去的人家多？(夏丏尊,你須
知道自己)

但這種繼長增高的意思,實由於⌊起來⌉原有表⌊開始⌉的作用,這也是一種⌊動相⌉,是下章 13.64 節要討論的。

⌊起來⌉又用在⌊看⌉、⌊聽⌉、⌊說⌉、⌊想⌉等動詞之後,逗出下文。例如：

看起今日這個局面來,這豈不是姻緣前定嗎?(兒,一二)

聽起來,那小道兒可不是頑兒。(兒,一四)

在這種地方,我們有時不用⌊起來⌉,單用一個⌊來⌉字。例如:

想來就像有鬼拉着我的手是的。(紅,四五)

少了不好,看來得一兩銀子,才是我們這樣門戶的禮。(紅,五一)

要問我的住處,說來卻離此不遠。(兒,八)

12.88 回,回來,回去。——表回轉,複式爲多。如:

等我撈回本兒來再說。(紅,二〇)

趕着我送回錢去,到底不收。(紅,六一)

過,過來,過去。——複式爲常。或表度過,如:

忽然一陣風兒送過一片琵琶聲來。(兒,一八)

我自己包了幾個糭子,正要給你送過去呢。(兒,三七)

或表轉過,如:

回過頭來一看,一個也不見了。

又背過身去鼓搗了一陣,也不知鼓搗個什麼。

12.89 開,開來。——或表開合,如:

他這才把門開開。(兒,七)

他也不等我拆開來就先搶着要看。

或表離開(只用⌊開⌉,不用⌊開來⌉),如:

你們倆閃開。(兒,四)

慢慢的把這些不要緊的營生丟開。(兒,三〇)

住。——如果說是表動向,可以說是零度的動向,因此當然沒有和⌊來⌉、⌊去⌉合用的複式。

你怎的又在此就攔住了呢?(兒,一四)

無心中把件東西握住了。(兒,三一)

　　以上分類舉例,也無非說個大概;這些動態詞所表達的意義範圍廣泛得很,有時候也微妙得很,文言裏是沒有什麼詞語和這些動態詞相當的。

　　這些動態詞裏頭,有好幾個還可以再引申一步,表示種種成就,妥貼之意,特別是伴同表示可能與否的「得」和「不」的時候。這個留在另一章討論(14.45-6)。

第十三章 時 間

詢問時間

13.11 詢問時間也沒有專用的指稱詞,拿「哪」、「幾」、「多」等詞和表時間的詞拼合起來用。通常,確定點兒就用「哪一天」、「哪一年」等等;汎槪點兒就用「幾時」(不含數量的意義),「多會兒」,「多早晚」(說快了成「多偺」;早先的白話裏又可單用「早晚」)等等。例句:

照你這個讀法兒,這到哪一年才讀得了呢?

你幾時又有個麒麟了?(紅,三一)

你好好說來,你多會兒認得她?(姑姑)

他到底趕多偺才來看我來呀?(兒,三九)

早晚下三巴?預將書報家。相迎不道遠,直至長風沙。(李白)

詢問時間的長短則用「幾年」、「幾天」、「多大工夫」等,如:

便有個三四萬銀子,又支持得幾年?(兒,三〇)

一封信罷了,要得了多大工夫?

13.12 文言裏詢問時間,只用「何」字和「時」、「日」、「年」等字相結合,問時間長短則用「幾」字和這些字結合。

明明如月,何時可掇?(曹操詩)

子來幾日矣?(孟,離婁上)

對酒當歌,人生幾何?(曹操詩)

時間詞

13.21 跟方所詞一樣,時間詞也可以分實指性和稱代性兩類。實

指性的時間詞就是⌊日期⌉，例如：

　　晉太元中，武陵人捕魚爲業。(桃源)

　　先妣周孺人，弘治元年二月十一日生。(先妣)

這是⌊特指日期⌉，卽實指性的日期。

　　13.22　另有⌊通指日期⌉，如：

　　今天，今年；本月，這個月。

　　昨天；去年；上(個)月，上星期。前天，前年；大前天，大前年。

　　明天，明年；來年；下(個)月，下星期。後天，後年；大後天，大後年。

按性質說，這屬於稱代性的時間詞一類。

　　13.23　最重要的稱代性時間詞是⌊三時時間詞⌉，如⌊這會兒⌉、⌊那個時候⌉、⌊從前⌉、⌊將來⌉、⌊今⌉、⌊昔⌉、⌊初⌉、⌊後⌉等。這些是應用最廣的時間詞，下節要討論的。

　　⌊這會兒⌉、⌊那個時候⌉和方所詞的⌊這兒⌉、⌊那兒⌉相當，但是有一點不同。空間是三度的，按常識說；所以⌊那兒⌉可以在⌊這兒⌉的前、後、左、右，乃至上、下任何一方。⌊這兒⌉只有一個，⌊那兒⌉是無窮的；但雖無窮，卻只有一個意義，卽⌊這兒⌉以外的某一個地方。時間只有一度，好比是一條綫；所以⌊那個時候⌉不在⌊這會兒⌉之前，就在⌊這會兒⌉之後，反而有兩個意義。例如：

　　那個時候，誰想到還有今日這一天？〔過去〕

　　那個時候，可就悔之晚矣。〔將來〕

我們也說⌊這個時候⌉，可是不等於⌊這會兒⌉，反而跟⌊那個時候⌉的意思差不多。例如：

　　就在這個時候，門口有一陣脚步聲，他就不說下去了。

　　這時我看見他的背影，我的淚很快地流下來了。(背影)

這是因爲⌊這個時候⌉只作承指用，所以跟⌊那個時候⌉沒多大分別(參閱

10.65)，特指則用⌊這會兒⌉、⌊現在⌉等等，不像方所詞方面⌊這兒⌉兼有特指和承指的作用。可是用⌊這個時候⌉指⌊那個時候⌉，只有指過去的，沒有指將來的。也許是因爲只有敍述過去的事情之時，才往往不知不覺置身其間，髣髴又目觀當時的一切，而說到將來的事情，總覺得疏遠點兒。

文言裏和⌊這會兒⌉相當的是⌊今⌉，和⌊這個時候⌉或⌊那個時候⌉相當的是⌊時⌉，例句見下節。

一日，他日，日日

13.24　⌊有一天⌉是無定指稱性的時間詞。跟確定指稱的⌊那個時候⌉一樣，⌊有一天⌉也可以在過去，也可以在將來。例如：

有一天，忽然想起這本書來，到處找又找不着了。〔過去〕

醜媳婦少不得有一天要見公婆。〔將來〕

文言用⌊一日⌉或⌊一旦⌉，⌊一旦⌉多指將來。例如：

一日，春風淡蕩，有數少年索飲，裘馬甚都。(健兒)〔過去〕

一日卒有不勝酒掃之職，先狗馬塡溝壑，竊有所恨。(漢，東方朔傳)〔將來〕

秦王一旦捐賓客而不立朝，秦國所以收君者，豈其微哉?(史，商君傳)〔將來〕

指示將來，無論用⌊一日⌉或⌊一旦⌉，都只用在假設小句(22.36)，不用在普通陳述句。

13.25　在普通陳述句裏，說到將來的⌊有一天⌉，文言用⌊他日⌉；可是⌊他日⌉也可以屬於過去。例如：

此吾祖太常公宣德間執此以朝，他日汝當用之。(項脊)〔將來〕

或告之曰，⌊日之狀如銅槃⌉。扣槃而得其聲，他日聞鐘，以爲日也。(日喩)〔過去〕

子公之食指動，以示子家，曰，⌊他日我如此，必嘗異味⌉。(左，宣四)〔過去〕

⌊他日⌋指過去，或等於⌊有一天⌋，如例二；或是，更普通，含有不止一次之意，實際上等於說⌊以前⌋，如例三。指將來，也可以作泛指⌊日後⌋講。

⌊他日⌋之外還有⌊他年⌋，以及⌊他生⌋，都只指將來。例如：

> 儂今葬花人笑癡，他年葬儂知是誰。(紅，二七)

> 他生未卜此生休。(李商隱詩)

13.26　⌊有時候⌋比⌊有一天⌋更泛概，但性質是相同的，同是無定指稱的性質。文言裏本來有⌊有時⌋一詞，過去白話裏不大用，近來才常見。例如：

> 萬物雖衆，有時而欲徧舉之，故謂之⌊物⌋。(荀，正名)

> 黔驢之技，有時而窮。

例二的⌊有時⌋略異，不是普通的⌊有些時候⌋，而是⌊有一天⌋。

文言又常常不說⌊有時⌋而說⌊或⌋，例如：

> 或夜讀倦，稍逐於嬉，姊必涕泣告以母氏劬勞瘁死之狀。(課誦圖)

13.27　⌊有時候⌋可以叠用，由偏稱變成分稱 (參閱 11.85—6)。文言叠用⌊或⌋字。例如：

> 有時候兒啊，魯先生啊，他們不回來；有時候兒啊，他們回來，哪怕是隔了
> 五年。(最後五分鐘)

> 君子之道：或出，或處；或默，或語。(易，繫辭)

叠用⌊一會兒⌋、⌊時而⌋和叠用⌊有時候⌋的用法相近，但多一點更迭而來的意思，而且暗示所分嵌的兩件事是不調和甚至是對立的。例如：

> 發了瘋似的，一會兒號淘大哭，一會兒又哈哈大笑。

> 這個天時而晴，時而下，眞是跟趕路的人爲難。

又可以拿⌊今天⌋和⌊明天⌋來活用，例如：

> 今天說要去，明天說不去；今天要東，明天又要西。

13.28　⌐天天⌐、⌐年年⌐、⌐時時⌐等表頻數或恆常，有時意在普稱，有時意在逐稱。文言用⌐日⌐、⌐時⌐等字可不重疊，必須重疊的形式有⌐旦旦⌐。例如：

> 天天說去，到今天還是沒有去成。

> 欲得周郎顧，時時誤拂絃。（李端詩）

> 旦旦而學之，久而不怠焉。（爲學）

> 日知其所亡，月無忘其所能。（論，子張）

> 小鳥時來啄食，人至不去。（項脊）

13.29　以上各項時間詞都是⌐時點⌐，此外還有⌐時段⌐，卽表時期的長短的。或應用⌐年⌐、⌐月⌐、⌐日⌐等單位，上面加定量詞或不定量詞，如⌐三年⌐、⌐數日⌐；或泛表久暫，如⌐一會兒⌐、⌐好久⌐、⌐長⌐、⌐久⌐、⌐暫⌐、⌐少⌐、⌐片刻⌐、⌐俄頃⌐、⌐須臾⌐等等。這些詞有時有連繫先後兩件事情的作用，見 20.62 。

三　時

13.31　現在，過去，將來，謂之三時，這是很容易明白的。這裏面，⌐現在⌐是自身站得住的，說⌐現在⌐，就是說⌐說話的這個時候⌐（所包括的時間也許有時長些有時短些，但必包含說話的這一刻在內）；可是⌐過去⌐和⌐將來⌐都非就⌐現在⌐推算不可，沒有⌐現在⌐，⌐過去⌐和⌐將來⌐就都沒有意義了。所以⌐現在⌐是個基點，⌐過去⌐和⌐將來⌐都不是基點，一個是基點前，一個是基點後。

我們不一定老是拿說話的此刻作基點，有時我們把基點放在過去，例如說⌐唐代⌐。就說話的此刻而論，⌐唐代⌐屬於過去，但是我們說⌐唐以前⌐和⌐唐以後⌐的時候就又拿⌐唐代⌐做基點了。同樣，基點也可以移往將來，如⌐一九六〇年⌐。因此我們要把⌐三時⌐的觀念改造過，把⌐基點

時ㄱ、ㄴ基點前時ㄱ、ㄴ基點後時ㄱ稱爲ㄴ三時ㄱ。基點包含說話的此刻,就稱爲ㄴ絕對基點ㄱ；基點不包含說話的此刻,就稱爲ㄴ相對基點ㄱ。所以稱ㄑ爲ㄴ相對ㄱ基點者,一方面因爲他對說話的此刻說是過去或將來,一方面又因爲表示這種基點的最常用的詞如ㄴ那個時候ㄱ等, 不能像ㄴ現在ㄱ一樣,自己表出確定的時間,要依靠另一事實決定他的意義。以上幾節所舉時間詞,有和三時有關的,如特指日期,通常屬於過去,並且多用作相對基點；通指日期,屬於何時,一望而知,並且都是絕對三時的說法(就相對基點說,則ㄴ昨天ㄱ變ㄴ頭一天ㄱ,ㄴ明天ㄱ變ㄴ第二天ㄱ,例見下)。ㄴ一天ㄱ常用作相對基點時；ㄴ天天ㄱ、ㄴ時時ㄱ以及ㄴ三年ㄱ等,就本身說,是超乎三時的分別的。現在把常用的三時時間詞分類舉例如下：

13.32　絕對基點(現在,此刻)。例如：

　　我現在沒有閑工夫和你拌嘴。

　　如今新興的,外頭聽了村話來,也說給我聽。(紅,二六)

　　小丫頭們也服侍了一天,這會子還不叫頑頑兒去嗎?(紅,二〇)

　　這早晚找出這霉爛的二十兩銀子來做東,意思還叫我們賠上?(紅,二二)

　　只要你肯屈就,目下就有一個機會。

　　予今長斯校,請更以三事爲諸君告。(蔡元培)

　　什一,去關市之征,今茲未能；請輕之,以待來年然後已。(孟,滕文公下)

ㄴ今ㄱ字之後常用ㄴ者ㄱ字或ㄴ也ㄱ字一頓(例見 17.81,8.3)。

13.33　相對基點和絕對基點有一種對立關係,正如空間的ㄴ這裏ㄱ和ㄴ那裏ㄱ的對立相似。但ㄴ這時候ㄱ和 ㄴ那時候ㄱ同樣只代表相對基點,已在 13.23 說明。餘外的例：

　　那年冬天,祖母死了,父親的差使也交卸了。(背影)

　　是日也,天朗氣清,惠風和暢。(蘭亭集序)

　　爾夜風恬月朗,乃共作曲室中語。(世說,賞譽)

當時父母念,今日爾應知。(白居易詩)

時鷄鳴月落,星光照曠野,百步見人。(鐵椎)〔以上過去〕

阿彌陀佛,那時才現在我眼裏呢!(紅,二〇)

比爾當相聞也。(王羲之,雜帖)〔以上將來〕

13.34 表示基點前後,常常用〔前〕、〔後〕二字,這是方位詞應用在時間方面。相對基點前或後大率要就着這兩個字用,絕對基點前或後又多些別的詞語。以下是表絕對基點前卽通常所說〔過去〕的例:

從前倒也不大在意,誰知竟越鬧越不像了。

以前種種,譬如昨日死。

這還是我二十年頭裏的活計,如今再叫我照這麼個模樣兒做出,我可做不上來了。(兒,三七)

當初姑娘來了,那不是我陪着頑笑?(紅,二八)

方才他問你什麼絹子,我倒揀了一塊。(紅,二六)

前接吾姪來信,字跡端秀,知近日大有長進。

昔我往矣,楊柳依依;今我來思,雨雪霏霏。(詩,小雅)

昔日戲言身後意,今朝都到眼前來。(元稹詩)

始吾於人也,聽其言而信其行;今吾於人也,聽其言而觀其行。(論,公冶長)

〔昔〕、〔向〕等字也常常用〔者〕字或〔也〕字一頓。

13.35 以下是表相對基點前的例(相對基點都在過去):

以前也沒見過,是那天初會。

早先還有一個亭子;那個時候也已經毀了。

可又記不眞是頭一天是當天。(兒,三五)

初,忠烈遺言,〔我死,當葬梅花嶺上。〕至是……乃以衣冠葬之。(全祖望,梅花嶺記)

13.36 表絕對基點後卽通常所說〔將來〕的例:

誰不是你老人家的兒女？難道將來只有寶兄弟頂你老人家上五台山不成？(紅，二二)

回來叫他一個人混礦，看他怎麼樣。(紅，二六)

今兒得罪了我的事小，倘或明兒寶姑娘什麼貝姑娘來，也得罪了，事情可就大了。(紅，二八)

改日你要哄我，也說我父親就完了。(紅，二六)

兩件怎麼夠穿？過天叫裁縫來替你做幾件新的吧。

給他幫幫忙，學點粗活，日後自然都有用處。(多兒)

13.37 以下是表相對基點後的例(除最後一例外，相對基點也都在過去)：

到南京時，有朋友約去遊逛，勾留一日。第二日上午便須渡江到浦口，下午上車北去。(背影)

翌晨僱車西行，歷村落二三，計三十里而達雲岡。(雲岡)

當年冒起有五六尺高，後來修池，不知怎樣就矮下去了。(老殘，三)

後遂無問津者。(桃源)

然自後予多在外，不常居。(項脊)

呂后問曰，⌈陛下百歲後，蕭相國旣死，誰令代之？⌉……呂后復問其次，上曰，⌈此後亦非乃所知也。⌉(漢，高帝紀)〔此例基點本身已在將來〕

時間詞的連繫

13.41 連繫時間詞的關係詞大致和連繫方所詞的相同，還是⌈在⌉、⌈於⌉、⌈從⌉、⌈自⌉等字。在句子裏所見表示時間的詞語，除以上各節所說的單純時間詞外，大率是由下面的三個部分的兩個組成的，也有三部分全有的。這三個部分是：

(1)在，於，自，從，至於，迄於等關係詞；

(2)今, 此, 茲, 是, 其, 爾, 昔等字, 大多是代表基點的詞；**特指及通指日期**；

(3)(以, 之)前, (以, 之, 而)後, (以)來。

由三部分組成的, 如：

從今以後；在那天之前；自古以來。

由(1)(2)兩部分組成的, 如：

於此, 於茲, 於是, 至今, 迄今, 自此, 從此, 在昔。

由(2)(3)兩部分組成的, 如：

今後, 此後, 其後, 爾後, 今而後, 唐以前, 宋以後, 唐宋以來, 爾來；**(變式)**
先是, 前此, 後此。

由(1)(3)兩部分組成的, 如：

自後, 從前, 從來, 自來。

⌊自後⌋卽⌊自此以後⌋, ⌊從前⌋是⌊從今以前⌋, ⌊從來⌋是⌊從最早以來⌋, ⌊自來⌋同。這些因爲省去主要的部分(2), 所以用來已很像單純的詞, 例句已見上節。其餘的分類舉例於下。

13.42　說明一件事情在某時發生, 通常把時間詞說在最前, 不用關係詞連繫。例如：

元和十一年秋, 太原人白樂天見而愛之……因面峯腋寺作爲草堂。明年春, 草堂成。(白居易, 廬山草堂記)

六月裏一個晴天的早晨, 意國有騎兵一隊, 從間道徐徐前進。(愛的教育, 少年偵探)

13.43　有時用關係詞連繫, 白話用⌊在⌋, 時間詞通常仍在動詞前, 如：

就在那年夏天發了一場痧子。

在不久的將來, 必有重大的發展。

有時在動詞後，意味和 12.42—3 節的處所詞在後的例子相近。

> 會期定在明天下午，你務必要到。

13.44　文言用⌊於⌉字，時間詞多在動詞之後，間或也有在前的。例如：

> 中國畫圖術，託始於虞夏，備於唐而極盛於宋。(圖畫)
>
> 然八月間康黨失敗，而子民卽於九月間請假出京，其鄉人因以康黨疑之，
>
> 彼亦不與辨也。(黃世暉，蔡子民先生傳略)

⌊於是⌉大率在動詞之前，有時還在主語之前。例如：

> 於是健兒前驅，馬上談笑顏相得。(健兒)
>
> 然後知吾嚮之未始遊，遊於是乎始。(柳記)

這個位置使他和表方所的⌊於是⌉有分別，後者如⌊吾祖死於是，吾父死於是⌉(柳宗元，捕蛇者說)。

> 有時用⌊以⌉字連繫，時間詞多位於動詞之前，但也有在後的，如：
>
> 吾以至道乙未歲自翰林出滁上。(黃岡竹樓記)
>
> 劉叟……生以早旦，故小字旦。(劉叟墓碣)

13.45　有時又在先置的時間詞和動詞之間，加用⌊而⌉字或⌊以⌉字。例如：

> 朝而往，暮而歸。(醉翁亭記)
>
> 若晉君朝以入則婢子夕以死；夕以入則朝以死。(左，僖十五)
>
> 卿大夫朝考其職，晝講其庶政，夕序其業，夜庀其家事，而後卽安。士朝而
>
> 受業，晝而講貫，夕而復習，夜而計過無憾，而後卽安。(國語，魯語)

末例上下兩句，一用⌊而⌉，一不用⌊而⌉，與字數多寡有關，最可玩索。

13.46　說事情在某時發生，而同時有承上文而下的口氣，就用⌊到了⌉、⌊及⌉、⌊至⌉等字來引進時間詞。例如：

> 我們鄉下人，到了年下，都上城來買畫兒貼。(紅，四〇)

至今窺牧馬，不敢過臨洮。(哥舒歌)

余發京師，及暮抵大同。(雲岡)

比夜，則姊恆執女紅，籌一燈，使拯讀其旁。(課誦圖)

遂行，逮夜，至於齊。(左，哀六)

遲明，行二百餘里。(史，衞霍列傳)

投暮，入其里宅。(漢，原涉傳)

這兒的時間詞必須在動詞前，所以「到半夜又哭起來」和「一直哭到半夜」不致相混。

12.51 表示事情起於某時，關係詞用「自」和「從……(起)」。例如：

我知道你不理我；我只說一句話，從今以後擺開手。(紅，二八)

從明天起，每天給我寫一百大字，五百小字。

春宵苦短日高起，從此君王不早朝。(白居易，長恨歌)

自此不飲酒，亦不與其家相通。(郭老僕)

用「以來」限於在今天以前，且多數含有「至今」的意思。例如：

唐宋以來，名家輩出。

國初以來畫鞍馬。神妙獨數江都王。(杜甫詩)

13.52 表示事情到某時為止，關係詞用「到」、「至」、「迄」，必須動作直到此時方止。例如：

一覺睡到天亮。

斜倚薰籠坐到明。(白居易詩)

鬻人之吳家橋，則治木綿；入城，則緝纑：燈火熒熒，每至夜分。(先妣)

庶無罪悔，以迄於今。(詩，大雅)

13.53 以下是兼用「從」和「到」，表一事的起訖的例：

我從早飯後到此時水米沒沾唇，我可餓不起了。(兒，九)

半夜裏盼到天亮，還見不着個信兒。(兒，三五)〔從半夜〕

拯自始官日蓄志南歸,以迄於今。(課誦圖)

自一八九二至一九一二年,法國厲行政教分離之制。(蔡元培,我之歐戰觀)

13.54　表示時間長短的詞語,放在動詞的後頭,表示動作持續多久。① 例如:

忙什麼,再坐一會兒。

這場雨一連下了三天,河裏的水都漫出來了。

吾縱橫天下三十年,未逢敵手。(健兒)

文言裏常在這類時間詞的前頭用一「者」字頓住,也有用「也」字的;多數含「有如此之久者」之意,略帶感嘆的語氣。例如:

從司徒公於獄者七年。(郭老僕)

未嘗不念執事之才,而嗟惜者彌日。(與阮光祿書)

嗚呼先生,生於世者六十年,而奔走革命者四十載。(祭中山先生文)

然則子之盲也,且十二年矣。(盲者說)

13.55　表示時間長短的詞語放在動詞前頭,表示某一時期之內有過或沒有過這個動作。例如:

一天跑兩趟圖書館。

一輩子沒見過火車。

一日不見,如三秋兮。(詩,王風)

子在齊聞韶,三月不知肉味。

13.56　我們有時候要把某一時段和某一時點(通常是「現在此刻」)連繫起來,這有種種說法。假如要說某事繼續到現在,經歷若干時,可以說:

顛沛流離,於茲三載。

---

① 本節和下節在本書初版裏解說錯誤,現在參考鄧懿「談時間詞」(語文學習 1955 年 12 月)改正,附此誌謝。

而予以孱弱,俯仰其間,於茲二年矣。(文天祥,正氣歌序)

流離顛沛,三載於茲。

蓋風習移人,賢者不免,百有餘年於此矣。(黃永年, 范文正公論)〔此例

　　⌊此⌋指范公時,與餘例不同〕

前兩例,⌊於茲⌋在時間詞之前,後二例在後,意義無分別。⌊於茲⌋的⌊於⌋
字該作⌊到⌋字講, 不作⌊在⌋字講。白話通常只說⌊流落在外,已經三年
了⌋,不必有⌊到現在⌋之類的詞語。

13.57　又可以說⌊……以來⌋或⌊爾來⌋,⌊爾來⌋就是⌊自爾時以
來⌋。例如:

畢業以來,忽忽三年。

受任於敗軍之際,奉命於危難之間,爾來二十有一年矣。(出師表)

又可以把時期詞放在⌊以來⌋之前,如:

吾數年來欲買舟而下,猶未能也。(爲學)

這種說法,語勢較輕。若是改成⌊吾欲買舟而下,數年於茲矣⌋,就是特別
重視那個時期詞,極言其久了。

動　相

13.61　一個動作有時和時間不生關係,例如永恆性和習慣性的動
作,如:

太陽打東邊出來,打西邊落下去。

與朋友交,言而有信。(論,學而)

卽使一個動作不是超時間的,我們也不必一定表示他的時間,例如:

孟子見梁惠王。

你去我不去。

第一例明明是過去的事情,第二句明明是未來的事情。可是我們不感覺

有標明的必要,我們就不標明,這是漢語異於印歐語言的地方。

　　假如我們要表示一個動作的時間性, 我們可以用種種時間詞來表示那些時間,如上節所說;我們又可以用一些限制詞如⌊將⌉、⌊方⌉、⌊已⌉等,來表示那個動作本身是將要發生,或正在進行,或已經完成。在前一種表現法, 時間觀念和動作觀念是拆得開的;在後一種表現法, 時間觀念已經融化在動作觀念裏,⌊將⌉、⌊方⌉、⌊已⌉等字離開動詞是沒有顯明充實的意義的。我們說,這些限制詞所表示的不是⌊時間⌉,是⌊動相⌉,一個動作的過程中的各種階段。約略分三類舉例: 表動作之將有,如:

> 要下雨了,咱們得趕快點兒。

> 這花兒橫豎也快殘了,摘下來不妨事。(姑姑)

> 其爲人也, 發憤忘食, 樂以忘憂, 不知老之將至云爾。(論,述而)

> 曾日且入,大風起,砂礫擊面。(史,衞霍列傳)

表動作正在進行,如:

> 我正在給他寫信呢,電話就來了,說已經到了車站了。

> 渤海吳君彥律……方求舉於禮部,作日喩以告之。(日喩)

表動作已經完成,如:

> 要你說?我早已知道了。

> 又一人已渡者,雙足尚跣。(畫羅漢記)

> 相與枕藉乎舟中,不知東方之旣白。(赤壁賦)

　　在白話裏, 除應用這些限制詞外, 又另外發展出一些專以表示⌊動相⌉爲作用的詞, 本身的意義更空洞, 已經近於詞尾, 但把各種動相表示得更加細密。下面分項說明。

　　13.62　方事相:⌊着⌉。——方事相和旣事相是最重要的兩種動相。方事相表動作正在持續之中,動相詞用⌊着⌉。和⌊正在⌉合用的時候,語勢重些,單用的時候輕些。例如:

才吃了飯，這麼控着頭，一會子又頭痛了。(紅，二八)

坐定了便目不轉睛的看着安太太。(兒，二〇)

想着想着，忽然從l無愧7兩個字上想到l君子有三樂7來。(兒，三八)

難道人家偷驢，我還等着拔橛兒不成?(三俠五義，二九)

四姨攙着二姥姥，三舅媽拉着小順，二姐招呼着小禿和四狗子；前呼後應，在暗中摸索。(老舍，有聲電影)

這類句子常用l呢7字來加重肯定的語氣(見 15.43)。

一個動作旣在持續之中，往往就呈現一種靜止的狀態，尤以被動性的動詞爲然。所以描寫人物和景物的時候常應用這個l着7字，如：

卻是黛玉來了，肩上擔着花鋤，花鋤上掛着花囊，手中拿着花帚。(紅，二三)

當地放着一張花梨大理石大案，案上堆着各種名人法帖……那一邊設着斗大的一個汝窰花囊，插着滿滿的一囊水晶毬的白菊。(紅，四〇)

傻大黑粗的，眼睛有點往上弔着。(多兒)

第一例的l着7，方事的意味已經不多，後二例裏更談不上方事，完全是表示一種靜態。l着7字已經從方事相轉而表示動作的狀態化了(參閱 5.31)。

13.63　旣事相：l了7。──例如：

還等這會子?他早就去了。(紅，五四)

急得我把帽子也摘了，馬掛也脫了。(兒，三二)

上月二十八就安葬了。(兒，二四)

日子過的多麼快，一轉眼又是一年了。(多兒)〔l一年7不是動詞，應無所謂旣事相，但是這句話實等於l一年過去了。〕

但是我們要注意：上面例句裏的l了7字同時有兩個作用，表示動作的旣事相，也表示決定的語氣(參閱 15.22)。要看單純的表旣事相的l了7，要在語氣未完的地方找，例如：

鳳姐偏揀了一碗鴿子蛋，放在劉老老桌上。(紅,四〇)

花兒落了，結個大倭瓜。(同)

在下面的例句裏，表既事的ˌ了ˀ和表決定的ˌ了ˀ已經分化成兩個，更可以看得清楚。

俗們今兒也得了個女清客了。(紅,四〇)

他早吃了飯了，不用給他。(同)

叫化子丟了猢猻了，沒得弄的了。(兒,一八)

敢是好，只是人家早有了婆婆家了。(兒,四〇)

忽見一個喜鵲飛了來，落在房簷上，對着他撅着尾巴喳喳喳的叫了三聲，就往東南飛了去。(兒,四〇)

13.64　起事相:ˌ起來ˀ。——ˌ起ˀ字本有起始之義，所以ˌ起來ˀ附在動詞之後可以表示一個動作的開始(並且繼續)。如:

湘雲等不得，早和寶玉ˌ三ˀ、ˌ五ˀ亂叫，猜起拳來。(紅,六二)

到如今，不報我的恩，反和我充起主子來了。(紅,七)

一爲難，重新又哭起來。(兒,四〇)

一面料理針線，一面高談闊論起來。(兒,三三)

漸漸的槐花是黃起來了，擧子是忙起來了。(兒,三三)

將筆在硯台上蘸好了墨，呵了一呵，就在牆上七歪八扭的寫起來了。(老殘,一二)

13.56　繼事相:ˌ下去ˀ。——ˌ下去ˀ附在一個動詞後可以表一個動作的延續。繼事相和方事相不同，方事相是只就某一時點說，繼事相是始於一個時點而兼及其後。起事相也是始於一個時點而兼及其後，但這個時點正是這個動作的開始，而繼事相所取的時點是動作過程中間的一點。ˌ下去ˀ表繼事的例:

便靜靜兒的聽他唱下去。(兒,三八)

底下要只這等一折折的排下去，也就沒多的話說了。(同)

待要隱忍下去……天長日久……更不成事。(兒，三〇)

一年一年的這樣瞎混下去，如何是個了局呢?(老殘，一二)

13.66　先事相: ⌊去⌉, ⌊來⌉。──預言動作之將有，稱先事相；表示先事相用⌊去⌉或⌊來⌉，尤以⌊去⌉爲多。這種用法的⌊去⌉和⌊來⌉，和上面 12.82 節表動向的⌊去⌉和⌊來⌉不同，看了下面的例句就明白。這兩個字原是用在動詞之前的，在好些句子裏頭，應該認爲完備的動詞，後面第二個動詞表目的，例如: ⌊你來做什麼?⌋⌊我來借份大公報。⌋但是在另外一些句子裏，⌊來⌉、⌊去⌉的行動意義變成很薄弱，如:

我幹的事爲什麼叫你應?死活我該去受。(紅，六一)

這又與你何干，要你來多嘴?(兒，七)

到了⌊去⌉、⌊來⌉兩字挪到動詞後面，行動的意義更少，已可說是從實義詞變成輔助詞了。例如:

不如照舊由着莊頭鬼混去。(兒，三六)

別說靠着我這個面子兒……合人家套交情去。這齣戲可就唱砸了。(兒，四〇)

你們兩個天天捉弄厭了我，如今又捉弄他來了。(紅，五〇)

他僱船的時候，我只知道他是夥計三個到淮安要賬來的。(兒，一三)

可是細細體味起來，這些個⌊去⌉和⌊來⌉還多少保留着點兒行動的意義。到了動詞前面又安上一個⌊去⌉字或⌊來⌉字的時候，我們可以說這兩個作用已經完全分化，後面的⌊來⌉、⌊去⌉是純然表動相的了。例如:

你廳上去說給姨太太解悶兒去罷。(紅，六二)

說完他依然去餵驢去了。(兒，一三)

他會彈琵琶?走，偺們去看看去。(兒，一八)

媳婦來接婆婆來了。(紅，四五)

早要來請姑奶奶的安看姑娘來的,因爲莊家忙……。(紅,三九)

放這枝響箭就如同告訴那行人說,「我可來打刧來了。」(兒,一一)

13.67　後事相: 「來」, 「來着」。——後事相指一個動作已經有過, 這兒應用的動相詞又是「來」字。早期白話的例子:

也曾頭上戴花來。(辛棄疾詞)

丈夫,你見甚麼來?(西山一窟鬼)

卻是拙夫分付奴來。(水滸,二四)

現代多用「來着」。例如:

是寶玉那日過來和這兩個孽障不知要什麼來着。(紅,六一)

我往大奶奶那裏去來着。(紅,五二)

誰鬧來着?(紅,三四)

昨日他也在這裏來着。(兒,二九)

方才還像是拌嘴似的來着。(兒,七)

這書子我不還求大爺你念給我聽來着麼?(兒,三)

**13.71　**前邊第九章曾經講過「動量」。動作的次數,一方面和「量」的觀念有關,一方面也和「時」的觀念有關,也是一種「動相」。這又可以再進一步加以分別。

凡是僅僅表示有過一個動作的,可稱爲「一事相」。例如:

騾夫把騾子帶了一把。(兒,四)

只覺得一個冰涼挺硬的東西在嘴唇上咪嚕了一下子。(兒,四)〔水煙袋也〕

不空和尚指了我一指頭,他又擺了擺手兒,吐了吐舌頭;問着他,他便不肯往下說了。(兒,三二)

如果用得着我,我就陪你走一趟。(兒,一六)

和這個相對,「敲了兩下」之類可以稱爲「多事相」。

**13:7.2　**有許多動作實在不大分得出次數（因此只有「一」,沒有

Ｌ兩Ｊ)，用定量的說法往往有暫時或輕微之意，可稱爲Ｌ短時相Ｊ。例如：

> 你也等我歇歇兒再說呀。

> 你扎掙些，溜到背靜地方躲一躲要緊。（兒，三一）

有時又可有嘗試之意，可稱爲Ｌ嘗試相Ｊ。例如：

> 你們倆白白想想，我這話處的是不是？（兒，四〇）

> 這是最好的兩組，是常勝軍，何不看一看呢？（葉紹鈞，籃球比賽）

Ｌ嘗試相Ｊ限於未完成的動作，旣成的動作就只能仍然併入Ｌ短時相Ｊ，例如：Ｌ他想了想，說：好。Ｊ

13.73　疊用兩個定量動詞，又可以表示這些動作的繼續出現，這可以稱爲Ｌ屢發相Ｊ。這樣用的時候，當中的Ｌ一Ｊ字照例去掉。例如：

> 他有什麼事？還不是吃吃逛逛？

> 只是他兩個時常要過前面來看看望望。（兒，三二）

> 倒像見了許多年不曾相會的熟人一般，說說笑笑，鑽鑽跳跳，十分親熱。（兒，一九）

13.74　屢發的事情，要是特別注重相機不斷的意思，可稱爲Ｌ反復相Ｊ。這個通常不用定量動詞；或是用Ｌ又Ｊ，或是用Ｌ…來…去Ｊ。例如：

> 那老頭兒把那將及二尺長的白鬍子放在涼水裏洴了又洴，汕了又汕。（兒，一六）

> 只顧拿着那幅畫看了又看。看來看去，還是看不出畫的是什麼。

> 我想來想去想不出，我就去問他。

> 依你說來說去，是去定了？（紅，一九）

文言裏也有用Ｌ又Ｊ字或Ｌ重Ｊ字的說法。例如：

> 損之又損，以至於無爲。（老子）

> 行行重行行，與君生別離。（古詩十九首）

第十四章　正反·虛實

否定：不, 弗, 無, 非

14.11　一句話, 從形式上說, 不是肯定, 就是否定。問句, 在某種意義上, 可算是介於二者之間; 但是問句仍然有從正面問, 如⌊你認得他?⌉和從反面問, 如⌊你不認得他?⌉之分, 雖然兩者往往只是一個意思, 不像非問句的肯定和否定恰恰相反。

14.12　肯定的句子無須特別用字來表示肯定的意思, 除非要表示某種語氣; 否定的句子卻是必須要有否定的字樣。最常用的否定詞是⌊不⌉字, 這是個限制詞, 只用在形容詞和一般的動詞之前。否定形容詞的例:

> 你要我形容我可形容不出來, 就是這麼個不高不矮, 不胖不瘦, 不麻不黑, 平平常常的人。

> 君子泰而不驕, 小人驕而不泰。(論, 子路)

否定動詞的例:

> 我不吃水煙⋯⋯我也不吃潮煙——我就不會吃煙。(兒, 四)

> 信乎, 夫子不言, 不笑, 不取乎?(論, 憲問)

14.13　名詞, 漢語裏似乎覺得他本身不受否定, 所以沒有和英語的 no 相當的否定詞。可是我們可以否定事物的存在, 就是否定⌊有⌉, 這兒不用⌊不⌉; 我們也可以否定兩個事物的符合, 就是否定⌊是⌉, 這個文言裏也不用⌊不⌉。

我們看得見一些名詞前用⌊不⌉字的例, 那是因為那些名詞已作形容詞或動詞用了。例如:

他也不茶不煙，一言不發。(兒，四)

客初至時，不冠不襪。(鐵椎)

不時不食。(論，鄉黨)

「不茶」是「不喝茶」，「不冠」是「不戴帽子」，「不時」是「不在時候」。餘如「不道」，「不軌」，「不法」，「不羣」，「不材」，「不第」等都是。

14.14　和「不」同義的字，文言有「弗」。秦漢以前，「弗」字的用法和「不」字有分別：「弗」字專用於應有止詞或補詞而未標出的句子，作用等於「不之」。這種句子裏當然也可以不用「弗」而用「不」。(參閱丁聲樹：「否定詞不，弗」，載蔡元培先生六十五歲紀念論文集。)以下諸例，有「不」字的可以和「不」字比較，有「之」字的也可以供參較。

一簞食，一豆羹，得之則生，弗得則死：嘑爾而與之，行道之人弗受。(孟，告子上)

譬之如醫之攻人之疾者然：必知疾之所自起，焉能攻之；不知疾之所自起，則弗能攻。(墨，兼愛上)〔焉＝始〕

雖有嘉肴，弗食，不知其旨也；雖有至道，弗學不知其善也。(禮記，學記)

君子有三患：未之聞，患弗得聞也；既聞之，患弗得學也；既學之，患弗能行也。(禮記，雜記下)

上召寧成爲都尉，其治效郅都，其廉弗如。(史，酷吏列傳)

但秦漢以後，漸無分別，「弗」等於「不」。例如：

後家居長安，長安諸公莫弗稱之。(史，魏其武安侯列傳)

儕輩之中，有弗疾惡之者乎？有弗鄙賤之者乎？(示龍場諸生)

凡出乎口而爲聲者，其皆有弗平者乎？(韓愈，送孟東野序)

14.15　「有」之否定，白話用「沒」或「沒有」。例如：

心裏平靜得像一泓止水，沒有憂愁，也沒有歡樂。

經你這麼一說，我可沒法兒不承認。

⌊沒⌉和⌊沒有⌉本可隨便說,但⌊沒法兒⌉,⌊沒事⌉,⌊沒用⌉,⌊沒趣⌉,⌊沒奈何⌉等等詞語裏頭通例不說⌊沒有⌉。

文言通常用⌊無⌉,間或也說⌊無有⌉。例如:

長鋏歸來乎!食無魚……長鋏歸來乎!出無車!(馮諼)

爾有母遺,繄我獨無!(左,隱元)

四國皆有分,我獨無有。(同,昭十二)

信不由中,質無益也。明恕而行,要之以禮,雖無有質,誰能間之?(同,隱三)

⌊無⌉又寫作⌊毋⌉或⌊无⌉。

14.16　此外,⌊無⌉的同義字有⌊亡⌉、⌊罔⌉、⌊末⌉、⌊微⌉、⌊靡⌉等。例如:

亡是公者,無是人也。(漢,司馬相如傳)

父兮生我,母兮鞠我……欲報之德,昊天罔極。(詩,小雅)

微管仲,吾其被髮左衽矣。(論,憲問)

如有所立,卓爾。雖欲從之,末由也已。(論,子罕)

室靡棄物,家無閒人。(先妣)

⌊莫⌉字本亦⌊無⌉義,如:

及平長,可娶妻,富人莫肯與者;貧者,平亦恥之。(史,陳丞相世家)

爲京兆尹門下督,從至殿中,侍中諸侯貴人爭欲揖章,莫與京兆尹言者。

(漢,游俠傳)。

這裏的⌊莫⌉字都可以用⌊無⌉字來代。可是在底下不用⌊者⌉字時,⌊莫⌉字兼攝⌊者⌉字,就有了指稱詞的性質了(參閱11.82)。

14.17　文言也有在⌊有⌉字前加⌊不⌉字的,如:

不有博奕者乎?爲之猶賢乎已。(論,陽貨)

不有居者,誰守社稷?不有行者,誰扞牧圉?(左,僖二八)

但這兩句都不是普通的否定。第一句是反問句,⌊不⌉還有賭博奕棋這些

事情嗎?」(比較兒三「咱們這西山裏不是有座寶珠洞嗎?」)第二句是假設句,「要不是有人留在國內……」這兩句裏的「不」都和白話裏的「不」是相當,不等於一個單純的「不」字。

14.18　「是」的否定,白話用「不是」,例如:

> 我不是北京人,我是上海來的。

文言通用「非」,如:

> 惠子曰,「子非魚,安知魚之樂?」莊子曰,「子非我,安知我不知魚之樂?」(莊,秋水)

古時又作「匪」,如:

> 我心匪石,不可轉也;我心匪席,不可卷也。(詩,邶風)

我們說「非」是「是」的否定,就形容詞的「是」和「非」而論是對的,如孟子、公孫丑下:「前日之不受是,則今日之受非也;今日之受是,則前日之不受非也。」但如就判斷句的繫詞而論,應該補充一句。古時判斷二物之同異,只在非的句子裏用「非」,而在是的句子裏不用繫詞,如:「孔子,魯人也,非齊人也。」準繫詞用的「爲」字就用「不」字來否定,如:

> 苟主社稷,國內之民其誰不爲臣?(左,莊一四)

> 君子謂郤缺於是能舉善矣;稱其讎,不爲諂;立其子,不爲比;舉其偏,不爲黨。(左,襄三)

白話的「不是」大概就是模倣「不爲」的結果。(以上參閱王力:「中國文法中的繫詞」,載清華學報十二卷一期。)白話也用「非」字,限於若干成詞和成語,如「除非」,「非得」,「非但」,「非同小可」,「非驢非馬」等。

未

14.21　「未」字是文言裏特有的一個否定詞,文言用「未」的地方,白話用「沒(有)」。照通常的說法,「未」字是完成式(卽旣事相)之否定。

例如：

> 榜還沒有發,知道取不取呢!
>
> 從小就是大男孩似的,一直到大也沒改。(冬兒)
>
> 這房子空了已經有一年多了,也沒有租出去。(壓迫)
>
> 嘗獨立,鯉趨而過庭。曰,「學詩乎?」對曰,「未也。」(論,季氏)
>
> 其未得之也,患得之;既得之,患失之。(同,陽貨)

從末例的「未」和「既」對比的說法看來,「未」字之為既事相之否定毫無疑問。這類句子裏面常兼用「還」、「尚」、「猶」等字。

14.22　可是「未」字不限於否定既事相,他的用處實較英語的完成式(否定句)為廣。如下面的例句,漢語裏頭既不能加「還」、「尚」等字,英語裏頭也應該用定時過去式。

> 那時難道你知道了也沒找尋他去?(紅,六七)
>
> 我父親沒生氣,都依了。(兒,一二)
>
> 我又窮又老,也就沒走。(冬兒)
>
> 未之思也,夫何遠之有!(論,子罕)
>
> 召而見之,則所夢也;未問其名,號之曰「牛」。(左,昭四)
>
> 何以致「伐」,未圍齊也;未圍齊則其言「圍齊」何?抑齊也。(公羊,襄一九)

可是我們要是不跟英語比較,不感覺這兩處的「未」字有什麼兩樣。

然則「未」字跟「不」字的分別在哪兒呢,如果「未」字的用途不限於否定既事相?我們只要看白話裏頭用「沒有」,就不難領悟。簡單點說,要是我們的注意點在動詞的動作性(做不做這件事),我們用「不」;要是我們的注意點在他的事變性(有沒有這件事),我們用「沒」,用「未」。

這個解釋可以兼包上面兩類例句。因為英語的完成式也是注意事態之有無,而非注意動作本身,所以「沒」和「未」常和完成式相合。

14.23　一件事情既已過去,我們不把他看成一個事變,而把他看

成一個作爲，不說⌊某人沒有如此之事⌋，而說⌊某人不做如此之事⌋，這裏面就往往含有此事不是偶然，也許某人有意不爲之意。例如：

後來洗手不幹，就在河工上充了一個夫頭。（兒，一一）

可奈他絕口不談公事。（兒，一三）

他挨門兒送到，並不遺漏一處，也不露出誰薄誰厚。（紅，六七）

還管是住着就不走了。（冬兒）

伯夷，非其君不事，非其友不友，不立於惡人之朝，不與惡人言。（孟，公孫丑上）

余入自外，取食之，婢持去不與。（歸有光，寒花葬志）

再拿下面的例句逐對比較，更覺分明：

原是請他的，他有事，沒來。

原是請他的，他不來麼！

忽想起鳳姐身上不好，這幾天也沒有過去看看。（紅，六七）

怎麼這幾日不過我們這邊來坐坐？（同）

冬兒在旁邊聽了，一聲兒也沒言語。（冬兒）

寶玉聽了，便不言語。（紅，六七）

⌊冬兒⌋一例不一定是說冬兒的不言語是無意（事實上正相反），但原句的作者只把他當一件已有之事而說，不告訴我們她是有心不開口；而寶玉之⌊不言語⌋則顯然表示他是有意如此。

上面有一個用⌊不⌋的句子是問句。凡是問人爲什麼不做一件事，多半假定他不是無意，是有理由的，所以多用⌊不⌋，例如：

爲什麼你們不小心伏侍？（紅，二九）

姐姐怎麼不聽戲去？（紅，三〇）

當日……怎的張金鳳他也不提補我一聲兒？（兒，二六）

怎麼才來就走，也不給人家碗茶喝呢？（兒，二七）

樂正子入見,曰,「君奚爲不見孟軻也?」曰,「或告寡人曰,「孟子之後喪踰
前喪」,是以不往見也。」(孟,梁惠王下)

可是這並不是說所有用「不」的過去之事都有有意不爲之意。如「只是止
聽得人聲兒,不見個人影兒」(兒,八)的「不見」,決不能說是有意不見,
「見」是無從有意的。這類例子甚多。

所以我們只能說:一般的否定用「不」,無論現在,過去,未來;用「無
此事」的看法的時候才用「沒」和「未」,大多用在自過去延及現在甚至未
來,和英語的「完成式」相當,但也常用於單純的過去時。

14.24 「未」字用於旣事相之否定,是英語的 not yet 之意,而「未
嘗」則和 never 相近。白話在「沒有」之後加一「過」字。例如:

> 子食於有喪者之側,未嘗飽也。(論,述而)
>
> 問其與飲食者,盡富貴也,而未嘗有顯者來。(孟,離婁下)
>
> 逝者如斯,而未嘗往也。(赤壁賦)

毋,勿

14.25 文言「毋」和「勿」這兩個否定詞通常用於禁止的語氣。
「毋」也作「無」。這兩個字,古時無論作有無之無用,或作禁止之詞用,都
可以隨便寫;後世則有無之無以「無」爲主,禁止之詞則「毋」多於「無」。
「毋」跟「勿」的分別和「不」跟「弗」相同,「勿」字只用在兼含「之」字的地
方。例如:

> 無欲速,無見小利;欲速則不達,見小利則大事不成。(論,子路)
>
> 無友不如己者,過則勿憚改。(論,學而)〔=無憚改之〕
>
> 己所不欲,勿施於人。(論,顏淵)〔=無施之於人〕
>
> 兵不如者,勿與挑戰;粟不如者,勿與持久。(楚策)〔=無與之挑戰〕
>
> 取之而燕民悅,則取之……取之而燕民不悅,則勿取。(孟,梁惠王下)〔四.

　　　　⌊取⌉字，三處有⌊之⌉字，惟⌊勿⌉字下無之。⌋

⌊毋⌉跟⌊勿⌉的分別，和⌊不⌉、⌊弗⌉之別一樣，後來也消失了，原先不用⌊勿⌉的地方也用⌊勿⌉了。比較下列二例：

　　　　無道人之短，無說己之長。施人慎勿念，受施慎勿忘。(崔瑗，座右銘)

　　　　勿慕貴與富，勿憂賤與貧……聞毀勿戚戚，聞譽勿欣欣。(白居易，座右銘)

白居易的序中說，⌊崔子玉座右銘，予竊慕之……然其間似有未盡者，因續爲座右銘。⌋但是崔的兩⌊無⌉兩⌊勿⌉皆合古例，白的四個⌊勿⌉字沒一個用對，前兩個底下明明有止詞，後兩個加於形容詞之上。後世是典雅一點就或⌊無⌉或⌊勿⌉，通俗一點就一概用⌊勿⌉，如⌊切勿觀望自誤⌉之類甚多。甚至有用⌊弗⌉的。

　　14.26　　可是⌊毋⌉和⌊勿⌉的用處並不限於禁止之詞。在表示使令(間接禁止)，得能，願欲，卽令，庶冀，比較等等意思的句子裏頭也常常用⌊毋⌉和⌊勿⌉。例如：

　　　　我不欲人之加諸我也，吾亦欲無加諸人。(論，公冶長)〔願欲〕

　　　　宋人請猛獲於衞，衞人欲勿予。(左，莊十二)〔願欲〕

　　　　可以取，可以無取，取傷廉；可以與，可以無與，與傷惠；可以死，可以無死，死傷勇。(孟，離婁下)〔得能〕

　　　　非獨賢者有是心也，人皆有之；賢者能勿喪耳。(孟，告子上)〔得能〕

　　　　夜行者能無爲姦，不能禁狗使無吠己也。(魏策)〔上得能；下使令。〕

　　　　且人所急，無如其身，不能自使其無死，安能使王長生哉？(韓非，外儲說左上)〔使令〕

　　　　秦地半天下……雖無出甲兵，席卷常山之險，折天下之脊。(楚策)〔卽令〕

　　　　救趙孰與勿救？(齊策)〔比較〕

　　　　今幣重而言甘，誘我也，不如無往。(同，昭十一)〔比較〕

⌊毋⌉和⌊勿⌉的各項用法，卽這兩個字和⌊不⌉、⌊弗⌉二字的分別，能

不能用一個原則來槪括呢?或者可以這樣說:凡直陳事實的句子,用乚不丨和乚弗丨,要是不當作事實,只是虛虛的說,就用乚毋丨和乚弗丨;禁止之詞因爲止之於方來,所以歸入後面一類。

但是這種虛實之分本來不容易把握,所以除禁止之詞以外,其他該用乚毋丨的地方,古時也不一定都用乚毋丨,後來更是漸漸的都改用乚不丨了。例如:

> 所遇無故物,焉得不速朽?(古詩十九首)

> 望風懷想,能不依依?(李陵答蘇武)

> 吾目雖不見,而四肢百體均自若也。(盲者說)

因此,就後世的情形而論,不妨說乚毋丨和乚勿丨是命令的否定詞,雖然仍然有時還可遇見不含禁止之意的用法。(以上參閱作者乚論毋與勿丨,載乚漢語語法論文集丨。)

禁止之詞,除乚毋丨、乚勿丨外,還有乚莫丨,乚休丨和乚別丨,都留在 17.32—4 節討論。

否

14.27　乚否丨字是稱代性及應對用的否定詞。乚否丨字以否定詞而兼含動詞或形容詞於其內,所以是稱代性。例如:

> 赴以名,則亦書之;不然,則否。(左,僖二三)〔=不書〕

> 二三子用我,今日;否,亦今日。(又,成一八)〔=不用〕

> 晉人侵鄭以觀其可攻與否。(又,僖三〇)〔=不可攻〕

第二例乚否丨字下可加乚則丨字,這就是乚否則丨一詞的來源。是非問句末尾的乚否丨則從第三例變化而生,先是乚可攻與否丨。第二步省去乚與丨字,但乚否丨字仍只和另一單詞對立,如:

> 宦三年矣,未知母之存否。(左,宣二)

聞諸道路,不知信否。〔比較:若聞蔡將先衞,信乎?(左,定四)〕

第一句的⌊存否⌉等於⌊存亡⌉,第二句的⌊信否⌉等於⌊眞假⌉。如⌊信乎?⌉的⌊乎⌉字改用⌊否⌉字,就等於白話的⌊眞不眞?⌉如全句改造,成爲⌊不知蔡信將先衞否?⌉就是常用的問句末尾的⌊否⌉字了。

14.28　應對之時,常以一字爲答,肯定用⌊然⌉或⌊唯⌉或⌊諾⌉,否定則用⌊否⌉。⌊否⌉和⌊然⌉相對,仍然是稱代性的引申用法。例如:

> ⌊抑王興甲兵,危士臣,構怨於諸侯,然後快於心與?⌉王曰,⌊否,吾何快於是,將以求吾所大欲也⌉。(孟,梁惠王上)
>
> 公孫丑曰,⌊樂正子強乎?⌉曰,⌊否。⌉⌊有知慮乎?⌉曰,⌊否。⌉⌊多聞識乎?⌉曰,⌊否。⌉(孟,告子下)

古時⌊否⌉和⌊不⌉本是一字,通作⌊不⌉,⌊否則⌉亦可作⌊不卽⌉,問句末的⌊否⌉亦多作⌊不⌉,現在已經分化了。

白話裏頭沒有稱代性的否定詞,常常必須複說那個動詞或形容詞,如前面 14.27 的三例,白話當作⌊不然就不寫⌉,⌊不要我也在今天⌉,⌊可攻不可攻⌉。至於應對之⌊否⌉,白話裏有時候可說⌊不是的⌉,有些句子仍非重複動詞或形容詞不可。如:

> 因爲吃的不好嗎?穿的不好嗎?——不是的,不爲這些。
>
> 你明天就走嗎?——明天不走,還有兩天呢。

這些答語在文言裏都可以用⌊否⌉字開端。

雙重否定

14.31　一句之中,上下兩次用否定詞,就含有肯定的意思,正如代數裏的負乘負得正一樣。以下依第一否定詞分類說明。

上頭用⌊莫⌉字或⌊無⌉字否定其下的另一否定詞,不但表肯定,且含有⌊皆⌉字之意。例如:

無草不死，無木不萎。(詩，小雅)

春城無處不飛花。(韓翃詩)

楚自克庸以來，其君無日不討國人而訓之於民生之不易。(左，宣十二)

如水銀瀉地，無孔不入。

以上用「無」否定「不」，「無」字下有名詞；沒有名詞，用「無不」，也用「莫不」。例如：

見子弟甥姪無不愛。(先妣)

見者無不稱絕。(記趣)

四方有羨，我獨居憂；民莫不逸，我獨不敢休。(詩，小雅)

遊人見之，莫不羨為奇想。(記趣)

社會公益，朋友急難，罔不竭力以赴。(林覺民傳)

在白話裏，「沒有」和「不」的中間常常夾用一個名詞或是單位詞（稱代性）。例如：

從小沒人見了不誇獎他聰明。

聽了這個消息，沒有一個不興高彩烈的。

14.32　用「無」或「莫」否定「非」字，中間大率不夾名詞。例如，

溥天之下，莫非王土；率土之濱，莫非王臣。(詩，小雅)

自耕稼陶漁以至為帝，無非取於人者。(孟，公孫丑上)

白話「沒有」和「不是」之間常常有名詞或稱代性的單位詞。例如：

他的小說沒有一篇不是寫了三四道才發表的。

文言的「無非」和「莫非」，跟「無不」和「莫不」一樣，含「皆」字意。白話把「無非」用作「只是」、「不過」之意，例如：

他何嘗懂得繪畫，無非裝裝幌子罷了。

不看固悵然，看了也無非悵然，反正是一樣。(葉紹鈞，回過頭來)

「莫非」在白話裏是測度之詞，「莫」字已非普通否定詞(見 16.91)。

用⌊無⌉字來否定⌊無⌉，這種例子不多，如：

> 是聲也，蓋無在無之。（市聲說）

通常改用反詰問句，如⌊誰無父母？⌉⌊何地無之？⌉

14.33　用⌊非⌉字否定⌊不⌉字或⌊無⌉字，帶申辯的口氣，有時比直接肯定的語勢弱，也有時反而更深切些。例如：

> 非不悅子之道，力不足也。（論，雍也）
>
> 非吾力不能納也，義實不克爾也。（公羊，文十四）
>
> 城非不高也，池非不深也，兵革非不堅利也，米粟非不多也，委而去之，是地利不如人和也。（孟，公孫丑下）
>
> 非無謀士，非無勁卒，奈權臣不欲戰何！

白話的例，如：

> 不是我不肯，實在不得閑。
>
> 我不是沒說過，要他肯聽啊。
>
> 不是沒有辦法啊，要有人啊。
>
> 並非沒有錢，他捨不得花麼！

另一類上用⌊非⌉下用⌊不⌉（中間必須有名詞）的句子，有⌊唯有⌉或⌊必須⌉之意，如⌊非文辭不爲功⌉，⌊非暑假不得回家⌉等，另見14.62節。

用⌊非⌉字否定⌊非⌉字，除佛典的⌊非想，非非想⌉外，簡直不見。

14.34　⌊未⌉字不單獨用來否定底下的否定詞，但是⌊未嘗不⌉常見，⌊未嘗無⌉、⌊未嘗非⌉也有。例如：

> 先帝在時，每與臣論此事，未嘗不歎息痛恨於桓靈也。（出師表）
>
> 大人削官歸，僕時方少，每侍，未嘗不念執事之才，而嗟惜者彌日。（與阮光祿書）
>
> 旣而其後常然，至其終身未嘗不然。（瀧岡阡表）
>
> 雖命之所存，天實爲之；然而累汝至此者，未嘗非予之過也。（祭妹文）

彼衆昏之日固未嘗無獨醒之人也。(日知錄,廉恥)

14.35　⌐未有不⌐意近⌐無不⌐(白話同是⌐沒有不⌐),例如:

千里而襲人,未有不亡者也。(公羊,僖三三)

故北方之勇者,問於沒人而求其所以沒,以其言試之河,未有不溺者也。

(日喩)

14.36　下面用⌐不⌐字,上面用⌐非⌐或⌐未嘗⌐來否定,已見上文,直接用⌐不⌐來否定,和⌐非非⌐一樣的困難。怱強可以充數的是⌐不爲不⌐,如:

萬取千焉,千取百焉,不爲不多矣。(孟,梁惠王上)

不爲不吉也。(公羊,莊四)

這些句子翻成白話,⌐不算不⌐比⌐不是不⌐更貼切些。此外⌐不可不⌐、⌐不得不⌐等並非兩個⌐不⌐字相消,⌐不可不⌐不等於⌐可⌐, 在14,62—3節討論。

14.37　⌐不無⌐的意思和⌐非無⌐相近而稍弱,⌐非無⌐簡直是⌐有⌐,⌐不無⌐是⌐也還有⌐或⌐免不了有⌐。⌐不無⌐多用在近於語體的文言,和帶點文言氣的白話。例如:

即此一端,不無可議。

這件事情不能全怪百川,他也不無爲難之處。

想尊兄寄旅僧房,不無寂寥之感。(紅,一)

可能:能,會

14.41　表示可能,必要,以及與此相近的若干概念,有⌐可⌐、⌐能⌐、⌐得⌐、⌐須⌐、⌐要⌐⌐宜⌐、⌐必⌐、⌐足⌐、⌐肯⌐、⌐敢⌐等詞。這些詞通常稱爲助動詞,但是他們的性質並不一律,⌐可⌐、⌐宜⌐、⌐足⌐原來是形容詞,⌐能⌐、⌐須⌐、⌐肯⌐、⌐敢⌐、⌐要⌐的動詞性仍然很明顯,⌐必⌐是限制詞,⌐得⌐在文

言裏是動詞,在白話的前置用法仍是動詞,但在後置用法幾乎是一個詞尾。可是他們有相同的一點: 都以和別的動詞(或形容詞謂語)合用爲原則,表示未實現的事情。

14.42　先說「可能」。總括起來說是「可能」:分開來說,有指能力彀得到彀不到說的; 有就旁人或環境或情理許可不許可說的。還有不含能力或許可的意思,僅僅估計將成事實與否的,這是最客觀的可能,卽「或然性」。大體上雖然可以分成這三類,實際上也有難於分別的例子,因此所用的詞也不完全各別,同一意思可用不同的詞,同一詞又可以表不同的意思。

表示能力彀得到,「能」字文言白話都用,文言也用「可」字,白話不用。此外白話又常用「會」字,文言又用「克」字。例如:

　　「孰能一之?」對曰,「不嗜殺人者能一之。」(孟,梁惠王上)

　　小子,何莫學夫詩?詩,可以興,可以觀,可以羣,可以怨。(論,陽貨)

　　君雖恨於臣,亦無可奈何。(史,范睢傳)

　　靡不有初,鮮克有終。(詩,大雅)

　　她爸爸本來在內務府當差,什麼雜事都能做。(冬兒)

　　她不能給我錢,只能供給我兩頓飯和住處。(老舍,月牙兒)

　　這種遮人耳目的事誰不會做?(紅,七五)

可,好

14.43　表示許可,文言用「可」或「可以」,白話只用「可以」,單用「可」字限於現成的詞語,或正反並說的時候。例如:

　　使者十輩來,皆言匈奴可擊。(史,劉敬傳)

　　溫故而知新,可以爲師矣。(論,爲政)

　　你這個辦法倒還可以試一試。

⌐你能夠等我麼?⌐——⌐我可以看書，我可以寫東西，我可以抽煙⌐。（親愛的丈夫）

我也是可去可不去，本沒有說定。

否定⌐可⌐字，文言用⌐不可⌐。白話卻仍用⌐不能⌐；在問句裏，眞正詢問用⌐可以⌐，反詰用⌐能⌐。例如：

> 富而可求也，雖執鞭之士，吾亦爲之；如不可求，從吾所好。（論，述而）

> 爲什麼平常我們不能講?爲什麼要男人裝了病方才可以講?（一隻馬蜂）

> ⌐一個人可以隨便說謊麼?⌐——⌐自然不能⌐隨便⌐⌐。（同）

> 還有什麼事沒有?我可以走了罷?

> 你吃了就告訴我媽一聲，還能不讓你吃麼?（冬兒）

例二例三用⌐可以⌐表肯定，用⌐不能⌐表否定。例三例四的⌐可以⌐是眞性問話，例五的⌐能⌐是反詰，卽意在否定。

14.44　白話又用⌐好⌐字表示許可。例如：

> 又不好回來，又不好進去，遂把腳步放重些。（紅，六七）

> 又不好笑他，只好聽一句答應他一句。（兒，三三）

> 兩個媳婦究竟好去不好去，倒得斟酌斟酌。（兒，四〇）

⌐好⌐字多用於目的小句，見 21.76 節。

得

14.45　文言和白話又都用⌐得⌐字表可能，兼有⌐可⌐和⌐能⌐兩種意義。文言用在動詞前，有時還可以在前面再加一個⌐可⌐字，或在後面加一個⌐而⌐（或⌐以⌐）字：這表示⌐得⌐字還是一個普通的動詞。例如：

> 聖人吾不得而見之矣，得見君子者斯可矣。（論，述而）〔能〕

> 夫子之文章可得而聞也；夫子之言性與天道，不可得而聞也。（論，公冶長）

> 〔可〕

春不得避風塵，夏不得避暑熱，秋不得避陰雨，冬不得避寒凍；四時之間，亡日休息。(重農貴粟疏)〔能〕

今募天下入粟縣官，得以拜爵，得以除罪。(同)〔可〕

14.46　白話卻把「得」字(也寫作「的」)用在動詞之後，如：

虛空爲鼓，須彌爲椎，什麼人打得？(景德傳燈錄，六)〔能〕

他排揎我，我就打得。(紅，五八)〔可〕

人還靠得，本領也去得。(兒，一四)〔可靠；能行〕

尤其常見的是後面有動態詞及表動作結果的動詞、形容詞或限制詞的句子，如：

如果處得下去，到了明秋我再打發人來接家眷不遲。(兒，二)

叫人家大爺臉上怎麼拉得下來呢？(兒，三四)

這麼個大地方兒，也得這些人才照應的過來。(兒，三三)

弄得衣食不周，那里還娶的起媳婦呢？(紅，六四)

這個字號綢緞行兒裏也算數的着。〔着 zhau〕

你可吃的了這一海？(紅，四一)〔了 liau〕

除非你去才說得他服。

這件衣裳要多使胰子才洗得乾淨呢。

14.47　否定句裏面，要是沒有動態詞等等，要用「不得」。例如：

莫道長生學不得，學得後，待若何？(辛棄疾詞)〔能〕

哪個小子派不得？偏又惹他！(紅，七)〔可〕

不要把吃醋說得這樣的要不得，吃醋也有吃醋的味兒。(酒後)〔可〕

這個辦法你瞧使得使不得？〔可〕

假如有動態詞等等，就只用一個「不」字，就代表「不得」。例如：

不知怎麼，今年雞蛋短的很，十個錢一個還找不出來。(紅，六一)

雖是奶奶們取笑兒，我可禁不起呢。(紅，四五)

連本項兩頓飯還撐持不住,還攔得住這個點這樣,那個點那樣?(紅,六一)

誰知你總不理我,叫我摸不着頭腦。(紅,二八)

他們吃不了我,我還要吃他們呢。(冬兒)

說書的只有一張嘴,說不及八面的話。

可又記不眞是頭一天是當天。(兒,三五)

直到如今,我們兩下裏的賬也算不清。(紅,七四)

從上面的例句可以看出 L…得丨 和 L…不得丨 表 L可丨 的時候多, 表 L能丨
的時候少; L…得…丨L…不…丨恰恰相反,多數表 L能丨。

或 然

14.48 表示一件事情的 L或然性丨,多數借用表能力或許可的詞,
如 L會丨、L能丨(反詰句),這些原是動詞; L許丨字原來也是動詞,但 L或許丨、
L也許丨已用如普通限制詞,可以和 L會丨字同用在一句之內。L怕丨、L定不
得丨等也都表示或然: 前者是動詞, 以或然之事爲止詞; 後者用作謂語,
以或然之事爲主語。例如:

吉小姐會到北京來麼?我很想認識他。(一隻馬蜂)〔詢問〕

你別着急呀!難道那麼大個人會丟了?(兒,三五)〔反詰〕

沒錯兒,我還能寃您嗎?〔反詰〕

我想,他又不是小孩子,又是本地人,那能說丟了就丟了呢?(冬兒)〔反詰〕

敢怕那和子比原數會多出來定不得呢。(兒,三二)

也許過了年會回來的。(冬兒)

這個招兒許不靈。

或許沒有這回事,是別人造的謠言,也未可知。

文言用 L容丨 和白話的 L許丨相當; 用 L恐丨 和 L怕丨相當。L或丨字是表或然
的限制詞。例如:

何至如此?彼容不相知也。(世說,方正)

不與丞相謀,恐事不能成。(史,李斯傳)

意南中村寺尙或過之也。(記翠微山)

足,宜,配,值,敢,肯,忍,欲,要

14.49 文言的⌊足⌉、⌊宜⌉和白話的⌊配⌉、⌊值⌉都是從價值方面來判斷;文言白話通用的⌊敢⌉、⌊肯⌉、⌊忍⌉以及⌊欲⌉(文)和⌊要⌉(話),都是從心理方面來判斷。這些詞皆隱含可能性,只有⌊宜⌉、⌊欲⌉、⌊要⌉有時含必要性;而且除⌊宜⌉、⌊欲⌉、⌊要⌉外,多以用於否定式、疑問式或⌊只⌉字之後爲主。各例:

無嚴處奇士之行,而長貧賤,好語仁義,亦足羞也。(史,貨殖列傳)〔可羞〕

愼無爲楚相,不足爲也。(又,滑稽列傳)〔不值得〕

斗筲之器,何足算也?(論,子路)〔不配〕

夏宜急雨,有瀑布聲;多宜密雪,有碎玉聲;宜鼓琴,琴調和暢;宜詠詩,詩韻清絕;宜圍棋,子聲丁丁然;宜投壺,矢聲錚錚然。(黃岡竹樓記)

他這個糊塗人,就說了些不中聽的話,也不值得計較。

不是,不是。那樣的人不配穿紅的,誰還敢穿?(紅,十九)

使天下之人不敢言而敢怒。(杜牧,阿房宮賦)

她的利害名兒太出遠了,將來沒人敢要。(冬兒)

公子聞之,往請;欲厚遺之,不肯受。(史,魏公子傳)

十三妹那等俠氣雄心兼人好勝的一個人,如何肯認⌊尋常女子⌉這個名目?(兒,一七)

君子之於禽獸也,見其生不忍見其死,聞其聲不忍食其肉。(孟,梁惠王上)

於饑寒之外又多一層懼怕,豈不比這鳥雀還要苦嗎?(老殘,六)

晚來天欲雪。(白居易詩)

必要：要，欲

14.51 必要的觀念也有種種分別。有主觀的必要，即意志的要求；用動詞「要」和「欲」來表示。這個和「能」字所含的可能概念有一種對立關係，又和「肯」字有積極消極之分。例如：

我又不是她的親兄弟，親叔伯，她爲甚麽要請我替她寫信。(一隻馬蜂)

能寫的不寫，不能寫的偏要寫。

他不但肯去，而且要去。

子欲無言。(論，陽貨)

得，須；不用，不必

14.52 客觀的必要，和「可」字所表的可能概念相對。又可以分事實上的必要和情理上的必要兩類。表示事實上的必要，白話用「得」爲多（音 deei，位動詞前或主語前），也用「要」。文言用「必」和「須」。白話也用「必」和「須」，但只用在複詞裏，如「須要」，「必須」等，不單用。例如：

都是你鬧的，還得你來治。(紅，五七)

只怕這樣的還有，明日倒得查查。(紅，七四)

行也得行，不行也得行，弟兄們求到你這兒了。(上任)

洗臉盆是要買的，還得來兩條手巾。(同)

下了店不妨……走着須要小心；大道正路不妨……背道須要小心；白日裏
  不妨……黑夜須要小心。(兒，三)

爲今之計，必須及早把我家這些無用的宂人去一去，無益的繁費省一省。
  (兒，三三)

王卽不聽用鞅，必殺之，無令出境。(史，商君傳)

適有事務，須自經營。(應璩，與滿公琰書)

14.53　否定必要，文言就用⌊不必⌉或⌊不須⌉；這兩個詞傳給白話，但現在口語裏已只有⌊不必⌉。⌊不須⌉雖已不用，可是有⌊無須⌉，文言又有⌊無庸⌉。現在口語裏用得最多的是⌊不用⌉，和肯定句的⌊得⌉相當。⌊不要⌉在北京話裏幾乎限於問句的⌊要不要⌉，但在北京以外仍常用。例如：

　　我知道，不用你說。(紅，七四)

　　明人不用多費話，我走了，二哥。(上任)

　　⌊在家。要不要請去?⌉──⌊不用。⌉(親愛的丈夫)

　　不但不必抄給人看，連你也不必看。(兒，一)

　　是故弟子不必不如師，師不必賢於弟子。(師說)

　　不須飲酒徑自醉，取書相和聲琅琅。(陸游詩)

　　倒無須連篇累牘，只要簡單扼要，不疏不漏就是了。

　　此其應盡之義務也，吾人無庸爲之不平。(權利與義務)

⌊不用⌉、⌊不必⌉、⌊不要⌉、⌊要⌉、⌊必⌉都常常用於祈使語氣(17.24，33)。⌊不得⌉的⌊得⌉表可能，⌊不得⌉等於⌊不可⌉，不是⌊無此必要⌉。

當然：該，宜，應，當

14.54　表示情理上的必要，可以稱爲⌊當然⌉，白話用⌊該⌉、⌊應該⌉或⌊應當⌉，文言用⌊當⌉、⌊宜⌉，也用⌊應⌉。例如：

　　他不知道，你們也該說給他。(紅，五八)

　　男的該打女的，公公該管敎兒媳婦，小姑子該給嫂子氣受，　他們這羣男女信這個。(老舍，柳家大院)

　　五日，良夜未半往，有頃，父亦來，喜曰：⌊當如是。⌉(留侯)

　　此病宜靜養。〔比較：⌊此地宜養病⌉，屬上14.49〕

　　臣宜從，病甚，⌊不得從矣。⌉(留侯)

　　陛下不應憂嶠而應憂戎。(世說，德行)〔和嶠，王戎〕

否定句白話用⌐不該⌐，文言用⌐不當⌐、⌐不宜⌐、⌐不應⌐。例如：

你來搜檢東西，我不惱你：不該拿我取笑兒。(紅，七四)

曉人不當如此邪？(漢，薛廣德傳)

必聚徒合義兵誅無道秦，不宜倨見長者。(史，酈生傳)

必 然

14.55 估計事實的必然，所用詞語多與上節相同，白話用⌐該⌐，文言用⌐宜⌐、⌐應⌐、⌐當⌐。此外白話又用⌐一定⌐，文言又用⌐必⌐(白話說⌐想必⌐)，這些是不帶動詞性質的限制詞。例如：

再兩天，你們就該打我們了。(紅，五八)

帝問，⌐天下誰愛我⌐？通曰，⌐宜莫如太子。⌐(史，佞幸列傳)

船人見其美丈夫獨行，疑其亡將，腰中當有金玉寶器。(史，陳丞相世家)

曉鏡但愁雲鬢改，夜吟應覺月光寒。(李商隱詩)

太子少年，不習於兵。田盼，宿將也，而孫子善用兵。戰必不勝，不勝必禽。

公子爭之於王，王聽公子，公子封；不聽公子，太子必敗；敗，公子必立；立，必爲王也。(魏策)

想必就是爲這個事了。(紅，七)

你今兒來一定有什麼事情。(同)

或然和必然不像可能和必要那樣完全對立。可能儘管強化，不會變成必要，但這裏所說的必然，實即高度的或然。所以⌐一定⌐和⌐會⌐可以合用。如：

我想我們一定會變做好朋友。(一隻馬蜂)

14.56 ⌐該⌐、⌐宜⌐、⌐當⌐、⌐應⌐、⌐必⌐等字，可以有⌐必要⌐和⌐必然⌐兩種意義，但⌐不該⌐、⌐不宜⌐、⌐不當⌐、⌐不應⌐、⌐不必⌐只表示⌐無此必要⌐，不用來否定必然。否定必然，白話和文言都用⌐未必⌐，白話又用

⌊不一定⌋。例如：

> 你問他，他也不一定就知道。
>
> 只怕老太太未必就依。（紅，七四）
>
> 大約醉翁之意未必在酒。（兒，三三）

可能和必要的關係

14.61 ⌊可能⌋和⌊必要⌋，從一方面看是對立的。所以否定甲的可能就成爲非甲的必要，例如⌊不可粗心⌋等於⌊必須不粗心⌋；否定甲的必要也就成爲非甲的可能，例如⌊不必細說⌋等於⌊可以不細說⌋。（⌊該⌋、⌊當⌋等略異，見下。）但是從另一方面看，⌊可能⌋和⌊必要⌋是相通的。表示可能的詞，加一⌊只⌋字，如⌊只能⌋、⌊只好⌋、⌊只得⌋、⌊只會⌋，把他的可能性縮小，就成爲表示必要或必然。例如：

> 又怕寶玉煩惱，只得勉強忍着。（紅，二〇）
>
> 如今弄多少是多少，也只好是集腋成裘了。（兒，三）
>
> 你看罷，只會比去年多，不會比去年少。

14.62 因爲⌊可能⌋和⌊必要⌋之間有對立關係，所以在⌊可⌋、⌊能⌋、⌊得⌋、⌊會⌋等字的上下各加⌊不⌋字，並不依照兩個⌊不⌋字相消的通例。⌊不可不⌋不等於⌊可⌋，而等於⌊必⌋。例如：

> 但是玉格此番鄉試是不能不留京的；既留下他，不能不留下太太照管他。
> （兒，二）〔只得〕
>
> 他們既到了這裏，不好不讓他們進來。（兒，二一）〔只好〕
>
> 他就住在隔壁，再不會不知道的。〔一定知道〕
>
> 矢在弦上，不得不發。（陳琳，爲袁紹檄豫州）
>
> 勝公榮者，不得不與飲酒；不如公榮者，不可不與飲酒。唯公榮可不與飲
> 酒。（世說，簡傲）

故人不可以不有恆。(有恆)〔當〕

同樣，隱含可能性的し敢フ、し肯フ、し忍フ以及し愁フ、し怕フ、し容フ、由フ等詞，上下各加し不フ字也就有必要之意。例如：

承東家不棄……可不敢不傾心吐膽的奉告。(兒，二)〔自然要奉告〕

見了酒又不肯不喝，喝多了又要嚷頭疼。〔定要喝〕

他那麼苦苦哀求，我也不忍不答應。〔只得答應〕

你只如此這般一說，不怕他不出來。〔一定出來〕

有了執照，不愁找不出四至的。(兒，三三)〔一定找得出〕

祇這個前八行，已經拉倒閱卷者那枝筆，不容他不圈了。(兒，三四)〔只得圈〕

し非什麼不可フ的說法也屬於這一類；這要分析開來說，是一個條件複句(22.43)。例如：

今欲舉大事，將非其人不可。(項羽)

要想結婚，非靠朋友幫忙不可。(一隻馬蜂)

旣是受了我的定錢，這房子就非租給我不可。(壓迫)

現在口語裏還有省去し不可フ的，語氣更加堅強了。如：

那樣兒不行的，季流，我非得等他。(最後五分鐘)

(甲)我非要！(乙)我非不給！

14.63　反之，表示必要的詞，上下加以雙重否定，就表示可能。如：

不吃乾飯就是了，也不必連稀粥都不吃。〔粥可以吃〕

他們大家都參加了，你何必不參加？〔也可以參加了〕

我看他也未必不知道，怕出頭罷了。〔也許知道〕

倘一旦追念天下士所以相遠之故，未必不悔，悔未必不改；果悔且改，靜待之數年，心事未必不暴白天下，士未必不接踵而至執事之門。(與阮光祿書)

塞翁失馬，未必非福。

14.64　但⌊不該不⌉不是⌊可⌉，仍是⌊該⌉。例如：

早知如此，不該不聽他的話。

這是因爲情理所宜，有一無二，否定甲的必要卽同時肯定非甲的必要，沒有可甲可非甲之中立餘地。⌊不該去⌉否定⌊該去⌉，不僅是⌊可不去⌉，實卽⌊該不去⌉。所以⌊不該不⌉仍等於⌊該⌉。

第十五章　傳　　信

語氣和語氣詞

15.11　⌊語氣⌋可有廣狹兩解。廣義的⌊語氣⌋包括⌊語意⌋和⌊語勢⌋。所謂⌊語意⌋，指正和反，定和不定，虛和實等等區別。所謂⌊語勢⌋，指說話的輕或重，緩或急。除去這兩樣，剩下的是狹義的⌊語氣⌋：假如要給他一個定義，可說是⌊概念的內容相同的語句，因使用的目的不同所生的分別⌋。⌊語意⌋對於概念的內容有改變，而同一語氣仍可有⌊語勢⌋的差異。三者的表現法也不相同：語意以加用限制詞為主，語勢以語調為主，而語氣則兼用語調與語氣詞。但是三者之間的關係非常密切，例如不定的語意必然取疑問的語氣，反詰的語勢比普通詢問沉重，測度比直陳緩和，命令比商量急促，這些都是明顯的事實。分列類目如下表（見下頁）。

15.12　語氣的表達，兼用語調和語氣詞：語調是必需的，語氣詞則有時可以不用，尤其是在直陳語氣。關於語氣詞，有幾件事情應該特別注意：

（1）語氣詞和語氣不是一一相配的。一方面，一個語氣詞可以用來表不同的語氣。一方面，同一語氣可用幾個語氣詞，有時似乎無區別，但一般而論，實代表種種細微的區別，這些細微的區別最應該體會。

（2）各地方言的語氣詞不同：或是用的詞不同，或是用的詞大致同是那幾個，而用法有出入。後者在同一方言區域很常見，例如北京話說⌊來呀⌋，四川話說⌊來麼⌋，又如北京話說⌊是呀⌋，雲南話說⌊是了麼⌋或⌊是呢⌋。

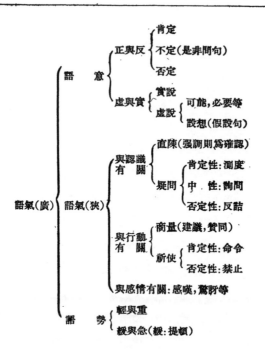

（3）文言和白話語氣詞不是一一相當的。文言和白話的詞彙本來不同，但實義詞還勉強可以找對偶，虛助詞則往往有很大的出入。這個情形在語氣詞方面尤爲明顯：文言最常用的語氣詞是乚也﹂和乚矣﹂，乚矣﹂字和白話的乚了﹂大致相合，但白話裏哪一個語氣詞和乚也﹂相當呢？白話裏常用的乚呢﹂和乚罷﹂，文言有相當的語氣詞嗎？這個情形一部分和上面所說第一點（語氣詞和語氣的不整齊的分配）有關，但同時指示一件事實：語氣的類分，古今變動很大，若以爲乚之、乎、者、也﹂等等和乚的、呢、了、嗎﹂等等是各別相當，那就太皮毛了。

（4）語氣詞大多數是標音的性質。文言的語氣詞已經約定俗成，而且脫離了實際的語言，也不會無端的改變字形。白話則不然，常有一詞異寫的情形，或因音變而字未變而又有新字切今音，或因舊字雖存而另

行簡筆，或因本無定字而作者各以方音借寫。還有大同小異之音，舊以一字概括而今人分作兩詞的。這個情形尤以獨立語氣詞（即感嘆詞）爲甚，在 17.6 說明，這裏略說句末所加語氣詞的形式。

15.13 啊，阿，呀，哇，哪。——這些是一個詞，代表 a 音和他的變化，看前面一個字的韻母而定。

前字收音於 i（即注音字母作爲無韻母者：知，癡，是，日，子，次，四）及 er（兒）：音 a，寫作⌊啊⌉或⌊阿⌉。

前字收音於 a（他，話）：a 音加 i 和前字隔斷，音 ia，寫作⌊呀⌉。

前字收音於 o，e，é（我，說；客，個；爺，葉），多數人說 ia ⌊呀⌉，少數說 a ⌊啊⌉。

前字收音於 i（i 理，喜；ai 來，開；ei 誰，會）：a 音和前字連起來說成 ia ⌊呀⌉。

前字收音於 y（去，魚）：a 音和前字連起來說成 ia⌊呀⌉。

前字收音於 u（u 哭，路；au 好，巧；ou 走，有）：a 音和前字連起來說成 ua，寫作⌊哇⌉。

前字收音於 n（天，人，眞，飯）：a 音和前字連起來說成 na，寫作⌊哪⌉。

前字收音於 ng（娘，命，疼，空）：a 音和前字連起來說成 nga，通常仍寫⌊啊⌉。

要注意的是較早的白話作品多只用一個⌊呀⌉字，實際上代表 a 和 ia 兩音；ua，na 等連讀而成的音，從前照例不寫明的。

15.14 呵，喲，呦。——a 音略略收斂就成爲 o 或 ou，功用和 a（幾種用法，不是全部）相同。因爲在聲音和功能兩方面都只是 a 的變型，所以舊時的白話作品裏沒有另外用字來代表，仍然用⌊啊⌉字。現在也用⌊喔⌉或⌊歐⌉表 ou 音。這個音也和 a 一樣，因上字收音而有 io(u)， uo(u), no(u), ngo(u)等變化。io 寫成⌊喲⌉, iou 寫成⌊呦⌉。其餘沒有傳統的寫法。

　　15.15　了，咧，啦，囉，咯，嘍。——⌊了⌉字作動詞（了結）和限制詞（吃不了）用時音 liau, 用作動相詞（吃了飯）和語氣詞（吃飯了）則音 le, 且通常都寫一個⌊了⌉字。le 後面合上 a , o , ou 等音成 la , lo , lou, 現在分別寫作⌊啦⌉、⌊囉⌉或⌊咯⌉、和⌊嘍⌉。舊時又有寫成⌊咧⌉的, 有些地方用來代表 la , 但別處似乎也有用來代表 le 的。

　　15.16　麼，嗎，噓，末。——這一個語氣詞有疑問和非疑問兩用, 原來都音 me, 寫⌊麼⌉。崑曲裏却常把非疑問用的寫成⌊噓⌉, 別的書裏也有寫⌊末⌉的。疑問用的 me 合 a 成 ma, 寫⌊嗎⌉。以現在而論, 疑問用的 me 幾乎沒有不說成 ma 的, 因有這種功能上的分化, ⌊麼⌉和⌊嗎⌉竟可作爲兩個語氣詞了。

　　15.17　呢，哩，吶，哪。——這一個語氣詞大槪曾一度經過由 li 變 ni 的變化, 所以較早的白話作品裏作⌊哩⌉, 而較後的作品作⌊呢⌉。現在口語裏是 ne, 通常仍作⌊呢⌉, 也有寫⌊吶⌉的。ne 後也可加用 a , 音合成 na , 寫⌊哪⌉。這個語氣詞也有疑問和非疑問兩用, 但語音上並沒有分化。有人用⌊呢⌉表疑問, 用⌊哩⌉表非疑問, 未免誤會; 原因是音 li 的時期, 非疑問用法多於疑問用法, 疑問用法的發展恰與由 li 而 ni 的變化同時, ⌊哩⌉的形狀和非疑問的用法聯繫較深。

　　15.18　罷，吧，啵。——這個語氣詞音 ba, 從前寫⌊罷⌉, 現在多數寫⌊吧⌉。也有疑問和非疑問兩用, 疑問的用法也許是由⌊不⌉加 a 而成。非疑問的用法加 a 時僅略延其音長, 加 o 或 ou 則變爲 bo 或 bou , 寫⌊啵⌉。

了

　　15.21　不帶任何特殊語氣（如疑問, 祈使, 感嘆）的語氣, 可以稱爲

⌊直陳⌋語氣。直陳語氣可以不用語氣詞，如⌊今天涼快得多⌋，⌊我寫完信就去⌋。但也可以用語氣詞，如⌊今天涼快多了⌋，⌊我寫着信呢，寫完信就要去的⌋。白話裏，⌊了⌋、⌊的⌋、⌊呢⌋、⌊麼⌋、⌊啊⌋、⌊罷了⌋都可以用於直陳語氣，而各有各的神氣。

15.22　用⌊了⌋字是決定的口氣。我們在 13.63 曾經討論過⌊了⌋字表示動相的作用，同時提到⌊了⌋字表語氣的作用。有些句子裏連用兩個⌊了⌋字，一個表旣事相，一個表決定語氣，如：

> 他早吃了飯了，不用給他。

有些句子只有一個⌊了⌋字，在句（或小句）的末尾，這個⌊了⌋字就兼表動相和語氣，如：

> 還等這會子，他早就去了。

> 現在老了，不中用了。

> 今兒老太太高興，遭早晚就來了。（紅，四○）

> 那年多天，祖母死了，父親的差使也交卸了。（背影）

15.23　這些句子裏面，事情已經完成，所以我們說是⌊了⌋字兼表旣事和決定。在下面這些句子裏，事情或正在開始，或還沒有開始，但是我們同樣的用⌊了⌋字結句。這個⌊了⌋字就只有決定的作用。例如：

> 開飯了，進來罷。

> 來了，來了，別這麼高聲怪叫。

> 已經這個時候，今天不會來了。

> 老老，你上來走，看青苔滑倒了。（紅，四○）

> 別這樣捉弄人，我家去了。（紅，四○）

> 你們大家都不用說了，再說我就眞急了。（兒，三）

> 不然，我的這點兒親戚都讓她給罵斷了。（多兒）

以上例一例二是卽將實現的事實，例三是估計的必然，例四是或然，後

三例〔是假設的(有條件的)將然或必然。

的

15.31　〔的〕字表示的是一種確認的語氣，就是表示確確實實有這件事，沒有錯兒。用〔的〕字的句子，語勢頗重；何以如此，最好從這個語氣詞的由來上說明。

用〔的〕字的句子有上面用〔是〕字的，有不用的。上面有〔是〕字的，嚴格說，下面的〔的〕字不該算是一個語氣詞：〔是〕和〔的〕聯合起來把一句敍事句改造成一句判斷句，這正是句法變化之一例，我們已經在第八章討論過。但是不用〔是〕字單用〔的〕字的句子正是從兼用〔是〕、〔的〕的句法產生的，我們不妨再在這裏舉幾個例。我們知道，一般而論，判斷句的語勢比敍事句重些，所以才利用〔是……的〕來加重語勢。這種加重可以是一般的(即謂語的) 加重，也可以是任何一部分的加重。一般的加重，把〔是〕字安在主語和謂語之間；部分的加重，把要加重的部分緊接在〔是〕字之後，有時就要改變句中的詞序或〔是〕和〔的〕的先後。例如：

> 他是到過上海的。〔一般加重〕
>
> 他是大前年在上海的。
>
> 我是在上海會見他的。
>
> 我是無意之中遇見他的。
>
> 我認得的是他的哥哥。〔加重原來的止詞〕
>
> 到過上海的是他的兄弟。〔加重原來的主語〕
>
> 是我把他找來的。〔加重主語〕

以下是一些現成的例句，都是一般加重：

> 所以好、歹、眞、假，我是認得的。(紅，四一)

你這遭吃茶是托他兩個的福；獨你來了，我是不能給你吃的。(同)

你是和誰要來的?(紅，六〇)

你依我這話是萬無一失的。(兒，三)

他也是個給人家作兒子的，豈有他媽死了不叫他去發送的理?(同)

不可擅傷罪人，你我是要就不是的。(兒，三一)

15.32 這一類句子也是確認語氣，但確認的作用是由└是┐字發揮的，└的┐字只是和└是┐字相應的一個語尾。但如省去└是┐字，只留└的┐字，這個└的┐字就不妨當語氣詞看了。如：

他倒想着不錯日子給的。(紅，五七)

就連那黃天霸的老兒飛鏢黃三太，我都趕上見過的。(兒，三二)

我原不要帶的，姨*奶奶*不依麼。(兒，一六)

天生應吃的苦也要吃的。(兒，一)

一個人不讀書再合他講不清的。(兒，三五)

有了執照，不愁找不出四至的。(兒，三三)

今日趕不到的。(兒，三)

二位姑娘就是大肚子彌勒佛，也吃不了五百錢的。(紅，六一)

我們怎麼裝沒事人呢?少不得要查的。(同)

我自有分寸，斷不上這個當的。(老殘，一二)

這類句子比兼用└是┐字的句子的語勢又要輕些。就以上例句而論，有已成事實的確認(前三例)，有一般的事理的確認(例四、例五、例六)，有未來事實的預斷(客觀的判斷，例七、例八；主觀的聲明，例九、例十)，這裏面語勢的強弱也不一致，大致依上面的次序由弱而強：對於未來的事實加以確認，自然要比確認過去的事實更有力。

15.33 └了┐字和└的┐字的比較，可以說明決定語氣和確認語氣的分別；我們可以看作動和靜的分別，正和文言的└矣┐和└也┐的分別相似

（見下）。比較：

> 你這麼一說，我知道了。〔原先我不知道〕
>
> 你不必多囑咐，我知道的。〔我本來知道〕
>
> 這本書我看完了。
>
> 這本書我看完的。
>
> 他今天不來，明天也該來了。
>
> 他今天不來，明天也要來的。

呢

15.41　⌊的⌉字的應用很有限制，我們絕對不說⌊我是一個學生的⌉或⌊他吃着飯的⌉，也不說⌊這個地方遠的⌉，也不說⌊我有兩個哥哥的⌉（除非說⌊我原來有……的⌉）。這些處所卻正是另一語氣詞⌊呢⌉字最常見的地方。

⌊呢⌉字之表確認，有指示而兼鋪張的語氣，多用於當前和將然的事實，有⌊諸，你看！⌉⌊我告訴你，你信我的話⌉的神氣。雖然從句式的分配上看，⌊呢⌉和⌊的⌉像是互相補充，這兩個字的語氣並不相同。⌊的⌉字是說事實確鑿，毫無疑問，⌊呢⌉字是說事實顯然，一望而知；⌊的⌉字偏於表自信之堅，⌊呢⌉字偏於叫別人信服。這可從比較可用⌊的⌉也可用⌊呢⌉的句子（這類句子不多）來辨別。如：

> 我也要去的，待回兒再見。〔我之去毫無疑問〕
>
> 我也要去呢，你等我一會兒，咱們一塊兒去。〔我之去卽在目前〕
>
> 這東西三百元買不來的。〔我買過，我知道〕
>
> 這東西三百元買不來呢。〔不信你試試看〕

15.42　常用⌊呢⌉字的句子是下面的幾類。⌊有……呢⌉和⌊在……呢⌉：

周大媽,有個老奶奶子找你呢。(紅,六)

有我呢,他不敢委屈你。(紅,二三)

喂!有四百錢的酒錢呢。(兒,四)

那可使不得,二三千里地呢。(兒,三)

嗳呀!這麼說就得三年功夫呢。(紅,七)

在家裏呢,你進來罷。(紅,二六)

這輛車連牲口都好端端的在那裏呢。(兒,一〇)

15.43 方事相的動作(常用[在……着呢]):

我也正在這裏算計着呢。(兒,二九)

他心裏在這裏受着窄呢。(兒,四〇)

尤老二往門裏打了一眼,幾個傢伙全在小過道裏坐着呢。(上任)

我這裏陪客呢,晚上再來回。(紅,六)

你該早來,我得了一件好東西,專等你呢。(紅,三一)

15.44 形容性謂語(常用[着呢]):

早呢,再談一會兒再去。

你九太爺小呢,今年才八十八呀!(兒,三二)

這個藥粉靈的很呢,敷上就不疼。

天下山水多着呢,你那裏都知道?(紅,一九)

15.45 [還……呢];

不喝茶了,我們還有事呢。(紅、四五)

快睡罷,明兒還要起早呢。

原來那四個小鴨都在荷池裏洗澡了,而且還翻筋斗喫東西呢?(鴨的喜劇)

還沒吃飯呢,從大早忙到這個時候。

像這種貨色,送給我我還不領情呢。

不用他還不行呢。(上任)

15.46 ﹝才……呢﹞：

你能找一個來給我看了，我才信呢。

這場完了，晚場八點才開呢。(有聲電影)

不好，這是勾腳瘀轉腿肚子，快些給他刮出來打出來才好呢。(兒，三)

你才糊塗呢，他早就去過了。

15.47 ﹝(要)……呢﹞：

不好！天要下雨呢。

﹝猜不着是要罰的。﹞——﹝自然受罰。若猜着了，也要領賞呢。﹞(紅，二二)

﹝媽媽，你嚐一嚐……﹞——﹝我喝呢。奶奶也喝一鍾。﹞(紅，一六)

一慌，不定踩在誰的身上呢。(柳家大院)

15.48 其他例句：

我左右是沒事的人，樂得跟他們出去逛逛呢。(兒，四〇)

還虧是我呢。要是別的死皮賴臉的，三日兩頭來纏舅舅，要三升米二升豆子，舅舅也就沒法兒呢。(紅，二四)

前日好容易得的呢，不知多早晚丟了！(紅，三一)

今天已經二十五了呢，你當是還有幾天嗎？

由以上的例句看來，雖然某幾類句子裏﹝呢﹞字特別常見，可是差不多沒有一種句式絕對不能用﹝呢﹞字。這可見﹝呢﹞字應用之廣，換句話說，也可見我們說話無處不愛帶幾分鋪張。

罷 了

15.49 一件事情，我們可以把他看大，也可以把他看小；﹝罷了﹞有﹝僅此而已﹞之意，和﹝呢﹞字正相反。這一揚一抑的語氣，比較下列例句可知：

你別瞧不起他，他還會做詩呢。

他就會做兩首詩罷了，別的還會什麼？

我認得他呢，也許有點兒辦法。

他也是敷衍敷衍你罷了，未必眞有辦法。

用L罷了7的例句：

我不過不說罷了，誰還不知道！

跑了一條狗罷了，也值得那麼大驚小怪！

這長安城中徧地皆是錢，只可惜沒人會去拿罷了。(紅，六)

這裏不潔淨，一位罷咧，請到禪堂裏歇罷。(兒，五)

用L罷了7的句子，常有L只7、L不過7、L無非7等限制詞，明白表示不足之意。

啊

15.51　L啊7字的作用是在普通的直陳語氣上加上一層感情色彩，使語氣更加精闢，更加敏銳。有些時候是一種申明的口氣，如：

是呀，有這一說呀。(兒，二八)

對呀，不過現在沒有烟抽怎麼辦？(北京的空氣)

L是誰阿？7——L沒誰阿？7(最後五分鐘)

L誰弄死他的？7——L我呀。7(兒，六)

L請你來作什麼？7——L請我來幫着勸他呀。7(兒，七)

有些時候有提醒或警告的意思，髣髴是L是不是？7L你知道不知道？7例如：

有今兒記得的，前兒夜裏的芭蕉詩就該記得呀。(紅，一九)

回老爺，這天西北陰上來了，僧們可沒帶雨傘哪。(兒，三八)

聽不聽在你，也不值的這麼着呀。(紅，二一)

哦，舅爺面上來的——舅爺到這裏，我鄧老九沒敬錯啊！(兒，一五)

就讓你老人家再許三百六十天的不動煙火,不成還是不成啊!(兒,二五)

我不懂得你這繞口令兒啊。(兒,七)

姑娘,你聽聽,萬事由不得人啊。(兒,二七)

通共算起來,人家都是爲姐姐一個人兒呀。(兒,二六)

15.52 ⌊啊⌉字在語氣上的特色是他的感情作用。這並不是說,用了⌊啊⌉字就該算是感嘆語氣。不,不能一概而論,有時可算感嘆(⌊啊⌉音較長較沉),但多數語句只表示說話的人的精神相當緊張或興奮。說話帶這種情調,自然更有活力。問話的⌊啊⌉和勸說的⌊啊⌉也都有這種緊張和興奮的情調。

以直陳語氣而論,⌊的⌉、⌊呢⌉、⌊啊⌉都有強調的作用,但語氣各各不同。比較:

我認得他的,我們見過。

我認得他呢,他躲不了。

我認得他呀,他是個麻臉哪。

他這樣兒胡鬧,要失敗的。〔理有必然〕

他這樣兒胡鬧,要失敗呢。〔快了,瞧着吧〕

他這樣兒胡鬧,要失敗呀。〔你勸勸他吧〕

15.53 我們實在不應該拿⌊啊⌉字來和別的語氣詞並排着比較。作爲語氣詞的⌊了⌉和⌊的⌉不能合用,⌊的呢⌉和⌊了呢⌉間或有,也不常見。但⌊啊⌉字常常加在別的語氣詞的後面,這也可見⌊了⌉和⌊的⌉和⌊呢⌉是大致在同一平面上的語氣分別,而⌊啊⌉字和他們不在同一平面上。⌊的⌉和⌊啊⌉相連,或是⌊啊⌉變⌊呀⌉,或是合成⌊咑⌉(但通常仍分寫),例如:

要說謝我,那我可是不想的呀。(紅,二五)

⌊呢⌉和⌊啊⌉相連成⌊哪⌉,例如:

二師傅是個帶髮兒修行,好本事,渾實着的哪。(兒,七)

好哇！這才是我鄧老九的好朋友哪。(兒,二一)

⌐了⌐和⌐啊⌐相連成⌐啦⌐(咧)；如⌐了⌐作 liau 音則⌐啊⌐變⌐哇⌐。例如：

現在已經十點啦,一會兒他就要到啦。(丁西林,瞎了一隻眼)

這也叫作沒法兒了哇。(兒,四〇)

15.54　⌐啊⌐轉爲⌐喲⌐或⌐呦⌐,帶有輕鬆,不鄭重,也可說是遊戲的口吻。例如：

噯喲,姑太太,不是我喲！我沒那麼大造化喲！(兒,二七)

放心哪,不吃你喲。(兒,三四)

罷呦,誰敢戲弄你?(紅,二一)

⌐了⌐字後面加上這個變型的⌐啊⌐,成爲⌐略⌐、⌐囉⌐和⌐嘍⌐。例如：

就是這話略。(最後五分鐘)

可是我跟你不是小孩子嘍。(同)

你那兒走哇?守着錢糧過啵,你又走囉！(兒,七)

麼(末)

15.55　⌐麼⌐字的語氣和⌐啊⌐有幾分相似：假如說⌐啊⌐字含有⌐是不是?⌐的意思,⌐麼⌐字便是⌐不是嗎?⌐,⌐啊⌐字是⌐你知道不知道?⌐,⌐麼⌐字便是⌐你怎麼連這個也不知道?⌐,⌐啊⌐字有感情作用,⌐麼⌐字也有感情作用,但⌐啊⌐字的顯豁,一衝而出,⌐麼⌐字含蓄,悶在裏頭。用⌐麼⌐的句子,上下文常用反詰句,語氣最合。比較：

他要去呀,我攔他不住啊。

他要去麼,我有什麼辦法?

過年呀！當然玩兒咯。

過年麼!不玩兒?

15.56　⌐麼⌐字的例：

你們要揀遠道兒走麼。早告訴我一聲兒，多大點子事，還值得就誤到這會子?(紅，二四)

很好麼。這他們又有什麽不敢說的呢?(兒，二九)

難爲你還充行家呢，到底兒劣把頭麼!(兒，一七)

你你你簡直越弄越下等了末!(最後五分鐘)

你怎麽連我也不認得了?我就是我麼。(兒，七)

老爺這兒吩咐你話麼，怎麽不知道好好答應呢?(兒，四〇)

以上前四例含「不是嗎?」之意，後兩句明說「你怎麽不認得?」「你怎麽不知道?」尤其能襯出「麼」字的語氣。

15.57 以下的例句仍是這種語氣，但用來指點一件事情的原因或理由，——說話的人認爲很明顯的原因或理由。

我本也不配和他說話，他是主子姑娘，我是奴才丫頭麼!(紅，二二)

他自己不要麼。我們原送了來，都送回去了。(紅，四〇)

鄧九公道:「你還是拜拜不結了? 怎麽又鬧個安呢?」他道: 「老爺麼，不請安?」(兒，一五)

怎麽「也在此」呢!這就是人家的家麼。(兒，一七)

我看着只怕也是僧們同行的爺們，我見他也背着像老爺子使的那麽個彈子弓麼。(兒，一七)

姐姐不信，不耐煩，不往下聽了麼，可叫公公有什麽法兒呢?(兒，二六)

「丹里，你眞聰明。」——「五年在外國觀察的經驗末。」(最後五分鐘)

北風說:「這還用說嗎?我早知道我會贏的嚜」……太陽說: 「誒，這個人的袍子並沒脫下來嚜，那怎麽能算你贏了吶?」(北風和太陽)

15.58 「麼」字也有說成「嗎」的，如:

甚麼話呢，這是個大禮嗎。(兒，二七)

二妞向來是不動手做飯的，女學生嗎!(柳家大院)

我倒不是說拉洋車就低得,我是說人就不應當拉車;人嗎,當牲口?(同)

矣,已

15.61　文言的直陳語氣詞有⌐矣⌐、⌐也⌐、⌐焉⌐、⌐耳⌐等。我們不避重複,把前面說過的一句話再說一遍:文言和白話的語氣詞不是一一配合的。以直陳語氣詞而論,⌐矣⌐和⌐了⌐,⌐耳⌐和⌐罷了⌐比較相當。

⌐矣⌐字的主要作用也是表決定;而且和⌐了⌐字相同,可以用於既成之事,也可以用於未來之事。例如:

> 晉侯在外,十九年矣……險阻艱難,備嘗之矣;民之情僞,盡知之矣。(左,僖二八)

> 天下事大定矣,君王自爲之。(項羽)

> 事急矣,請奉命求救於孫將軍。(赤壁)

> 夜半,客曰,⌐吾去矣。⌐(鐵椎)

> 鄭不來矣。(左,隱六)

> 自今鄭國,不四五年,弗得寧矣。(左,襄八)

> 奪項王天下者必沛公也,吾屬今爲之虜矣。(項羽)

> 嗟乎,寡人得見此人,與之遊,死不恨矣。(史,韓非傳)

> 惑而不從師,其爲惑也,終不解矣。(師說)

前三例都是陳說已然之事,例四是將然之事,例五例六例七是估計的必然,例八例九是假設的必然結果。以上⌐矣⌐字用法,全與⌐了⌐字相同,這些例句翻成白話,都該用⌐了⌐字。但這並不是說所有的⌐矣⌐字都等於⌐了⌐字,正如單表動相的⌐了⌐字不等於⌐矣⌐字一樣。

15.62　和⌐矣⌐字的語氣相同的還有一個⌐已⌐字。例如:

> 雖有他樂,吾不敢請已。(左,襄二九)

> 二者形則萬物之情可得而觀已。(史,貨殖傳)

古布衣之俠，靡得而聞已。(史，游俠傳)

吳楚舉大事而不求劇孟，吾知其無能爲已。(漢，遊俠傳)

這個⌊已⌋字和⌊而已⌋的⌊已⌋不同，那個⌊已⌋字是個動詞，要和⌊而⌋合成⌊而已⌋才有一個語氣詞的效用。

也

15.63　⌊也⌋字所表是一種確認的語氣。⌊也⌋字的應用範圍極廣，最常見的是判斷句。例如：

且日視其書，乃太公兵法也。(留侯)

大人者，不失其赤子之心者也。(孟，離婁下)

人性之無分於善不善也，猶水之無分於東西也。(孟，告子上)

城郭不完，兵甲不多，非國之災也；田野不闢，貨財不聚，非國之害也。(孟，離婁上)

15.64　說明原因和目的的句子，含有明顯的判斷作用，也常常用⌊也⌋字結(這類句子可歸入判斷句式，觀其否定則加⌊非⌋字，和有時應用⌊者⌋、⌊是⌋等字可知，參閱 21.24, 21.31, 21.35)。例如：

故王之不王，不爲也，非不能也。(孟，梁惠王上)

⌊礎潤而雨⌋，徵諸濕也；⌊履霜堅冰至⌋，驗諸寒也。(理信)

遣人立六國後，自爲樹黨，爲秦益敵也。(史，張耳傳)

15.65　一正一反或一賓一主的句子，卽使不是判斷句，也常常用⌊也⌋字。例如：

人潔己以進，與其潔也，不保其往也。(論，述而)

不患人之不己知，患不知人也。(論，學而)

賢者而後樂此，不賢者雖有此，不樂也。(孟，梁惠王上)

其取蜜也，分其贏而已矣，不竭其力也。(劉基，養蜂)

執事當自追憶其故，不必僕言之也。(與阮光祿書)

吾目雖不見，而四肢百體均自若也。(盲者說)

15.66　單獨的肯定句用⌐也⌐字的，不及單獨的否定句多。例如：

伯夷隘，柳下惠不恭；隘與不恭，君子不由也。(孟，公孫丑上)

他植者，雖窺伺傚慕，莫能如也。(郭橐駝)

君子之至於斯也，吾未嘗不得見也。(論，八佾)

以上是用⌐不⌐、⌐莫⌐、⌐未⌐等字的句子(用⌐非⌐字的是判斷句，例已見前)，用⌐無⌐字的通常不加⌐也⌐字，但在問答句裏也常用⌐也⌐字。例如：

吾有知乎哉？無知也。(論，子罕)

⌐殺人以挺與刃，有以異乎？⌐曰，⌐無以異也。⌐(孟，梁惠王上)

孟嘗君曰，⌐客何好？⌐曰，⌐客無好也。⌐曰，⌐客何能？⌐曰，⌐客無能也。⌐(馮諼)

15.67　否定句用⌐也⌐字比肯定句多，也許是因為否定句一般地比肯定句的語氣強，更多確認的作用。但這不是說肯定句就不用⌐也⌐字，用⌐也⌐的例子也不少。例如：

吾師道也，夫庸知其年之先後生於吾乎？(師說)

諸兒見家人泣，則隨之泣，然猶以爲母瘵也。(先妣)

子燦又嘗見其寫市物帖子，甚工楷書也。(鐵椎)

意南中村寺徜或過之也。(記翠微山)

與人處，以手指畫，若告語者，人或解或不解也。(啞孝子)

行其庭，草樹淩亂也；入其室，器物狼藉也。(自治)

⌐也⌐字的應用範圍極廣，可是白話裏頭沒有一個語氣詞恰恰和他相當。文言用⌐也⌐的句子，翻成白話，有時用⌐啊⌐較近，如這裏例一，但⌐也⌐字不像⌐啊⌐字富於感情色彩；有時用⌐呢⌐較妥，如例二例三例四，但⌐也⌐字不帶指陳的神氣；有時也可用⌐的⌐，如否定句的例，但⌐也⌐字又不及

└的┐字沈重; 而最常見的判斷句末的└也┐字卻以不用語氣詞爲宜, 如 └孔子, 魯人也┐, 就決不可說└孔子是魯國人啊┐, 更不能說是└是魯國人 呢┐或└是魯國人的┐。

└也┐和└矣┐比較

15.71 文言裏最常用的直陳語氣詞是└也┐和└矣┐, 而這兩個字所 表的語氣大不相同: 古人說過, └也┐之與└矣┐, 相去千里(淮南子, 說林 訓)。究竟這兩個字的分別何在? 馬氏文通說: └也┐字所以助論斷之辭 氣, └矣┐字惟以助敍說之辭氣。但馬氏此說不免有語病, 因爲└鄭不來 矣┐, └其爲惑也, 終不解矣┐等句也未嘗不可說是一種論斷, 而└甚工楷 書也┐, └猶以爲母寢也┐等句又何嘗是論斷而不是敍說?

文通又說: 凡句意之爲當然者, └也┐字結之; 已然者, └矣┐字結之。 這個區別也很有意思, 但又可惜失之不廣。└矣┐字明明有表將然之事的 (馬氏說: └吾將仕矣┐者, 猶云吾之出仕於將來已可必於今日也), 而└也┐ 字也有不論事理之當然, 僅敍事態之固然者。

語氣詞的說明實非易事, 馬氏提出的區別, 很有啓發之功。現在不 妨再提出一種說法, 以供參考。無論已然或將然, 都是變化, 都是有時間 性的; 無論固然或當然, 都是無變化, 無時間性的。因此, 我們可以說: └矣┐字表變動性的事實, └也┐字表靜止性的事實。

15.72 標準的靜止性句子是判斷句, 所以這一類句子平常只用 └也┐, 不用└矣┐。可是如果含有變化的意思, 也就用└矣┐字, 如:

> 呂后眞而主矣。(留侯)
>
> 嗟呼! 此眞將軍矣。曩者霸上棘門軍若兒戲耳, 其將固可襲而虜也。(史, 絳
> 侯世家)
>
> 馬騰於槽, 人喧於室, 居然大家矣。(張誠)

假如說⌊眞而主也⌉,⌊眞將軍也⌉,⌊儼然大家也⌉,那只表示⌊本來如此⌉。現在用⌊矣⌉字,表示以前不是如此,現在才是如此：從兩人相持到定於一尊,從霸上棘門的兒戲到細柳軍營的壁壘森嚴,從以前的編戶細民到現在的人馬喧騰,都是一種變化,所以用⌊矣⌉字來表示由變而成的事實。

我們還可以比較下面這兩句：

> 既欲其生,又欲其死,是惑也。(論,顏淵)〔這是胡塗〕

> 愛其子,擇師而教之,於其身也,則恥師焉,惑矣。(師說)〔這就胡塗了〕

15.73 又如用⌊可⌉字的句子,判斷可能與否,平常是靜止性的句子,所以用⌊也⌉,如：

> 彼可取而代也。(項羽)

> 其將固可襲而虜也。(絳侯世家)

> 操軍方連船艦,首尾相接,可燒而走也。(赤壁)

這些也未嘗不可改用⌊矣⌉字(例二去⌊固⌉字,例三⌊方⌉改⌊既⌉),用以表另一種意思,即原來不可取而代,不可襲而虜,不可燒而走,而現在可取,可襲,可燒了。用⌊矣⌉字的實例：

> 梁召籍入,須臾,梁眴籍,曰,⌊可行矣⌉,於是籍遂拔劍斬守頭。(項羽)

> 父去里所,復還,曰,⌊孺子可教矣。⌉(留侯)

> 司馬夜引袁盎起,曰,⌊君可以去矣。⌉(史,袁盎傳)

我們還可以比較下列的例句：

> 天下事猶可爲也。

> 天下事無可爲矣。

> 非吾徒也,小子鳴鼓而攻之,可也。(論,先進)

> 公將鼓之,劌曰,⌊未可。⌉齊人三鼓,劌曰,⌊可矣。⌉(左,莊十)

> 每陰風細雨,從兄輒留;有光意戀戀,不得留也。(先妣)

> 辱相款八日,意良厚,然不得不絕矣。(與阮光祿書)

15.74　我們在前邊曾經說過,說明原因或目的的句子常用⌊也⌉字結。但因果關係可以用假設句式來表示,在這種句子裏通常就用⌊矣⌉不用⌊也⌉。比較:

　　夫燕之所以不犯寇被兵者,以趙之爲蔽於其南也。(燕策)

　　若趙不爲蔽於其南,則燕必犯寇被兵矣。

　　如有不嗜殺人者,則天下之民皆引領而望之矣。(孟,梁惠王上)

　　彼唯不嗜殺人,故天下之民皆引領而望之也。

這就是因爲因果句表事理之固然, 是靜性的句子; 條件句示變化之結果,是動性的句子。

15.75　前邊已有句中用⌊未⌉字下面用⌊也⌉字結的例。以下是⌊矣⌉和⌊未……也⌉上下相對的例,前四句⌊矣⌉字表示已然之事,例五第一⌊矣⌉字表估計已然,第二⌊矣⌉字表將然之事。

　　吾聞其語矣,未見其人也。(論,季氏)

　　由也升堂矣,未入於室也。(論,先進)

　　蓋有之矣,我未之見也。(論,里仁)

　　俎豆之事,則嘗聞之矣,軍旅之事,未之學也。(論,衞靈公)

　　甘茂曰:⌊韓急矣,先生病而來。⌋張翠曰:⌊韓未急也,且急矣。⌋(韓策二)

何以一用⌊矣⌉,一用⌊也⌉? 這就不能用敍述和論斷的分別來說明,因爲上句和下句在這方面並無不同, 爲什麼⌊聞其語⌉就該算是敍述,⌊未見其人⌉就該算是論斷? 尤其是第五例,似乎⌊且急矣⌉比⌊未急也⌉更近於論斷。照我們的說法,這裏所以應用不同的語氣詞,正是因爲一是動性,一是靜性。例如⌊聞其語⌉是已有之事,是一個變化,用⌊矣⌉⌊見其人⌉是未有之事,旣無此變化,卽作靜性論,用⌊也⌉。 同樣,⌊未急⌉是現在的情況,用⌊也⌉;⌊且急⌉是將有的變化,用⌊矣⌉。

　　以上引幾類⌊也⌉、⌊矣⌉對照的例,使這兩個重要語氣詞的區別格外

明顯。⌊矣⌉字的作用不難明瞭，⌊也⌉字的用法實在不容易用一句話來槪括，我們只能說：凡用⌊也⌉字的句子，決不含變化的結果之意。

焉

15.81　⌊焉⌉字的語氣和⌊呢⌉字很相似，同是指示性的，但鋪張之意較少，而微有詠嘆之情。⌊焉⌉字原來等於⌊(於)之⌉或⌊於是⌉(12.48)。(但不是音合。)有些句子裏的⌊焉⌉字該作這樣講。如：

> 制，巖邑也，虢叔死焉。(左，隱元)〔死於此〕

> 吾聞子之劍利劍也，子以示我，吾將觀焉。(公羊，宣六)〔將觀之〕

這些⌊焉⌉字原來也許並無語氣作用，但也許兼有語氣作用，因爲何以不用⌊於是⌉或⌊之⌉而用⌊焉⌉呢？ 至少⌊焉⌉字已從口語裏消失之後的人是採用後面一種看法的。因此我們感覺像下面這兩對例句：

> 使營菟裘，吾將老於是。

> 使營菟裘，吾將老焉。(左，隱十一)

> 晉國，天下莫強於是。

> 晉國，天下莫強焉。(孟，梁惠王上)

意義雖然相同，語氣頗有出入。

15.82　可是這些⌊焉⌉字還不失爲完成句意的必要成分，⌊制，巖邑也，虢叔死⌉等等是不行的。有些句子裏並無用⌊於是⌉的必要而用⌊焉⌉，雖然仍不妨作⌊於是⌉講，究竟覺得多餘。這些⌊焉⌉字就以表語氣爲重了。如：

> 有民人焉，有社稷焉。何必讀書，然後爲學？(論，先進)

這裏的⌊焉⌉字，即令仍可作⌊於是⌉講，也和⌊有美玉於斯⌉的⌊於斯⌉不同，而跟英語 there is 的 there 相近，同是不必要的。在白話裏，⌊有美玉於斯⌉是⌊這兒有塊玉⌉，⌊有民人焉⌉是⌊有百姓呢⌉。其他多少帶⌊於是⌉

意思的。例如：

> 然鄭亡，子亦有不利焉。(左，僖三十)
>
> 事之以皮幣，不得免焉；事之以犬馬，不得免焉；事之以珠玉，不得免焉。
>
> 　(孟，梁惠王下)
>
> 率妻子邑人來此絕境，不復出焉。(桃源)

15.83　再進一步，⌐焉⌐字簡直不能再作⌐於是⌐講，便成了純粹語氣詞了。如：

> 夫志至焉，氣次焉。(孟，公孫丑上)

這句用兩個⌐焉⌐字，⌐氣次焉⌐可說是⌐氣次於志⌐，但⌐至⌐字講⌐極⌐，後面如何可接⌐於是⌐呢？其餘的例：

> 君子病無能焉，不病人之不已知也。(論，憲問)
>
> 夫子言之，於我心有戚戚焉。(孟，梁惠王上)〔已有⌐於我心⌐〕
>
> 國人望君，如望慈父母焉。(左，哀十六)
>
> 莊兄弟子孫以莊故至二千石六七人焉。(史，汲鄭列傳)
>
> 自是之後，李氏名敗，而隴西之士居門下者皆用爲恥焉。(史，李將軍傳)
>
> 或師焉，或不焉，小學而大遺，吾未見其明也。(師說)
>
> 旦旦而學之，久而不怠焉。(爲學)

15.84　上面說過，⌐焉⌐字的語氣，和白話的⌐呢⌐字相近。但文言用⌐焉⌐的句子，白話不盡數可用⌐呢⌐。以上面的例句而論，⌐虢叔死在那兒的呢⌐，⌐我要看看呢⌐，⌐我要在那兒養老呢⌐，⌐鄭國亡了於你也不利呢⌐，⌐我心裏怪難受呢⌐，⌐盼你像盼老子娘呢⌐，⌐大官六七位呢⌐：這些都語氣很合。但其餘的例句翻成白話就不好用⌐呢⌐字(大多數不用語氣詞)。

同樣，白話用⌐呢⌐的句子也很多在文言裏不能用⌐焉⌐字，如⌐吃着飯呢⌐是⌐方餐⌐，⌐還虧是我呢⌐是⌐幸而我也⌐，⌐天下山水多着呢⌐是⌐天

下山水多矣⌋，又如白話裏⌊還⌋字後面接⌊呢⌋幾乎成爲定例，但文言有
⌊焉⌋，如⌊古之聖人……猶且從師而問焉⌋；有⌊也⌋，如⌊猶以爲母寢也⌋；
而多數則不用語氣詞，如⌊蔓草猶不可除⌋，⌊困獸猶鬭⌋。

　　這些例子都可證明我們前面說過的一句話：古今的語氣區分是有
出入的。

而已, 耳, 爾

15.91　文言裏和⌊罷了⌋相當的語氣詞是⌊而已⌋。⌊而已⌋之後常加
⌊矣⌋字，那就在形式上也和⌊罷了⌋很密合（罷＝已，了＝矣）。例句：

　　夫子之道，忠恕而已矣。(論，里仁)

　　古之人所以大過人者無他焉，善推其所爲而已矣。(孟，梁惠王上)

　　楚之良，在其中軍王族而已。(左，成十六)

　　聞道有先後，術業有專攻，如是而已。(師說)

　　我知種樹而已，官理非吾業也。(郭橐駝)

　　江山之外，第見風帆沙鳥，煙雲竹樹而已。(黃岡竹樓記)

15.92　⌊而已⌋音合爲⌊耳⌋。⌊耳⌋字也間或有加⌊矣⌋字的，但大多
數是單用。例如：

　　我固有之也，弗思耳矣。(孟，告子上)

　　直不百步耳，是亦走也。(孟，梁惠王上)

　　又荆州之民附操者，偪兵勢耳，非心服也。(赤壁)

　　老賊欲廢漢自立久矣，徒忌二袁、呂布、劉表、與孤耳。(同)

　　誠自塾中來，見兄嗒然，問，⌊病乎?⌋曰，⌊餓耳。⌋(張誠)

　　吾諸兒碌碌，他日繼吾志事，惟此生耳。(左公逸事)

15.93　可是有些句子，文言可以用⌊耳⌋，白話不能用⌊罷了⌋。如：

　　諸將易得耳，至如信者，國士無雙。(淮陰)

若雖長大，好帶刀劍，中情怯耳。(同)

且以季布之賢，而漢求之急如此，此不北走胡卽南走越耳。(史，季布傳)

然所謂通識，正自當隨事行藏，乃爲遠耳。(王羲之，與謝萬書)

今肅可迎操耳，如將軍不可也。(赤壁)

這些例句，翻成白話，不但不能用ㄴ罷了ㄱ，並且除例五外，可以甚至應當用ㄴ呢ㄱ字：如ㄴ你儘管帶刀弄劍，膽子小着呢ㄱ。又前邊ㄴ呢ㄱ字的例句中如ㄴ早呢ㄱ，ㄴ你九太爺小呢ㄱ，在文言也反而要用ㄴ耳ㄱ字：ㄴ早耳ㄱ，ㄴ年幼耳ㄱ。這又是古今語氣不同之一例。

15.94 ㄴ耳ㄱ字所表示的語氣，如果除去ㄴ止此ㄱ之意，就和ㄴ也ㄱ字差不多。比較下列兩例：

人之生也，未始有異也，而卒至於大異者，習爲之也；人之有習，初不知其何以異也，而遂至於日異者，志爲之也。(辨志)

豈有生之始遽不同如此哉？……習爲之耳；習之不同，志爲之耳。(同)

這兩句的基本意義並無出入，但前一例，普通論斷，所以用ㄴ也ㄱ字；後一例含ㄴ別無其他原因ㄱ之意，就用ㄴ耳ㄱ字。

15.95 ㄴ爾ㄱ字的用法大都和ㄴ耳ㄱ相似，例如：

逃矣魯侯之淑，魯侯之美也！天下宜爲君者唯魯侯爾。(公羊，莊十二)

吾軍亦有七日之糧爾；盡此不勝，將去而歸爾。(又，宣十五)

然則何爲而可？曰，縱而來歸，殺之無赦，而又縱之而又來，則可知爲恩德之致爾。(歐陽修，縱囚論)

末例的ㄴ爾ㄱ字不等於ㄴ而已ㄱ，而近於ㄴ呢ㄱ：ㄴ才可以知道是……呢ㄱ。

第十六章　傳　　疑

問　句

16.11　疑問語氣是一個總名，「疑」和「問」的範圍不完全一致。一方面，有傳疑而不發問的句子，例如「也許會下雨吧」，可以用問話的語調，也可以不用問話的語調；另一方面，也有不疑而故問的句子，例如「這還用說?」等於說「這不用說」。前者是測度，後者是反詰；測度句介乎疑信之間，反詰句有疑問之形而無疑問之實。只有詢問句是疑而且問，如「前次的信收到沒有?」我不知道你收到沒有，我問你。詢問，反詰，測度，總稱爲疑問語氣，除一部分測度句外，都取問句的形式。以下講問句，以詢問用的爲主。

16.12　問句分兩類：(1)特指問句。我們對於事情的某一部分有疑問。例如「你找誰?」我知道你找一個人，但是不知道你找的是誰；又如「你找他做甚麼?」我知道你找某人，但是不知道你找他的目的何在。這類問句不能用「然」和「否」來回答。

(2)是非問句，我們的疑點不在這件事情的哪一部分，而在這整個事情的正確性。例如「你找李先生嗎?」我不知道你是不是找李先生，我對於「你找李先生」這件事情的正確性有點疑問。這類問句可以用「然」和「否」回答。

有一類是非問句採取一種特殊形式，如「你找李先生還是找王先生?」這表示「你找李先生」和「你找王先生」這兩件事情，在我看來，二者必居其一，可是我不知道究竟哪個對哪個不對。這類問句可以稱爲抉擇是非問句，或簡單些稱爲抉擇問句(和抉擇人物的特指問句不同，參閱

11.31—3)。這類問句也不能用⌊然⌉和⌊否⌉回答。

16.13　是非問句可以單用語調來表示，但大多數應用疑問語氣詞。特指問句，除疑問語氣詞外，還要用疑問指稱詞來指示疑點所在；而且因為有了疑問指稱詞，疑問語氣詞便往往可以不用了。

疑問語氣詞有兩類：一類用在句末，白話用⌊呢⌉、⌊嗎⌉、⌊吧⌉、⌊啊⌉等，文言用⌊乎⌉、⌊歟⌉（古作⌊與⌉）、⌊諸⌉（＝之乎）、⌊耶⌉、⌊哉⌉等；一類用在句中或句首，白話有⌊可⌉、⌊難道⌉等，文言有⌊豈⌉、⌊其⌉等。

特指問

16.21　特指問句應用疑問指稱詞來指示疑點所在：或是問人和物（11.11—27），或是問情狀及原因、目的（11.41—59），或是問數量（9.21—3），方所（12.11—4），時間（13.11—2）。

文言的疑問指稱詞，如果是止詞，要位於動詞之前；如果是補詞，也要位於關係詞之前。例如：⌊吾誰欺？⌉、⌊何求不得？⌉、⌊何以⌉、⌊何為⌉、⌊何自⌉、⌊何由⌉（但⌊於何⌉）。

16.22　特指問句中，疑問語氣詞可用可不用。用語氣詞的時候，句中只用⌊可⌉（話）和⌊其⌉（文），如：

這烏里雅蘇台可是那兒呢？（兒，四〇）

把我們這個俊哥兒一個人撂在口外去，可交給誰呀？（同）

且行千里，其誰不知？（左，僖二三）

句末語氣詞白話用⌊呢⌉或⌊啊⌉，文言用⌊乎⌉、⌊歟⌉、⌊也⌉、⌊邪⌉。這些詞在前述各節講疑問指稱詞的時候已有不少的例句，現在再各舉一例如下：

那狀元夫人又是怎麼件事呢？（兒，三二）

你這樣好吃好喝，還有什麼重活叫你作呀？（兒，七）

追我者誰也?(孟,離婁下)

且夫發七國之難者誰乎?(蘇軾,鼂錯論)

丘何爲是栖栖者與?(論,憲問)

子何爲者耶?(莊,外物)

大率老老實實的問話不大用語氣詞,用語氣詞較富於疑訝的神情。前者可說是問重於疑,後者可說是疑重於問。比較下邊的例句:

⌊你找誰?⌉——⌊找你。⌉——⌊找我做什麼?⌉——⌊問你一句話。⌉

他來這兒找誰呢? 找我嗎? 找我做什麼呢? 我跟他沒來往啊。

〔那禿子〕因向前問道:⌊你是誰?⌉那女子答道:⌊是我。⌉(兒,六)

我只當是我們大師傅呢。你是誰呀?(兒,七)

是非問

16.31 是非問句在口語裏可以單用語調來表示,如:

只許和你頑,替你解悶兒?(紅,二〇)

二叔真個的還拿外人待我?(兒,二九)

你這話當真?(兒,三二)

沒人笑話你。怕笑,二哥? 好了,再見。(上任)

⌊二爺呢?⌉——⌊出去了。⌉——⌊沒坐車?⌉——⌊好幾天了,天天出去不坐車⌉。(黑白李)

古代口語裏想來也應該有這樣的句法,但文言中實例甚少。

除語調外,是非問也可以兼用句中語氣詞,例如:

叔叔如今可大安了?(紅,二六)

你們可把我這話聽明白了?(兒,三二)

躲什麼?難道你沒見過他?

夫束身自好者,豈無其人?(鄭書)

16.32　但多數是非問句在句末加疑問語氣詞來表示，白話用└嗎┐、└啊┐，文言用└乎┐、└歟┐、└也┐、└邪┐。或單用句末的語氣詞，例如：

> 你老人家當眞的就信着他去叫麽？（紅，二六）

> 大姐姐，你這說的是眞話呀？（兒，四〇）

> 你怎麽啦？病啦？

> 厩焚，子退朝，曰，└傷人乎？┐不問馬。（論，鄉黨）

> 子曰，└師也過，商也不及。┐曰，└然則師愈與？┐曰，└過猶不及。┐（論，先進）

> 歲亦無恙邪？民亦無恙邪？王亦無恙邪？（齊策，四）

或兼用句中語氣詞，例如：

> 我前日打發人送了兩瓶茶葉給姑娘，可還好麽？（紅，二五）

> 難道昨夜說的話當眞不算數了嗎？（老殘，一七）

> 其然，豈其然乎？（論，憲問）

> 一之謂甚，其可再乎？（左，僖五）

> 居馬上得之，寧可以馬上治之乎？（史，陸賈傳）

> 舜目蓋重瞳子，又聞項羽亦重瞳子，羽豈其苗裔邪？何興之暴也！（項羽）

> 井有人焉，其從之也？（論，雍也）

抉擇問

16.41　叠用兩個互相補充的是非問句，詢問對方孰是孰非，就成爲抉擇問句。白話裏這類問句可以在句末用語氣詞└呢┐或└啊┐（不用└嗎┐），也可以不用；用語氣詞，可以上下句都用，也可以單用在上句或下句。上下兩小句之間，多數用關係詞來連絡，也有不用的。例如：

> 咱們明天去呢，後天去呢？

> 你看這封信還是你寫啊，還是我寫？

> 你是眞話還是頑話兒？（紅，二三）

單你去了,還是老世伯也去了?(紅,二六)

16.42　文言裏的抉擇是非問句差不多必用語氣詞,並且多數是上下都用。但因所用語氣詞和單純是非問句所用的無分別,所以在不用關係詞連絡的句子,就只能單從意義方面判斷是不是抉擇問句了。如:

人皆謂我毀明堂。毀諸? 已乎?(孟,梁惠王下)〔諸=之乎。〕

滕,小國也,間於齊楚。事齊乎? 事楚乎?(同)

汝姊在吾懷,呱呱而泣。娘以指叩門扉曰,〔兒寒乎? 欲食乎?〕(項脊)

不知周之夢爲蝴蝶與? 蝴蝶之夢爲周與?(莊,齊物論)

不用關係詞連絡時,所用語氣詞大率上下相同。

16.43　大多數文言抉擇問句用關係詞來連絡,例如:

仲子所居之室,伯夷之所築與? 抑亦盜跖之所築與?(孟,滕文公下)

豈天之生才,不必爲人用歟? 抑用之自有時歟?(鐵椎)

豈世無其事歟? 抑有其事而記載者忽之歟?(黃宗羲,萬里尋兄記)

知不足邪? 意知而不能行邪?(莊,盜跖)

豈吾相不當侯邪? 且固命也?(史,李將軍傳)

知其巧姦而用之邪? 將以爲賢也?(漢,京房傳)

以上各例所用關係詞有〔抑〕、〔意〕、〔且〕、〔將〕等; 語氣詞有上下相同的,有上下不相同的。

反復問

16.44　這類問句把一句話從正反兩面去問,如:

你這盃酒到底還喝不喝啊?

我給他捎的東西捎到了沒有?(兒,三九)

這個人兒在那裏? 我見得着他見不着?(兒,二九)

祝贊你老壽活八十,好不好?(兒,三二)

這類問句,從形式上看,是抉擇問句。上面的例句,除第一句外都沒有用語氣詞,因爲這類問句照例不用;但如果要用,那就只能用⌊呢⌉或⌊啊⌉,不能用⌊嗎⌉。這個證明這是抉擇式,不是單純式。

但就意義而論,這類問句和單純是非問句沒有分別。我們試拿兩句例句來改換,如:

> 祝你老壽活八十可好?
>
> 我給他捎的東西可捎到了?

甚至應用⌊怎麼樣⌉的特指問也有同樣的功用(11.45),如:

> 祝你老壽活八十,怎麼樣?
>
> 我給他捎的東西怎麼樣了?

這是形式和功能的錯綜變化之一例。

16.45 文言裏的反復問句在形式上也和單純是非問句更加接近了,因爲文言裏不重複句子的一部分詞語, 只在句末加一⌊否⌉(古多作⌊不⌉)字,或⌊未⌉字,或⌊無⌉字。例如:

> 卽有水旱,其憂不細,公卿有可以防其未然救其已然者不?(漢,于定國傳)
>
> 不知楊侯去時………道邊觀者亦有歎息知其爲賢與否? 而太史氏又能張
>
> 　大其事爲傳,繼二疏蹤跡否? 不落莫否? (韓愈,送楊少尹序)〔第一句
>
> 　⌊否⌉字參閱 14.27〕
>
> 君除吏巳盡未?吾亦欲除吏。(史,魏其武安侯列傳)
>
> 君自故鄉來,應知故鄉事:來日綺窗前,寒梅著花未?(王維詩)
>
> 晚來天欲雪,能飲一杯無?(白居易詩)

⌊否⌉字後面仍可再加疑問語氣詞,如:

> 如此則動心否乎?(孟,公孫丑上)
>
> 子之持戟之士,一日而三失伍,則去之否乎?(孟,公孫丑下)

⌊未⌉等於白話的⌊沒有⌉。⌊無⌉字就是白話裏的⌊麼⌉和⌊嗎⌉的前身,這可

見用L嗎˥字的問句原是從反復問句化出來的。

呢, 嗎

16.51 L呢˥和L嗎˥是白話裏頭兩個重要的疑問語氣詞,可是這兩個字的用法大有分別:單純是非問句後頭用L嗎˥,其餘問句後頭用L呢˥。L嗎˥字爲什麼不能用在別種問句後面呢? 因爲L嗎˥字原是從L無˥字變化出來的,作用和 L否˥字相同。抉擇式問句和反復式問句都是兩歧性的,當然不能加用L否˥字。特指問句後頭,如果用L嗎˥,就把疑問點移動了。例如:

> 老沒見令兄,他上哪兒去了嗎?

> 你聽見什麼話了嗎?

這兩句話並不是不通,是改變了原來的意思了。沒有L嗎˥字,這兩句話問的是L哪兒˥和L什麼˥。加了L嗎˥字就等於問L他出門去了嗎?˥L你聽見人家議論了嗎?˥這兩個問句從特指問變成是非問, L哪兒˥和L什麼˥變成無定指稱詞了(11.65)。比較文言L何所聞?˥和L有所聞乎?˥

L呢˥字爲什麼不能用在單純是非問句之後呢? 因爲L呢˥字同時也是一個直陳語氣詞。特指問句有疑問指稱詞,表示是個問句,抉擇及反復問句的關係詞以及他們的特殊句式也有同樣的效用, 所以用L呢˥字不會生誤會。單純是非問則不然,用了 L呢˥字容易誤會是肯定句。例如L他惱了呢˥,這是肯定句,L他惱了嗎?˥才是問句。

L啊˥字可以用在任何問句之後。單純是非問句之後所以不常看見,是因爲他已經和L麼˥字合音成L嗎˥字了(15.16)。L罷˥字只用於測度句。

乎, 歟, 邪, 也, 哉

16.52 文言的句末疑問語氣詞裏面, L乎˥和 L歟˥的用法大體相

同,以表示眞性詢問爲主,雖然也可以用於別種作用的問句。⌊邪⌉字略偏於擬議測度的語氣,所以特指問句之後⌊邪⌉字較少,多數用在是非問句,尤其是抉擇式問句之後。⌊也⌉字和⌊哉⌉字跟白話的⌊呢⌉字相似,都需要和疑問指稱詞或別的疑問語氣詞合用,因爲⌊也⌉字單用可以誤會爲直陳語氣,⌊哉⌉字單用則表贊嘆。試觀下列二例:第一例的⌊也⌉字可有兩種解釋;第二例兩用⌊哉⌉字而語氣不同。

何竟日默默在此,大類女郎也?或:何竟日默默在此? 大類女郎也。(項脊)

⌊楚⌉王曰,⌊………諸侯其畏我乎?⌉對曰,⌊畏君王哉!是四國者,專足畏也,又加以楚;敢不畏君王哉?⌉(左,昭十二)

但是和別的疑問詞合用之後,⌊也⌉字多表眞性詢問,而⌊哉⌉字多表反詰,這又是這兩個字大不相同的地方。

可,豈等

16.53　句末的疑問語氣詞是主要的疑問語氣詞。句中(有時在句首)的疑問語氣詞,白話最常用的是⌊可⌉和⌊難道⌉。⌊可⌉字可以用在大多數疑問句式,並且或詢問,或反詰,不偏向哪一方面。⌊難道⌉只能用在單純是非問句;用⌊難道⌉開頭的問句常常用⌊不成⌉來結束,顯然是反詰的口氣,很難得用於普通的詢問。此外,⌊又⌉、⌊也⌉、⌊還⌉等限制詞也常用在問句裏,有幫同表達語氣的作用。

文言的句中疑問語氣詞沒有一個表單純的詢問語氣。⌊豈⌉字最習見,和⌊庸⌉、⌊詎⌉、⌊寧⌉等相同,以反詰爲主;⌊其⌉字則偏於測度。除⌊其⌉字外都只用於是非問句。

間接問句

16.61　問句有時不是獨立的句,只是裝在直說句的裏面,作爲企

句的一部分（大率是止詞）。這個我們稱爲間接問句。比如說,「你找誰呀?」是個問句。而

> 我問他找誰,他理也不理,一直就進來了。

這就是個間接問句。間接問句可以是複述性的,如上面的例句。可以是稱代性的(說話時疑點已解決,此處的疑問指稱詞已近於虛指指稱詞),如:

> 及至定神看去,方才看出那是雲那是山來。(老殘,十二)
>
> 他把姓名住址,以及什麼時候在哪兒認識的,全都源源本本說了出來。
>
> 主人軒眉攘臂,矜其牛之能,曰,「彼之角如何來,我之角如何往; 彼如何攻,我如何踏瑕。」(鬬牛)

也可以表示「存疑」,如:

> 他又不說找誰,我們也摸不着他是做什麼來的。
>
> 連我也不知道他是哪兒弄來的。

又可以表示「撇開」,如:

> 你別管我哪兒聽來的,你只說有這回事沒有?
>
> 我是怎麼個人兒,你也深知。(兒,三二)

16.62　以上用特指問做例。抉擇是非問也可用作間接問句,但事實上不多見。普通是非問用作間接問句時,必須改作反復式。例如:

> 這個消息是眞是假,現在也無從探問。
>
> 我也不知道是不是眞有這回事,只是大家都這麼說,不由你不信。
>
> 一見了我,她就盤問我,問我有沒有老太太,有沒有小孩子,有沒有兄弟姊妹,直等我明明白白地告訴了她我是沒有結過婚,她才滿了意。(壓迫)

16.63　有些問句,用「你說」、「不知」等開頭,如:

> 你說誰不好? 我替你打他。(紅,二〇)
>
> 你到林姑娘那裏看他做什麼呢?(紅,三四)

大娘說有話說，不知是什麼話？（紅，二四）

這些句子，按形式說，是命令句或直陳句包含問句，可是就他們的作用而論，仍然是詢問性質。一般的間接問句不能加疑問語氣詞，但這類句子可以照常加用。我們不妨仍然把他們算做直接問句，把 ⌊你說⌉、⌊不知⌉等算做⌊發問詞⌉。

反　詰

16.71　反詰和詢問是作用的不同，在句子的基本形式上並無分別，以前講各類問句時所舉的例句裏很有些不是眞正的詢問而是反詰。反詰實在是一種否定的方式：反詰句裏沒有否定詞，這句話的用意就在否定；反詰句裏有否定詞，這句話的用意就在肯定。特指問和是非問都可以用作反詰句，而以是非問的作用爲最明顯。

以下是用是非問句反詰而意在否定的例。句中常用⌊難道⌉；我們也可以說，用⌊難道⌉的句子多半是反詰。例如：

難道你守着這件東西哭會子就好了不成？（紅，二〇）〔哭也無用〕

姐姐坐不得車，難道我又坐得車嗎？（兒，四〇）

我知道麼？問你自己就明白了。（紅，二一）

設或辦得不妥當．那一面兒的話還用我說嗎？你們自然想得出來。（兒，三三）

要爲這些事生氣，這屋裏一刻還住得了？（紅，二〇）

也有造了人家的脚倒合人家批禮的？（兒，三八）〔萬無此理〕

文言裏用⌊豈⌉、⌊寧⌉、⌊庸⌉、⌊詎⌉等字的也大多是反詰，而且反詰句很少不用這些字的．更要緊的：句末語氣詞用⌊哉⌉字的大率都是反詰。例如：

況操自送死，而可迎之邪？（赤壁）

民欲與之偕亡, 雖有臺池鳥獸, 豈能獨樂哉?(孟,梁惠王上)

王侯將相, 寧有種乎?(史,陳涉世家)〔將相本無種〕

勝以直聞。不告汝, 庸爲直乎?(左,哀十六)〔不得爲直〕

庸詎知吾所謂知之非不知邪? 庸詎知吾所謂不知之非知邪?(莊,齊物論)
〔未可知也〕

沛公不先破關中, 公巨能入乎?(漢,高帝紀)〔公不得入也〕

16.72 反詰句中原有否定詞, 意在肯定。例如:

瞧這妹妹! 你難道不知道我坐不得車嗎?(兒,四〇)〔你明明知道〕

多大點子事……早說不早完了?(紅,二四)〔早說早完了〕

你瞧瞧, 人物兒配不上? 門第兒配不上? 根基兒家私兒配不上? 那一點兒
玷辱你?(紅,二五)〔憑哪樣都配得上〕

你九太爺今年小呢, 才八十八呀。你叫我壽活八十, 那不是活回來了嗎?
(兒,三二)

你說, 這可不是叫人沒法兒的事嗎?(兒,四〇)

等明年正月裏的煙火燈燭那個大宗兒下來再派你, 不好?(紅,二四)

世間的人說話要都照這個說法兒, 對面兒那個聽話的聽着, 心裏有個不受
用的嗎?(兒,四〇)〔沒有不受用的＝一定受用〕

文言的例:

學而時習之, 不亦悅乎?有朋自遠方來, 不亦樂乎?(論,學而)

而世俗恆謂今人不逮古人, 不亦誣天下人哉?(杜環)

盛衰之理, 雖曰天命, 豈非人事哉?(五代史,伶官傳序)

[月明星稀, 烏鵲南飛], 此非曹孟德之詩乎?(赤壁賦)

夫束身自好者, 豈無其人?(鄭書)

16.73 特指問句也可以用於反詰, 也是句中有否定詞則表肯定,
無否定詞則表否定。例如:

誰又參禪?不過是一時的頑兒話罷了。(紅,二二)〔我沒參禪〕

說句良心話,誰還能比他呢?(紅,二六)〔無人能比他〕

只有你是我的親人了,我不找你找誰?(姑姑)〔自然找你〕

誰無父母?(詩,小雅)〔人人皆有父母〕

是可忍也,孰不可忍也?(論,八佾)〔無不可忍矣〕

說的好說不好聽的,大家什麼意思呢?(紅,二〇)〔沒意思〕

什麼事我不知道!(紅,三七)〔我全知道〕

內省不疚,夫何憂何懼?(論,顏淵)〔無憂無懼〕

何求而不得?何爲而不成?(魏策,三)〔求無不得,爲無不成〕

何可廢也?(孟,梁惠王上)〔不可廢也〕

中心藏之,何日忘之?(詩,小雅)〔無日忘之〕

君子於役,如之何勿思?(詩,王風)〔不能不想他〕

憑他怎麼經過見過,怎麼敢比老太太呢?(紅,四〇)〔決不敢比〕

你們怎麼怪得我糊塗了呢?(兒,三五)〔怪不得〕

〔然則這事情是眞的?〕——〔怎的不眞?眞而又眞。〕(兒,三二)

16.74　用〔誰〕、〔什麼〕、〔怎麼〕等等造成的特指問句,可以作反詰用,可是這些指稱詞本身的意義並無多大改變。用〔哪兒〕造成的問句,卻往往跟方所觀念渺不相關,變成一個專作反詰用的詞。我們很可以把這個〔哪兒〕分開,作爲一個邏輯性的疑問指稱詞。例如:

那原是個好的。我們那裏比得上他?(紅,三九)

那裏哄的過他?他總是認得出來呢。(紅,三二)

你我那有那麼大工夫等着去合他慪氣去?(兒,三一)

他們哪兒會不知道?只是瞞住你一個罷了。

文言裏的〔安〕、〔焉〕、〔惡〕等字也有方所性和邏輯性兩種作用,以下是後者的例:

吾亦欲東耳,安能鬱鬱久居此乎?(淮陰)

且子安得與魏成子比乎?魏成子食祿千鍾,什九在外, 什一在內……子惡
得與魏成子比乎?(史,魏世家)〔「安」、「惡」互見。〕

非通幽明之變,惡能識乎性命哉?(史,外戚世家)

莫之察也,取蜜而已。又焉得不涼涼也哉?(劉基,養蜂)

且齊楚之事又焉足道哉?(史,司馬相如傳)

齊楚之事又烏足道哉?(漢,司馬相如傳)

在以上兩節中,我們可以注意一點:「怎麼」、「那裏」、「安」、「焉」、「惡」
「烏」等疑問詞多和「能」、「得」等字合用。因此,倘若「得」、「能」等字後面
有否定詞,因反詰而變成肯定時,句意同時由可能變必要: 如上面例句
中「哪兒會不知道」等於「不會不知道」,卽「一定知道」;同樣,「焉得不涼
涼」,等於「不得不涼涼」,卽「宜其涼涼」(參閱 14.62)。

16.75　抉擇式和反復式是非問句,因爲都是兩歧的形式,反詰的
語氣不顯,但事實上也可以不是眞性的詢問,說話的人在兩方面還是有
所可否。白話裏,抉擇式問句多半肯定後句,例如:

也不知是眞丟,也不知是給了人鑲什麼戴去了呢。(紅,二一)

是獨姐姐你沒看見呢?還是你也看見了不信呢?(兒,二六)

我倒不解他們是幹功名來了,是頑兒來了!(兒,三四)

好!我們爺兒們今兒也不知是逛廟來了,也不知是揀字紙來了!(兒,三八)

反復式問句多半肯定正面。例如:

我笑如來佛比人還忙:又要度化衆生, 又要保佑人家病痛都叫他速好,又
要管人家的婚姻,叫他成就——你說可忙不忙? 可好笑不好笑?(紅,二五)

仗着寶玉疼他們,衆人就都捧着他們,你說可氣不可氣?(紅,二六)

你說怪不怪? 把跨骨裁靑了巴掌大的一大片,他還胎氣竟會任怎麼個兒沒
怎麼個兒。(兒,三九)

抉擇式問句還有上下皆非, 意別有在的, 如:

> 這早晚找出這霉爛的二十兩銀子來做東……這個殼酒的, 殼戲的呢? (紅, 二二)〔一項都不殼〕

> 是獨你管這項地裏有低窪地喲? 是別人管的地裏沒種棉花喲? 還是今年的雨水大, 單在你管的那幾塊地裏大呢? (兒, 三六)〔三者都不可能〕

16.76 文言裏, 反復式問句很少用作反詰的。抉擇式問句有時意在肯定後句, 有時又在前句。肯定後句的例:

> 子以爲有王者作, 將比今之諸侯而誅之乎? 其敎之不改而後誅之乎? (孟, 萬章下)

> 足下欲助秦攻諸侯乎? 且欲率諸侯破秦也? (史, 酈生傳)

> 今欲使臣勝之邪? 將安之也? (漢, 龔遂傳)

肯定前句的例:

> 子絕長者乎? 長者絕子乎? (孟, 公孫丑上)

> 吾不識孝子之爲親度者, 亦欲人愛利其親與? 意欲人之惡賊其親與? (墨, 兼愛)

> 人生受命於天乎? 將受命於戶邪? (史, 孟嘗君傳)

> 秦之攻趙也, 倦而歸乎? 亡其力尚能進, 愛王而不攻乎? (趙策)

> 寧誅草茅以力耕乎? 將遊大人以成名乎? 寧正言不諱以危身乎? 將從俗富貴以偷生乎? (楚辭, 卜居)

但沒有兩者皆非的例。有是有的, 都是自爲問答, 上句的作用等於條件小句, 不能算是反詰(參閱 22.61)。

問句的應用

16.81 問句的基本用途當然是詢問, 就是要求對方破除疑點, 但是往往同時兼有副作用, 甚至喧賓奪主, 全然沒有詢問的意味。最簡單

的判別法就是看這句話要不要回答。如果不要回答（或是問者自答，或
是無可回答），那就表示這個問句的作用不在詢問。

　　詢問性和非詢問性的問句，往往在形式上無從辨別，例如⌊爲學⌉裏
面的兩個和尙。

　　　貧者語於富者曰，⌊吾欲之南海，何如？⌉富者曰，⌊子何恃而往？⌉曰，⌊吾一
　　　瓶一鉢足矣。⌉富者曰，⌊吾數年來欲買舟而下，猶未能也。子何恃而往？⌉

這裏面⌊子何恃而往？⌉說了兩次。第一次是詢問（雖然帶三分不信），用
白話說是⌊你打算怎麼個去法？⌉第二句還是這幾個字，但是語氣大不相
同。怎麼個去法是已經知道了──⌊一瓶一鉢⌉，仍然說⌊子何恃而往？⌉
只是表示不信，輕視，譏諷而已。

　　16.82　一個形式常常應用到非詢問方面的結果，就會有新的形式
起來作純正詢問之用；而後來這個新的形式又往往走上老路。例如文
言裏詢問處所原來多用⌊焉⌉、⌊安⌉等字，但是這些字用於反詰語氣時甚
多，就有⌊何處⌉的形式代之而興。再拿⌊嗎⌉字來說。文言的⌊乎⌉、⌊歟⌉等
字本是詢問和非詢問都用的，過後有⌊不（否）⌉字和⌊無⌉字，都算是純正
的詢問語氣詞；⌊無⌉字變成⌊麼⌉字，在早期白話裏還是用於純詢問爲
主，可是在現代口話裏又有非詢問化的傾向。例如：

　　你看得懂嗎？

　　有這件事情嗎？

用兩種語調來說，就可以有詢問或反詰兩種意義。表示單純詢問，只有
用反復問法，這是最沒有副作用的。上列兩句如作：

　　你看得懂看不懂？

　　有這件事情沒有？

那就是很老實的詢問句了。

　　16.83　問句除詢問以外最重要的用途是反詰，表否定或肯定，前

面已經舉了很多例句。此外又用於假設，勸令，勸止，以及種種帶感情成分的語氣（見下章）。這裏略說幾種不屬於這些的用法。

自問自答。——這是引起對方注意的一種修辭方法。這種用法以特指問句爲多。11.25 節乚元年者何?乛就是這個作用。公羊傳和穀梁傳裏最多這種例子。現在再舉幾個例：

我當是誰? 原來是他。(紅,二〇)

請問煙袋鍋兒怎麼叫作乚猴兒頭乛呢? 列公……請敎一個煙袋鍋兒有多大力量,照這等墩來墩去,有個不把腦袋墩得偭僂回來成了猴兒頭模樣兒的嗎?(兒,三七)

人生什麼事最苦呢?貧嗎?不是。失意嗎?不是。老嗎?死嗎? 都不是。(最苦與最樂)

蓋鍾子期死,伯牙終身不復鼓琴。何則? 士爲知己死,女爲悅己容。(報任少卿書)

16.84　其事甚明。——語氣近於乚反詰乛,但是乚詰乛而不乚反乛;這種用法限於特指問句。例如：

何況今日之下妹妹是誰我是誰呢?(兒,二九)

放心,這樁事滿交給愚兄咧! 世界上要朋友是作甚麼的?(兒,四〇)

安老爺笑道:乚親家,你這一句話就不知道京城吃飯之難了;京裏仗的是南糧。乛張老道:乚仗南糧! 我只問你:你上回帶我逛的那稻田塲,那麼一大片,人家怎麼種的?乛(兒,三三)

還有幾天呢?也該收拾起來了。

舜何人也?予何人也?有爲者亦若是。(孟,滕文公上)

汝言漢人死盡,今是何等人也?(後漢,南匈奴傳)

16.85　提醒。——例如：

我的姐姐,你老人家是怎麼了?前天合我說甚麼來着?(兒,三〇)

咱們這西山裏不是有座寶珠洞嗎？那廟裏當家的不空和尚，他手裏卻有幾兩銀子。(兒，三)〔反詰句，但作用在於提醒〕

始吾與公言何如？今見小辱而欲死一吏乎？(史，張耳陳餘列傳)

主人不憶道士言乎？(郭老僕)

16.86 驚訝，醒悟，敷衍。例如：

嘔，你？我當是老二復活了呢。(黑白李)

你來了嗎？好極了。我正要找你呢。

明湖春吃的？那一定很不錯了。

沒到別處玩玩去，博士？(犧牲)

16.87 復問。——等於說⌊你問我……嗎？⌉在這種用法，特指問句和反復問句後面也可以跟⌊嗎⌉字了，因爲⌊你問我？……⌉當然是一個是非問句。例如：

這些話什麼意思嗎？我也摸不透。

幾點鐘嗎？七點零五分。

他加入不加入嗎？問他本人去。

你問的是談花臉兒啊？在那角上堆草的那間屋子隔壁便是。(兒，三九)

測 度

16.91 測度和擬議的語氣，表示將信將疑，可算是介乎直陳和詢問兩者之間。白話裏表示這種語氣的語氣詞是⌊罷⌉(吧)，句中又往往有表測度的詞語如⌊大概⌉、⌊別是⌉、⌊只怕⌉之類。例如：

有什麼事罷？

你明天可以看完了罷？

頭不疼罷？

你大概沒什麼推辭罷？(兒，九)

　　別是胎氣罷?(兒,三九)

　　莫不是景陽岡打虎的武都頭?(水滸,二七)

　　你想想,這事莫非欠些公道?(兒,三二)

以上的例句,要對方回答,所以也可以算是問句。但是這種問句和普通問句不同,不是純然的不知而問,而是已有一種估計,一種測度,只要對方加以證實,所預期的答語是⌊是⌋。我們只要比較:

　　有什麼事嗎?〔有事無事?〕

　　有什麼事罷?〔看你的樣子,不像來說閒話。〕

就知道這兩種語氣不同。這兩個問句還可以先後叠用,如:

　　〔甲〕有什麼事嗎?〔乙不作聲,甲再問〕有什麼事罷?說出來咱們商量商量。

　　16.92　但測度的語氣也可以無須對方回答,只是表示說話的人無十分把握。我們試看下面的例句,雖有一問一答之分,可都是測度的語氣,所以都用⌊罷⌋字;

　　〔客人〕我們走了有半個多鐘頭。從飯館到家,總有五里多路吧?〔主人〕〔心不在焉的〕總有吧。(北京的空氣)

第一個⌊罷⌋字較高較長,第二個⌊罷⌋字較低較短。其他的例子:

　　別是想起什麼來生了氣,叫他出去教訓一場罷。(紅,三二)

　　不要是那事兒說合了蓋兒了,老頭子顧不得這個了罷。(兒,六)

　　你這話大概也夠着萬言書了罷,可還有什麼說的?(兒,二六)

　　那瘦子道,⌊先別講那個,我師傅這是怎麼了?⌋女子道,⌊你師傅大概算死了罷。⌋(兒,六)〔不是不確實知道,是故意裝傻〕

　　約摸五點多鐘吧,王五跑進來,跑得連褲子都濕了。(黑白李)

　　他不會不知道罷,老張昨天在這裏,他兩個好的很呢。

　　也許有句話罷,我也記不清了。

　　然而我之所謂嚷嚷或者也就是他之所謂寂寞罷。(鴨的喜劇)

16.93 很顯然，測度語氣和或然的語意有密切關係，但是這兩者並不是二而一的。我們上面說過，測度語氣的句子裏常用 ⌈大概⌉、⌈別是⌉等詞語，這些應該分開來說。⌈別是⌉、⌈不要是⌉、⌈莫非⌉等是一類，這是測度語氣所特有的，用了這些詞，不用⌈罷⌉字仍不失為測度語氣。⌈大概⌉、⌈約摸⌉、⌈只怕⌉等是一類，表或然之意，但不是有了這些詞語就一定是測度語氣。反之，表示必然的⌈該⌉、⌈不會不⌉、⌈不能不⌉等詞語也不一定限於確認的語氣，一樣可以接⌈罷⌉字。我們試比較：

他大概會來罷？	他不會不來罷？
他大概會來罷。	他不會不來罷。
他大概會來。	他不會不來。
他大概會來的。	他不會不來的。

就可以知道或然性跟測度語氣，必然性和確認語氣，其間並無絕對平行的關係。

16.94 ⌈別是⌉、⌈莫非⌉等測度之詞的共同特色是都含有否定成分。文言裏也有同類的測度詞，如⌈得無⌉、⌈無乃⌉、⌈將無⌉等。此外又常用⌈其⌉、⌈殆⌉二字，意思類如白話的⌈只怕⌉。文言沒有特殊的語氣詞，大多數仍用⌈乎⌉字。例如：

君人者將禍是務去，而速之，無乃不可乎？（左，隱三）

子有軍事，獸人無乃不給於鮮？（左，宣十二）

曰：⌈日食飲得無衰乎？⌉曰：⌈恃粥耳。⌉趙策，四）

太保居在正始中，不在能言之流，及與之言，理中清遠。將無以德掩其言？
（世說，德行）

後之覽者，亦將有感於斯文？（蘭亭集序）

泰山其頹乎？梁木其壞乎？哲人其萎乎？（檀弓）

齊師夜遁。師曠告晉侯曰，⌈烏鳥之聲樂，齊師其遁。⌉邢伯告中行伯曰，⌈有

　　　班馬之聲，齊師其遁。」叔向告晉侯曰，「城上有烏，齊師其遁。」(左，襄一
　　八)

　　　越十年生聚而十年教訓，二十年之外，吳其爲沼乎?(左，哀元)

　　　勝好勇而陰求死士，殆有私乎?(又，伍子胥傳)

　　　光祿方爲諸君訴，願更以道之君之友陳君定生，吳君次尾，庶稍漸乎?(與
　　　阮光祿書)

　　　昔者辭以病，今日弔，或者不可乎?(孟，公孫丑下)

以上各例，少數不用語氣詞，多數用「乎」，以下是用「歟」、「耶」、「夫」的
例：

　　　子房得力士，椎秦皇帝博浪沙中；大鐵椎其人歟?(鐵椎)

　　　殆所謂奇節瑰行，得天獨厚者歟?

　　　今民生長於齊不盜，入楚則盜。得無楚之水土使民善盜邪?(晏子春秋，內
　　　雜下)

　　　得無嘗得蔣濟爲治中耶?(魏志，溫恢傳)

　　　先生所處之境，其有與余同者耶?(侍膳圖)

　　　王曰：「天敗楚也夫。余不可以待。」乃宵遁。(左、成十六)

　　　汝聞人籟而未聞天籟，汝聞地籟而未聞天籟夫。(莊，齊物論)

測度之辭，固然也有與情感無涉者，然亦往往爲可悲或可喜之事，因之
多伴以憂懼或希冀之情，兼帶感嘆的語氣。這種兼帶感嘆的測度句文言
較多於白話，尤以用「夫」字時爲甚。

第十七章　行動　感情

祈　使

17.11　我們平常說話，多數是爲表達事實，可是也時常以支配我們的行爲爲目的，這就是祈使之類的語氣。被支配的以聽話人的行爲爲主，但也有包括言者本人在內的時候。這一類語氣總稱爲祈使，但就反面說則是禁止；又其中頗有剛柔緩急之異，因而可有命令，請求，敦促，勸說等分別。這種種差別和語調有絕大關係，但白話也藉助於不同的語氣詞；文言則用語氣詞的時候比較少。

17.12　不用語氣詞的祈使句，語氣比較直率，語調比較急促，就是普通所謂命令。例如：

鳳姐忽然想起一件事來，便向窗外叫，[蓉兒、回來！](紅，六)

他那話祇得兩個字，說，[站住！](兒，十一)

楊大個兒，你一個人說！嚇，聽大個兒說！(上任)

誰許你們嘻皮笑臉的！你們趁早給我走！(冬兒)

居，吾語汝！(論，陽貨)

齊宣王見顏斶，曰：[斶前！]斶亦曰：[王前！](齊策，四)

從上面例句裏可以看出，漢語的命令句可以不說出主語，但也可以說[你]怎麼樣，如例三(第一句)，例四，例六。

17.13　強調的命令多重疊着說。例如：

快跑，快跑，他們追來了。

你來，你來，我告訴你一句話。

一卒獨不肯前，伸頸謂其伍曰：[殺我！殺我！](戴名世，藎網巾先生傳)

罷，啊，呢

17.14　白話的祈使語氣詞，常用的有⌊罷⌉、⌊啊⌉兩個，間或又有用⌊呢⌉的。用⌊罷⌉字常帶勸請的語氣，也有比較直率，近於命令的；有時又含准許之意。例如：

> 你安分些罷！何苦討人厭。（紅，二五）
>
> 下雨了，快避雨去罷。（紅，三五）
>
> 姑娘吃藥去罷，開水又冷了。（同）
>
> 道兒上走得很妥當，你放心罷。（兒，二二）
>
> 這裏不要你，你去罷。（兒，二九）
>
> 姐姐聽着罷，我還有話呢。（兒，三二）
>
> 別說什麼，二哥，收下吧。（上任）
>
> 你乏了，睡罷，我也要養一會兒神呢。（分）

17.15　⌊啊⌉字比⌊罷⌉字響亮，勸說的意味較少，敦促的語氣較重；我們還可以說，含有⌊可以⌉的意思多用⌊罷⌉，含有⌊應該⌉的意思多用⌊啊⌉。試觀這一句，⌊啊⌉和⌊罷⌉的語氣顯然不同：

> 往下說呀，王五！都說了罷，反正我還能拉老婆舌頭，把你擱裏？（黑白李）

以下⌊啊⌉字的例：

> 來個人兒啊！
>
> 你告訴當家的一聲，出來招呼客呀！（兒，五）
>
> ⌊不聽了。⌉——⌊不聽？不聽，給錢哪！⌉（兒，四）
>
> 說，⌊請啊！⌉自己便先飲了一口。（兒，三〇）
>
> 點點頭不像自己朋友，不像；有話，說呀！（上任）
>
> 穿起衣裳來——快點兒啊！（最後五分鐘）

17.16　用⌊呢⌉字是諷諭的口氣，好像是說⌊你……好不好⌉或⌊你

能不能……呢?」也許就是從後者變化出來的。例如:

好妹妹,替我梳梳呢(紅,二一)

寶姐姐,我瞧瞧你的那香串子呢。(紅,二八)

老都,喂!你把我那本兒完給我找出來呢。(兒,三四)

你給想三個字呢。(兒,三二)

其,惟,矣,哉

17.17 文言裏祈使句末多數不同語氣詞,有時用「矣」、「哉」、「乎哉」,則敦促勸勉之意甚重,相當於白話裏拉長了說的「罷」和「啊」。例如:

往矣!吾將曳尾於塗中。(莊,秋水)

乃速行矣,無及於難。(左,宣四)

先生且休矣,吾將念之。(淮陰)

吾知其必有合也。董生勉乎哉!(送董邵南序)

17.18 但文言裏有一個常用的祈使語氣詞,「其」,不用在句末,用在句中。例如:

昭王之不復,君其問諸水濱。(左,僖四)

子其勉之,吾不復見子矣。(左,成十六)

且吾農民甚苦,而吏莫之省,將何以勸焉? 其賜農民今年租稅之半。(漢文帝勸農詔)

與爾三矢,爾其無忘乃父之志。(五代史,伶官傳序)

17.19 句首用「唯」字,也有這種作用。如:

寡君將率諸侯以見於城下,唯君圖之。(左,襄八)

陛下未有繼嗣,子無貴賤,唯留意。(漢,外戚趙后傳)

又,句中有「幸」字也可以幫助表示敦請之意。如:

大雅君子,幸垂覽焉。

他日來,幸勿阻我也。(宗臣,報劉一丈書)

請,願,要

17.21 比較客氣的祈使句常加用⌊請⌉、⌊願⌋等字。白話的⌊請⌋字,意思是⌊我請你⌋,⌊我⌋字和⌊你⌋字都可說可不說。(⌊你⌋包括稱謂。)有時用⌊求⌋字,須說⌊你⌋,用⌊勸⌋字則必說⌊我勸你⌋。例如:

　　請進屋裏坐下談罷。(兒,二四)

　　要是這樣,我請你不要生氣。(一隻馬蜂)

　　只求嬤娘開恩罷。(紅,六)

　　我勸你少喝兩盃罷,醉了又是一場哭。

17.22 文言裏和白話的⌊請⌋相當的是⌊願⌋字,起詞不說的時候爲多,止詞通常要說出來。此外書簡中常用⌊乞⌋、⌊求⌋、⌊祈⌋等字,又用⌊懇⌋字,乃⌊懇求⌋之省,本是⌊誠懇⌋之意,不是動詞;用這些字的時候,起詞止詞都以不說爲常例。如:

　　抑臣願君安其樂而思其終也。(左,襄十一)

　　瑜得精兵五萬,自足制之,願將軍勿慮。(赤壁)

　　陶集倘已用過,懇卽賜還。

　　成行有日,敬乞示知。

　　諸祈珍衞,不盡觀縷。

17.23 文言的⌊請⌋字用法和白話不同些。作⌊我請你⌋講的時候,第二身的稱謂詞常放在⌊請⌋字之前,如:

　　王請無好小勇…王請大之。(孟,梁惠王下)

　　君請擇於斯二者。(同)

要是⌊請⌋字上面是第一身稱代詞,或無稱代詞,則作⌊請你讓我⌋講。如:

　　王好戰,請以戰喻。(孟,梁惠王上)

事急矣,請奉命求救於孫將軍。(赤壁)

然則君請當其君,臣請當其臣。(公羊,莊十三)

[請]字的性質,彷彿是個插話,放在起詞和動詞之間,不像白話裏頭是個普通的外動詞。因此末例的上下兩小句句式完全相同,雖然換成白話說,有[我請你]和[請你讓我]之別。

　　17.24　我們又常常借用表[必要]的詞語來表達命令(參閱14.52)。從表面上看,不直接叫對方如何如何,只說如何如何是必要的,這比直接發號施令要客氣些;事實上,語氣並不輕和多少。例如:

　　要禮貌他,要憐憫他;有所借貸,要周全他;不能償還,要寬讓他。(鄭書)

　　你兩個可比別人更得多加一番小心。(兒,三三)

　　詞賦從今須少作,留取心魂相守。(顧貞觀詞)

[必]字本是一個限制詞,用在命令句裏,只是把語氣加重些。如:

　　王即不聽用鞅,必殺之,無令出境。(史,商君傳)

　　必樹吾墓上以梓,令可以為器。(又,伍子胥傳)

禁　止

　　17.31　否定性的命令為禁止,語氣柔和的也可以稱為勸止。這類句子裏必然要有否定詞,即禁止詞。文言用[毋]和[勿],通俗文言中只用[勿],已見14.25節。再各舉一例:

　　臨財毋苟得,臨難毋苟免。(禮記,曲禮)

　　與人相處之道,第一要謙下誠實。同幹事則勿避勞苦,同飲食則勿貪甘美,
　　同行走則勿擇好路,同睡覺則勿占床席。寧讓人,勿使人讓我;寧容人,
　　勿使人容我。(楊繼盛,家書)

　　17.32　秦漢以後又常用[莫]字。早期白話(乃至現代有些方言)裏還用。例如:

卿莫作強口馬，我當穿卿鼻。(世說，文學)

勸君莫惜金縷衣，勸君惜取少年時。(唐人詩)

⌊莫⌉字之後又有⌊休⌉字。例如：

等是有家歸未得，杜鵑休向耳邊啼。(唐人詩)

明月樓高休獨倚，酒入愁腸，化作相思淚。(范仲淹詞)

保留在現代口語裏的恐怕只有⌊休想⌉一語。

17.33　正如借用表示⌊必要⌉的詞語傳達命令一樣，我們對於某一事否定他的⌊可能⌉(允許性的)，即以此爲禁止之詞。例如：

一路上早起晚行，住歇都要聽他言語，不可和他聲拗。(水滸，十六)

自今以後，不得私相買賣。

不准胡鬧。

再不許謗僧毀道的了。(紅，一九)

⌊無此可能⌉，語氣自然急切；⌊無此必要⌉，就緩和多了。所以近代的通例是在表示⌊必要⌉的詞語上加⌊不⌉字，這當然比直接禁止要委婉些，例如：

親家，你只可嚇他一嚇，卻不要把他打傷了。(儒，三)

你可不要轉文兒，那字兒要深了：怕他不懂。(兒，三)

你如今不必害怕着忙，聽我告訴你。(兒，十二)

你兩個的事，什麼也不用來攪我。(兒，三三)

你不用跑，我不打你。

在早期白話裏，⌊要⌉、⌊得⌉等字又可以加在⌊休⌉⌊莫⌉之後，如：

你兩個去不妨。第一莫得吃酒，第二同去同回。(志誠張主管)

村落中無甚相待，休得見怪。(水滸，二)

客人休要煩惱，教你老母且在老夫莊上住幾日。(同)

17.34　可是⌊不要⌉一詞用久了已經失去原義，乾脆成了一個禁止詞。到了⌊不要⌉二字合音成⌊別⌉(北京)的時期，那就和⌊休⌉、⌊莫⌉等單

詞沒有什麼兩樣了。例如：

> 你說罷，別累贅。（兒，七）
>
> 你可別抱怨我，我可是沒法兒。（兒，三六）
>
> 大舅你別怕……他們吃不了我，我還要吃他們呢。（冬兒）

⌐不用⌐在口語裏也已經合成 berng，但⌐甭⌐這個字還沒有很通行。

17.35 禁止句裏面所用語氣詞也和肯定性的祈使句不盡相同。以白話而論，禁止句不用⌐呢⌐，也不同⌐罷⌐，和⌐罷⌐相對的是⌐了⌐，觀下列後三例可知：

> 你別去了，反正我要去的。
>
> 姑娘別罵了，是我拔的，也是鬧着玩。（冬兒）
>
> 倘是偸來的，你可就別想活了。（紅，七四）
>
> 吃罷，吃罷，你不用和我甜嘴蜜舌的了。（紅，三五）
>
> 別請安了，作揖罷。（兒，八）
>
> 別就擱了，就隨着進去罷。（兒，三四）

禁止句也用⌐啊⌐，如：

> 來了，你老人家別忙啊！（兒，七）
>
> 你別仗着你們家的人多呀！（兒，三三）
>
> 你們娘兒三個且別儘着哭哇！到底問問那個小子，怎麼就會出了這麼個岔兒？（兒，四〇）

用⌐了⌐字是和⌐罷⌐字相當的勸請語氣（兩字常一反一正同用可證），用⌐啊⌐字則有警戒提醒之意。了⌐字之後可以再接⌐啊⌐成⌐啦⌐，和⌐罷⌐字拉長相當，如：

> 姐姐，你老人家今日可好歹不許再鬧到搬碴嘔那兒咧！（兒，三二）
>
> ⌐文明人⌐！就憑看篇晚報！別裝孫子啦！（柳家大院）

又，假若沒有相反的表示（上面⌐了⌐字例一），⌐了⌐和⌐啊⌐還似乎有這麼

一個分別：「了」字止之於旣發，「啊」字禁之於未然。比較：

　　你在家裏別鬧啊。我帶包炒栗子你吃。

　　別鬧了。我請你吃炒栗子。

　　17.36　文言的正面祈使句雖然以不用句末語氣詞爲常例，禁止句可是常用「也」字結（參閱 15.66）。下面的前兩例，同句一正一反兩小句，可以比較。

　　子路問事君。子曰，「勿欺也；而犯之。」（論，憲問）

　　爲爾哭也來者，拜之；知伯高而來者，勿拜也。（檀弓上）

　　王如知此，則無望民之多於鄰國也。（孟，梁惠王上）

　　若歸，試從容問爾父……然無言吾告若也。（史，曹相國世家）

至於句中的「請」、「願」、「其」、「必」、「幸」等字，都不分祈請與禁止，兩方面都可以用（例見前）。「唯」字只用在祈請句。「愼」字只用在禁止句，如：

　　愼毋以飮牛之酒來。（歸牛）

　　施人愼勿念，受施愼勿忘。（崔瑗，座右銘）

除「其」和「唯」應作語氣詞外，「幸」、「愼」、「必」等字雖有助表語氣的效用，但有義可解，仍是限制詞。

　　17.37　我們又常常借用反詰性的問句作請求，諷諭，禁止等等之用。例如：

　　有什麼話坐下說不好？只是站着，怪乏的。（兒，二六）〔坐下說罷〕

　　你看，燈都待好滅了，也不起來撥撥？（兒，三四）〔把燈撥撥〕

　　大家都去，難道你就不去應酬應酬？〔你也去……罷〕

　　妹妹，你忒也胡鬧，這如何使得？……還不快丟開？（兒，二九）〔快丟開〕

　　不過爲那些事。問他做什麼！（紅，三四）〔不必問〕

　　又叫他們做什麼？有我伏侍呢。（紅，三〇）〔不用叫他們〕

　　這麼好天氣，何不出去走走，活動活動呢？〔出去走走罷〕

商 量

17.41　有所主張而不敢確定，要徵求對方的同意，這是商量或建議的語氣。商量語氣一方面和祈使語氣相近，同是和行動有關；一方面又和測度語氣相近，同是定而不定之辭。這兩方面的關係在所用語氣詞上可以看出：商量語氣也用L罷l字。文言裏表示這種語氣，沒有特殊的形式，只是利用普通詢問語氣，L……何如?l；白話也用L怎麼樣?l或L好不好?l。這種詢問的詞語可以和L罷l同用，如L就去罷?怎麼樣?l

17.42　商量語氣的主要用途自然是和雙方（共同的或分別的）行動有關的建議，但也可以單管L你l的行動（例六），或單管L我l的（例七）：

時候也不早了，咱們走罷?

只我一個進去，你在門口等着罷?

我們東口兒外頭新開了個羊肉館兒……明兒早起咱們在那兒鬧一壺罷?

（兒，三四）

莫若眞個把他娶過來罷?你說好不好?（兒，二三）

請示父親，放卻不好就放罷?（兒，三一）

你先去罷?我還得好一會兒呢。

我告訴他罷?〔你要不要我告訴他?〕

17.43　商量語氣，原則上是一種問話。要是語氣堅決，也可以不用詢問，卽不徵求對方的同意；這仍是建議的語氣，但不能算是商量了。這可以和測度語氣比較：測度語氣也是無論要回答與否，都不失爲測度。但問話的L罷l和非問話的 L罷l 的聲音略有高低長短的分別，這是兩處相同的。這種無待商量的建議，要是指L你l說，那就是祈使（見前）；要是指L我l說，就是宣布我的宗旨； 要是包括雙方，就是語氣較爲堅決的建議，也可說是廣義的祈使。例如：

時候不早了,咱們走罷。

只我進去罷,你老人家不用去。(紅,六〇)

依我說,竟收了罷,別惹他們再來,倒沒意思了。(紅,六二)

那兩隻雞不用切了,咱們撕了吃罷。(兒,九)

不然,姑奶奶合你大妹妹回去,我住下罷。(兒,二〇)

不必在這裏死等,我們趕到雒口看看有法子想沒有,到那裏再打主意罷。(老殘,十二)

你先去罷,我這會兒走不開。

你也不必寫信,我去告訴他罷。

非問話式的建議和問話式的商量,語氣的剛柔自然不同,但實際上是很容易轉換的,比較兩處的第一例和末一例可知。其餘的例句也有可以用兩種語調來說的。

17.44 再還有,徵求同意用⌊罷⌉字,表示同意也用⌊罷⌉字:或是回答商量的問話,或是接受環境的暗示。主語是⌊你⌉時,表示准許;主語是⌊我⌉或⌊咱們⌉時,表示服從。前者也可歸入祈使一類。後者的語氣往往含有少許勉強的意思,同樣表示贊同,⌊好罷⌉不及⌊好⌉有勁。例如:

⌊咱們走罷?⌉⌊好罷,咱們走罷。⌉

⌊我告訴他罷?⌉⌊你告訴他罷。⌉

大娘只管留下罷。我娘不應,我替他老人家應了。(兒,二四)

就這麼着罷,我就不另託人了。

敞車就敞車罷,只要明天準有車就是了。

我已落在陷坑裏了。我只好閉着眼混罷。(老舍,陽光)

此時合他講,大約莫想講得清楚,只好慢慢的再商量罷。(兒,二一)

最後兩例可算是自己跟自己商量,自己對自己同意;⌊無可奈何⌉之意甚為明顯。

17.45 文言裏無嚴格的商量語氣，表建議或願望的語氣用「乎」、「歟」等詞，大抵皆兼感嘆；也可用「其」、「將無」等。例如：

歸與，歸與！吾黨之小子狂簡。(論，公冶長)

由，誨汝「知之」乎？知之爲知之，不知爲不知，是知也。(論，爲政)

長鋏歸來乎！食無魚。(馮諼)

如此，將無歸？(世說，雅量)

感　嘆

17.51 以感情的表達爲主要的任務的爲感嘆語氣。我們平常的言語大多兼有知識的和感情的成分。僅具知識內容的誠然也有，例如：

一年分四季：春，夏，秋，冬。

今天上了四課。

可是平常說話常常不免在知識內容上面再蒙上一層感情色彩，如：

(甲)春天到了。　或(乙)春天到了！

(甲)今天上了八課。　或(乙)今天上了八課！

說第一句時自然有一種愉快之感相伴而生，說第二句時不免有一種疲累之感。(在特殊的情形，第一句也可能引起悵惘之情，第二句伴以滿足之感。)假如這些感情相當濃厚，語調也因之而變，寫下來時也不妨加用感嘆號，成爲(乙)式。

以上是直陳語氣變爲感嘆語氣的例。疑問語氣(尤其是反詰語氣)和祈使語氣更容易附着感情，甚至很強烈的感情。例如：

這早晚還不回來，別是出了什麼岔子了罷！〔我爲他擔憂〕

明天嗎？明年嗎？一輩子不嗎？誰知道！

去罷！去罷！我不愛聽這些。

等着罷！總有那麼一天。

此何地也?而汝來前!(左公逸事)

17.52　可是我們也有以表達感情爲基本作用的語句,這可以稱爲本來的感嘆句。從感嘆的發生來看,感嘆句有三種:

(1)我們的感情爲某一事物的某種屬性所引起。我們就指出這個屬性而加以贊嘆,如﹂這件衣服好漂亮!﹁

(2)我們的感情爲整個事物所激動,我們指不出某種引起感嘆的屬性,只說明所產生的是哪種情緒,如﹂這叫人多麼難受!﹁

(3)連那種情緒也不說明,只表示一種混然的慨嘆,如﹂竟有這樣的事情啊!﹁

前兩種感嘆句必有一個感嘆的中心,一個形容詞,或表外物的屬性,或表內心的情感;第三種沒有。這三種句子裏頭最常見的是第一種。

17.53　從形式上來看,感嘆句又可分兩個類型。一類含有指示程度的指稱詞或限制詞,如﹂好﹁、﹂多﹁、﹂多麼﹁、﹂這麼﹁等,加於感嘆中心的形容詞之前。下面是用﹂好﹁的例句:

好個討厭的老貨!(紅,一九)

大喜呵,好一個胖小子!(分)

長姐兒呀,好漂亮差使啊!(兒,三七)

喂!尹先生,你這人好沒趣呀!(兒,一七)

你看,那匹馬跑得好快!

這趟廟逛的好不冤哉枉也!(兒,三八)

在這些例句裏頭,一二兩例的﹂好﹁和形容詞之間讓﹂個﹁字隔開,﹂好﹁字所指示的似乎是那個名詞,雖然是已加形容詞的名詞。其餘各例,﹂好﹁字直接形容詞。

最後一例可注意的是﹂好不﹁等於﹂好﹁。我們還可以比較:

這話好糊塗!(兒,三八)

你這話好不糊塗!(兒,四〇)

有人說，⌊好不⌉連用，⌊好⌉字有打消⌊不⌉字的作用。這個解說有點說不過去，⌊好⌉字並非一個否定詞。這⌊好不糊塗⌉大概是⌊好糊塗⌉和⌊豈不糊塗⌉兩種說法糅合的結果。

文言裏沒有和⌊好⌉字相當的指示詞。

17.54 白話用⌊多麼⌉或⌊多⌉的句子，文言用⌊何如⌉：除了⌊多麼⌉是從量的方面，⌊何如⌉是從情態方面着眼外，還有一點不同，⌊何如⌉必位於形容詞之後(在句式上是以形容詞爲主語，⌊何如⌉爲謂語)。例如：

電影怎樣作的? 多麼巧妙哇! 鼻子冒煙，和眞的一樣。(有聲電影)

你這個人多累贅!寫個信也有這麼些麻煩。

說又不好，不說又不好，就別提多爲難了。

他多美呵，看你媽媽多會打扮你!(分)

痛定思痛，痛何如哉!(文天祥，指南錄後序)

其有功於名教爲何如哉!(許有壬，文丞相傳序)

⌊多麼⌉和⌊好⌉的用處大部相同而不盡相同。⌊好漂亮⌉也可以說⌊多漂亮⌉，⌊多美⌉也可以說⌊好美⌉。但⌊好一個胖小子⌉不能說⌊多麼一個胖小子⌉，只能說⌊多麼胖的個小子⌉，而⌊多會打扮你⌉也絕對不能改用⌊好⌉字。⌊會⌉字不能算是形容詞，但假如沒有⌊會⌉字，也就不能用⌊多⌉字：⌊多打扮⌉，⌊多說話⌉，不成。

17.55 ⌊多⌉或⌊多麼⌉本從⌊多少⌉變來，所以用⌊多⌉的句子實是借用疑問語氣表感嘆；⌊何如⌉更是顯然如此。此外借疑問語氣來表感嘆，特別是指明引起感嘆的事物屬性的，有常見的⌊怎麼這麼………⌉句式。文言用⌊何⌉，下面多利用⌊之⌉或⌊其⌉造成組合式詞結；⌊何⌉上又可以加⌊壹⌉，其下卽不用⌊之⌉或⌊其⌉。例如：

眞嚇了你，怎麼來的這麼巧。(兒，三一)

漢皆已得楚乎? 是何楚人之多也!(項羽)

朔來! 朔來! 受賜不待詔,何無禮也! 拔劍割肉,壹何壯也! 割之不多,又何廉也! 歸遺細君,又何仁也!(漢,東方朔傳)

17.56 感嘆句的第二個類型,不用指示詞,也不借助於疑問,直接發爲慨嘆。這是文言裏常用的形式。用指示詞的感嘆句,語氣詞不是必要;不用指示詞,感嘆的語氣就要靠語氣詞來傳達。大多數句末語氣詞,雖然主要的作用不在表示感情,卻往往可以帶有感情色彩,例如非詢問的⌞呢⌝字就是如此。尤其是⌞啊⌝字,竟是以表示感情爲主。我們爲方便計,在討論詢問、直陳、祈使等語氣的時候, 分別擧了用⌞啊⌝的例句;可是正因爲⌞啊⌝字幾於無一種語氣不可用, 就可見他的作用不是表示某一種特殊語氣。⌞啊⌝字的作用是表示說話的人有相當的情緒激動,凡是用⌞啊⌝的句子都比不用的生勤些, 就是因爲加入了感情成分。感情很強烈,就可以算是感嘆語氣。但以前所擧那些用⌞啊⌝的句子,一般而論,仍然意義的內容重於感情的內容。用⌞啊⌝而以感嘆爲主的例子見下。

文言的感嘆語氣詞有⌞乎⌝、⌞矣⌝、⌞夫⌝、⌞哉⌝等,⌞哉⌝最常見。

這一類感嘆句,雖不用指示詞,仍可有感嘆中心的形容詞。這個形容詞只作謂語,不作加語,和有⌞好⌝或⌞多⌝的句子不同。這一類感歎句可以沒有主語,例如:

寂寞呀,寂寞呀,在沙漠上似的寂寞呀!(鴨的喜劇)

怪咧!怎麼他又出來了?(兒,六)

惜乎!子不遇時。(史,李將軍傳)

後之視今,亦猶今之視昔。悲夫!(蘭亭集序)

噫嘻! 悲哉! 此秋聲也,胡爲乎來哉?(秋聲賦)

諸兒見家人泣則隨之泣,然猶以爲母寢也。傷哉!(先妣)

回思是時,奄忽便已十年。吁,可悲也已!(歸有光,寒花葬志)

17.57　有主語的時候,謂語本身可以有後置(常次)和前置(變次)兩式。謂語在後的例子:

你可得知道,你們那個丫鬟可心高志大呀!(兒,四〇)

你這話問得奇呀!(兒,二六)

交友之道難矣!(杜環)

三年之喪亦已久矣夫!(檀弓上)

天道恢恢,豈不大哉!(史,滑稽列傳)〔反詰兼感嘆〕

17.58　以下是謂語卽形容詞在前的例子。這種次序在普通句子是例外,所以稱爲〔變次〕。但在感情激動的時候,自然會把自己的感情或引起那種感情的事物屬性先說出來,然後再補出其餘的詞語。這種句式的感嘆句很常見,尤其是文言。例如:

淘氣啊,你這個孩子!

靜極了,這朝來水溶溶的大道!(康橋)

快哉此風!

誠哉是言也。

異哉此人之敎子也!(顏氏家訓,敎子)

仁夫公子重耳。(檀弓)

甚矣吾衰也!久矣吾不復夢見周公!(論,述而)

末例的〔甚矣………〕的說法,形式上的感嘆中心是〔甚〕字,而意義上是〔衰〕字。

比較以上兩節的例句,可知(1)白話不大用變次,文言卻用得很多。(2)白話的後置式和直陳語氣用〔啊〕的句子不能作嚴格區分,換句話說,〔你這話問得奇呀〕遠不及文言〔異哉問〕的感嘆語氣之足。這是因爲〔啊〕字的應用範圍比〔哉〕或〔夫〕要廣得多,感嘆的力量也就減弱了。和〔異哉問〕的輕重相當的是〔你這話問得好奇怪啊〕;也許加用〔好〕和

⌊多⌋的句式之發展,正是爲滿足這個需要。

17.59 以上從 17.53 到 17.58 的例句都有感嘆中心,或是指明事物的屬性(形容詞),或是說明情緒的類別(形容詞或內動詞),以下是感嘆之情散在全句的例:文言的語氣詞用⌊夫⌋字爲多。例如:

> 你這個人啊! 眞是!
>
> 逝者如斯夫! 不舍晝夜。(論,子罕)
>
> 卒受惡名於秦,有以也夫!(史,商君傳)
>
> 事我而不卒,命也夫!(歸有光,寒花葬志)

感嘆詞

17.61 感嘆詞就是獨立的語氣詞。我們感情激動時,感嘆之聲先脫口而出,以後才繼以說明的語句。後面所接的語句或爲上文所說的感嘆句,或爲其他句式,但後者用在此處也必然帶有濃厚的情感。

討論感嘆詞,有不少困難。第一,同一聲音可能表示不同的情緒;地方的,時代的,個人的歧異都很大。其次,同一音可以寫成不同的字,你是你的寫法,我是我的寫法,而後人又往往因襲古人的寫法, 並且連前人用這些字代表什麼音也不了然而照樣的寫了。在這種情形之下,我們只能作極其概括的說明。姑且先拿白話的感嘆詞,依所表情緒來分別舉例;以後再拿通用的文言感嘆詞來舉例。

17.62 表驚訝和贊嘆(這兩者是不能嚴格劃分的)的感嘆詞,如果認定漢字的形狀,那就多得不得了。如果拿語音來歸納,就比較簡單,大致以 a 音和 o 音爲主而加以變化(並加以聲調的變化):大略說,有以下幾種:

> a 或 ia:寫作阿,啊,呀,嚘,吓等。
>
> o:寫作啊,哦,喔等。

io, iou: 寫作喲, 唷, 呦等。

a-ia, e-ia, ai-ia, ai-io, o-io: 寫作阿呀, 噯呀, 哎喲, 喔唷等。

huo, 寫作嚄。

下面例句中有偏於驚訝的, 有偏於贊嘆的, 我們只能從後繼的語句來體會他們的語氣。

> 阿, 那是新來的畫眉在那邊澗不盡的青枝上試它的新聲!(康橋)

> 〔啊?〕他似乎受了一驚。(黑白李)

> 喔! 便宜得很。(壓迫)

> 喲! 你怎麼這些話喲!(兒, 一五)

> 嚄! 嚄! 好燙! 快開門!(兒, 九)

> 噯呀! 好頭疼!(紅, 二五)

> 噯呀! 我卻沒防着這個。(紅, 二九)

> 阿呀呀! 你二位老人家趕快請起。(兒, 七)

> 噯呀! 噯呀! 瞧啊! 瞧啊! 姐兒捨不得大娘了!(兒, 二〇)

> 〔看出時候兒到了〕Oyo!(最後五分鐘)

17.63 表嘆息, 哀傷, 悔恨, 憤怒等等, 多用 ai (唉, 哎, 噯)和 hai (咍, 咳, 嗨, 咻)兩音, 也用 ai-ia, hai-ia 等。

> 噯!恐怕他對我也是這末樣的感想吧。(最後五分鐘)

> 其實——唉——太太的脾氣也太古怪了。(壓迫)

> 哎!這大半日誰見個黃湯辣水來咧!(兒, 九)

> 咻! 豈有此理! 難道咱們作女孩兒的, 活得不值了, 倒去將就人家不成?
> (兒, 一〇)

> 嗨! 你怎麼這等誤事!(兒, 一九)

17.64 表詫異(不信):

> 也(ie)? 這就是我要問你的末。(最後五分鐘)

Ng? 你怎麼連這個都不知道!

呃(er 抑 ng)? 你待轟我出大門去?（兒,二八)

17.65　表醒悟：

哦(o),原來如此。(兒,一六)

啊(a),想起來了,得有個洗臉盆。(上任)

嘔(ou),你? 我當是老二復活了呢。(黑白李)

喲! 喲! 這就無怪其然……了。(兒,二三)

17.66　表不以爲然,鄙視,斥責：

嗯(m)? 我要那東西作甚麼呀?(兒,三二)

其實阿,哼(hng)! 他骨子裏還格兒格兒的笑着呢。(最後五分鐘)

娶了兒媳婦,喝(he),他不知道怎麼好了!(柳家大院)

呸(pei)! 你倒來替人派我的不是!(紅,三〇)

唓(ch')! 他這頑兒的是哪一齣?(最後五分鐘)

17.67　文言裏最通用的感嘆詞是：⌈噫⌉、⌈嘻⌉、⌈嗚呼⌉、⌈嗟乎⌉。一般說來,表悲傷多用⌈嗚呼⌉,表驚訝多用⌈嘻⌉,嘆息用⌈噫⌉,感慨用⌈嗟乎⌉,但⌈噫嘻⌉可連用,還可連在⌈嗚呼⌉後面用, 因此這幾個感嘆詞的作用竟混同得很。舉例如下·

顏淵死,子曰,⌈噫! 天喪予! 天喪予!⌉(論,先進)〔悲痛〕

曰,⌈今之從政者何如?⌉子曰,⌈噫! 斗筲之人,何足算也!⌉(又,子路)〔鄙視〕

噫! 微斯人吾誰與歸?(岳陽樓記)〔一般感嘆〕

嘻! 亦太甚矣,先生之言也!(趙策)〔不以爲然〕

嘻! 以樂召我,而有殺心,何也?(後漢,蔡邕傳)〔驚訝〕

嗚呼! 言可窮而情不可終。汝其知也邪? 其不知也邪? 嗚呼! 哀哉! 尙饗!

　　(祭十二郎文)〔悲嘆〕

嗚呼噫嘻! 時耶? 命耶? 從古如斯!(弔古戰場文)〔悲嘆〕

嗚呼噫嘻! 我知之矣。(後赤壁賦)〔醒悟〕

嗟乎,子卿! 陵獨何心,能不悲哉!(李陵答蘇武書)〔感慨〕

嗟夫! 予嘗求古仁人之心,或異二者之所爲,何哉! (范仲淹,岳陽樓記)〔感慨〕

⌊嗚呼⌋和⌊嗟乎⌋常用來作議論的發端。古人是否每發議論必須先唉聲歎氣,已不得而知,但古文家一向奉爲家法,好像非如此不可似的。

招呼和應對

17.71　我們在上節討論過一些獨立語氣詞, 那些是表示感情的,卽所謂感嘆詞。另有一些,普通也歸入感嘆詞類,其實並不表示感情。他們的作用在招呼和應對。

我們要招呼一個人的時候,可以叫他的名字, 也可以叫一聲⌊喂⌋。這類喚起注意用的詞,除 uei (喂)外, 又用 hei 或 hai (嘿,嗨), ei 或 é,例如:

喂!你悠着點兒,老頭子!(兒,三八)

嗨,老劉,有活兒嗎?(上任)

黑,丹里!你想想看。(最後五分鐘)

Eh,先生,你聽着阿!(同)

17.72　被招呼的人答應人家招呼, 也用 ei 或 é, 例如:

〔愷林〕張媽! 張媽! 〔沒人答應。〕 李媽! 〔李媽,在外頭懶懶的答應〕 ⌊厄異!⌋

17.73　指點事物而喚起注意時,則不用⌊喂⌋而用 no (諾),如:

穿起衣裳來——快點兒阿!〔他給她外套〕 noh!

17 74　其次, 答應人家的問話表示贊成, 或自動表示贊成,有 ei 或 é (誒)和 m (姆), n, ng 等音。如:

Ei, 這樣兒好！(最後五分鐘)

〔愷林, 希奇起來〕你想我選你嗎？〔丹里, 點頭〕姆。(同)

　　表示不贊同, 要用普通語句。假如在前面加用語氣詞, 或單用語氣詞, 那就帶感情作用, 已見 17.66。

　　17.75　再還有追問之詞, 就是話沒有聽清楚, 或疑其不實, 要人家重說一遍。用 ar?(嚘)。例如：

　　嚘? 哪兒啊? 我怎麼看不見哪?

或用 m? 或 ng? 有詫異, 不信之意, 見前。

　　17.76　文言沒有招呼之詞, 也沒有追問之詞(或古代口語雖有而後世寫文章者不用), 但應諾之詞有⌊唯⌉和⌊諾⌉：承直陳語氣或是非詢問用⌊唯⌉, 承祈使或商量語氣用⌊諾⌉。例如：

　　子曰, ⌊參乎, 吾道一以貫之。⌉曾子曰, ⌊唯。⌉(論, 里仁)

　　楚襄王問宋玉曰, ⌊先生其有遺行與? 何士民衆庶不譽之甚也?⌉宋玉對曰,
　　⌊唯, 然, 有之。⌉(宋玉對楚王問。)

　　⌊日月逝矣, 歲不我與。⌉孔子曰, ⌊諾, 吾將仕矣。⌉(論, 陽貨)

　　僧曰, ⌊無徵不信; 公愛之, 何不記之?⌉余曰, ⌊諾。⌉(袁枚, 峽江寺飛泉亭記)

⌊然⌉和⌊否⌉也是應對之詞, 但這兩個字有實在的意義, 不能算是語氣詞。

停　頓

　　17.81　有時候我們用一個語氣詞來表示話沒有完, 這可以稱爲停頓語氣。停頓語氣可分兩類：(1)提示, (2)頓宕。提示和頓宕的區別是：前者是有意停一停, 喚起聽者對於下文的注意; 後者不一定是有意爲之, 往往只是由於語言的自然, 例如一句話太長, 一口氣說不完, 或是一邊說一邊想着, 下句不接上句, 就不得不在中途打個停 (當然也有利用這

個趨勢,頓挫以取勢,或搖曳以生情的)。

提示的語氣詞,文言用ㄥ者ㄱ,白話沒有。ㄥ者ㄱ字最常見是在主語和謂語之間,例如:

　　仁者,人也;義者,宜也。(中庸)

　　諸將易得耳,至如信者,國士無雙。(淮陰)

還有在ㄥ者ㄱ字之前先用ㄥ也ㄱ字一舒的,如:

　　韭也者,藏也;藏也者,欲人之弗得見也。(禮記,檀弓上)

　　故素也者,謂其無所與雜也;純也者,謂其不虧其神也。(莊,刻意)

用在別的地方的如:

　　古者,言之不出,恥躬之不逮也。(論,里仁)〔時間詞後〕

　　鄉者,疑車中有人,忘索之。(史,范雎傳)

　　昔者以聲律取士,士雜學而不志於道;今者以經術取士,士求道而不務學。

　　(日喩)

　　閉戶不出者三年。〔時間詞前〕

　　伍奢有二子,不殺者,爲楚國患。(史,楚世家)〔假設小句後〕

這些地方有的是可以用ㄥ也ㄱ字的,但語勢的緩急不同。

　　17.82　表示頓宕性的停頓,文言多用ㄥ也ㄱ,白話多用ㄥ啊ㄱ,恰恰相合。這種停頓見於許多地方。如叫人的名字,跟他說話(文言也用ㄥ乎ㄱ):

　　老弟呀,我越想你這話越不錯,眞有這個理。(兒,一六)

　　天哪,我何玉鳳怎的這等命苦!(兒,二六)

　　賜也,爾愛其羊,我愛其禮。(論,八佾)

　　參乎,吾道一以貫之。(論,里仁)

如列舉事物:

　　米呀,茶葉呀,蠟呀,以至再帶上點兒香藥呀,臨近了都到上屋裏來取。(兒,
　　三四)

　　　　我拉二爺出去，他總設法在半道上就擱會兒，什麼買包洋火呀，什麼看看

　　　　書攤呀，爲什麼？爲是叫我歇歇喘喘氣。(黑白李)

如主語和謂語之間，或外位之後：

　　　　這孩子兒呀，我只說他沒出息兒。(兒，二九)

　　　　我說的話呀，你是一句也沒有聽。

　　　　子謂子貢曰，「女與回也孰愈？」對曰，「賜也何敢望回？ 回也聞一以知十，

　　　　賜也聞一以知二。」(論，公冶長)

　　　　吾生也有涯，而知也無涯。(莊，養生主)

　　　　惑而不從師，其爲惑也終不解矣。(師說)

主語謂語之間，用「者」和用「也」語氣頗有分別：用「者」字是提示解釋，
用「也」字則不含此意，僅曼聲以緩其氣而已。

　　17.83　句首的限制詞(甚至關係詞)之後可以一頓，如：

　　　　本來呀， 二位奶奶一天到晚這是多少事……那兒還能照應到這些零碎事

　　　　兒呢。(兒，三八)

　　　　共總啊，哥還是臉皮兒薄，拉不下臉來磕這個頭。(兒，四〇)

　　　　所以呀，你得請我們。(上任)

　　　　向也不怒而今也怒，向也虛而今也實。(莊，山木)

　　　　聽訟，吾猶人也；必也，使無訟乎。(論，顏淵)

　　　　且也，志在道義，未有不得乎道義者也……志在乎貨利，未必貨利之果得

　　　　也。(辨志)

小句及類似小句的停頓(參閱 8.71；20.13—4；21.24 等節)，如：

　　　　主意是有哇，用不上！身分是有哇，用不上！(上任)

　　　　說是十二點走哇，到了十二點三刻誰也沒動身。(有聲電影)

　　　　談到寄生蟲阿，他說阿，你可認得一個魯季流先生阿，他說。(同)

　　　　孩提之童，無不知愛其親者；及其長也，無不知敬其兄也。(孟，盡心上)

今棄是州也,農夫漁父,過而陋之。(柳記)

禮,與其奢也,寧儉;喪,與其易也,寧戚。(論,八份)

這一類停頓,用⌊啊⌉和⌊也⌉的以外的語氣詞的比較少,例如:

我想着,打頭呢,那個丫頭是個分賞罪人的孩子,又……。(兒,四〇)

還有一說呢,咱們能老吃這碗飯嗎?(上任)

以目無妄動焉,其於人也,聞其音而知其姓氏。(盲者說)

然後知吾嚮之未始遊,遊於是乎始。(柳記)

17.84 假設小句後面的停頓, 不限於用 ⌊啊⌉ 或 ⌊也⌉:白話也用 ⌊呢⌉、⌊麼⌉、⌊罷⌉等字,文言也用⌊乎⌉、⌊邪⌉等字。這是因爲假設小句往往由疑問的語氣(復問,商量等)轉成, 在文言裏尤其明顯,儘可作爲一問一答兩句看。這類假設小句後面的小句,或說明假設的後果,合成一個條件句,但也有只說明一種理由來打消上句的擬議的。這類假設句又往往疊用,表示兩難或兩可,又或以前一句作讓步,襯出後一句正意所在。⌊若論……⌉,⌊至於……⌉等引端之詞,多帶假設設氣,後面所用的停頓語氣詞也相同(參閱22.37—8;22.61)。以下依所用語氣詞分別舉例。用⌊啊⌉的例:

要是拿的話呀,準保是拿四爺,他是頭目。(黑白李)

你願意呀,也是這麼辦;你不願意呀,也是這麼辦。

論那個人兒啊,本來可眞也說話兒甜甘,待人兒親香,怪招人疼兒的。(兒,三九)

講到咱們這行啊,全仗的是磨、攪、訛、繃,涎皮賴臉,長支短欠,摸點兒,賺點兒,才剩的下錢呢。(兒,四)

北風說:⌊那麼你呐?⌉ 太陽說:⌊我呀,我是不愛吹的。⌉(北風和太陽)

話呀,多着的呢。(兒,二六)

⌊呢⌉和⌊啊⌉一樣的常見,例如:

捧我尤老二呢, 交情; 不捧呢——也沒什麼。(上任)

若是別的戲子呢, 一百個也罷了, 只是這個琪官……。(紅, 三三)

我呢, 只有他一個, 也輕易不說她。(多兒)

二爺待我不錯, 四爺呢, 簡直是我的朋友, 所以不好辦。(黑白李)

〔麼〕字北京話裏用的比較少, 但中部官話區很普通, 如:

早知如此麼, 當初不該信他的話。

他有情麼, 說你兩句; 他一翻臉, 嫂子, 你吃不了兜着走。(紅, 五九)

風嘿吹, 太陽嘿晒。吹起來嘿, 冷得要死, 晒起來呐, 又熱得要命。(北風和
太陽)

賣人參的道, 〔我來找陳爺要銀子。〕董老太道, 〔他麼, 此時好到觀音門
了。〕(儒林外史, 五四)

〔罷〕字大率是疊用, 而且表示兩難, 例如:

買了書罷, 明天的飯錢又得鬧饑荒; 不買罷, 又眞捨不得。

這是那種特別的天氣: 在屋裏吧, 作不下工去, 外邊好像有點什麼向你招
手; 出去吧, 也並沒什麼一定可作的事。(犧牲)

文言用〔也〕、〔邪〕、〔乎〕、〔焉〕的例:

天之將喪斯文也, 後死者不得與斯於文也; 天之未喪斯文也, 匡人其如予
何?(論, 子罕)

將以為智邪, 則愚莫大焉; 將以為利邪, 則害莫大焉。(荀, 榮辱)

妾欲言酒之有藥, 則恐其逐主母也; 欲勿言乎, 則恐其殺主父也。(史, 蘇秦
傳)。

無尺寸之膚不愛焉, 則無尺寸之膚不養也。(孟, 告子上)

17.85　轉折, 容認, 縱予等小句後也往往停頓以蓄勢, 語氣詞用
〔矣〕。例如:

燕則吾請以從矣; 若乃梁, 則吾乃梁人也, 先生惡能使梁助之耶? (趙策,

三）。

且義帝之立,增爲謀主矣,義帝之存亡,豈獨爲楚之盛衰,亦增之所與同禍福也。(蘇軾,范增論)

酒榮固便矣,茶乏烹具。(記趣)

下卷之下　表達論：關係

第十八章　離合・向背

聯　合

18.11　兩件事情之間，可以有種種關係，最簡單的是聯合關係。兩個物件的聯合，普通用「和」、「與」、「及」等詞來表示，兩件事情的聯合則或不用關係詞，或用其他關係詞，但不用「和」、「與」等詞(不像英語一概用 and)。

　　兩件事情之間的關係變化多端，單說聯合關係也還可以分出比較鬆懈和比較緊密的兩種，前者可稱爲聯合，後者可稱爲加合或積疊。這狹義的聯合關係，指兩事之間無任何特殊關係可尋，如時間，因果，比較，轉折之類，而又不能說是渺不相關。這樣的例句如：

　　　好容易看見路南頭遠遠一個小村落，村外一個大場院，堆着大高的糧食，
　　　一簇人像是在那裏揚場呢。(兒，一四)

　　　那柳葉還不曾落淨，遠遠看去好似半林楓葉一般。(同)

　　　項籍者，字羽，下相人也；初起時，年二十四。(項羽)

　　　逐水草遷徙，無城郭常處耕田之業。(史，匈奴列傳)

　　　小鳥時來啄食，人至不去。(項脊)

這類句子有時取較整齊的形式，我們底下另節討論(18.42—44)。

18.12　聯合關係是最鬆懈的關係，通常不用關係詞來表示，白話如此，文言也是如此。但文言也有用「而」字的。例如：

　　　舍於市之主人，而歸其屋食之當焉。(韓愈，圬者王承福傳)

及至金陵,則成公已得罪去,僅見方公;而其子以智,余之臾交也,　以此晨
夕過從。(與阮光祿書)

一旦高車駟馬,旗旄導前而騎卒擁後;夾道之人相與駢肩累迹,瞻望咨嗟,
而所謂庸夫愚婦者,奔走駭汗,羞愧俯伏,以自悔罪於車塵馬足之間。(歐
陽修,晝錦堂記)

這個⌊而⌉字類似英語的 and, 白話裏面沒有和這個相當的關係詞。

18.13　又有在第二小句用⌊也⌉字(話)或⌊亦⌉字(文)的句子。這個
詞的主要作用在比較, 是表⌊比較而相同⌉的限制詞(19.12—16);這樣
用的時候,⌊也⌉字以疊用為常,⌊亦⌉字以單用為多。但有些句子裏,比較
的意味很輕,就顯得只有聯合的作用了; 這樣用的時候,⌊也⌉和⌊亦⌉大
率都只單用。例如:

姑爺歲數也不大,家裏也沒有什麼人。(冬兒)

你就帶了他去合你老娘要出來交給他;再者,也瞧瞧家中有事無事。(紅,
六四)

從子而歸,棄君命也。不敢從,亦不敢言。(左,僖二十二)

介之推不言祿,祿亦弗及。(左,僖二十四)

自此不飲酒,亦不與其家相通。(郭老僕)

時人不能用其材,曼卿亦不屈以求合。(歐陽修,釋祕演詩集序)

此公之志而士亦以此望於公也。(歐陽修,晝錦堂記)〔此例有⌊而⌉字〕

這類句子比不用關係詞或單用⌊而⌉字的句子要緊密些, 兩事之間的關
係有點近於下節所說的⌊加合⌉,但⌊也⌉或⌊亦⌉不含積疊的意味,和⌊又⌉
或⌊且⌉不同。

加　合

18.21　加合關係是聯合關係的加強。這兒雖然仍舊沒有時間,因

果,比較等特殊關係,可是顯然有⌊有甲事,又有乙事⌋的意思。表示這個關係,最常用的是⌊又⌋字,這本是一個時間副詞, 但在這類句子裏頭有連繫的作用。例如:

我第一次去,人地生疏,身邊帶的錢又不多。

他是老大哥,又現當着村長,還能說不管?

在文言裏⌊又⌋字可以單用, 又可以和⌊而⌋字合用。單用的,例如:

子謂韶,盡美矣,又盡善也。(論,八佾)

弦子恃之而不事楚,又不設備,故亡。(左,僖五)

⌊而又⌋的例:

民無內憂,而又無外懼,國焉用城?(左,昭二十三)

飲少輒醉,而年又最高,故自號曰醉翁也。(醉翁亭記)

18.22　白話裏頭常在上下兩小句疊用⌊又⌋字,比單在下句用⌊又⌋字的還要常見些。例如:

初到那裏,人地又生疏,錢又不湊手。

不如會個夜局,又坐了更,又解了悶。(紅,四五)

三疊以上的句子,更是以每一小句用一⌊又⌋字為原則。如:

這一碗牛奶喝下去,又香,又甜,又熱和。

你如何比我?你又有母親, 又有哥哥, 這裏又有買賣地土,家裏又仍舊有房有地。(紅,四五)

橫豎如今有人和你頑,比我又會念, 又會作, 又會寫, 又會說會笑, 又怕你生氣,拉着你去哄着你。(紅,二〇)

我那裏管的上這些事來?見識又淺,嘴又笨;心又直,人家給個棒槌, 我就拿着認作針了;臉又軟,攔不住人家給兩句好話兒;況且又沒經過事,膽子又小,太太略有點不舒服,就嚇的睡也睡不着了。(紅,一六)

18.23　文言裏沒有疊用⌊又⌋字的辦法,兩疊的句子有時在上句用

⌊旣⌉,下句用⌊又⌉或⌊而又⌉。如:

> 嗚呼!身前旣不可想,身後又不可知; 哭汝旣不聞汝言,奠汝又不見汝食。
>
> (祭妹文)

> 漢史旣傳其事,而後世工畫者又圖其迹。(韓愈,送楊少尹序)

> 圖畫……旣視建築彫刻爲繁複, 而又含有音樂及詩歌之意味, 故感人尤
>
> 深。(圖畫)

文言裏旣不能叠用⌊又⌉字,到了三層相叠的句子, 就只能把⌊而⌉、⌊又⌉、⌊且⌉等字替換着用。四層以上只有不用關係詞或加以併合。例如:

> 宮之奇之爲人也,懦而不能強諫,且少長於君。(左,僖二)

> 宮之奇之爲人也,達心而懦,又少長於君。(穀梁,僖二)

> 余旣重先生之誠,且誌余感, 而又以爲世之遠遊而忘其親者戒也, 迺爲之
>
> 記。(侍膳圖記)

> 公子章彊壯而志驕,黨衆而欲大,殆有私乎?(史,趙世家)〔此句在白話就
>
> 用四個⌊又⌉字;又強健,又驕傲,黨羽又多,欲望又大。〕

18.24　文言裏頭跟⌊又⌉字的意思相近的有⌊復⌉字和⌊更⌉字,原來也是時間限制詞,可算是⌊又⌉的同義字;又有⌊加⌉字,本是動詞,而有時有連繫的作用,多數用於兩個原因小句之間。⌊復⌉或⌊更⌉有時和⌊而⌉字合用,⌊加⌉字下面有時加⌊以⌉字。例如:

> 旣不受矣,而復緩師。秦將生心。(左,文六)

> 圖畫之設色者用水彩,中外所同也;而西人更有油畫。(圖畫)

> 而所與對敵,或值人傑,加衆寡不侔,攻守異體, 故雖連年動衆,未能有克。
>
> (蜀志,諸葛亮傳)

18.25　文言不能叠用⌊又⌉字,卻可以叠用⌊且⌉字;可是用法有限制。用在兩個動詞謂語之間,通常表示兩事同時進行(20.83)。不注重這個同時性的例子很少,如:

高祖巳從豨軍來。至,見信死,且喜且憐之。(淮陰)〔又喜又憐〕

用在兩個形容詞之間的也不多,如:

　上泄則下闇,下闇則上聾;且闇且聾,無以相通。(穀梁,文六)

通常多和⌊旣⌉字合用,和⌊旣……又⌉相同,例如:

　喪亂旣平,旣安且寧。(詩,小雅)

　旣醉且飽;旣盲且聾;旣笨且懶。

以上說⌊且⌉字疊用或和⌊旣⌉字合用。單用一個⌊且⌉字,要是連繫兩個形容詞謂語,和⌊旣……且⌉相同,表單純的加合,例如:

　邦有道,貧且賤焉,恥也;邦無道,富且貴焉,恥也。(論,泰伯)

　明月照積雪,北風勁且哀。(謝靈運詩)

要是用在兩個動詞之間或兩個主語不同的小句之間,就不是單純的加合,有⌊更進一層⌉的意思(18.32)。

　18.26　白話裏表示加合關係,又有⌊連……帶……⌉的說法,以動詞作連繫詞。如:

　連數落帶發作的就哭鬧成一處。(兒,四〇)

　連沐浴帶更衣,連裝扮帶開臉,這些零碎事兒索性都交給我。(同)

我們只要稍微仔細一看,就知道這個⌊連……帶⌉的作用,嚴格說,不是連接小句的:第一例的兩個動詞合起來作⌊哭鬧⌉的加語,第二例的四個動詞是外位主語。事實上他們原是用來連接兩個名詞的,如:

　連籤帖兒帶那把子花兒都接過去。(兒,三八)

如果用來連接本可獨立的小句反而不行,如⌊他連工作帶學習⌉就不成一句話,必得下面接個⌊老覺得時間不够用⌉什麼的才站得住。

遞　進

　18.31　兩件事情的加合,可以是平列的,也可以有輕重之別。要是

分輕重,大率是先輕後重,就是一層進一層,我們稱之爲└遞進┐。是平列還是遞進,往往看說話的和聽話的心理如何,同一方式可以有不同的作用。例如前面用└既……又┐的句子,就有一些可以作爲前輕後重看。單用└又┐或└而又┐的句子也有確表遞進的,如:

> 過而不改,而又久之。(左,宣一七)

> 人聲之精者爲言;文辭之於言,又其精也。(韓愈,送孟東野序)

18.32 單在後句用└且┐字的句子,雖然也有可以認爲平聯的,但一般而論,└且┐字有遞進的意味。例如:

> 公語之故,且告之悔。(左,隱元)

> 曹操之衆,遠來疲乏……且北方之人不習水戰。(赤壁)

> 宋將軍故自負,且欲觀客所爲。(鐵椎)

至如下列之例更顯然是進一層的表示;事實上,這裏的兩小句並不代表兩件事,乃一件事的深淺兩種說法:

> 而士獨於民大不便。無怪乎居四民之末也! 且求居四民之末而亦不可得也!(鄭書)。

有時句意已完,而接以└且┐字。這個└且┐字有更端的作用,但同時不失去遞進的意味。例如:

> 以君避臣,辱也。且楚師老矣,何故退?(僖,二八)

> 天下事未可知。且爲天下者不顧家,雖殺之,無益,祇益禍耳。(項羽)

> 侯自我得之,自我捐之,無所恨。且終不令灌仲孺獨死,嬰獨生。(史,魏其武安侯列傳)〔嬰,魏其自稱〕

18.33 白話裏頭不單說└且┐,說└而且┐、└並且┐或└況且┐(文言的└況┐白話作└何況┐)。例如:

> 一日,就是這多末夏初的時候,而且是夜間,我偶而得了閒暇……。(鴨的喜劇)

凡屬我應該做的事，而且力量能夠做得到的，我對於這件事便有了責任。

(最苦與最樂)·

你我萍水相逢，況且男女有別。(兒，五)

`18.34`　白話裏頭用[還]字，和文言[且]字的作用很相近。例如:

雪白的一碗東西，上面還點着個紅點兒，更覺可愛。(兒，三八)

居鄉的人兒都是從小兒就說婆婆家，還有十一二歲就給人家童養去的。

(兒，九)

其次，又有[還帶][外帶]等說法，和[且]字的口氣更相合。例如:

甚麼事兒他全精通兒，還帶着挺撅撅橫。(兒，四)

叫我瞧着咱兒說咱兒好，還帶管說，務必替他說成才好。(兒，三六)

嗳! 你瞧，好一個小黑驢兒……可是個白耳披兒，白眼圈兒，白胸脯兒，白

肚囊兒，白尾巴梢兒; 你瞧，外帶着還是四個銀蹄兒，腦袋上還有個玉頂

兒，長了個全。(兒，四)

`18.35`　但最確實的遞進句是用[非獨]之類的詞語開端的句子。例

如:

非徒無益，而又害之。(孟，公孫丑上)

非獨治羊，治民亦猶是也。(史，平準書)

服五石散，非唯治病，亦覺神明開朗。(世說，言語)

非但我言卿不可，李陽亦謂卿不可。(世說，規箴)

寡人之使吾子處此，不唯許國之爲，亦聊以固吾圉也。(左傳，隱十一)

不特若曹無以贍其生，生民之所需疇爲給之?(市聲)

不寧唯是，又使圉蒙其先君，將不得爲寡君老。(左，昭元)

又可以用反詰性的[豈獨]、[豈唯]。這個小句又常常移在下面，成爲遞

進句的變式，和逼進句(23.42)相似了。例如:

喪先王之乘舟，豈唯光之罪，衆亦有焉。(左，昭十七)

我之不德,民將棄我,豈唯鄭?(左,襄九)〔比較〔而況鄭乎?〕〕

18.36　文言有〔不獨〕、〔非徒〕、〔豈唯〕等種種說法,白話只有〔不但〕和〔豈但〕。例如:

不但保全了他的英名,還給他掙過一口大氣來。(兒,八)

我到仙台也頗受了這樣的優待,不但學校不收學費,幾個職員還爲我的食宿操心。(藤野先生)

但是我是向來不愛放風箏的。不但不愛,並且嫌惡他。

不但我擔驚受怕,別人看着也不像回事。(多兒)

豈但識字,字兒或深了。(兒,一八)

〔不但〕底下的呼應詞,文言用〔又〕用〔亦〕,白話用〔也〕,但不用〔又〕而用〔還〕;〔非徒無益,而又害之〕,在白話是〔不但沒好處,還害了他〕。

用〔又〕、〔還〕、〔且〕和用〔亦〕、〔也〕意思顯然不同:前者是累積性的遞進,後者是比較性的遞進。兩者不能通用,〔非徒無益,亦以害之〕,不成;〔別人看着還不像回事〕,也不成。

用〔還〕字的〔不但〕句可以改用排除句式,作〔………不算,還〕(18.93)。

18.37　用〔也〕字的〔不但〕句又可以在第二事的頭上加一個〔連〕字,如〔別人看着也不像回事〕也可以作〔連別人看着也……〕。例句如:

不但碗碟,連鍋也偷了去了。

不但增加了許多脫漏的地方,連文法的錯誤也一一訂正。(藤野先生)

怪道你愛,連我也沒見過這樣好的。〔上句仍有〔不但〕意〕

有時把上句省了,單用〔連……也〕就可以隱含〔不但〕。又可以不用〔也〕而用〔都〕,那是因爲上面〔連〕字有連合之意。早期白話不用〔連〕而用〔和〕,文言用〔幷〕。例如:

究竟連我也不知爲什麼。(紅,六四)〔不但別人〕

衡陽猶有雁傳書,郴陽和雁無。(秦觀詞)〔不但不得相見〕

是以厭疾奢侈者,至於并一切之物質文明而屛棄之。(文明)〔不但厭疾奢
侈〕

　　遞進句本是前輕後重的句子。不用⌊不但⌉,比較的對象隱而不顯,
往往就只有⌊甚至⌉之意。上面例句都是如此。

　　又,不用⌊不但⌉只用⌊連……也⌉的句子,徵實事者少,而作假設者
多(尤其是否定句,多帶假設性),⌊連⌉字失去本義,和⌊縱然是⌉無別。在
這類句子裏面,有時⌊連⌉字也可以省去(參閱23.32—35)。

平行和對待

　　18.41　平行和對待的關係,偏在句子的形式方面說。這一類句子
在形式上是整齊的,卽幾個小句的結構平行,字數相等,或大致相等;普
通稱爲⌊排句⌋,其中由兩個部分合成的又可稱爲⌊偶句⌋。這類句子極其
普通,文言裏尤其常見,駢文不必說,散文中也常常應用。

　　就形式而論,這些句子屬於一個類型;就意念方面說,幾個部分之
間可以有種種關係:或比較得失,或引此喩彼,或表前因後果,或表先後
次序。要是除去這些含有特種關係的句子,則偶句大槪可分兩類,平行
或對待,三叠以上的排句只有平行的一類。

　　18.42　平行關係和聯合關係很相近,不過句子的形式有整齊不整
齊之分而已。例如:

偏是這班醋娘子,這樁事,自己再也看不破;這句話,誰也合他說不淸。
　(兒,二十七)

茶果會吊入你的茶杯,小雀子會到你桌上來啄食。(康橋)

君子食無求飽,居無求安。(論,學而)

承先人後者,在孫惟汝,在子惟吾。(祭十二郎文)

春之日,我愛其草薰薰,木欣欣……夏之夜,吾愛其泉淳淳,風泠泠。(冷泉亭記)

山樹爲蓋,巖石爲屏,雲從棟生,水與階平。(同)〔前二平行,後二平行〕

待其酒力醒,茶煙歇,送夕陽,迎素月,亦謫居之勝概也。(黄岡竹樓記)〔前二平行,後二平行〕

18.43　這些例句裏的平行小句之間,白話裏不能用任何關係詞來連接,文言裏可以用⌊而⌉字,如⌊草薰薰而木欣欣⌉,⌊山樹爲蓋而巖石爲屏,雲從棟生而水與階平⌉,⌊酒力醒而茶煙歇,送夕陽而迎素月⌉。這裏所說可加⌊而⌉字,是就文法的觀點說;如從修辭的觀點說,用⌊而⌉字跟不用⌊而⌉字,使文句具有不同的風格,那又是另一問題了。

以下是用⌊而⌉字的例句:

君子賢其賢而親其親,小人樂其樂而利其利。(大學)

明者遠見於未萌,而智者避危於無形。(史,司馬相如傳)

所謂天者誠難測,而神者誠難明矣!所謂理者不可推,而壽者不可知矣!

(祭十二郎文)

18.44　三疊以上的排句,通常只含有平行關係。例如:

吾妻之美我者,私我也;妾之美我者,畏我也;客之美我者,欲有求於我也。

(齊策一)

大王誠能聽臣,燕必致氈裘狗馬之地,齊必致海隅魚鹽之地,楚必致橘柚雲夢之地,韓魏皆可使致湯沐之邑。(趙策)

以多疾之體,有不平之心,居異宜之俗,其能鬱鬱以久乎?(歐陽修,送楊寘序)

故⌊灼灼⌉狀桃花之鮮,⌊依依⌉盡楊柳之貌,⌊杲杲⌉爲日出之容,⌊瀌瀌⌉擬雨雪之狀,⌊喈喈⌉逐黃鳥之聲,⌊喓喓⌉學草蟲之韻。(文心雕龍,物色)

蔑我先君，寡我襄公，迭我殽地，奸絕我好，伐我保城，殄滅我費滑，散離我
兄弟，撓我同盟，傾覆我國家。(左，成一三)

18.45 現在討論含有對待關係的偶句，這又有眞正對待和似相反
而相成的兩類，前者和轉折關係很相近，後者又接近聯合關係。眞正的
對待關係指上下兩小句的意義相背，兩事互相映發，構成一種對照。例
如：

他自做他家事，我自做我家事。(鄭書)

外面牌子不同，裏面可是一樣。

知者樂水，仁者樂山；知者動，仁者靜；知者樂，仁者壽。(論，雍也)

古之狂也肆，今之狂也蕩；古之矜也廉，今之矜也忿戾；古之愚也直，今之
愚也詐而已矣。(論，陽貨)

庖有肥肉，廐有肥馬；民有飢色，野有餓莩。(孟，梁惠王上)〔形式上四排，
意義上一二與三四對。〕

中國之畫，與書法爲緣，而多含文學之趣味；西人之畫，與建築彫刻爲緣，
而佐以科學之觀察，哲學之思想。(圖畫)

似相反而相成的對待句，只是字面上對待，意思是互相補充的；我
們也不妨把這種關係稱爲補充關係。以下是這種例句；

車兒向東，馬兒向西。

不應該問的話，人家要問；可以講的話，我們不能講。(一只馬蜂)

住慣城市的人不易知道季候的變遷。看見葉子掉知道是秋，看見葉子綠知
道是春；天冷了裝爐子，天熱了拆爐子……不過如此罷了。(康橋)

仰足以事父母，俯足以畜妻子。(孟，梁惠王上)

先天下之憂而憂，後天下之樂而樂。(岳陽樓記)

有村舍處有佳蔭，有佳蔭處有村舍。(康橋)

形者神之質，神者形之用。……神之於質，猶利之於刀，形之於用，猶刀之

於利……捨利無刀,捨刀無利。(范縝,神滅論)

18.46　對待句(眞對待的和補充性的)的兩小句之間,文言裏也常用⌊而⌉字來連接,上面的例句都可以加⌊而⌉字。⌊庖有肥肉⌉一例卻是上面兩小句和下面兩小句相對,可在這中間加⌊而⌉字,也可改成⌊庖有肥肉而民有飢色,廐有肥馬而野有餓莩⌉。以下是用⌊而⌉字的例:

志大而量小,才有餘而識不足也。(蘇軾,賈誼論)

近在胸臆之間,而遠周天下之內;定乎一息之頃,而著之百年之久。(辨志)

敏於事而愼於言。(論,學而)

夏月荷花初開時,晚含而曉放。(記趣)

禍患常積於忽微,而智勇多困於所溺。(五代史,伶官傳序)

我們在前面說,眞正的對待關係和轉折關係很相近。這在加用⌊而⌉字的句子尤爲明顯,這兒的例句中約有半數,其中⌊而⌉字都可以作⌊然而⌉講(參閱18.6)。可是⌊而⌉字不够做評準,補充性的對待句,平行的偶句,乃至一部分不整齊的聯合句也都可以用⌊而⌉字作中間的連繫,這是因爲⌊而⌉字是個摸不着邊際的關係詞,不管句意的順逆或向背的。倒是在白話裏很容易分別:轉折句裏用⌊可是⌉,眞性對待句裏也可以加用⌊可是⌉(雖然實際上不大用),其餘的句子不能用⌊可是⌉,也沒有別的關係詞可用。換句話說,白話沒有和文言裏順接的⌊而⌉字相當的關係詞。

18.47　前面說過,聯合關係可以用⌊又⌉字來加强;其實對待關係也可以用⌊又⌉字來加强。例如:

正在又想睡又不敢睡的當兒,鑼聲響起來了。

我回來病了三天,病中又想她,又咒她。(姑姑)

有時悶了,又盼個姐妹來說些閒話排遣;及至寶釵等來望候,他說不得三五句話,又厭煩了。(紅,四五)

一根燈草嫌不亮,兩根燈草又嫌費油。(兒,六)

愛之欲其生,惡之欲其死。旣欲其生,又欲其死,是惑也。(論,顏淵)

這類句子所包含的也可以稱爲對待性的加合關係。

　用「也」和「亦」的句子也有含對待關係的,例如:

　　當醫生的不可不小心:一帖藥能救人的命,也能送人的命。

　　有人圖舒服,寧可坐船,不坐汽車;也有人貪圖快,寧坐汽車不坐船。

　　說起這件事來,可惱也可笑。〔比較:又好氣,又好笑〕

　　然予居於此,多可喜,亦多可悲。(項脊)

　　是故江淮以南,無凍餓之人,亦無千金之家。(史,貨殖列傳)

18.48　文言又有在兩句中分用兩個「則」字,或單在下句用一個「則」字的(單用於上句者較少),都足以增強兩事的對待性。這個「則」字就是假設句的「則」字化出來的,其上含有「若論」或「至於」之意(22.71)。例如:

　　穀則異室,死則同穴。(詩,王風)

　　樂歲粒米狼戾,多取之而不爲虐,則寡取之;凶年糞其田而不足,則必取盈焉。(孟,滕文公上)〔有「反而」意,顯然異於一般假設句之「則」〕

　　愛其子,擇師而敎之;於其身也,則恥師焉。(師說)

　　司徒公怒而罵,老僕則倚壁而臥,鼾聲與司徒公之罵聲更相間也。(郭老僕)

　　故我國造象……鮮不具冠服者;西方則自希臘以來,喜爲倮象。(彫刻)

　　其室則邇,其人甚遠。(詩,鄭風)

　　璧則猶是也,而馬齒加長矣。(穀梁,僖二)

　　讀人類進化之歷史:昔也穴居而野處,今則有完善之宮室;昔也飲血茹毛,食鳥獸之肉而寢其皮,今則有烹飪裁縫之術;昔也束薪而爲炬,陶土而爲燈,而今則行之以煤氣及電力;昔也椎輪之車,刳木之舟,爲小距離之交通,而今則汽車及汽舟,無遠弗屆;其他一切應用之物,昔粗而今精,昔簡單而今複雜,大都如是。(文明)

以上前二例上下各用⌊則⌉，次三例下句用⌊則⌉，又次二例上句用⌊則⌉。最後一例，以今與昔對比，共六處，前兩處只用⌊則⌉，中兩處兼用⌊而⌉與⌊則⌉，後兩處用⌊而⌉，這是句法變化的好例子。

這類例句，白話有兩種句法可以相比，一是用⌊是⌉字代⌊則⌉字，如⌊早先是穴居野處，如今是高堂大廈⌉，語氣切合，但不是句句可用。一是用⌊呢⌉字，⌊早先呢……如今呢……⌉差不多句句都可用，但語氣不大一樣，頓宕的神情較重，而殊別對待之意較輕。

正　反

18.51　一個意念的一正一反之間，自然構成對待關係，所以一正一反兩小句合成的句子也可算是一種對待句。這類句子，文言也常用⌊而⌉字來連繫。

正反兩小句可以各有主語，例如：

> 我看見他，他不看見我。

> 矢人惟恐不傷人，函人惟恐傷人。(孟，公孫丑上)

> 有德者必有言，有言者不必有德；仁者必有勇，勇者不必有仁。(論，憲問)

> 知之非艱，行之維艱。

這些句子裏的正反對待關係和一般的對待關係無異，比較⌊知之非艱，行之維艱⌉和⌊知難行易⌉可知。

18.52　我們要討論的是主語相同的正反句。這類句子有兩式，或先反後正，或先正後反；採取何式，以句子的主要意思所在為斷，上下兩小句隱隱有賓主之分，有好些是顯然藉上句襯托下句。兩種句式裏都有時在肯定小句裏用⌊只⌉字來和否定小句的⌊不⌉字相對，或雖不明說，也隱含⌊只⌉字之意，尤以先反後正之句為然。以下是先反後正的例：

> 他不來我不氣，我只氣他回信也不給一個。

你老人家不說找個開心的興頭話兒說說，且提八百年後這些沒要緊的事作甚麼?(兒,三十二)

不患寡而患不均,不患貧而患不安。(論,季氏)

故不貴於無過,而貴於能改過。(示龍場諸生)

18.53　以下是先正後反的例子:

宜冬不宜夏;中看不中用;許贏不許輸。

來得去不得;看得動不得;說得寫不得。

不能只叫人做,不叫人如何做。(求學)

因為她們祇能恭維你,伺候你,服從你,倚賴你,怕你,怨你,悲你,痛你,哭你,殉你,她們永遠不會像我這樣的愛你。(親愛的丈夫)

君子成人之美,不成人之惡。(論,顏淵)

然而禽鳥知山林之樂,而不知人之樂;人知從太守遊而樂,而不知太守之樂其樂也。(醉翁亭記)

同主語之正反句,其中所含對待關係也可有相反和相成之別。本來兩件事相反,如⌊成人之美⌉和⌊成人之惡⌉,現在否定其一而後與另一相連,⌊成人之美,不成人之惡⌉,則具有互相補充的性質。要是本來兩件事是一貫的,如⌊叫人做⌉和⌊叫人如何做⌉,現在否定其一肯定其一,⌊只叫人做,不叫人如何做⌉,則具有互相背戾的性質。事實上,在這類句子裏這個分別並不重要,因為正反句的對待性生於同一詞之肯定與否定(⌊成⌉與⌊不成⌉,⌊叫⌉與⌊不叫⌉)。所以正反句雖然大多數在意義上是上下連貫,互相補充的,在語氣上卻於轉折句為近,都可以在下句加⌊可是⌉或⌊反倒⌉來解釋。

　　18.54　現在要略講文言裏常見的⌊甲而不乙⌉的句子。上面所講的正反句,每個小句至少各有兩個成分,其中有一個相同(一正一反),其餘相異(或相背或不相背)。⌊甲而不乙⌉的句子則上下兩部分各只有一

個成分, 多數爲形容詞, 間或有動詞。要是這兩個詞意義相近, 則否定其一, 意在辨別, ⌊而⌋字表對待, 等於白話的⌊可是⌋。例如:

> 關雎樂而不淫, 哀而不傷。(論, 八佾)

> 直而不倨, 曲而不屈, 邇而不偪, 遠而不攜, 遷而不淫, 復而不厭, 哀而不愁, 樂而不荒, 用而不匱, 廣而不宣, 施而不費, 取而不貪, 處而不底, 行而不流。(左, 襄二九)

但如這兩個形容詞或動詞意義相反, 則加用⌊而不⌋的結果, 變成一意相因, ⌊而⌋字表聯合, 在白話就不能用⌊可是⌋。因爲和前邊的例句形式完全相同, 尤宜注意辨別。例如:

> 君子周而不比, 小人比而不周。(論, 爲政)

> 述而不作。(論, 述而)

> 左右皆惡之, 以爲貪而不知足。(馮諼)

> 三子之不遷其業, 非保守而不求進步之謂也。(有恆)

轉 折

18.61 對待句和正反句, 都已含有轉折, 已見以上各節。凡是上下兩事不諧和的, 卽所謂句意背戾的, 都屬於轉折句。所說不諧和或背戾, 多半是因爲甲事在我們心中引起一種預期, 而乙事卻軼出這個預期。因此由甲事到乙事不是一貫的, 其間有一轉折。例如視則有所見, 聽則有所聞, 這是合乎一般的預期的, 所以

> 心不在焉, 視而不見, 聽而不聞, 食而不知其味。(大學)

顯然軼出於預期, 在心理上產生一種轉折。又如常到闊人家裏吃飯的人, 自然也該有闊人來登門拜訪, 所以如

> 其妻問所與飲食者, 則盡富貴也, 而未嘗有顯者來(孟, 離婁下)

又就軼出預期, 產生轉折。

從上句看下句,是軼出預期; 就下句對上句說, 又往往有一種修正的作用。我們從上句獲得一種錯誤的或一偏的印象, 隨卽由下句補充說明, 加以更正。上面兩句也都有修正的作用, 但還不及下面兩句更明顯:

諸兒見家人泣, 則隨之泣, 然猶以爲母寢也。(先妣)

這是說明孩子們儘管哭, 還不知道媽媽已死。

衞青, 霍去病亦以外戚貴幸, 然頗用才能自進。(史, 佞幸傳)

這是說明衞霍的貴盛不全由於外戚。

18.62 轉折關係文言裏間或有不用關係詞表示的, 例如:

今法律賤商人, 商人已富貴矣; 尊農夫, 農夫已貧賤矣。(重農貴粟疏)

但通常必須應用關係詞。最常用的轉折關係詞是「而」和「然」。「而」字的例:

爲人謀而不忠乎? 與朋友交而不信乎?(論, 學而)

士志於道而恥惡衣惡食者, 未足與議也。(論, 里仁)

夫子焉不學? 而亦何常師之有?(論, 子張)

有石城十仞, 湯池百步, 帶甲百萬, 而亡粟, 弗能守也。(重農貴粟疏)

吾年未四十, 而視茫茫, 而髮蒼蒼, 而齒牙動搖。(祭十二郎文)

逝者如斯, 而未嘗往也; 盈虛者如彼, 而卒莫消長也。(赤壁賦)

18.63 用「然」字表轉折的例:

吾不能早用子, 今急而求子, 是寡人之過也。然鄭亡, 子亦有不利焉。(左, 僖三〇)

呂后……問其次, 上曰:「王陵可。然陵少戇, 陳平可以助之。陳平智有餘, 然難以獨任。周勃厚重少文, 然安劉氏者必勃也。」(史, 高祖紀)

吾嘗將百萬軍, 然安知獄吏之貴乎?(史, 絳侯世家)

自吾爲汝家婦, 不及事吾姑, 然知汝父之能養也; 汝孤而幼, 吾不能知汝之必有立, 然知汝父之必將有後也。(歐陽修, 瀧岡阡表)

蓋予所至,比好遊者,尙不能十一, 然視其左右,來而記之者已少。(遊褒禪
山記)

18.64　還有用⌞然⌟又用⌞而⌟的。例如:

老者衣帛食肉,黎民不飢不寒, 然而不王者,未之有也。(孟,梁惠王上)

夫環而攻之,必有得天時者矣; 然而不勝者,是天時不如地利也。(孟,公孫
丑下)

樹林陰翳,鳴聲上下,遊人去而禽鳥樂也。 然而禽鳥知山林之樂而不知人
之樂。(醉翁亭記)

喜而歌,悲而哭,感情之自由也。然而里有殯不巷歌, 寡婦不夜哭; 不敢放
縱也。(自由)

⌞然⌟和⌞而⌟同是常用的轉折關係詞, 然而用法不盡相同。這可以從⌞然⌟
和⌞而⌟合用上說明。⌞然而⌟一詞,在現在雖然已可算是一個單一的關係
詞,原來是可以分開講的;⌞然⌟就是⌞然否⌟的⌞然⌟, 也就是⌞雖然⌟ (23.
13)的⌞然⌟,⌞然⌟字一頓,⌞而⌟字一轉,⌞然而⌟等於說⌞不錯,可是⌟。馬氏
文通形容這個語氣形容得很好,他說⌞將飛者翼伏,將躍者足縮,將轉者
先諸⌟。⌞然⌟字的開始盛行在⌞然而⌟之後, 我們可以說他是⌞然而⌟之省,
以⌞然⌟攝⌞而⌟; 我們也可以說是⌞雖然⌟之省, 那就本來不一定要隨以
⌞而⌟字。

明白了⌞然⌟字的本意,就容易明白⌞然⌟和⌞而⌟用法的差異。⌞而⌟字
在本質上是一個眞正的⌞連⌟詞, 這裏所謂⌞連⌟卽 ⌞連而不斷⌟的⌞連⌟。
⌞而⌟字連繫的,無論是相順的兩事, 還是相反的兩事,是同時的兩事,還
是先後的兩事(20.5),用⌞而⌟字的句子都是一貫而下,不作頓挫。轉折
句雖然在心理上無不有轉折, 在說話的口氣上, 卻有的是一氣說下,有
的是停頓取勢。前者用⌞而⌟字是本分, 後者原來也用⌞而⌟字,但後來就
常常被⌞然而⌟或⌞然⌟取而代之。現在, 就一般而論, 我們可以說:語氣無

停頓處用⌊而⌉,有停頓處可用⌊而⌉,而用⌊然⌉爲多, 大停頓如一段之後另起一段,則必用⌊然⌉或⌊然而⌉。拿比較具體的情形來說, 凡是連成一小句,作爲更大一句的一個部分的,只用⌊而⌉,不用⌊然⌉, 如⌊而⌉字二、四諸例(例外如⌊然而⌉第一例)。反之,要是上句語氣已了,如⌊然⌉字二、四、諸例,尤其是有⌊也⌉、⌊矣⌉等詞,如⌊然⌉字例一,⌊然而⌉二、三、四諸例,就不用⌊而⌉字而用⌊然⌉或⌊然而⌉。上下兩小句有一爲疑問語氣,也是用⌊然⌉或⌊然而⌉, 如⌊然⌉字例三。(⌊而⌉字例三現在就覺得有點別扭。)但要是上下合成一個問句,就用⌊而⌉,如⌊而⌉字第一例, 這是不能改用⌊然⌉或⌊然而⌉的。

總之,⌊而⌉字雖轉而連,⌊然⌉字斷而後轉,是這兩個詞的大不同處。

18.65　白話裏也用⌊然而⌉表轉折關係, 但只混而同之的說⌊然而⌉,沒有⌊然⌉和⌊而⌉的分別。又用⌊但是⌉和⌊可是⌉,用法也無區別。這幾個關係詞的差異在文和俗的程度,口語裏最通用的是⌊可是⌉,⌊但是⌉帶點文氣,⌊然而⌉更文。例句如:

> 有的不喜歡算學,有的不喜歡博物,然而不得不學。(讀書雜談)

> 吆喝了半天,才將他們鬨走。但是誰也沒有着急,只微微一笑就完了。(朱自清,盧參)

> 據說在那兒可以看見周圍九百里的湖山……可是我們的運氣壞,上山後雲便越濃起來。(同)

> 臉上處處像他哥哥,可是那股神氣又完全不像他哥哥。(黑白李)

嚴格說,白話原來就沒有表轉折關係的關係詞。⌊然而⌉和⌊但是⌉是從文言裏拉過來的(⌊但是⌉是文言⌊但⌉字的擴大用法,⌊但⌉字原來的用法不同於⌊然⌉或⌊而⌉),⌊可是⌉原來是個限制詞,不一定用在小句的頭上。

18.66　事實上,白話的轉折關係常用限制詞來表示,用⌊可(是)⌉,用⌊卻⌉,用⌊倒⌉,用⌊反⌉,用⌊偏⌉。⌊倒⌉字又可以用在上句。例如:

敢則都到了。我可誤了。(兒，二二)

還句話合我說的起，合人家可說不起呀。(兒，三七)

他不在外頭張羅，倒坐着罵人。(紅，四五)

他這一得了官，正該你樂呢，反倒愁起這些來。(同)

小么兒們倒好好的，他拿的一盒子倒失了手，撒了一院子饅頭。(同)

我倒沒有什麼，只怕二哥未必能原諒你。

人家把你當個正經人，才把心裏煩難告訴你聽，你反拿我取笑兒。(紅，四五)

你和他好，他偏不和你好，你怎麼樣? 你不和他好，他偏要和你好，你怎麼樣?(紅，九一)

18.67　文言也有用限制詞來表示轉折的。最常用的字是⌊乃⌋，有時和⌊而⌋字合用。⌊顧⌋字，⌊轉⌋字也都有這種作用。⌊反⌋字也早見於文言。例如:

孺人不憂鹽米，乃勞苦若不謀夕。(先妣)

汝士大夫之師，而乃居於奴。(郭老僕)

天下其誰非盲也? 盲者獨余耶?……乃子不自悲而悲吾，不自弔而弔吾。我方轉而爲子悲，爲子弔也。(盲者說)〔轉而＝倒要〕

爲將數月，反不如一豎孺之功乎?(漢，荊通傳)

足反居上，首顧居下。(漢，賈誼傳)

臣等被堅執銳……今蕭何未嘗有汗馬之勞，徒持文墨議論，不戰，顧反居臣等上，何也?(史，蕭相國世家)。

轉折和保留

18.68　另有一類限制詞，如白話的⌊只是⌋⌊就是⌋和⌊不過⌋，也常作轉折關係詞用，例如:

夕陽無限好，只是近黃昏。(李商隱詩)

我也是這般想，只是那裏有這注銀子？(儒林外史，三)

都好將就，就只水喝不得，沒地方見大穢。(兒，三五)

自然，因爲自己的嗜好，文學書是也時常看看的，不過並無心得，能說出於諸君有用的東西來。(魯迅，革命的文學)

顏色質料都好，就是價錢大些。

這和⌊反⌉、⌊倒⌉、⌊偏⌉等限制詞顯然屬於兩類：那些字的本義是軼出預期，⌊只是⌉和⌊不過⌉則意在修正。轉折句本可有兩種看法，所以這兩方面的限制詞都可以用於轉折句。

可是用⌊只是⌉或⌊不過⌉的句子和用⌊可是⌉或⌊但是⌉的又微微有點不同。後者是一般的轉折句，上句之意輕，下句之意重；前者則上重下輕，下句的力量只抵消上句之一部，我們不妨稱爲保留句。這個區別只要比較下列兩句就可以看出：

他肚子裏很明白，只是嘴裏說不出罷了。(你應該原諒他)

他肚子裏很明白，可是嘴裏說不出。(還是不中用)

話雖這樣說，輕重的移轉是很容易的，如⌊但⌉字在文言裏原是保留的口氣，白話裏的⌊但是⌉便成了一般的轉折之詞了。上面例二的⌊只是⌉實際上也已經和⌊可是⌉沒有多大出入。有些地方的方言裏沒有⌊可是⌉，就一概用⌊不過⌉表示轉折。

18.69 文言用⌊顧⌉、⌊但⌉、⌊特⌉、⌊惟⌉等字，也都是⌊只是⌉的意思。例如：

且天下銳精持鋒，欲爲陛下所爲者甚衆，顧力不能耳。(淮陰)

此其屬意非止此也，特畏高帝呂太后威耳。(史，文帝紀)

初不中風，但失愛於叔父，故見罔耳。(魏志，武帝紀注)

霜又與雪之形狀頗相類似，惟霜係近地面下層空氣中水汽之凝結而非由

高空下降者。

這些句子和用﹁然﹂字的句子的區別可以下列兩句爲例：

> 欲爲陛下所爲者甚衆，顧力不能耳。(﹁又可盡誅之邪?﹂)
>
> 欲爲陛下所爲者甚衆，然力不能也。(不足患也)

可是在現在的通用文言裏，﹁惟﹂和﹁但﹂也已經代替﹁然﹂字用，例如：

> 公書語長心重，深以外間謠諑紛集爲北京大學惜，甚感。惟謠諑必非實錄……豈公愛大學之本意乎?(蔡元培，答林琴南)
>
> 吾輩欣賞此類作品時固宜恕之以恕，不事吹求；但自己創作時仍應嚴以律己，不可藉爲張目之資。

交　替

18.71　交替關係就是﹁數者居其一﹂的關係，就是抉擇問句如﹁咱們今天去還是明天去?﹂這裏面所包含的關係。表示交替關係，最普通的關係詞是﹁或﹂字，文言裏逐項都用，白話裏第一項或用或不用。例如：

> 划去橋邊蔭下，躺着念你的書或是做你的夢。(康橋)
>
> 每日或飯後，或晚間，薛姨媽便過來，或與賈母閒談，或與王夫人相敍；寶釵日與黛玉迎春姊妹等一處，或看書下棋，或做針黹。(紅，四)
>
> 兵刃旣接，棄甲曳兵而走；或百步而後止，或五十步而後止。(孟，梁惠王上)
>
> 趙高持鹿獻於二世，曰，﹁馬也。﹂二世問左右，左右或默，或言馬以阿順趙高。(史，秦始皇紀)。
>
> 聖人之行不同也，或遠或近，或去或不去：歸潔其身而已矣。(孟，萬章上)

這個﹁或﹂字我們在 11.85 節講﹁分稱﹂時已經遇見。這裏所說的和以前所說的並不衝突：就總和和部分的關係說，﹁或甲或乙﹂是分稱；就甲乙之間的關係說，﹁甲或乙﹂是交替。

交替關係又有﹁盡性﹂和﹁不盡性﹂之分。可能的交替之件不全數說

者爲⌊不盡性⌋，全數說出者爲⌊盡性⌋。後者以交替之件爲兩個時爲最多；若交替之件爲一正一反之二事，則必然爲⌊盡性⌋，如最後一例。其餘例句中，前二例顯然是不盡性，不用討論；例三仍是不盡性，因爲言者只是隨意扯出兩個數目，並無否認有敗退七八十步或甚至一百二十步者之意。但例四是盡性，作者正是着重在第三個可能——照實說⌊是馬⌋——之未能實現。

18.72 交替關係，嚴格說，不該用⌊和⌋、⌊與⌋等表聯合關係的詞來表示，但事實上有這樣的例子。如：

> 遇與不遇，命也。(後漢，傅燮傳)

> 賜不欲知死者有知與無知？(家語，致思)

> 顧其事之實與不實，用之必有效或無效者，則以董事之人爲斷。(龍啓瑞. 大岡步團練公局記)

第三例一處用⌊與⌋，一處用⌊或⌋。此外，表⌊無論⌋的小句也往往用⌊與⌋，其實意思是⌊或⌋，例如：

> 來與不來，也得給人家個信兒啊。

用⌊與⌋代⌊或⌋，限於盡性的交替。而且只用於不能獨立的小句。

18.73 表示盡性交替關係，另有一種較強硬的說法，⌊非甲則乙⌋。這個句法雖然利用假設句的形式(若非甲，則乙)，但用意所在仍是表示甲與乙之間的交替關係。例如：

> 這一向不是下雨就是下雪，簡直沒遇到好天。

> 他不是左丟一鼻子，就是右扯一眼，迨至指桑罵槐，尋端覓釁。(兒，二七)

> 此不北走胡即南走越耳。(史，季布傳)

> 大約軍事之敗，非傲即惰，二者必居其一。

> 若非羣玉山頭見，會向瑤臺月下逢。(李白詩)

18.74 還有一種假設句法常用來表示交替關係：先說一事，然後

用⌊(要)不⌉折入第二事(參閱 22.73)。例如：

可就是這一頭兒沒得車道;騎牲口，不就坐二把手車子也行得。(兒，一四)

這麼長天，你也該歇息歇息，或和他們頑笑;要不瞧瞧林妹妹去也好。(紅，六四)

他姪兒也眞乖覺，總是敲我竹槓，託我買東西。要不是，就有算學難題叫我替他做。(姑姑)

不如立其兄弟，不卽立趙後。(史，張耳陳餘列傳)

嘗試語於眾曰，⌊某良士，某良士。⌉其應者，必其人之與也;不然，則其所疏遠，不與同其利者也;不然，則其畏也。不若是，強者必怒於言，懦者必怒於色矣。(韓愈，原毀)

第二例先用⌊或⌉，後用⌊要不⌉，連接三個交替之件。末例因已用⌊不然⌉表交替，故次句作相反假設時改用⌊不若是⌉。

兩　非

18.81　兩非句指用⌊(旣)不……(又)不⌉等詞連繫的句子。這一類句子的肯定式，也許是加合，也許是交替，旣經否定，結果是一樣。例如⌊不麻不禿⌉，可以說是⌊又麻又禿⌉的否定，也可以說是⌊或麻或禿⌉的否定。肯定的時候，加合和交替是兩種關係：兩者兼有，或兩者有其一;否定的時候，只有一個意義：　兩者皆無。(中文用⌊旣不……又不⌉，是當作加合句的否定，更確切點說是否定句的加合;英語用 neither……nor，是當作交替句的否定。)以下是兩非句的例子：

旣不抽煙，又不喝酒，這幾個錢儘够他零花了。

新來瘦，非關病酒，不是悲秋。(李清照詞)

富貴不能淫，貧賤不能移，威武不能屈，此之謂大丈夫。(孟，滕文公下)

18.82　以上例句都可以算是順同性加合或不盡性交替的否定，這

個沒有什麼可以討論。比較有意思的是對待性加合(18.47)或盡性交替的否定。對待性加合常含有矛盾，如⌞既欲其生，又欲其死⌝，交替句改爲兩者擇一，就消除了這個矛盾，如⌞或欲其生，或欲其死⌝。現在兩端俱加否定，又就有了矛盾。有時形成一種無辦法或不調和的情境，例如：

> 非鴉非鳳；非驢非馬。

> 不中不西；不僧不俗。

> 男不男，女不女。

> 不戰，不和，不守；不死，不降，不走。

> 哭不得，笑不得。〔啼笑皆非〕

> 去又不是，不去又不是。〔去住兩難〕

> 每年間鬧一春一夏，又不老，又不小，成什麼?(紅，四五)

> 既不能令，又不受命，是絕物也。(孟，離婁上)

> 既不能彊，又不能弱，所以斃也。(左，僖七)

18.83　有時候，矛盾變爲折衷，例如：

> 不中不西＝半中半西。

> 不新不舊＝半新半舊。

⌞半新半舊⌝又可以說⌞半新不舊⌝，那是兩種說法混而爲一的結果；又或說⌞道新不舊⌝，那是⌞道新不新，道舊不舊⌝之省。這兩種說法，照字面都是不好講的，但已經成爲熟語。

18.84　還有用兩非句表恰到好處的，例如：

> 這幾句話，不卑不亢，異常得體。

> 早也不來，遲也不來，剛開飯，你來了。

> 不高不低，一箭射個正着。

> 不大不小；不疾不徐；不卽不離。

這些例句裏何以無矛盾而只有恰好? 原來這些被否定的形容詞都

應該加一個「太」字講，「不大不小」意思是「不太大，不太小」。

排　除

18.91　表示排除關係，用「除……外」或「自……外」，或單在上面用「除」，或單在下面用「外」。所排除的往往只是一個詞，就是說底下所說的事實不適用於這個詞所代表的一部分人或物（或事）。例如：

我這裏除了鄧褚二家之外，再沒個痛癢相關的人。(兒，二〇)

中國之畫，自肖象而外，多以意構。(圖畫)

除了喝酒，什麼都可以奉陪。

除卻天邊月，沒人知。(韋莊詞)

大鐵椎外，一物無所持。(鐵椎)

18.92　有時候「除」字底下是一個小句，這個小句代表一個和下面的小句正相反對的事實。例如：

除了玉鳳姑娘不吃煙，那娘兒三人每人一袋煙。(兒，二〇)

除了酒喝你不過，別的無不可以奉陪。

我國造象：自如來袒胸，觀音赤足，仍印度舊式外，鮮不具冠服者。(雕刻)

18.93　還有些句子，雖然用排除的句法，實際上所包含的卻是加合關係，而且多數是遞進的（參閱 18.36），這不可不和前邊的例句辨別。例如：

大鐵椎外，復挾短劍。

除已向該行掛失外，特再登報聲明。

不設色之畫，其感人也，純以形式及筆勢；設色之畫，其感人也，於形式筆勢之外，並用激刺。(圖畫)

賣不到錢還不算，還常捱打受罵的。(冬兒)

第十九章　異同・高下

19.11　異同，高下，都生於比較，所以本章所論句法可以總稱爲比較句。兩件事情，要是完全相異，那就或是無關係可言，如 ⌐今天熱⌐ 和 ⌐你姓張⌐，或是構成別種關係，如 ⌐今天熱，不去了⌐（因果），⌐你姓張，又是濟南人⌐（加合），但不構成比較關係。必須有相同的部分，又有相異的部分，才能同中見異，或異中見同，才能有比較關係：同中見異，如 ⌐昨天熱，今天更熱⌐（高下）；異中見同，如 ⌐你姓張，我也姓張⌐（類同）。

類　同

19.12　先討論類同關係，就是白話的 ⌐也⌐ 和文言的 ⌐亦⌐ 所表示的關係。這兩個字是一個詞的一古一今的兩個形式，本是限制詞，但用在這類句子裏有連繫的作用。⌐也⌐ 字常疊用在上下句，⌐亦⌐ 字多數單用在下句，下面按相比的部分分類舉例。

兩小句的主語相比，如：

雲是白的，山也是白的；雲有亮光，山也有亮光。（老殘，一二）

我喜，您也喜，大家同喜。（冬兒）

魚，我所欲也；熊掌，亦我所欲也。（孟，告子上）

語未畢，予泣，嫗亦泣。（項脊）

我能往，寇亦能往。（左，文十六）〔兼條件關係〕

19.13　止詞或補詞相比，如：

我此舉也算爲你，也算爲我。（兒，一六）

也難爲你妹妹眞會說，也難爲你眞聽話。（兒，二七）

這可就是作父母帶兒女的心腸，叫作乖的也疼，獃的也疼。（兒，二六）

你既給他做了一個，也得給我做一個。〔兼因果〕

不受於褐寬博，亦不受於萬乘之君。(孟，公孫丑上)

19.14　主語和謂語的一部分交換比較，如：

好孩子會變壞，壞孩子也會變好。

我自來不會合人頑笑，也從沒人合我頑笑。(兒，三八)

不但你想見他們，他們也在那裏想見你。(兒，二〇)〔兼遞進〕

謀人，人亦謀己。(左，宣十四)〔兼條件〕

19.15　謂語的附加部分(包括條件小句)相比，如：

放着自己的正經不幹，東也去插一手，西也去插一手。

這個菜也可以生吃，也可以熟吃，也可以蒸了吃，也可以炒了吃。

僧們都是至親骨肉，說那裏的話，家裏也是住着，在這裏也是住着。(紅，六四)

你以爲可，也是這樣定了；你以爲不可，也是這樣定了。(兒，九)

臣飲一斗亦醉，一石亦醉。(史，滑稽列傳)

19.16　⌊也⌉字和⌊亦⌉字的基本作用是表示類同關係，但用⌊也⌉和⌊亦⌉連繫的句子可以同時有別種關係，如因果和條件(例見上)；又可以發展爲遞進的關係(參閱18.37及23.32—36⌊連……也⌉)。更重要的，這類句子又常常用來表示⌊無論……⌉的意思。不但上面最後幾個例句，條件異而結論同，顯然屬於這一類：⌊無論喝多喝少⌉，⌊無論你答應不答應⌉；其他例句中也有好些個隱含此意：⌊無論乖的獃的，全都疼⌉，⌊無論家裏這裏，一樣的住⌉，⌊無論生熟蒸炒，都可以吃⌉。(參閱23.51—54)。

在另一方面，⌊也⌉和⌊亦⌉所表的關係也可以變成很淡薄，結果我們不感覺前後兩事之間有多大的類同，只覺得是一種泛泛的聯合。我們上面所舉例句中沒有動詞相比以及全部謂語相比的例子。換句話說，那些例句中，相比的卽相異的部分各各不同，而相同的部分卻都是謂語或謂

語的核心,一個動詞或是形容詞。類同關係是異中見同,類同之感建立在相同的部分之上。謂語是句子的重心所在,謂語同則類同之感強。要是只有主語相同,實不足以產生充分的類同之感。以下的例句中,有動詞雖異而附加部分相同的,這裏面我們還覺得有相當的類同關係;有僅只主語相同的,有全無相同的部分的,這些都可認爲僅表兩事的一般聯合(其餘例句見18.13)。

> 他也會做詩,也會畫畫,就只不知道飯是怎麼做的。

> 君以此始,亦必以終。(左,宣十二)

> 茶也喝夠了,時候也不早了,咱們走罷。

> 累十餘戰,輒捷;而公亦身中數創。(彭紹升,任公畫像贊)

比　擬

19.21　我們常常說這件東西像那件東西,或是說這件事情像那件事情。表示兩物或兩事之間的類似關係,白話用⌊像⌉,文言用⌊似⌉、⌊如⌉、⌊若⌉、⌊猶⌉等。這些詞,以前說過,是⌊準繫詞⌉(5.54);而⌊繫詞⌉,雖然據有動詞的位置,以作用而論實無異於關係詞。此外,白話又用⌊一樣⌉或⌊似的⌉(此處⌊似⌉音⌊是⌉,所以也有就寫作⌊是的⌉的),放在用來比較的事物之後,和⌊像⌉、⌊如⌉等字不同,倒像個詞尾似的。

我們說⌊什麼像什麼⌉,有時是實實在在的⌊像⌉,如⌊猢猻像人⌉,⌊花紅似蘋果而較小⌉;有時是活用,就是修辭學上所說⌊比喻⌉,例如⌊車如流水馬如龍⌉。尤其是兩事相比,大多屬於比喻,因爲事情不像物件,他們的相似點大率不是官覺所能直接覺察的。同是比喻,也有明顯和不明顯的分別:例如馬和龍的類似(驕健)是容易看出的,車和流水的相似(不斷)就不這樣明顯,要求更多的想像力,因而也就獲得更大的修辭效果。在這類比喻句內,我們不但可用⌊如⌉、⌊若⌉等準繫詞,還可以用⌊是⌉

和⌊爲⌉；實比的句子反而不行。

19.22　就句法上說，兩事相比和兩物相比不同，兩事相比又因動詞的同異而有分別。還有一個區別，是相似之點的說明或不說明。

兩物可以相比，一定是因爲兩者之間有相同的屬性（形狀，顏色，以及更抽象的什麼）。有些句子裏含有表明這個屬性的形容詞，例如：

眉毛彎彎的，淡淡的，像新月。（冰心，分）

急得熱鍋上螞蟻一般，一夜也不曾好生得睡。（兒，三）

君子之交淡若水，小人之交甘若醴。（莊，山木）

餘音嫋嫋，不絕如縷。（赤壁賦）

問君能有幾多愁？恰似一江春水向東流。（李後主詞）

有許多成語是屬於這一式的，如：

猛如虎，貪如狼。

安如磐石，危若朝露。

翩若驚鴻，婉若游龍。

19.23　上面的例句中，先說出形容詞，後說出用來相比的物件。又有把這個次序倒過來，把形容詞說在後頭的，如以下的例句：

雪一樣的白；天一般的高。〔更緊縮爲⌊雪白，冰冷⌉〕

聞今溪峒有一黃淡色馬，高止四尺餘，其耳如人指之小，其目如垂鈴之大。（嶺外代答）

如月之恆，如日之升，如南山之壽……如松柏之茂。（詩，小雅）

但教心似金鈿堅，天上人間會相見。（白居易，長恨歌）

夫兵猶火也，弗戢將自焚也。（左，隱四）

19.24　有時候，兩物相比，不說明類似點。或是因爲是形狀，顏色，聲音等等相似，無需說明（實比句）。或是故意不說明，以含蓄見勝（比喻句）。其實，如上節的末了一例，若是截去說明的小句（其餘的例句也有

可以省去形容詞的),也就和下面的例句相同了。

他長得眞像他哥哥,不是熟人竟分不出誰是誰。

這孩子可利害,從小就是大男孩似的,一直到大也沒改。(冬兒)

便拉着賈母,扭的扭股糖兒是的,死也不敢去。(紅,二三)

手如柔荑,膚如凝脂,領如蝤蠐,齒如瓠犀。(詩,衞風)

回樂峯前沙似雪,受降城外月如霜。(李益詩)

聞有聲自西南來者……如波濤夜驚,風雨驟至。(秋聲賦)

世稱庾文康爲豐年玉,稺恭爲荒年穀。(世說,賞譽)〔謂庾亮、庾翼,亮有廊
廟之器,翼有匡世之才。〕

子陽,井底蛙耳。(馬援傳)〔不用繫詞〕

19.25　以上是兩物相比的例子,以下說兩事相比。同一主語所爲
兩事相比,用同一動詞,或複出或不複出。實比爲多。例如:

君之視臣如手足,則臣視君如腹心;君之視臣如犬馬,則臣視君如國人;君
之視臣如草芥,則臣視君如寇讎。(孟,離婁下)

吾未見好德如好色者也。(論,子罕)〔「好」複出〕

今漢王慢而侮人,罵詈諸侯羣臣如罵奴耳。(史,彭越傳)〔「罵」複出〕

嗟乎,使平得宰天下,亦如是肉矣。(史,陳丞相世家)〔亦如宰是肉〕

19.26　主語無定(省略)或主語不同之兩事相比,動詞也不一定相
同的,大率是比喩性質。有在底下說明類似點(卽可以相喩之道)的,例
如:

人有聚就有散,聚時歡喜,到散時豈不冷淸?既冷淸則生感傷,所以倒是不
聚的好;比如那花,開時令人愛慕,謝時則增惆悵,所以倒是不開的好。
(紅,三一)

敎學者如扶醉人,扶得東來西又倒。(二程語錄)

爲學正如撐上水船,一篙不可放緩。(朱子語類)

善養生者若牧羊然,視其後者而鞭之。(莊,達生)

陛下用羣臣,如積薪耳,後來者居上。(史,汲鄭列傳)

以地事秦,如抱薪救火,薪不盡,火不滅。(蘇洵,六國論)

19.27　也有寓意甚明,不必解說的,例如:

以齊王,由反手也。(孟,公孫丑上)〔一樣容易〕

以若所爲求若所欲,猶緣木而求魚也。(孟,梁惠王上)〔一樣困難〕

孤之有孔明,猶魚之有水也。(蜀志,諸葛亮傳)〔一樣融洽〕

僕之思歸,如痿人不忘起,盲者不忘視也。(史,韓王信傳)〔一樣的念念不忘〕

士赴矢石,如渴得飮。(史,貨殖傳)

神之於質,猶利之於刃;形之於用,猶刃之於利。(范縝,神滅論)

19.28　另有一類兩事相比的句子,不用「猶」、「如」等字連繫,採取平行的結構,比喻在前,正意在後。這些比喻句,不但句法和前面幾種不同,作用也有點兒兩樣。前邊的例子都是卽事爲喻,這個比喻也許是現成的,但正句則爲當時的特殊的一件事。而下面的例句則比喻之後繼以原理式的論斷,儘管切合目前之事, 但和上下文在句法上不相聯屬。好些諺語或格言採取這個形式。例如:

鐘不打不響;話不說不明。(兒,五)

路遙知馬力;日久見人心。

豹死留皮;人死留名。(五代史,王彥章傳)

伐柯如何?匪斧不克;取妻如何?匪媒不得。(詩,豳風)

射人先射馬;擒賊先擒王。(杜甫詩)

19.29　古所謂「隱語」,北京現在稱爲「俏皮話」者,其實也只是一種比喻句,用一件事情(一個小句,或一個詞組)來刻畫一個情景,或繼以說明,或省而不說(這樣的就叫「歇後語」)。論句法,和上面19.26—7

兩節的例句相似。不同的是：不用⌊猶⌉、⌊如⌉等字，常常正句歸正句，比喻另用⌊這叫做⌉之類的詞開端；有時前面有一個主語，卻又往往直接下面的說明句，當中的比喻彷彿是一個⌊插語⌉。總之，基本的句式是一喻一解，而用在連貫的言語裏則有種種變化。例如：

啞子吃黃連，有苦說不出。

火燒眉毛，且顧眼前。

那寶玉是個⌊丈八的燈台⌉，照見別人照不見自己的。（紅，一九）

也不是我壞良心兒兜攬你，因爲咱們倆是⌊一條線兒拴兩螞蚱⌉，飛不了我，逃不了你的。（兒，四）

這就叫⌊禿子當和尚，將就材料兒⌉。（兒，六）

這叫作⌊清晨吃晌飯⌉，早呢。（兒，三二）

你這孩子才叫他娘的⌊狗拿耗子⌉呢！你又懂得幾篇兒是幾篇兒？（兒，三四）〔多管閒事〕

不用問，狗嘴裏還有象牙不成？（紅，四二）〔他嘴裏不會有好話〕

近　似

19.30 另有一類句子，這裏面並非以一事比另一事，只是一句話不願意說得十分肯定，只說是⌊似乎如此⌉。這裏面也有比喻性質的，就是明明不會有這樣的事，只是⌊就像有這樣的事似的⌉。表示這種⌊近似⌉的概念，白話仍用⌊像⌉和⌊似的⌉；文言多用⌊若⌉字，⌊如⌉字較少，更不用⌊猶⌉，底下常有⌊然⌉字或⌊者⌉字相呼應。例如：

我站得遠，沒看清，樣子像是他哥哥。

成天皺起個眉，就像天要掉下來似的。

聽他的口氣，就像已經不成問題了似的。

你可問他麽，倒像屋裏有老虎吃他呢！（紅，二一）

他沉思了，似乎要追想起那時的情景來。(鴨的喜劇)

耿耿不寐，如有隱憂。(詩，北風，柏舟)

夫雞肋，食之則無所得，棄之則如可惜。(後漢，楊修傳)

山有小口，髣髴若有光。(桃源)

其聲嗚嗚然，如怨如慕，如泣如訴。(赤壁賦)

人之視已，如見其肺肝然。(大學)

松外東來一衲，負卷帙踉蹌行，若爲佛事夜歸者。(核工)

子之哭也，一似重有憂者。(檀弓)

高　下

19.41　我們常常就某一種屬性來比較兩件東西(或事情)，因而分出高下，大小，長短，難易等等。就高者對下者說是⌊勝過⌋，就下者對高者說是⌊不及⌋；高下同則爲⌊均齊⌋，一勝餘則爲⌊尤最⌋。

比較兩件東西的高下，發爲問題，可以有兩種句式。一種句式是用抉擇式是非問句，例如：

英文難學呢，還是法文難學？

君貴乎，民貴乎？

第二種句式是應用抉擇指稱詞⌊哪⌋和⌊孰⌋，這在13.33已經講過。可是⌊孰⌋字除⌊父與夫孰親？⌋這種句式外，還可以和⌊與⌋連用，把拿來比較的兩個名詞分嵌在上下兩頭。用以相較的形容詞通常在後，間或也可以在前。在這種句式裏，有時也用⌊何如⌋來代⌊孰與⌋。例如：

忌不自信而復問其妾曰，⌊吾孰與徐公美？⌋……且日客從外來，與坐談，問之客曰，⌊吾與徐公孰美？⌋(齊策一)

沛公曰，⌊君安與項伯有故？⌋張良曰……沛公曰，⌊孰與君少長？⌋良曰，⌊長於臣。⌋(項羽)

參免冠謝曰,⌊陛下自察,聖武孰與高帝?⌉(史,曹相國世家)

長安何如日遠?(世說,夙惠)

例一裏⌊孰與⌉和⌊與……孰⌉二式同見。例三形容詞在⌊孰與⌉前。

19.42　表示均齊，所用句法一部分跟兩物相比的比擬句差不多，在意念上，這兩類句子也難於分清。例如·

他跟他哥哥一般兒高。

只要是出門,一百里和一千里是一樣的麻煩。

這裏最熱的日子也有我們家鄉那麼熱。

你能跳多高,我能跳多高。

安得萬里裘,蓋裏周四垠,穩暖皆如我,天下無寒人?(白居易詩)

戴半簾搭在橫竹上,垂至地,高與桌齊。(記趣)

19.43　我們又可以用否定差異的說法來表均齊，如：

這孩子吃飯也不比人少,不懂爲什麼老長不好。

經營居積,年入不下十萬。

婿身名宦盡不減嶠。(世說,假譎)

不　及

19.44　表示不及，文言用⌊不如⌉爲主。照字面講，⌊不如⌉只是⌊不一樣⌉，應該過與不及都可適用，但實際只限於⌊不及⌉。例如：

十室之邑,必有忠信如丘者焉,不如丘之好學也。(論,公冶長)

得漢食物皆去之,以示不如湩酪之便美也。(史,匈奴傳)

徐公不若君之美也。(齊策一)

白話除用⌊不如⌉外，又說⌊比不得⌉、⌊趕不上⌉、⌊沒有⌉等等：

今年的收成不如去年好。〔去年=去年的收成〕。

你應該說,這張照片固然很好看,但是總不及照片的主人好看。(一隻馬蜂)

地氣北轉了，這裏在先是沒有這麼和暖。(鴨的喜劇)

19.45　以上的例句都說出用作比較標準的屬性。有時這個屬性不說明：在這些句子裏，⌊不如⌋之後可說隱有⌊佳⌋、⌊便⌋、⌊可取⌋、⌊可恃⌋、⌊有效⌋、⌊能幹⌋等形容詞。例如：

百聞不如一見。(漢，趙充國傳)

天時不如地利，地利不如人和。(孟，公孫丑下)

不聞不若聞之，聞之不若見之，見之不若知之，知之不若行之。(荀，儒效)

19.46　有時又在這類句子的頭上加一小句，表示⌊佳⌋、⌊便⌋等適用的方面，有⌊若論……⌋之意。或在比較句之後再來一個解釋小句，有⌊因爲……⌋之意。例如：

騏驥驊騮，一日而馳千里，捕鼠不如狸狌。(莊，秋水)

夫用貧求富，農不如工，工不如商，刺繡文不如倚市門。(史，貨殖傳)

長恨人心不如水，等閒平地起波瀾。(劉禹錫詩)

勝　過

19.51　表示勝過，白話裏有兩個方式。一是分作兩小句說，下者在先，高者在後，後者的形容詞前加⌊更⌋字。例如：

我只說我慢了，誰知你更慢。

幾棵楓樹映照在晚霞裏，太陽紅，楓葉更紅。

19.52　第二個方式是用⌊比⌋字連接相比的兩件東西，高者在先，下者在後，底下的形容詞或在其前加⌊還⌋或⌊更⌋，或在其後加⌊些⌋(點)，或前後都加，或前後都不加。例如：

電燈比油燈亮，花錢也比油燈省。

他不想攥的比張姑娘更攥，點着了照舊遞到公公手裏。(兒，三五)

你還要比？你還要笑？你不比不笑，比人家比了笑了的還利害呢。(紅，二二)

這兒比你那兒淸靜點兒。

他要寫個字條兒,比拉個頭號硬弓還要費力些。

以上兩節例句中,凡是用⌊更⌉或⌊還⌉的,雖有高下之分,兩者都是正性的;不用⌊更⌉或⌊還⌉,就似乎是一正一負了。比較:

今天比昨天冷。〔昨天不算冷〕

今天比昨天還冷。〔昨天已經相當冷〕

19.53　不但在回答對方的問話的時候,可以只說一端,例如:

⌊靑城和峨眉哪一處風景好?⌉——⌊我覺得峨眉好。⌉

就是不是回答問話,也可以省去相比的一端。這種句子裏大率要加用⌊些⌉字,間或用⌊更⌉;不用⌊還⌉;在加語裏又可用⌊再⌉。例如:

就拿今日的天氣比,分明冷些,怎麼你到脫了靑肷披風呢? (紅,二〇)〔比昨天〕

這兩日方覺身上好些了。(紅,六四)〔比早兩日〕

這個還嫌小些,再大(些)的還有沒有?〔比我要的小些;比這個大的。〕

19.54　文言裏也有用⌊比⌉、⌊視⌉等字連接相比的兩端的。例如:

圖畫之內容……視建築雕刻爲繁複。(圖畫)

有功之生也,孺人比乳他子加健。(先妣)

19.55　但是文言裏表示勝過的最普通的形式是在形容詞後加⌊於⌉。相比之兩端,高者位於其前,下者位於其後。例如:

小子識之,苛政猛於虎也。(禮記,檀弓下)

王如知此,則無望民之多於鄰國也。(孟,梁惠王上)

霜葉紅於二月花。(杜牧詩)

一樹春風萬萬枝,嫩於金色軟於絲。(白居易,詠柳)

間或有省去這個⌊於⌉字的,例如:

弊邑之王所甚悅者無大大王,惟儀之所甚願爲臣者亦無大大王。(秦策二)

退而讓頗，名重太山。（史，廉藺列傳）

夫冀北馬多天下。（韓愈，送溫處士序）

海潮南去過潯陽，牛渚由來險馬當。（李白詩）

早期白話也有用⌐如⌐和⌐似⌐表比較的句子，和文言的用⌐於⌐的句法相同。現在只用於遞進式的比較，而且也和文言句子裏的⌐於⌐字一樣，有時可以省去。例如：

蕉子，芭蕉極大者……又名牛蕉子。雞蕉子，小如牛蕉……芽蕉子，小如雞蕉，尤香嫩甘美。（桂海虞衡志）

三個孩子一個強似一個，你叫他怎麼不樂？〔遞進〕

從這裏起，就一步難（似）一步了。〔遞進〕

尤　最

19.56 尤最卽通常所謂⌐極比⌐，意思是說某一事物在某種性質上勝過（或不及）其餘的同類事物。表示這個意思有兩種方式：或是從正面說，或是從反面說。從正面說，普通應用⌐最⌐、⌐尤⌐（⌐尤其⌐）、⌐較⌐（⌐比較⌐）等字。⌐最⌐字的例如：

最後五分鐘；最近三百年。

這麼些個孩子，數你最淘氣。

西南山水，惟川蜀最奇。（宋濂，送陳庭學序）

無情最是臺城柳，依舊煙籠十里堤。（韋莊詩）

⌐最⌐、⌐尤⌐、⌐較⌐三字雖然同是表示勝過其餘，但不能交換使用，因為涵義不同。⌐最⌐是純正的極比，對於其餘事物的性質正負無所假定。用⌐尤⌐字就假定其餘也都是正的，例如：

流行性感冒是一種傳染病，身體不好的人尤其容易感染。

蒼本好書，無所不觀，無所不通，而尤善律曆。（史，張丞相傳）

於故人子弟爲吏及貧昆弟,調護之尤厚。(史,酷吏傳)

其西南諸峯,林壑尤美。(醉翁亭記)

用⌈較⌉字則假定其餘的爲負,例如:

各科之中,算術較難。

昧理之人,於事理之較爲複雜者,輒不能了然於其因果之相關。(理信與迷

信)

說⌈算術較難⌉,意思是說其餘各科⌈較易⌉。若說⌈尤難⌉,就是其餘⌈亦

難⌉。若說⌈最難⌉,則其餘或難或易,無所可否。

⌈尤⌉字的意思和⌈更⌉字相近,⌈較⌉字的作用和⌈些⌉字相似。⌈較⌉字

是現代才有的用法,⌈些⌉字是口語裏舊有的說法。⌈更⌉和⌈些⌉也可用在

一物和餘物相比的句子,例如:

各樣功課裏頭,就只算術難些。

這得用隔年的雪水,立春前下的更好。

19.57 從反面說的方式就是否認有勝過某物者,如此則不獨某物

之爲最勝,顯然可見,而且比從正面說更有力。例如:

滑再滑不過你了,也不知是眞話啊,也不知是賺人呢。(兒,三二)

再沒有比這一羣建築更調諧更勻稱的了。(康橋)

該做的事沒有做完,便像是有幾千斤重擔子壓在肩頭,再苦是沒有的了。

(最苦與最樂)

天下莫大於秋毫之末,而太山爲小;莫壽於殤子,而彭祖爲夭。(莊,齊物論)

治地莫善於⌈助⌉,莫不善於⌈貢⌉。(孟,滕文公上)

晉國,天下莫強焉。(孟,梁惠王上)〔焉=於之〕

樂莫樂兮新相知,悲莫悲兮生別離。(古詩)

首末兩例的形容詞都複出,第一個上面隱有⌈若論⌉之意。

就動作比較

19.58　以上都是就屬性（形容詞）來比較，可是我們有時也就動作（動詞）來比較。嚴格說，動作是不能比較高下的，只有在動作的程度上分強弱。所以往往用⌐甚⌐字來表程度，就⌐甚⌐字作比較。例如：

太后曰，⌐丈夫亦愛憐其少子乎？⌐對曰，⌐甚於婦人⌐。太后笑曰，⌐婦人異甚。⌐對曰，⌐老臣竊以爲媼之愛燕后，賢於長安君。⌐曰，⌐君過矣，不若長安君之甚⌐（趙策四）。〔⌐異甚⌐，尤甚；⌐賢於⌐卽⌐甚於⌐，可與英語 better 比較。〕

後會五銖錢白金起，民爲姦，京師尤甚。（史，酷吏傳）

上平生所憎，羣臣所共知，誰最甚者？（留侯）

老臣有四男一女，愛女甚於男。（漢，張禹傳）

但我們也常常直接用動詞來比較。例如：

吾愛吾師，吾尤愛眞理。〔比較上舉⌐愛女甚於男⌐〕

然是說也，余尤疑之。（蘇軾，石鐘山記）

天下誰最愛我者乎？（史，佞幸傳）

他姑媽最愛他。〔兩種意義：或爲⌐誰最愛他？⌐的答語，或爲⌐他姑媽最愛誰？⌐的答語〕

得失：寧．

19.61　比較兩件事情的利害得失，不僅是認識的問題，實與行動有關。所用句法和判別兩物高下的句子也頗有異同。可以分成用⌐寧⌐和用⌐不如⌐的兩類，兩類都可以加用⌐與其⌐。

先討論用⌐寧⌐的句子，並且先說問話式。這類較量得失的問話，或疊用兩⌐寧⌐字，或上用⌐寧⌐而下用⌐將⌐、⌐抑⌐等字（如意存去取，則大率

可取之一端用〔寧〕),屬於抉擇式是非問句。例如:

此龜者,寧其死爲留骨而貴乎?寧其生而曳尾於塗中乎?(莊,秋水)

虞卿謂趙王曰:〔人之情寧朝人乎?寧朝於人也。〕趙王曰,〔人亦寧朝人耳,

何故寧朝於人?〕(趙策四)

寧正言不諱以危身乎?將從俗富貴以偷生乎?(楚辭,卜居)

白話用〔還是〕,和一般抉擇是非問(16.41)無別。

19.62 直陳得失有二式,都用〔寧〕字表可取的一端。或上用〔與
(其)〕,下用〔(毋)寧〕,例如:

禮,與其奢也,寧儉;喪,與其易也,寧戚。(論,八佾)

與其害於民,寧我獨死。(左,定十三)

燕將見魯連書,喟然嘆曰,〔與人刃我,寧自刃。〕乃自殺。(史,魯仲連傳)

19.63 或上用〔寧〕,下用〔毋〕或〔不〕。用〔毋〕的例如:

寧爲雞口,無爲牛後。(韓策一)

寧見乳虎,無值寧成之怒。(史,酷吏傳)

寧闕無濫。

〔寧……不……〕通用於文言和白話,但白話不很單說〔寧〕字,常說〔寧
可〕。例如:

寧飲建業水,不食武昌魚;寧還建業死,不止武昌居。(吳志,陸凱傳)

吾寧鬥智,不能鬥力。(項羽)

大丈夫寧可玉碎,不能瓦全。(北齊書,元景安傳)

寧撞金鐘一下,不打鐃鈸三千。(紅,七二)

白話還有省去〔寧〕字的,例如:

一手托兩家,就遲不就錯。(兒,一七)

19.64 接答問句,可以單用〔寧〕字,說明可取之一端,如19.61例
二趙王答語。不接問話而單用〔寧〕字的例子也有。要是所比之事不明

（卽⌐如此⌐與⌐不如此⌐相比），則常常加⌐的好⌐、⌐之爲愈⌐，等於說⌐最好是……⌐，例如：

趙予璧而秦不予趙城，曲在秦。均之二策，寧許以負秦曲。（史，廉藺列傳）

但吾人所以律己者，寧多盡義務而少享權利。（權利與義務）

只怕將來有事，偺們寧可疏遠着他好。（紅，七二）

不　如

19.65　得失句的另一類，問話式用⌐孰⌐字表抉擇，如：

殺晉君，與逐出之，與以之歸，與復之，孰利？（晉語三）

但通常把詞序換過，用⌐孰與⌐連接兩端，如：

大天而思之，孰與物畜而裁之？從天而頌之，孰與制天命而用之？（荀，天論）

邯鄲之難，趙求救於齊，田侯召大臣而謀曰：⌐救趙孰與勿救？⌐鄒子曰：⌐不如勿救。⌐（齊策一）．

這種問句，或爲眞性詢問，如例二；或意存去取，則可取的一端大率放在⌐孰與⌐之後，如例一。

19.66　若前端加⌐與其⌐，那就多數是反詰，後面多用⌐孰若⌐或⌐豈若⌐，都等於⌐不若⌐。例如：

且而與其從辟人之士也，豈若從辟世之士哉？（論，微子）

與其有譽於前，孰若無毀於其後？與其有樂於身，孰若無憂於其心？（韓愈，送李愿歸盤谷序）

明用⌐不若⌐或⌐不如⌐的，如：

喪禮，與其哀不足而禮有餘也，不若禮不足而哀有餘也；祭禮，與其敬不足而禮有餘也，不若禮不足而敬有餘。（禮記，檀弓）〔比較19.62論語例〕

與其生而無義，固不如烹。（史，田單傳）

19.67　以上都是文言的句式。白話無⌐孰與⌐式的問話，只有用⌐不

如¹的直陳。上端的⌊與其¹也大率不說,形式和一般比較句之⌊不及¹式一樣。如:

> 與其那樣,還不如及早認淸自己的深淺。(康橋)

> 求人不如求己。

> 多一事不如少一事,是懶人的話。

19.68 單用⌊不如¹,接答問話,如 19.65 末例。又有不接問話,甚至無比較之事的例子,如:

> 這幾天太陽已經很利害,不如叫他們先把南房裏的皮衣服拿出來晒一晒。(一隻馬蜂)

> 倒不如蓬門僻巷,教幾個小小蒙童。(鄭燮,道情)

> 司馬錯欲伐蜀,張儀曰:⌊不如伐韓。¹(秦策)

> 春夏有鳥,若云⌊不如歸去¹,乃子規也。(禽經)

這一類句子,文言裏用⌊莫若¹比用⌊不如¹更普通。例如:

> 方今之務,莫若使民務農而已矣。(重農貴粟疏)

> 東亦客也,不可以久。圖久遠者,莫如西歸。(祭十二郎文)

倚　變(比例)

19.71 前面討論的同異、高下、得失等等,都是靜止的比較。有時兩件事情都在變化,而互相關聯,共進共退,這樣的時候我們說這兩件事情之間有倚變的關係,或函數的關係,含混一點,也可以說是比例的關係。表示這種關係文言用⌊愈¹,白話用⌊愈¹或⌊越¹,上下疊用。例如:

> 越大越沒規矩。(紅,二○)

> 一時越着急越沒話,越沒話越要哭。(兒,四○)

> 主張越出越多,頭緒愈弄愈繁,辦事的人也一天增加一天。(求學)

> 人有畏影惡迹而去之走者,舉足逾數而迹逾多。(莊子)

武士勁卒愈多，愈多愈病耳。(魏志，杜恕傳)

入之愈深，其進愈難，而其所見愈奇。(遊褒禪山記)

19.72　間或有單在下半句用⌊愈⌉、⌊益⌉等字的，也可以表示倚變，如：

上間曰：⌊如我能將幾何？⌋信曰：⌊陛下不過能將十萬。⌋上曰，⌊於君何如？⌋曰，⌊臣多多而益善耳。⌋(淮陰)〔＝愈多愈善〕

清之而俞濁者，口也；豢之而俞瘠者，交也。(荀，榮辱)〔＝愈清之而愈濁〕

19.73　但多數單用的⌊愈⌉字或⌊益⌉字，沒有繼續變化之意，只是單純的增益，等於說⌊更加⌋。和這相聯的小句，也許僅僅指示另一件事與此在時間上相關，但很多時候兼有指示原因的作用，這兒的⌊愈⌉或⌊益⌉就有⌊因此更加⌋之意。白話在此等處不單說⌊越⌋而說⌊越發⌋。此外，白話也用⌊更⌋，文言也用⌊加⌋和⌊彌⌋。例如：

只聽桂花陰裏又發出一縷笛音來，果然比先越發淒涼。(紅，七六)

人家恭維了他兩句，他就越發得意忘形了。

這更好了，人家本主兒出來了。(兒，一七)

丞相遂發病死，錯以此愈貴。(史，鼂錯傳)

或遇其叱咄，色愈恭，禮愈至。(送馬生序)

少年聞之，愈益慕解之行。(史，郭解傳)

西人更益以繪影寫光之法，而景狀益近於自然。(圖書)

燕王知之，而事之加厚。(史，蘇秦傳)

天下愚者衆而賢者希，愚者固忌賢者；賢者又自守，不與愚者合，愚者加怨焉。(王安石，答段縫書)

退而修詩書禮樂，弟子彌衆。(史，孔子世家)

19.74　一件事情的變化，可以是與時間並行，即為時間的函數。表示這種關係用⌊日益⌋，例如：

法令誅罰，日益刻深。(史，李斯傳)

田氏日以益尊於齊。(史，司馬穰苴傳)

毛血日益衰，志氣日益微。(祭十二郎文)，

可以注意的是只用「益」，不用「愈」。有時連「益」字也省去，例如：

其友皆好矜奮，創作比周，則家日損，身日危，名日辱。(墨子，所染)

故君子之所以日進，與小人之所以日退，一也。(荀，天論)

這是文言的說法，白話的說法是重複時日詞，或兼用「似」字(參閱19.
55)。例如：

離大考一天近(似)一天，大家都埋頭用起功來。

諸君自己的家況，還是一年好一年呢，還是一年不如一年？(夏丏尊，你須
知道自己)

雨短煙長，柳橋蕭瑟，這番一日涼一日。(毛滂詞)

這種句法很容易和前面講的「越……越……」的句法相混，可是應該分
清：那種句子表兩件事情的變化，謂語是動詞較多；這裏卻是表一件事
情的變化，謂語是形容詞較多。

第二十章 同時・先後

時間背景

20.11 兩件事情說在一起,當中多半有時間關係,或是同時,或是先後。但我們不一定注意這個時間關係。例如⌊我昨天跑了一天,今天又跑了一天⌋,這兩件事情自然是一先一後,可是我們注意的是昨天跑了今天⌊又⌋跑,我們把他歸入加合關係。又如⌊昨天冷,今天更冷⌋,這也是有先後可分的,但我們注意的是今天⌊比⌋昨天冷,我們把他歸入比較關係。此外如因果關係和假設關係,其中也必然含有時間關係,可是我們同樣不注意這個時間關係。可是有很多句子是只有時間關係或是以時間關係爲主的。這些句子又可以分爲兩類:或是以一事爲另一事的時間背景,或是兩事不分賓主。

20.12 以一事爲另一事的時間背景,就是說拿甲事來指示乙事發生的時間,作用等於一個時間補詞,所以常常加⌊……的時候⌋,把他做成詞組的形式。例如:

> 你來的時候,太太動身沒有?(兒,一七)

> 只倒茶的這工夫兒,又進來了兩個人。(兒,四)

> 客初至時,不冠不襪。(鐵椎)

> 庭有枇杷樹,吾妻死之年所手植也。(項脊)

在這樣造成的時間補詞頭上,可以用⌊當⌋、⌊方⌋等關係詞來連繫(參閱13.42—6)。例如:

> 所以我乘你合人家擰眉毛瞪眼睛的那個當兒,我就把你那把刀溜開了。(兒,一九)

到責任完了時,海闊天空,心安理得。(最苦與最樂)

等以後有了好的的時候,再送老太太吧。(一隻馬蜂)

方登場時,觀者見其險,咸爲股栗……。(彭士望,觚戲記)

有時候,我們把第一件事情說了,下面用⌊這時候⌉來頂接, 文言用⌊是時⌉,也可以只用一個⌊時⌉字。這時候,兩件事情的關係比較鬆懈,第一事不依附第二事,中間大率斷句。例見13.33。

20.13 文言裏又可以省說⌊之時⌉,只在頭上用⌊方⌉、⌊比⌉、⌊及⌉、⌊至⌉等字。白話裏這種句式限於⌊到⌉和⌊乘⌉。例如:

到了臨走,到底還是鬧了這麼一場笑話。

歐陽子方夜讀書,聞有聲自西南來者。(秋聲賦)

高祖以亭長爲縣送徒驪山,徒多道亡。自度·比至,皆亡之。(史,高祖紀)

吾所以有大患者,爲吾有身。及吾無身,吾有何患?(老子)

及臣生在,令勇目見中土。(後漢,班超傳)〔及＝乘〕

人當意氣相得時,以相許,若無難事: 至事變勢窮,不能蹈其所言而背去者多矣。(杜環)

迨諸父異爨,內外多置小門,牆往往而是。(項脊)

但這類句子又往往加用⌊……之(或其)……也⌉, 就仍然變成詞組的形式。如:

當余之從師也,負篋曳屣,行深山巨谷中……。(送馬生序)

方其植樊與木也,折者揠者,日月而計輒十數。(劉叟墓碣)

及圃之得衞而道之著表也,人異而詢焉。(同)

比其反也,則凍餒其妻子。(孟,梁惠王下)

20.14 乃至不用⌊方⌉、⌊及⌉等字,單用⌊……之……也⌉,也可以表示這個小句是賓,下面的小句是主。例如:

叟之事農也,黎明督子若傭卽田圃,非昕昏不息。(劉叟墓碣)

有功之生也，孺人比乳他子加健。(先妣)〔先後〕

拯之官京師，姊劉在家奉其老姑，不能來就弟養。(課誦圖)

20.15　甚至有不用關係詞，也不用⌊之……也⌋，仍然可以看出是以甲事爲乙事的背景的。例如：

軒東故嘗爲廚；人往，從軒前過。(項脊)

發言，璗琅琅；與人辯論，事理必盡，必伸其意。(劉叟墓碣)

20.16　以上各節，兩事約略同時；就是有先後可分，所用詞語也無明白表示。可是有時候我們在上句之末加用⌊之後⌋、⌊以後⌋等字，說明乙事發生在甲事之後。要是在頭上加用⌊從⌋或⌊自⌋，就表示後事始於前事之時，雖然不用⌊從⌋或⌊自⌋不一定沒有這個意思(參閱13.51)。例如：

那你就寫封信回去，等你接到家裏回信之後再說罷。(一隻馬蜂)

到夏天，大雨之後，你便能聽到許多蝦蟆叫。(鴨的喜劇)

入山以後，屛絕世事，雖家人不相通問。〔自入山以後〕

受命以來，晝夜兢兢。〔自受命以來〕

吾自戊寅年讀汝哭姪詩後，至今無男；兩女牙牙，生汝死後，繦周晬耳。(祭妹文)

予自束髮讀書軒中。(項脊)

20.17　反過來，又有以後起之事爲前有之事的時間背景的，應用⌊之前⌋、⌊以前⌋等詞語。例如：

他還想在我回南之前得一個回信。(一隻馬蜂)

我動身之前還要來呢，到那個時候再說罷。

粵漢路通車以前，自漢入粵者不得不取道滬港，循江泛海，費時而傷財。

20.18　還有一種說法是在第一小句用⌊沒⌋、⌊未⌋等字。例如：

前兒我的生日，裏頭還沒喝酒，他小子先醉了。(紅，四五)

還沒說上三句話,他就把人家抓了個稀爛。(兒,七)

語未畢,予泣,嫗亦泣。(項脊)

先帝創業未半而中道崩殂。(出師表)

又有把這兩種句法合而為一的,如:

這些書他沒有進大學以前就都看過了。

當乘其未發之前,預為佈置。

細想起來,這是不合邏輯的:既是L未發],即無所謂L之前],應該說L未發之時]或L未發],或說L發動之前]。但事實上確有這種說法,而且很普通。

相承:則

20.21　不分賓主的幾件事情先後相繼,常常可以不用任何關係詞來連繫,尤其是同一主詞相承而下的時候。例如:

急忙放下盆子,擱了竹杖,開了鎖兒,拿了竹杖,拾起盆兒,進得屋來,將門頂好。(三俠五義,五)

晉太元中,武陵人捕魚為業,緣溪行,忘路之遠近,忽逢桃花林。(桃源)

20.22　有時候在上句用L既]、L已]等字。這些字雖然仍是時間副詞,在這種句子裏實有連繫的作用。例如:

單于既立,盡歸漢使之不降者。(史,匈奴傳)

老父已去,高祖適從旁舍來。(史,高祖紀)

20.23　但更普通的是在下句用L就]、L便]、L即]等字。這些也是副詞,可是連繫的作用很明顯。例如:

冬兒回來知道了,就不答應。(冬兒)

林盡水源,便得一山。山有小口,髣髴若有光。便捨船,從口入。(桃源)

即聞女子問病……參酌移時,即聞九姑喚筆硯……既而投筆觸几,震震作

響；便聞撮藥包裹蘇蘇然。（口技丙）

20.24　文言裏表先後相承，又常用⌊則⌉字。⌊則⌉字本來也可以作⌊即⌉字講（也許同出一源），用作副詞。例如：

旣見君子，我心則降。（詩，召南）

吳有豫章郡銅山，濞則招致天下亡命，益鑄錢。（史，吳王濞傳）

可是就一般而論，顯然是關係詞，小句中若標出主語，用在主語之前。例如：

幽泉怪石，無遠不到。到則披草而坐，傾壺而醉；醉則更相枕以臥。（柳記）

諸兒見家人泣，則隨之泣。（先妣）

無何，至醉者之家，則又誤叩江西人之門。驚起，知其誤也，則江西鄉音罵之…比至，則其妻應聲出。送者鄭重而別。（口技甲）〔⌊則⌉在⌊其妻⌉前〕

至家則君笑而立於門，詰之則以他語支梧。（林覺民傳）〔⌊則⌉在⌊君⌉前〕

20.25　⌊則⌉字所連繫的兩件事情的時間關係，我們說是⌊先後相承⌉，這大體上是對的。但是有應該注意的。如上面所舉的⌊至家則君笑而立於門⌉，以及 20.13 的⌊比其反也，則凍餒其妻子⌉，⌊笑立⌉和⌊凍餒⌉的動作開始於⌊至⌉和⌊反⌉之先，而在⌊至⌉和⌊反⌉之時依然存在，這至少應該算是同時。甚至有⌊則⌉字小句裏的動作明明是在先的，如：

使子路反見之；至則行矣。（論，微子）

⌊行⌉明明在⌊至⌉之先。又如：

其子趨而往視之，苗則槁矣。（孟，公孫丑上）

及諸河，則在舟中矣。（左，僖三三）

子綮寐而醒，客則鼾睡炕上矣。（鐵椎）

雨止，則天已明矣。（戴名世，北行日記）

這些句子裏，也都可以說是二事同時或第二事較早。（有⌊矣⌉字與否，語氣就不同；⌊及諸河，則在舟中⌉和⌊至家則君笑而立於門⌉相似，我們的

感覺是同時，加一匚矣﹂字就和匚至則行矣﹂相似，我們的感覺是第二事較先。）看了這些例子，我們是不是還可以說匚則﹂字的作用是表匚先後相承﹂呢？還是可以的。因爲這些例句裏的第二事，有的本來是一種狀態，如匚槁﹂、匚明﹂、匚在舟中﹂，有的雖以動作開始，且在第一事之先，但這個動作或繼續成爲一種狀態，如匚笑而立於門﹂、匚鼾睡炕上﹂，或遺留一種狀態，如匚行﹂（＝已去），而這些狀態卻是直到第一事發生時纔被發現的。所以就心理上說，仍是先有第一事，後有第二事。

可是這兒的匚則﹂字，和白話的匚就﹂字不相當，和上節的例句不同。用白話來說，這些匚則﹂字該是匚都﹂、匚可﹂之類。

20.26　用匚則﹂字表示較後之第一事發生時較早之第二事才被發現，這個意思在下列例句中很明顯。這些例句的下句都只有一個詞，大半是名詞，代表一個省去主語的判斷句。

比至，則一後生。（健兒）

就而視之，則赫然死人也。（公羊，宣六）

霣石，記聞。聞其磌然，視之則石，察之則五……六鷁退飛，記見也。視之則六，察之則鷁，徐而察之則退飛。（公羊，僖十五）

其人之爲後生，爲死人，其石之爲石爲五，鳥之爲六爲退飛，都是在匚視﹂和匚察﹂之先就已經成爲事實，可是不到匚視﹂和匚察﹂以後，這些事實不爲言者所覺知。

先後緊接

20.31　表示兩件事情先後緊接，白話常用匚才……就……﹂之類，文言用匚適……已……﹂（這裏雖然用匚已﹂，並不表示後者在前者之先）。例如：

忙什麼呢，才來就去？

才說今年過年可以舒服兩天了, 就出了這麼件么事。

那一回我們後院種的幾棵老玉米, 剛熟, 就讓人拔去了。(冬兒)

只是我總覺得沒有春和秋……夏才了, 冬又開始了。(鴨的喜劇)

陛下之臣雖有悍如馮敬者, 適啓其口, 匕首已陷其胸矣。(漢, 賈誼傳)

救之, 少發則不足; 多發, 遠縣纔至, 則胡又已去。(漢, 鼌錯傳)

20.32 上半句不用⌊才⌉、⌊剛⌉等字, 用⌊一⌉字, 則兩事之緊接更有間不容髮之概。例如:

容易得很, 保管一說就成。

從城裏覓了這麼個好燈虎兒來, 一進門就叫人家給揭了。(兒, 三八)

大丈夫仗本事幹功名, 一下腳就講究花錢, 塌了銳氣了。(兒, 一五)

文言用⌊一⌉時, 下半句大率不用⌊卽⌉字照應。上句有時也用⌊一旦⌉。例如:

一觸卽發。

一落千丈; 一瀉千里。

今置將不善, 一敗塗地。(史, 高祖紀)

今括一旦爲將, 東向而朝, 軍吏無敢仰視之者。(同)

這一類句子也有兼含習慣性的意思的, 例如:

這幾天也不知他幹什麼, 一下課就不見他的影子。

從這天起, 一吃飯就嚷肚子疼。

這可以和下節的例子比較: ⌊一下課⌉也可以說⌊每逢下課⌉, 但是那麼一改就不能表示他溜得快。

習慣性承接

20.4 兩件事情慣常一同出現, 有此卽有彼, 這就構成習慣性連繫。在這類句子裏, 上半句頭上常用⌊每⌉(參閱 11.92), 但不是非用不

可。下半句白話仍用﹝就﹞，文言多用﹝卽﹞、﹝輒﹞、﹝必﹞等字；用﹝則﹞字而上句無﹝每﹞字，往往不顯其爲習慣性。例如：

> 凡是他問的，那先生無一不知，無一不能；他也每見必學，每學必會，每會必精：卻是每精必厭。（兒，一八）

> 每陰風細雨，從兄輒留。（先妣）

> 每一巨彈墮地，則火光迸裂，煙焰迷漫。（巴黎油畫）

> 她打牌是許贏不許輸，輸了就罵。（冬兒）

> 師出，卽與同學諸兒鬨……向酒家飮，醉卽猖狂生事。（健兒）

> 食至則食。（王冕）

> 更深人寂，輒朗誦之。（同）

相承：而

20.5　﹝而﹞字在本質上是個以平聯爲作用的連繫詞，已在第十八章討論過。可是﹝而﹞字所連的兩件事不一定全是同時的（或無時間關係的），儘可以是一先一後的兩件事。例如：

> 始吾於人也，聽其言而信其行，今吾於人也，聽其言而觀其行。（論，公冶長）

> 予旣烹而食之。（孟，萬章上）

> 狙公賦芧，曰，﹝朝三而暮四﹞，衆狙皆怒。曰，﹝朝四而暮三﹞，衆狙皆悅。（莊，齊物論）

> 覺而起，起而歸。（柳記）

> 扣槃而得其聲……捫燭而得其形。（日喩）

> 聞其音而知其姓氏，審其語而知其是非。（盲者說）

> 日出而林霏開，雲歸而巖穴暝。（翁醉亭記）

> 草拂之而色變，木遭之而葉脫。（秋聲賦）

﹝而﹞和﹝則﹞是文言裏最重要的兩個連繫詞，又同可以用來連繫一

先一後的兩件事，然則這兩個字有什麼分別呢？大有分別。上邊的例句一部分不能改用「則」字，一部分可改用「則」字而意思不同。又如：

> 用一人焉，則疑其自私，而又用一人以制其私；行一事焉，則慮其可欺，而又設一事以防其欺。（原法）

這一句裏邊有「而」有「則」。把這兩個字倒換過來，句子一樣的通，可是意義有別。原句是說有甲事就有乙丙相聯之二事，改句是說有甲乙相聯之二事就有丙事；原句是說用人必疑而防之，改句就成了用人而疑（也有不疑之時）則防之。這個分別也許是很微細，可是確確實實的是一種分別。

正如「也」字的語氣比「矣」字難把握，因爲白話有「了」字和「矣」相當而沒有字和「也」字相當；同樣，「而」字的作用也比「則」字難懂，因爲白話有和「則」字相當的「就」字，沒有和「而」字相當的字。我們不妨再用兩種測驗來分別這兩個字的作用。第一，用「而」的句子是連綿的，常常是一氣呵成的；用「則」的句子是頓挫的，髣髴是一問一答似的。比如說，「到了怎麼樣？——則披草而坐。醉了怎麼樣？——則更相枕以臥。」這是「則」字的神氣。假如原來用「而」字的句子也照樣作成一問一答，我們就會感覺非改用「則」字不可，如「醒了怎麼樣？——則起。起了怎麼樣？——則歸。」所以用「而」字則兩事合爲一事，用「則」字則兩事仍爲兩事。

其次，「而」字所表的關係可以從絕對平行到絕對反背，換句話說，可以旋轉一百八十度；而「則」字所表的關係大多數在情理範圍之內。所以儘管「覺而不起，起而不歸」和「覺而起，起而歸」同樣的通順，我們只能說「覺則起，起則歸」，不能說「覺則不起，起則不歸。」這個測驗不能句句適用，但在可以適用的句子裏很可以見出這兩個字的區別。

總之，「而」字圓而「則」字方：「而」字的基本作用是平列的聯絡，是黏合，是無情的連繫；「則」字的基本作用是上下承接，是配合，是有情的

連繫。⌊而⌉字所連兩件事雖然不妨有先後相承的關係，但原則上不一定要有這個關係；⌊則⌉字可是以表示先後相承的關係爲專職。馬氏文通把這兩個字都歸入承接連字，可是又說⌊而⌉字的作用在過遞，不爲無見。(要是拿英語來比較，⌊則⌉字表示〔when……,〕then……的關係，⌊而⌉字則與 and 及 but 相當而兼有 while, whereas, whereupon 諸字之用。)

先後間隔

20.61　上下兩事不很密接，往往說完第一事就作一停頓。底下或用⌊其後⌉、⌊於是⌉等詞接說第二事，例如：

> 吾妻來歸，時至軒中，從予問古事……其後吾妻死，室壞不修。(項脊)

> 於是約車治裝，載卷契而行。(馮諼)

用⌊於是⌉、⌊其後⌉等詞，上句已斷，下句另起。用⌊遂⌉字則句子仍然連貫，可是不如用⌊卽⌉字密接。例如：

> 子孫修業而息之，遂至巨萬。(史，貨殖傳)

> 乃前拔劍擊斬蛇，蛇遂分爲兩。(史，高祖紀)

> 少者以醉辭，老者復力勸數頤，遂跟蹌出門，彼此謝別。(口技甲)

⌊遂⌉字本是終竟之意，例一仍可見。雖然後來用久了本義已經不顯，成爲一般的繼事之詞，畢竟和⌊卽⌉、⌊則⌉不同。白話無與此相當的詞，以上邊的例句而論，有的可說⌊這才⌉，有的可說⌊就⌉，可是總覺得或過或不及。

20.62　表示先後間隔的更明顯的方式是在第二句頭上用表示時間長短的詞語，如⌊一會兒⌉、⌊頃之⌉、⌊未幾⌉、⌊久之⌉等，和上文相接；文言常在這些詞語底下加用⌊而⌉字。⌊既而⌉、⌊已而⌉的⌊既⌉和⌊已⌉雖不表時間長短，但表明前事已了，也有相類的作用。例如：

> 祇見他臉上發青……一會價便手脚亂動，直着脖子喊叫起來。(兒，三)

少焉, 月出於東山之上, 徘徊於斗牛之間。(赤壁賦)

頃之, 數犬鼕吠。又頃, 益多……久之, 司柵者出啓柵。無何, 至醉者之家。
　(口技甲)

衆賓團坐。少頃, 但聞屏中撫尺二下, 滿堂寂然, 無敢譁者。(口技乙)

忽一人大呼⌊火起⌉……俄而百千人大呼, 百千兒哭, 百千犬吠。(同)

未幾, 汝潁兵起, 一一如冕言。(王冕傳)

初習法語, 未幾而改習英語, 又未幾改習俄語……初習木工, 未幾改習金
　工, 又未幾而改習製革之工。(有恆)〔⌊而⌉字一用於前, 一用於後, 句法
　於整齊之中寓變化。〕

庭中始爲籬, 已爲牆, 凡再變矣。(項脊)

父怒, 撻之, 已而復如初。(王冕)

旣而聲漸疏, 簾又響, 滿室俱譁, 曰, ⌊四姑來何遲也?⌉(口技丙)

母無他子……見孝子瘂, 始亦悲傷, 繼而且安之。久之且以爲勝不瘂子也。
　(瘂孝子)

如入芝蘭之室, 久而不聞其香。(家語)

有待而然

20.71　有一類句子所包含的不但是一先一後的兩件事, 並且隱隱
含有無甲事則無乙事的意思。例如⌊老五來了, 告訴我大哥已經回家⌉,
這只單純地表示一先一後兩件事。換個說法, ⌊老五來了, 我才知道大
哥已經回家⌉, 仍然是一先一後兩件事, 但是這種說法隱含着⌊老五不來
我還不知道大哥已經回家呢⌉。⌊不……不……⌉的說法是明顯的條件句
(22.42), 如照原來的正面說法, 則浮在表面的仍是時間關係。

　　這種關係白話多用⌊才⌉或⌊方才⌉來表示。這個⌊才⌉字用在下半句,
和用在上半句的⌊才⌉(20.31)所表示的關係截然不同。句末常用⌊呢⌉。

例如：

差不多吃了二十年的苦，才把他們帶到這麼大。(一隻馬蜂)

又鬧了四五年，這才慢慢的平息下去。

等我性子上來，把這醋罐子打個稀爛，他才認的我呢！(紅，二一)

話雖這等說，只你這眉梢眼角的神情，合那點硃砂痣合兩個酒窩兒，也不知費了我多少話才畫得成的呢。(兒，二九)

20.72 文言裏和⌊才⌉字相當的是⌊始⌉和⌊乃⌉，也都是副詞。用⌊始⌉字，前面可以用⌊而⌉字。例如：

日影反照，室始洞然。(項脊)

又復試驗八年，而始成佳品。(有恆)

思悠悠，恨悠悠，恨到歸時方始休。(白居易詞)

用⌊乃⌉字，下接⌊得⌉、⌊能⌉等字，所含條件之意較重，否則往往甚輕，有時幾乎和單純的先後相承無分別。以下是有待而然的意思較顯的例：

孺人中夜覺寢，促有光暗誦孝經；卽熟讀，無一字齟齬，乃喜。(先妣)

每居小樓上，客至，僮入報。命之登，乃登。(王冕)

一死一生，乃知交情；一貧一富，乃知交態；一貴一賤，交情乃見。(史，汲鄭列傳)

聞汝喪之七日，乃能銜哀致誠，使建中遠具時羞之奠，告汝十二郎之靈。(祭十二郎文)

頂有屋數十間，曲折依崖壁爲欄楯，如蝸鼠緣繞乃得出。(晁補之，新城*游*北山記)

20.73 文言裏面，表示這種⌊有待而然⌉之意最顯著的是用⌊而後⌉和⌊然後⌉的句子。例如：

昔巴律西之製造瓷器也，積十八年之試驗而後成；蒲豐之著自然史也，歷五十年而後成。(有恆)

楚人未既濟，司馬……請擊之，公曰，⌊不可。⌉既濟而未成列，又以告，公曰，⌊未可。⌉既陳而後擊之，宋師敗績。(左，僖二二)

歲寒然後知松柏之後彫也。(論，子罕)

國人皆曰賢，然後察之；見賢焉，然後用之……國人皆曰不可，然後察之；見不可焉，然後去之……如此，然後可以爲民父母。(孟，梁惠王下)

兩事並進

20.81　兩件事情同時在繼續進行，或是一件事情發生時另一件事情在那裏進行，有特殊的句法來表示。白話在兩句各加⌊一頭⌉、⌊一邊⌉、⌊一面⌉等詞，例如：

一頭說，一頭從搭包內掏出一包銀子來。(紅，二四)

一面說，一面禁不住流淚。(紅，二〇)

我一邊走一邊想：老李必是受了大的刺激。(黑白李)

他一行說，衆人一行笑。(紅，五〇)〔主語不同〕

以上是兩件事並行的例。也有多到三件或四件的，如：

那劉住兒一面哭，一面收拾，一面答應，忙忙的起身去了。(兒，三)

早見他拿着條布手巾，一頭走，一頭說，一頭擦手，一頭進門。(兒，三五)

也有雖是兩件並行，卻只用一個⌊一邊⌉來連繫的。例如：

就照着華忠的話，一邊問着，替他給那褚一官寫了一封信。(兒，三)

太太一面提鞋，口裏還連連的問，⌊誰跟了你來的?⌉(兒，一二)

大家死勸着，她才一邊罵着走了回來。(冬兒)

20.82　以上例句中，事情雖在進行之中，因爲用了⌊一邊⌉等詞，反而可以不用⌊着⌉字表示方事相(只有兩例用⌊着⌉)。反之，不用⌊一邊⌉，單在兩個動詞後加⌊着⌉，也可以表示並時關係，如：

吃着碗裏，望着鍋裏。

吃着曹操的飯,做着劉備的事。

想着你來又惦記着他。(紅,二八)

20.83 文言裏有類似的句法,用「且……且……」的格式,但不及白話這類句子常見。例如:

險道傾仄,且馳且射。(漢,鼂錯傳)

陵且戰且引南,行數日,抵山谷中。(漢,李陵傳)

動作和情景

20.91 兩個動作之間有時間關係,但我們的注意點不一定在時間關係,已在本章的開頭說過,我們現在要討論一類句子,這裏面有兩個動作,或同時,或先後,但第一個動作的作用是表示第二個動作的情景(或手段等等)。在白話裏,這個關係表示得很明顯,多數在第一個動詞的後面用「着」,也有用「了」或動態詞如「上」、「下」等字的。這個次要的動作,無論跟「着」字或「了」字,都開始在主要的動作之先,但是用「着」字則在後者出現時前者還在延續(多半和他同時結束),用「了」或別的字則在後者出現時前者已完成。例如:

> 忽一回身,只見林黛玉坐在寶釵身後抿着嘴笑,用手指頭在臉上畫着羞他。(紅,二八)

> 我比誰不會花錢?偺們以後就坐着花。(紅,七二)

> 那騾子便鼈着腦袋使着勁奔上坡去。(兒,五)

> 我嚇得直哆嗦。誰知道那兩個大兵倒笑着走了。(冬兒)

> 只見他沉着臉,垂着眼皮兒,閉着嘴,從鼻子裏吼了一聲,把身子挪了一挪,歪着頭兒向何小姐道……。(兒,三〇)

> 偺們摘了眼鏡試試看,誰的眼力好。

> 你只閉上眼睛想想。(兒,一八)

沒外人在遭裏，只管盤上腿兒坐着。(兒，二〇)

提起筆來想想，又放下筆來想想，還是一個字寫不出。

豎起脊梁做事，放開眼孔讀書。

20.92　文言裏頭沒有類似ᒻ着ᒻ、ᒻ了ᒻ等可以加在動詞之後的詞，往往就第一動詞(及其止詞)和第二動詞直接，但主從之別仍極明顯。例如：

騎驢覓驢。〔騎着驢兒找驢兒〕

坐食；臥治；馳告；哭訴。

宋將軍屏息觀之，股栗欲墮。(鐵椎)

兒童相見不相識，笑問客從何處來。(賀知章詩)

天階夜色涼如水，臥看牽牛織女星。(杜牧詩)

紅顏未老恩先斷，斜倚薰籠坐到明。(白居易詩)

20.93　可是文言裏更普通的句法是在兩個動詞之間加用ᒻ而ᒻ字或ᒻ以ᒻ字。形式上很像是上下對等，其實是不然：如果翻成白話，多數要在第一動詞後加ᒻ着ᒻ字或ᒻ了ᒻ字。有些動詞加了ᒻ着ᒻ字以後已經近似關係詞。例如：

鳴鼓而攻之。(論，先進)

棄甲曳兵而走。(孟，梁惠王上)

攀援而登，箕踞而遨。(柳記)

自晨迄暮，不肯少休，抗喉而疾呼。(市聲)

微指左公處，則席地倚牆而坐。(左公逸事)

生而眇者不識日。(日喻)

觀兵於東夷，循海而歸(左，僖四)。〔ᒻ沿着ᒻ，準關係詞。〕

軻自知事不就，倚柱而笑，箕踞以罵。(史，刺客傳)

予與四人擁火以入。(遊褒禪山記)

老僕嘗衣敝衣星出月入以事司徒公。(郭老僕)

冠將軍冠,服將軍服,以見姚氏。(郭老僕)

呼中丞之名而詈之,談笑以死。(五人墓碑記)

「而」或「以」的用與不用,要看句子的節奏,卽修辭上的需要。用「而」字和用「以」字沒有多大差別,上邊例句內多數可改換,但「而」字普通些。

20.94　下面的例句在構造上也屬於這一類,但因爲第一事是否定,就形成一種特殊的句式(比較英語 without —ing)。

不耕而食;不織而衣。

不翼而飛;不脛而走。

不期而遇;不別而行。

不謀而合;不約而同。

不學而能;不知而作。

不問而知;不言而喩。

不勞而獲;不戰而下。

白話的「不打自招」等語也屬於這一個類型。

第二十一章　釋因·紀效

時間和因果

21.11　兩件事情一先一後發生，可以是偶然的，也可以不是偶然的。如果我們不特別注重其間的因果關係，我們不妨仍然用時間關係詞來連繫。例如：

> 我不在家，你們就欺負我媽了。(冬兒)

> 秦始皇帝曰，L東南有天子氣「，於是因東遊以厭之。高祖卽自疑，亡匿。
> (史，高祖紀)

> 孟嘗君使人給其食用，無使乏。於是馮諼不復歌。(馮諼)

> 率妻子邑人來此絕境，不復出焉，遂與外人間隔。(桃源)

> 侯生視公子色終不變，乃謝客就車。(史，魏公子傳)

> 吾言已在前矣，吾欲全吾言。(史，趙世家)

這類句子，表面上以時間相連繫，但先後兩事之間實亦因果相關。這些句子裏，如果改用L故「、L以此「(前五例)及L以「、L爲「(後一例)等詞，因果關係就明確地表示出來了。

21.12　甚至不用關係詞，其中也往往可以隱含因果關係。例如：

> 天也不早了，咱們也該散了。

> 看見葉子掉，知道是秋；看見葉子綠，知道是春。(康橋)

> 夫子時然後言，人不厭其言；樂然後笑，人不厭其笑；義然後取，人不厭其取。(論，憲問)

> 余嘉其能行古道，作師說以貽之。(師說)

這一類句子甚多。其中也有可以加L故「或L所以「的，但語氣自然很有分

別。

21.13 下面的例句也是不用關係詞而隱含因果關係的,但句子組織的次序不同,先說後果,後說原因。白話裏這種先果後因的句子很常見,酌舉幾例:

> 下了店不妨,那是店家的干係;走着須要小心。大道正路不妨,十里一墩,
> 五里一堡,還有來往的行人;背道須要小心。白日裏不妨,就是有歹人,
> 他也沒有大清白晝下手的;黑夜須要小心。(兒,三)

> 他不在家,剪頭髮去了。(姑姑)

> 你不用嚇得那麼樣,我不是向你求婚。(壓迫)

文言裏類似的句子如:

> 余不能冠,被風掀落;不能襪,被水沃透;不敢杖,虞陷軟沙;不敢仰,慮石
> 崩壓。(袁枚,遊黃山記)

> 打起黃鶯兒,莫教枝上啼,啼時驚妾夢,不得到遼西。(金昌緒詩)

21.14 上面兩節所舉的例,要是加上適當的關係詞(不是每句都相宜),因果關係就很明顯了。例如:

> 下了店不妨,因爲那是店家的干係。

> 夫子時然後言,故人不厭其言。

兩件事情中間的因果關係,可以有兩種說法:或是說甲事爲乙事之因(例一),或是說乙事爲甲事之果(例二)。前者可以稱爲釋因句,後者可以稱爲紀效句。

有些句子兼用釋因和紀效的關係詞(白話裏頭尤其多),那就不能一定劃入哪一類。例如:

> 雖然雲是白的,山也是白的,雲有亮光,山也有亮光,只因爲月在雲上,雲
> 在月下,所以雲的亮光從背後透過來;那山卻不然的……(老殘,一二)

> 我一進來,他就要去請你,我因爲恐怕你有事,所以沒有要他去。(親愛的

丈夫）

以不能取容當世,故終身不仕。（史,張釋之傳）

高帝已定天下,爲中國勞苦,故釋佗弗誅。（史,尉佗傳）

但大多數句子只用一方面的關係詞,所以我們還是可以分別討論。

原　因

21.21　⌊原因⌉是個總括的名稱;細分起來至少有:（1）事實的原因,如⌊因爲天冷,缸裏的水都結了冰⌉;（2）行事的理由,如⌊因爲天冷,我又把毛綫衣穿上了⌉;（3）推論的理由,如⌊天一定很冷, 因爲缸裏的水都結了冰了⌉。普通人說話是不去注意這個分別的,所以用的關係詞大致相同,可是也有一部分關係詞顯然宜此而不宜彼。此外還有⌊目的⌉的觀念,和行事的理由很相近,但所用關係詞有同有不同。

因,以,爲,由

21.22　最常用的表示原因（廣義）的關係詞, 在白話是⌊因爲⌉和⌊爲（了）⌉,在文言是⌊以⌉、⌊爲⌉、⌊由⌉。這些關係詞可以引進原因補詞,也可以連繫原因小句。原因補詞通常在主語和動詞之間;在原因補詞之前,白話多用⌊爲了⌉,用⌊因爲⌉較少, 文言除上述各詞外又用⌊用⌉字和⌊因⌉字。例如:

他爲了這件事急得三夜沒有睡覺。

君子不以言舉人,不以人廢言。（論,衞靈公）

臣聞,取人以人者,其去人也亦用人。（管,小問）

因前使絕國功,封騫博望侯。（史,衞靑傳）

仕非爲貧也,而有時乎爲貧。（孟,萬章下）

原因補詞和動詞之間有時加用⌊而⌉字,例如:

我不殺周侯，周侯由我而死；幽冥中負此人。(世說，尤悔)

古人常有因狎侮而得禍者。(蔡元培，戒狎侮)

21.23　原因小句可以有好幾種位置，在後果小句之前或後，或嵌在後果小句的中間，卽主語和動詞之間，與原因補詞同。例如：

因爲你沒有來，大家的興致都差了。〔在前〕

我所要介紹的是祥子，不是駱駝，因爲駱駝只是個外號。(駱駝祥子)〔在後〕

非不呺然大也，吾爲其無用而掊之。(莊，逍遙遊)〔在中〕

當是時，諸侯以公子賢多客，不敢加兵謀魏十餘年。(史，魏公子傳)〔在中〕

不識廬山眞面目，只緣身在此山中。(蘇軾詩)〔在後〕

21.24　文言裏，後置的原因小句常結以 L 也 1 字，表語氣之決斷。先置的原因小句也常常加一 L 也 1 字，表語氣之頓宕。例如：

左右以君賤之也，食以草具。(馮諼)〔先置〕

先帝屬將軍以幼孤，寄將軍以天下，以將軍忠賢，能安劉氏也。(漢，霍光傳)〔以下後置。〕

出二子命之曰，L鼻以上畫有光，鼻以下畫大姊1，以二子肖母也。(先妣)

是故秦變封建而爲郡縣，以郡縣得私於我也；漢建庶孽，以其可以藩屛於我也；宋解方鎭之兵，以方鎭之不利於我也。(黃宗羲，原法)

還有，這類原因小句常利用 L 其 1 字和 L 之 1 字作成組合式詞結，如上舉例四之第二及第三中句，這是因爲 L 以 1、L 爲 1 等字原來都是動詞，下面宜於接詞組。又如：

隰之役，而父死焉。以國之多難，未汝恤也。(左，哀二七)〔先置〕

孝子無姓名；人以其啞而孝也，謂之啞孝子。亦不悉爲何里人；昆明人以其爲孝子也，謂之昆明人。(啞孝子)〔先置〕

竹工破之，刳去其節，用代陶瓦，比屋皆然；以其價廉而工省也。(黃岡竹樓記)〔以下後置〕

日之與鐘籥亦遠矣,而眇者不知其異;以其未嘗見而求之人也。(日喻)

夫過者,大賢所不免,然不害其卒爲大賢者,爲其能改也。(示龍塲諸生)

故

21.25　我們又常常應用⌊故⌉字表原因;這裏的⌊故⌉字都應看作名詞(緣故),和下節的關係詞⌊故⌉不同。文言裏常用⌊故也⌉結束在後的原因小句(有時只是一個補詞),例如:

殷禮吾能言之,宋不足徵也。文獻不足故也。(論,八佾)

莒潰,楚遂入鄆;莒無備故也。(左,成九)

竊以爲與君實遊處相好之日久,而議事每不合,所操之術多異故也。(王安石,答司馬諫議書)

鄭之從楚,社稷之故也。(左,宣一二)

21.26　白話裏和這相同的句法,如:

記得有人繙譯英文,誤 port 爲 pork,於是葡萄酒一變而爲豬肉了。這何嘗不是眼不到的緣故。

但除此以外還有別種應用⌊緣故⌉一詞的方式,如:

地球繞日球一遍的時間,月球繞地球十二週有餘;這就是陰曆必須置閏的緣故。

這和前面那個例句形式上很相似,但實質上大異其趣,因果的次序恰恰相反,第一句等於說⌊因爲眼不到⌋,第二句等於說⌊所以必須置閏⌋。(這是因爲兩個⌊的緣故⌉的⌊的⌉字作用不同:第一句的⌊的⌉字是同一性,與文言⌊之故⌉同,但第二句的⌊的⌉字是領屬性。參閱上卷6.2—3)。從這兩式又分別產生下列二式:

講送官,不必:原故,滿護把他辦發了,走不上三站兩站……依舊放回來了。(兒,三一)〔因爲辦發了依舊放回〕

地球繞日球一週的時間，月球繞地球十二週有餘；陰曆必須置閏，就是這
個緣故。〔所以陰曆必須置閏〕·

最後一例可以和下節的〔是故……〕比較。

21.27 其次，我們又有下面加〔故〕上面又用〔以〕、〔爲〕等字的句
子。嵌在中間的有時只是一個詞，有時是一個小句；因爲下面有個〔故〕
字，小句和單詞同樣都成了加語，形式上很相近了。這個原因小句或補
詞也有在後果句之前或之後的兩種位置，在前的較多。例如：

齊侯爲楚伐鄭之故，請會於諸侯。(左，莊三二)

青青子衿，悠悠我心，但爲君故，沈吟至今。(曹操詩)

乃欲以一笑之故殺我美人，不亦傎乎？(史，平原君傳)

以母故，不敢大聲語。(杜環)

秦皇帝大怒，大索天下，求賊甚急；爲張良故也。(留侯)

所 以

21.28 文言常把〔所以〕或〔所爲〕嵌在前置的後果小句裏，小句末
又常用〔者〕字一頓，用此喚起對原因小句的注意。這裏的〔所以……者〕
等於〔之故〕，和白話裏用在後果小句頭上的〔所以〕不同。例如：

西洋各國，工藝日精，製造日宏……所以能致此者，恃機器爲之用也。(薛
福成，機器說)

上所以數問君者，畏君傾動關中。(史，蕭相國世家)

這一類句子有時仍在原因小句的頭上用〔以〕、〔爲〕等字，如：

夫燕之所以不犯寇被兵者，以趙之爲蔽於其南也。(燕策)

國之所以爲國者，以有民也；民之所以爲民者，以有穀也；穀之所以豐殖
者，以有人功也；功之所以能建者，以有日力也。(潛夫論，愛日)

陛下所爲不樂，非爲趙王年少而戚夫人與呂后有郤邪？(史，張丞相列傳)

這些句子如果除去⌊所以⌉，就成爲上面 21.24 的句法，如⌊陛下不樂，非爲……邪?⌉同樣，那兒的例句也有可以加用⌊所以⌉的，如⌊所以不審其卒爲大寶者⌉。

者, 也, 是

21.31　文言裏用⌊也⌉字的句子，本是一種解釋的語氣，要是用在一個複句的末尾，往往就是用第二小句來解釋第一小句。這種解釋，可以是一般的說明，例如：

> 明星熒熒，開妝鏡也；綠雲擾擾，梳曉鬟也；渭流漲膩，棄脂水也；煙斜霧橫，焚椒蘭也；雷霆乍驚，宮車過也。(阿房宮賦)

> 觥籌交錯，起坐而諠譁者，衆賓懽也。蒼顏白髮，頹乎其中者，太守醉也。

> (醉翁亭記)

又可以參閱 8.91 左傳例，那兒是兩人對語，一人提出事實，要求解釋，另一人卽加以解釋。

這種解釋句法當然也可以用來說明原因。例如：

> 古者言之不出，恥躬之不逮也。(論，里仁)

> 南方多沒人，日與水居也。(日喻)

> 凡學之不勤，必其志之尚未篤也。(示龍場諸生)

這類句子，我們爲方便計不妨說是隱有⌊以⌉、⌊爲⌉之類的詞在第二小句的頭上。這種說法有些句子裏是可用的，如上面第二例⌊日與水居也⌉也可以說成⌊以其日與水居也⌉；但在另外一些句子裏便覺得勉強。總之，這種句子仍是判斷句的形式，解釋原因只是判斷句的多種作用之一。如下例，明用⌊此⌉字做第二小句的主語，就是毫無疑問的判斷句。

> 若事之不濟，此乃天也。(赤壁)

這種用⌊也⌉字的解釋句又常常在第一小句之末用⌊者⌉字一提；而

有了ㄴ者ㄱ字以後，ㄴ也ㄱ字又往往可省。例如：

　　人君無智愚賢不肖，莫不欲求忠以自爲，舉賢以自佐，然亡國破家相屬而

　　聖君治國累世而不見者，其所謂忠者不忠而所謂賢者不賢也。(史，屈原

　　傳)

　　嗚呼曼卿！盛衰之理，吾固知其如此，而感念疇昔，悲涼悽愴，不覺臨風而

　　隕涕者，有愧夫太上之忘情。(祭石曼卿文)

這種用ㄴ者ㄱ字的句子可以方便說是21.28所舉例句的省說ㄴ所以ㄱ的。但
也不妨說這個ㄴ者ㄱ字就是判斷句裏面主語謂語之間常見的ㄴ者ㄱ字。

　　21.32　這種解釋原因的判斷句也有並列兩個原因而分別加以可
否的。例如：

　　非敢後也，馬不進也。(論，雍也)

　　聖王在上而民不凍飢者，非能耕而食之，織而衣之也，爲開其資財之道也。

　　　(漢，食貨志)

　　然今卒困於此。此天之亡我，非戰之罪也。(項羽)

　　先生獨未見夫僕乎？十人而從一人者，寧力不勝智不若耶？畏之也。(趙策)

例一只有原因小句(後果爲當前之事實，無待陳說)。例三，肯定的原因
用ㄴ爲ㄱ字，和上頭的ㄴ非ㄱ字相待，但這個ㄴ爲ㄱ字實是因爲之義，不等於
ㄴ是ㄱ。末例的第一原因之否定採反詰式。

　　21.33　又有雖不提出其他原因而加以否定，但上面加用ㄴ無他ㄱ一
語，也可以加強表示底下所說的是唯一眞實的原因。例如：

　　今王鼓樂於此，百姓……此無他，不與民同樂也。(孟，梁惠王下)

　　簞食壺漿以迎王師。豈有他哉？避水火也。(同)

既有ㄴ無他ㄱ表示唯一之意，下面就可以用ㄴ而已ㄱ或ㄴ耳ㄱ字(15.91—2)。
這兒的例句雖然沒有用ㄴ而已ㄱ或ㄴ耳ㄱ，別處卻有這樣的例子；並且上面
不明用ㄴ無他ㄱ，下面也可以用ㄴ耳ㄱ字。例如：

天下匈匈數歲者,徒以吾兩人耳。(項羽)

又荊州之民附操者,偪兵勢耳,非心服也。(赤壁)

其卒能成功者,決心而已。

21.34 我們有時在原因小句頭上用ᒪ蓋ᒣ字;但ᒪ蓋ᒣ字並無連繫的作用,下例除例一(因下無ᒪ也ᒣ字)外都可不用。ᒪ蓋ᒣ字本來是大蓋之意,所以用ᒪ蓋ᒣ字的原因句比不用ᒪ蓋ᒣ字的語氣和緩些。例如:

丘也,聞有國有家者不患寡而患不均,不患貧而患不安:蓋均無貧,和無寡,安無傾。(論,季氏)

孔子罕稱命,蓋難言之也。(史,外戚世家)

今言ᒪ華ᒣ如華實之ᒪ華ᒣ者,蓋音謬也。(遊褒禪山記)

21.35 白話也常常用ᒪ就是ᒣ、ᒪ都是ᒣ等詞引進解釋原因的句子,例如:

昨日已好了些,今日如何反虛浮微縮起來?敢是吃多了飲食,不然就是勞了神思。(紅,五三)

都是寶姐姐讓的他越發逞強,這會子又拿我取笑兒。(紅,四二)

蔴花兒又拉屎去了。老爺……便說,ᒪ這就是方才那碗酪吃的。ᒣ(兒,三八)

這些例句,方便說法,也可說是省去ᒪ因為ᒣ二字。但最後一例顯然不適用這種解釋,因為我們只能說ᒪ就是因為方才吃了那碗酪ᒣ,不能說ᒪ就是因為方才那碗酪吃的ᒣ。事實上,和文言的例句相同,這也是用判斷句式表原因的句法。前邊的文言例句有好些翻成白話就要用ᒪ是ᒣ字。

21.36 原因補詞,我們前邊已經說過,多用ᒪ以ᒣ、ᒪ為ᒣ等詞連繫。但在形容詞及內動詞後間或有用ᒪ於ᒣ字的,補詞的位置自然是依ᒪ於ᒣ字的通例放在後面。例如:

然後知生於憂患而死於安樂也。(孟,告子下)

文倦於事,憤於憂。(馮諼)

業精於勤, 荒於嬉; 行成於思, 毀於隨。(韓愈, 進學解)

第一例是說∟人之生全出於憂患, 而死亡由於安樂⌐(朱注)。第二例的∟倦於事⌐是說∟因爲事情忙, 累壞了⌐, 不是說∟懶得做事⌐; 若照第二種講法,∟懶於憂⌐便講不通了。這幾句也未嘗不可改用∟以⌐、∟因⌐等字, 如∟以憂患生, 以安樂死⌐,∟以勤而精, 以嬉而荒⌐, 不過比原句生硬多了。白話裏類似的句法是:

這次的事情完全壞在事先準備不足。

後果 : 所以

21.41　前邊講的是釋因句, 就是先說後果, 然後就後果解釋原因或理由的句法(原因小句有關係詞的時候, 也可以說在頭裏)。現在要講紀效句, 就是先說原因或理由, 接下去陳述後果的句法。

這類句子, 在白話裏最常用的關係詞是∟所以⌐, 而這個∟所以⌐很明顯的是從文言裏變化出來的。文言裏用∟所以⌐, 除前邊 21.28 節所說句法外, 又可以先說原因, 然後用∟此……所以……也⌐揭出後果。例如:

親賢臣, 遠小人, 此先漢所以興隆也; 親小人, 遠賢臣, 此後漢所以傾頹也。(出師表)

此商人所以兼并農人, 農人所以流亡者也。(重農貴粟疏)

21.42　到了白話裏, 就索性把∟此……也⌐的架子取銷, 把∟所以⌐的性質改變, 簡直用作關係詞。文言的∟所以⌐必須用在主語謂語之間, 因此像前節第二例就不得不兩個小句各用一個∟所以⌐; 要是改作白話, 只要說一個就夠了;∟所以商人就兼并農人, 農人就到處流亡了。⌐換句話說, 文言的∟所⌐和∟以⌐是兩個詞, 各有各的作用, 配成一個熟語; 白話的∟所以⌐只是混然一體的一個複音詞, 只有單一的作用。白話裏用∟所以⌐的例:

一層一層的山嶺，卻分別不清楚，又有幾片白雲在裏面，所以分不出是雲

是山。(老殘，一二)

我們也知道你醫院裏事情很忙，所以一向不常請你出來。(一隻馬蜂)

上句用「因爲」下句用「所以」的例已見前21.14節。

故，是故，是以

21.43　文言用「故」字，是否也是從名詞(21.25)變化而生，還不能
說定；就句中用法而論，已經是個純粹的關係詞。例如：

求也退，故進之；由也兼人，故退之。(論，先進)

生亦我所欲，所欲有甚於生者，故不爲苟得也。死亦我所惡，所惡有甚於死

者，故患有所不避也。(孟，告子上)

我國尙儀式，而西人尙自然，故我國造像……鮮不具冠服者。(雕刻)

21.44　在下句用「故」的句子裏，我們又常在前置的原因小句的頭
上用「惟」字，意思等於「正因爲」，用來肯定與一般人意想相反的因果關
係。例如一般人以爲不爭便要輸給人，但老子卻說：

夫唯不爭，故天下莫能與之爭。

其餘的例如：

惟不信，故質其子。(左，昭二〇)

惟忠故勇。(彭紹升，任公畫像贊)

這裏面語氣重的，往往含有相反的假設句的口氣，如：「如果信他，倒不
必拿兒子來抵押了。」上面用了「惟」字，下面的「故」字有時可省。

語體文裏也用「惟其」。口語裏在「因爲」、「爲了」等詞上頭加「就
是」，或只說「就是」、「倒是」，下面多用「才」字應。例如：

惟其最關心，所以也最怕失望，最易懷疑。

就是爲了要你好，才要你吃這些苦。

一學者苦讀書不記。先生曰，⌊只是貪多，故記不得。⌉（朱子語類）

倒是他說得這麼動聽，我倒有些不放心起來了。

21.45 ⌊是故⌉和⌊以故⌉的⌊故⌉字大蓋是名詞，但也未嘗不可說是⌊如是，故⌉⌊以此，故⌉的簡省。這兩個詞的作用都和單用的⌊故⌉字相同，但如前面的原因小句頭上已有⌊以⌉、⌊爲⌉等字，當然以單用⌊故⌉字爲宜。⌊是故⌉的例：

> 玉不琢，不成器；人不學，不知道。是故古之王者建國君民，敎學爲先。（禮記，學記）
>
> 夫珠玉金銀，飢不可食，寒不可衣……粟米布帛，一日弗得而飢寒至。是故明君貴五穀而賤珠玉。（重農貴粟疏）

⌊以故⌉的例：

> 漢敗楚，楚以故不能過滎陽而西。（項羽）
>
> 秦法，羣臣侍殿上者不得持尺寸之兵……方急時，不及召下兵，以故荊軻乃逐秦王。（史，刺客傳）

⌊是故⌉必須用在小句的頭上。⌊以故⌉可以用在主語之後，是補詞的普通位置；也可以用在主語前頭，關係詞的性質更充分。⌊故⌉和⌊以故⌉可以表示事實的後果，也可以表示事理的後果；⌊是故⌉只表示事理的後果（卽上句爲理由而非原因）。

21.46 文言又常常在後果小句用⌊是以⌉、⌊以此⌉等詞語，作用和⌊是故⌉、⌊以故⌉相同；不用⌊故⌉字，而用⌊是⌉、⌊此⌉等字代表上面所說的原因或理由。⌊是以⌉的例：

> 紂之不善，不如是之甚也。是以君子惡居下流，天下之惡皆歸焉。（論，子張）
>
> 天下之至柔馳騁天下之至堅，無有入無間，吾是以知無爲之有益。（老子）

⌊以此⌉、⌊以是⌉、⌊由是⌉的例：

> 良說項王曰，⌊漢王燒絕棧道，無還心矣⌉，乃以齊王田榮反書告項王，項王

以此無西憂漢心，而發兵北擊齊。（留侯）

錄畢，走送之，不敢稍逾約，以是人多以書借余。（送馬生序）

先帝……三顧臣於草廬之中，諮臣以當世之事；由是感激，遂許先帝以驅
馳。（出師表）

以上例句中，「是以」用在主語前，「以此」等詞有主語前和主語後兩種位
置。「是以」和「是故」相似，只表事理的後果；「以此」等等可以兼表事實
的後果。

爲之，至於，得

21.51 後果也可以用「爲之」來表示，位置必須在主語之後。例如：

昂首觀之，項爲之強。（記趣）

善詼諧，涉口成趣，一座爲之傾倒。（林黛民傳）

「爲之」的結構和「以此」相似，但是作用不同。「以此」可以兼表事實的和
事理的後果，「爲之」只表事實的後果，這是一個區別。可是這還不是這
兩個詞的全部區別。前邊說過的「故」、「是故」、「以故」、「是以」、「以此」
等詞，在白話都可以用「所以」，語氣沒有什麼出入，「爲之」就不能用「所
以」來對翻。「爲之」多數有「其效果有如此者」的意思，用白話說該是「把
頸項都看僵了」等等。

21.52 在上節的例句中，我們可以注意到，用「爲之」的小句都具
備主語，而這個主語和第一小句（表原因的）的主語不同。這就是說，這
類句子用於甲事物的某一行動在乙事物方面產生某一後果。要是甲事
物的行動在甲自身產生某一後果，或發展到某一更高階段，我們用「至」
或「至於」來表示。例如：

攻讀之勤，至廢寢忘食。

君臣相顧，不知所歸，至於誓天斷髮，泣下沾襟。（五代史，伶官傳序）

人之不廉而至於悖禮犯義,其源皆生於無恥也。(日知錄,廉恥)

「至」字上面還可以加「而」或「以」,這表示此處「至」字還是一個動詞,雖然我們也不妨把「而至於」整個作爲關係詞看。

在小句的頭上用「致」、「令」等動詞,也可以表示後果。例如:

吸收者渾淪而吞之,致釀成消化不良之疾。(文明之消化)

遂令天下父母心,不重生男重生女。(長恨歌)

21.53 以上是文言的說法。白話裏類似的意思,應用「得」字(也寫「的」)來表示,把兩個小句打成一片,句型與文言大異。例如:

他氣的睡去了。(紅,一九)

黛玉笑岔了氣,伏着桌子只叫「嗳唷」;寶玉滾到賈母懷裏;賈母笑的摟着叫「心肝」;王夫人笑的用手指着鳳姐兒,卻說不出話來。(紅,四〇)

把個小丫頭說的攧着嘴不敢言語。(兒,三五)

大兵凶,她更凶,凶的人家反笑了。(冬兒)

這類句子在文言裏不盡數可以應用「至於」或「爲之」, 好些是只能分作上下兩句,當中不用關係詞。文言的例句也不盡數可以翻成白話用「得」的句子。但在大體上這兩方面的句子可以歸入一類。

21.54 用「所以」、「故」、「是以」等詞的句子, 和用「爲之」、「至於」、「得」等詞的句子,同是表示後果,可是顯然是兩類: 比較「氣的很,所以睡去了」和「氣的睡去了」可知。這兩類的區別何在?扼要地說, 前者是議論性,後者是記敍性。前一類句子正好跟前邊 21.22—29 各節解釋原因的句子相對,「所以」對「因爲」,「故」對「以」(聯合使用的例見 21. 14);雖然一個是由因推果,一個是由果究因,可都是議論的口氣。用「爲之」、「至於」、「得」等詞,可就不帶議論口氣,只是當作連貫的事情來敍述。不但如此,兩種句子的注意點也不同: 前者注意的是乙事「是」甲事之後果,後者注意的是甲事「有」如乙之後果; 前者是純正的因果句,後

者是藉結果表示程度的句法。⌊得⌉字又可以連繫單純的容態或程度限
制詞，如⌊這回看的細，這孩子美的很呢，像你⌉(冰心，分)，那又就談不
上後果了(參閱 9.88)。

因，以，而

21.61　此外文言裏還有一類句子，上下兩事也是一因一果，而句
子的用意和上面所說兩類句子都不同。這第三類句子是記敍性(不強調
那個⌊是⌉字)，和第一類不同；可是也不特別重視那個後果(不強調那個
⌊有⌉字)，又和第二類不同。只是在平鋪直敍之中略示上下二事之非偶
然相合。

這類句子裏頭有一部分在第二小句中間用一⌊因⌉字。按說⌊因⌉就
等於⌊因之⌉或⌊因此⌉，結構和⌊以此⌉、⌊爲之⌉都相似，可是力量薄弱多
了。例如：

> 單父人呂公，善沛令，避仇從之客，因家焉。(漢，高帝紀)

> 良業爲取履，因長跪履之。(留侯)

> 及至額當城，生子，因名曰額當。(史，韓王信傳)

> 宅邊有五柳樹，因以爲號焉。(五柳先生傳)

> 予少以進士遊京師，因得盡交當世之賢豪。(歐陽修，釋祕演詩集序)

> 以是人多以書借余，余因得遍觀羣書。(送馬生序)

這些例句裏面的⌊因⌉字都不妨改用⌊遂⌉字；用白話來說，只有後兩例勉
強可用⌊所以⌉，前四句都以⌊就⌉字較爲恰當。這都可以證明⌊因⌉字並不
重視因果關係，只是一種輕輕帶過的說法。反過來，要是把這些⌊因⌉字
改作⌊故⌉字：⌊避仇從之客，故家焉⌉⌊宅邊有五柳樹，故以爲號⌉，便變成
解釋的、說明的、議論的語氣，因果關係也就顯明起來了。

還有些用⌊因⌉字的句子，竟說不上有因果關係，只是⌊藉此⌉、⌊乘

此」之意(「因」字的動詞本義就是憑藉，依循，如「因其勢而利導之」)，例如：

坐之堂下，賜僕妾之食，因數讓之。(史，張儀傳)

漢兵因乘勝，逐盡虜之。(史，絳侯世家)

故嘗喜從曼卿遊，因以陰求天下奇士。

另一方面，「因」字之下又可以加用「而」字，例如：

草木爲之含悲，風雲因而變色。(黃花岡烈士事略序)

用「因而」比單用「因」字所表因果關係要明確些。

21.62　不但「因」字可以單用，「以」字也可以單用。例如：

發憤忘食，樂以忘憂。(論，述而)

賜也何敢望回？回也，聞一以知十，賜也聞一以知二。(論，公冶長)

正言不諱，以危其身。(卜居)

象有齒以焚其身。(左，襄二四)

或多難以固其國，啓其疆土；或無難以喪其國，失其守宇。(左，昭四)

而卒賴其力，以脫於虎豹之秦。(讀孟嘗君傳)

這些句子裏頭，上下二事之間有因果關係，這是不成問題的，「以」可說是「以之」之省，和「因」字代表「因之」相類。照說「以之」該和「以是」或「是以」的作用相同，然而這兩類句子顯然不同。有些句子，如「正言不諱，以危其身」，可以改說「正言不諱，是以危及其身」，可是意思變了；有些句子，如「樂以忘憂」就不能改用「是以」。

「以」和「是以」的不同，正如「因」和「故」的不同，是敍述性和議論性的區別。可是「以」和「因」又不能互換。用「因」的句子，行事相繼，多屬有意，用「以」的句子，後果之來，純出自然(且往往是不如意的)。這仍是事理和事實的分別，前節「因」字例句中只有例五例六的「因得」和最後的「因而」，不表行事之理由而表自然之因果。

還有一個區別，⌊因⌉字的副詞性比較顯明，我們沒忘記他是代表⌊因之⌉這個附加語的；⌊以⌉字就不然了，如例六，用了⌊賴⌉字已有因緣之意，下面仍用⌊以⌉字，已經把他當形式上的連接詞看了。⌊因⌉字的地位，無疑問的屬於下句，⌊以⌉字就似乎是兩句之間的成分。因此，在誦讀的時候，⌊因⌉字小句之前無不有一停頓，因爲意義上須要停頓；⌊以⌉字之前就常常不停，若有停頓，那是因爲誦讀的方便。從這些地方看來，⌊以⌉字的作用已經和⌊而⌉字相近；一部分例句竟不妨改用⌊而⌉字，如⌊樂而忘憂⌉、⌊聞一而知十⌉，可說和原句無甚出入。

21.63　事實上，有好些用⌊而⌉字連繫的句子，上下二事之間確有因果可言。例如：

> 昔者禹抑洪水而天下平，周公兼夷狄驅猛獸而百姓寧。(孟，滕文公下)

> 玉在山而草木潤，淵生珠而崖不枯。(荀，勸學)

> 臨溪而漁，溪深而魚肥；釀泉爲酒，泉香而酒冽。(醉翁亭記)

> 則如水漸涸而禾自萎，如膏漸銷而火自滅；後患有不可言者矣。(機器說)

> 疫癘，昔人所視爲神譴者也；今則知爲微生物之傳染而可以預防。(理信)

這些句子裏頭的⌊而⌉字不能直接改用⌊以⌉字，要把句子的構造略改，才有一部分可以用⌊以⌉，如⌊禹抑洪水，天下以平⌉；⌊良玉在山，草木以潤⌉。這是因爲⌊以⌉字不能用在主語之前，多數用⌊以⌉的句子都是前後主語相同，⌊而⌉字則不論主語的同異都可以用；而且⌊以⌉字限於事實的因果，⌊而⌉字可兼及事理：一句話，⌊以⌉字的應用較狹，⌊而⌉字較廣泛。所以多數用⌊以⌉的句子不妨改用⌊而⌉，可是用⌊而⌉的句子只有一部分可以改用⌊以⌉，並且要改動詞序，這又是因果句裏⌊而⌉、⌊以⌉兩字同而不同之處。

總之，⌊而⌉字雖然用在一因一果二事之間，本質上是個單純聯絡的詞，第十八章各節及 20.5 節都已經討論過。⌊而⌉字所聯二事在時間上

的先後，對於L而¬字尚且不是必要，比單純的先後關係更進一層的因果關係，對於L而¬字更是附屬的作用了。

目　的

21.71　目的的概念和因果的概念有密切的關係。第一，目的和原因（尤其是理由）相通：來自外界者爲原因，存於胸中者爲目的。例如有人問你L爲什麼又要找房子？¬你回答說：

(a)因爲出不起這個房租；或(b)打算搬個清靜些的地方。

(a)是原因，(b)是目的。可是你也可以說：

(c)想省幾個房錢；或(d)現在的地方太鬧。

(c)是目的，(d)是原因。而實際上(a)和(c)只是一件事，(b)和(d)也只是一件事。這就是原因可以換成目的說，目的可以換成原因說了。因此，目的的表示也常常就用原因的表示法，如上面的四句答語同樣都可以在頭上加L因爲¬二字。又如文言裏用L……也¬，也往往不表原因而表目的，如：

遣人立六國後，自爲樹黨，爲秦益敵也。（史，張耳傳）

永和九年，歲在癸丑，暮春之初，會於會稽山陰之蘭亭，修禊事也。（蘭亭集序）

白話裏L爲了¬可以表原因，也可以表目的，但L爲的是¬和L爲……起見¬都只表目的。例如：

爲了把會開好，必須早做準備。

他這麼賣力氣，就爲的是要行家點個頭，說個L好¬。

爲省事起見，就請您便道去邀一邀，我就不另外通知了。

上面說過原因和目的原是一事的兩面，但也常常在一句之中從兩方面來說明，例如L因爲現在的地方太鬧，打算搬個清靜些的地方。¬又

如：

> 然侍衞之臣，不懈於內，忠志之士，忘身於外者，蓋追先帝之殊遇，欲報之於
> 陛下也。(出師表)〔[追先帝之殊遇]是原因，[欲報之於陛下]是目的。〕
> 先塋在杭，江廣河深，勢難歸葬，故請母命而寧汝於斯，便祭掃也。(祭妹文)
> 〔[勢難歸葬]是原因，[便祭掃]是目的。〕

21.72　但目的也有專用的表示法。文言裏最普通的是用[以]字。
例如：

> 爲之圖以示不忘。(侍膳圖)。
> 今七年不飲酒，此後願日夜倍飲酒以償之。(郭老僕)
> 鬻百貨於市者，類爲曼聲高呼，誇所挾以求售。(市聲說)
> 夫卜者多言誇嚴以得人情，虛高人祿命以悅人志，擅言禍災以傷人心，矯
> 言鬼神以盡人財，厚求拜謝以私於已。(史，日者列傳)

表目的的[以]字和表原因的[以]字(21.73—4)不難區別：這個[以]
字常連屬上文，不讀斷(字數多時，間有例外)，[以]字小句之末很少用
[也]字。可是在這兩點上這個[以]字和表後果的[以]字(21.62)都相
同，因爲都是一貫而下的敍述口氣，而非一叩一應的議論口氣。這兩種
[以]字只能從意義上分別：第一，後果是當作既成事實說的，目的是當
作未成事實說的；其次，後果是不由自主而生的，目的恰恰是表示主語
的意欲。

表目的的[以]字也可以和[所]字合用，如：

> 季梁請下之，弗許而後戰，所以怒我而怠寇也。(左，桓八)
> 書於石，所以賀茲邱之遭也。(柳記)
> 所以昭炯戒，激衆憤，圖報復也。(巴黎油畫)

21.73　目的和手段相對，乙事爲甲事的目的，甲事卽爲乙事的手
段。但語意可以有輕重，如以上的例句都可以說是以甲事爲主，所以顯

得乙事是甲事的目的（畫圖做什麼？——以示不忘）。以下的例句就似乎偏重乙事，以甲事爲乙事之手段（如何得食？——自耕自食）。

> 自耕以食，自織以衣。

> 殺人以自生，亡人以自存，君子不爲也。（公羊，桓十一）

> 羣無賴用以騰叟，叟貨田以免。（劉叟墓碣）

21.74 用「以」字表目的的句法是有限制的：第一，必須上下兩動詞同一主語；其次，目的小句必須具有積極的行動意義。要是目的小句另有主語，或有否定詞（消極目的），或因其他條件不能用「以」字，大率就要利用致使義或希冀義的動詞，前者如「使」、「令」、「俾」，後者如「庶」。「庶」和「俾」的普通動詞用法已經不大看見，就很有幾分關係詞的性質了。例如：

> 布告天下，使明知朕意。（史，文帝紀）

> 卑之，無甚高論，令今可施行也。（史，張釋之傳）

> 敢盡布之執事，俾執事實圖利之。（左，成十三）

用「庶」字，前後的主語可同可異，例如：

> 君姑修政而親兄弟之國，庶免於難。（左，桓六）

> 後之人與我同志，嗣而葺之，庶斯樓之不朽也。（黃岡竹樓記）

> 蓋欲與在港當事之人接洽後回閩，庶便於舉措，不至牴牾。（林覺民傳）

> 務請認明獅球商標，庶不致誤。

以上一、二、三、五諸例的目的小句另有主語；六（後半）、七諸例爲消極目的。

從目的小句的應用「以」、「令」、「不致」等詞看起來，可見目的和效果這兩個概念也很有關係。目的，一方面可以說是內在的原因，一方面也可以說是預期的效果。

21.75 前邊討論的都是文言裏表示目的的方式。白話裏頭沒有和

L以丨字相當的連繫詞,通常就把表目的的詞結緊接在主要動詞之後,不離開來自成小句。例如:

> 打開窗透透空氣。

> 畫個畫兒留個記念。

> 不過偶感風寒,吃一兩劑藥疏散疏散就好了。

> 你就靠着我得了。我賣雞子,賣柿子,賣蘿蔔,養活着你。(冬兒)〔此句應以 L養活丨爲主體,L賣雞子丨等表手段。〕

以上是同主語的例。目的詞結若另有主語,還是可以不用關係詞,可是有時候就要略作停頓。例如:

> 叫人端一碗你嘗嘗。(兒,三八)

> 你兩個先抬起頭來,我瞧瞧是誰。(兒,二〇)

21.76　有時用L好丨字表示目的,意思和文言的L庶丨字相近;而且和L庶丨字一樣,不管上下主語相同不相同。例如:

> 你遞給我喝了,你好趕早回去交代了,好喫飯去。(紅,三五)

> 回來我可就從角門兒溜回去了,好把車讓給你們送親太太坐。(兒,二七)

> 我找我們伙計去,叫他看着,我好報縣。(三俠五義,二五)

> 想請你來,我們好當面道謝。(一隻馬蜂)

21.77　消極目的用L省得丨來表示,和文言的L以免丨或L庶不丨相當。例如:

> 從今偺們兩個人擺開手,省的鷄爭鵝鬭,叫別人笑話。(紅,二一)

> 所以我帶了鋪蓋來,打算住下,省得一天一趟的跑。(兒,一七)

> 或是把這宴會取消了也使得,省得你太忙累了,晚上又頭痛。(冰心,第一次宴會)

第二十二章　假設・推論

假設和條件

22.11　⌊要是怎麼樣，就怎麼樣⌉，這是假設的句法：第一小句揭出一個假設，第二小句說明假設的後果。後者是否成為事實，視前者為轉移，也可以說是以前者為條件，所以這種句法也可以稱為條件句。

假設句和條件句也未嘗不可分為兩類，這完全看我們對於⌊條件⌉二字作何界說。普通說到⌊條件⌉都是指可能實現的事情（未知的，且多數是未來的），要是明明和已知的事實相反，就只說是假設。前者例如：

　　你要見到他，給我傳個信，說我回來了。

　　要是你不認識他，我可以給你一封介紹信。

後者例如：

　　我要不相信你，我倒不會把這個話告訴你了。

　　要是我認識他，我何必還來求你介紹。

這個區別在西文裏很重要，因為兩種句子的動詞要應用不同的形式。可是在中文裏，對於句法沒有多大影響（但⌊使⌉、⌊令⌉等關係詞多用於純假設，參閱 22.33 ）。

第二種看法是把⌊條件⌉當作必不可少的前提。我們普通說，⌊你要我去，我有一個條件⌉，就是這個意思。照這種說法，下面這兩句話：

　　你請我坐車，我才去。

　　要是今天去不成，就明天去。

就只有第一句是條件句，第二句只是假設句。這個區別倒是有點用處，因為兩類句子的句法很有點差異。可是⌊條件⌉的定義未免太窄了一點，

我們有時候把這個稱爲⌊必需條件⌉(參閱 22.41)。

還有一種區別法,是把條件當作原因的別名,要有客觀的因果關係存在的句子才算是條件句。如:

你要不來,會就開不成了。

你要去,這會兒就去。

這兩句裏頭,第一句可以改爲⌊因爲你不來,所以會開不成⌉, 第二句可不能改說⌊因爲你要去,所以這會兒去⌉,所以只有第一句是條件句。這個區別在論理思考上有點用處,可是在語句表達上沒有多大關係。

因爲條件和假設可以有這種種不同的區分方法, 我們索性不去分別,把這種種句子總稱爲假設句,把假設之辭稱爲條件, 假設的後果簡稱爲後果,兩者之間的關係稱爲條件關係。

22.12　假設句不用關係詞,白話和文言都極普通。例如:

你是問道兒的嗎?……問道兒,下驢來問啊。(兒,一四)

這個大禮兒斷錯不得,錯了,人家倒要笑話。(兒,三五)

人無遠慮,必有近憂。(論,衞靈公)

無惻隱之心,非人也;無羞惡之心,非人也……。(孟,公孫丑上)

衆惡之,必察焉;衆好之,必察焉。(論,衞靈公)

東風不與周郎便,銅雀春深鎖二喬。(杜牧詩)

以上例句,條件小句和後果小句之間都有一個停頓,假設的語氣比較明顯。以下例句因爲字數少,連貫而下,但同樣有假設之意:

種瓜得瓜,種豆得豆。

無財作力,少有鬪智,旣饒爭時。(史,貨殖傳)

刻削之道,鼻莫如大,目莫如小。鼻大可小,小不可大也;目小可大,大不可

小也。(韓非,說林下)

時間關係和條件關係

22.21　兩件事情的同時或先後出現，可能是偶然的，也可能是非偶然的：前者是純粹時間關係，後者就往往含有條件關係，儘管用的連繫詞還是時間方面的。有幾類時間關係句，必然地含有條件關係在內。一是習慣性的（即不止一次的事件）（20.4），如「每見必學」，見是條件，學是後果；「每陰風細雨，從兄輒留」，風雨是條件，留是後果。

其次是未來之事，如：

等你明兒長大了，自然知道。

吾之大患，在吾有身；及吾無身，吾有何患？（老子）

志之爲物，往而必達，圖而必成；及其既達，則不可以返也；及其既成，則不可以改也。（辨志）

「長大」是條件，「知道」是後果；「無身」是條件，「無患」是後果。

22.22　又如用「一……」的句子，固然大多數以表示時間上的先後緊接爲主，但也往往兼有假設之意。尤其是指未來之事，假設之意甚爲明顯；有時竟只有假設的作用，不表示緊接。在這種地方，白話常說「一個……」，文言常用「一旦」或「一日」。例如：

一開口，人就笑。

這個時候可不能揭蓋子，一揭蓋子就走了氣，一走了氣就不好吃了。

他一個不出去，我自然不好出去。（兒，四〇）

一個不肯見面，這話又從那裏說起？（兒，一九）

此鳥不飛則已，一飛沖天；不鳴則已，一鳴驚人。（史，滑稽列傳）

彼一見，秦王必相之。（秦策）

朕親率天下農，十年於今，而野不辟；歲一不登，民有饑色。（漢，文帝紀）

一旦山陵崩，長安君何以自託於趙？（趙策四）

一日不合上意,遣繡衣來責將軍,將軍之身不能自保,何國家之安?(漢,趙
充國傳)

22.23　要是兩件事情的連帶發生,旣不限於一次,又不限於過去,
現在,未來的任何一個時候, 卽成爲一種一般化的連繫, 稱之爲時間的
連繫也好,稱之爲條件的連繫亦無不可。正如在某種光綫底下看某種物
體的面,因爲角度的不同,時而是這一個顏色,時而是那個顏色。例如:

> 霜晨雪早,得此週身俱暖。(鄭書)

> 過了這個村兒,沒那個店兒。(兒,四〇)

> 戴了眼鏡看,是清楚的,可是不戴眼鏡的時候,看去糊塗得很。

> 飢則必食,疲則必臥,迫於物理,無可奈何。(章炳麟,說自由)

> 今之所謂士者,一凡人譽之,則自以爲有餘;一凡人沮之,則自以爲不足。

> 　(韓愈,伯夷頌)

以上例句中,不但無關係詞的可加以兩種不同的關係詞,如l得此之後,
週身俱暖7,或l若得此,則週身俱暖7;就是明明用l的時候7或l之後7的
句子, 也未嘗不兼有l倘若7之意。(比較:英語的 when 也常兼有 if 意;
德語兩種關係同用 wenn 一字。)

就,便,則,斯

22.24　事實上,很多用l就7、l便7、l卽7、l則7等詞的句子,我們不
把他當時間句而把他當假設句看; 上面雖無l要是7、l苟7、l若7等詞,
我們只當他是有這些詞一般。這類句子裏頭的l就7、l便7等字,尤其是
l則7字,通常已經承認是條件關係詞。這類句子以無時間性的卽一般化
的爲多;要是限於一次,大率爲未來之事。例如:

> 盡得大的責任,就得大快樂;盡得小的責任,就得小快樂。(最苦與最樂)

> 處處盡責任,便處處快樂;時時盡責任,便時時快樂。(同)

公徐行卽免死,疾行則及禍。(項羽)

先卽制人,後則爲人所制。(同)

木與木相摩則然,金與火相守則流。(莊,外物)

大王與秦,則秦必弱韓魏;與齊,則齊必弱楚魏;魏弱則割河外,韓弱則效宜陽;宜陽效則上郡絕,河外割則道不通;楚弱則無援:此三者不可不熟計也。(趙策)

日與水居,則十五而得其道;生不識水,則雖壯,見舟而畏之。(日喻)

要,若,使,令

22.31 前邊的例子,關係詞用在後果小句裏頭。很多假設句常在條件小句裏頭加用表示假設的關係詞,假設句的性質就毫無疑問了。後果句或用「就」、「則」等字相應,或不用。文言裏這些關係詞可分三類:一是本來的關係詞,「若」、「如」、「苟」等,多用在主語之後。例如:

王若隱其無罪而就死地,則牛羊何擇焉?(孟,梁惠王上)

竹之爲瓦,僅十稔;若重覆之,得二十稔。(黃岡竹樓記)

王如知是,則無望民之多於鄰國也。(孟,梁惠王上)

如知其非義,斯速已矣,何待來年?(孟,滕文公下)

故苟得其養,無物不長;苟失其養,無物不消。(孟,告子上)

苟非吾之所有,雖一毫而莫取。(赤壁賦)

22.32 其次,條件小句裏頭又可以用「果」、「誠」、「倘」、「或」等限制詞作關係詞,也是用在主語之後爲常。這一類句子大率表未定事實,卽可能實現的假設。例如:

是以聖人果可以利其國,不一其用;果可以便其事,不同其禮。(史,趙世家)

誠如是也,民歸之由水之就下,沛然,誰能禦之?(孟,梁惠王上)

信能行此五者,則鄰國之民仰之若父母矣。(孟,公孫丑上)

倘一旦追念天下士所以相遠之故,未必不悔,悔未必不改;果悔且改,靜待之數年,心事未必不暴白天下,士未必不接踵而至執事之門。(與阮光祿書)〔〔悔未必不改〕,其中條件關係未用關係詞。〕

袁史則故御史珍之孫,何爲苛罰?脫有奄忽,如何?(謝承,後漢書)

戰爭,罪惡也;然或受侵略國之攻擊而爲防禦之戰,則不得已也。(爲鼗)

以這些字的意義論,〔果〕、〔誠〕、〔信〕爲一類,〔倘〕、〔或〕、〔脫〕爲一類。

我們又常常可以在條件小句頭上看見〔有如〕、〔如有〕等詞,這兒的〔有〕字有〔或〕字的意思。這類句子也是表可能實現的條件。例如:

如有馬驚車敗,陛下縱自輕,奈高廟太后何?(史,袁盎傳)

公叔病,有如不可諱,將奈社稷何?(史,商君傳)

22.33　又或在條件小句的頭上用〔使〕、〔令〕、〔假〕、〔設〕等字,這些字原是動詞(〔使〕、〔令〕二字的頭上有時還可以再加〔如〕、〔若〕等字),但在這類句子裏頭可認爲關係詞。應用這一類字的句子多半表示與事實相反的假設,以下各例只有例一、例三、例九是未定事實的假設。例如:

使生者死,死者復生,生者不食其言,可謂信矣。(費宮人)

使天下無農夫,舉世皆餓死矣。(鄧書)

若使奕能傷人,此子不得復永年矣。(孔融,論盛孝章書)

但使龍城飛將在,不教胡馬度陰山。(王昌齡詩)

向使四君卻客而不內,疏士而不用,是使國無富利之實而秦無張大之名也。

　　(史,李斯傳)

吾馬頓柔和;令他馬,固不敗傷我乎?(史,張釋之傳)

如令子當高帝時,萬戶侯豈足道哉!(史,李將軍傳)

假令僕伏法受誅,若九牛亡一毛,與螻蟻何異?(司馬遷,報任少卿書)

此時帝在即錄錄,設百歲後,是屬寧復有可信者乎?(史,魏其武安列傳)

⌊倘使⌋的 ⌊但⌋相當於白話⌊只要⌋的⌊只⌋。⌊向使⌋的⌊向⌋卽⌊向者⌋的
⌊向⌋，所以⌊向使⌋限用於與過去事實相反的假設。

22.34　白話所用關係詞，多沿襲文言而常兩字合用，藉以湊成兩
個音綴。條件之爲可能實現與否，在關係詞方面無大差別。例如：

倘若不肯，我也不叫你過於爲難。(兒，一五)

倘使錯過這個機會，又不知哪一天才能會面。

假使沒有飛機，怎麼能一天之內就從中國到了印度?

假若你不反對，我明天就去通知他。

假如方才這九十歲的老頭兒被你們一顆打倒，他的體面安在?(兒，一六)

如果你拿得出辦法，他們一定會同意。

你果眞愛她，你就應相信她。

果然太太出去，太太走到那兒，還怕我不跟到那兒去嗎?(兒，四〇)

他但一支吾，我第二句便是這句話。(兒，一六)

22.35　但白話裏最常用的是⌊要⌋字。這本是一個動詞，在下列前
三例裏還保有動詞的力量，但在其餘的例句裏就是純粹的關係詞了。
⌊要⌋字的位置，倘若上下小句主語相同，就常常在主語之後，否則大率
在主語之前，但是都有例外。例如：

你要學俄文，必得先明白這不是中文。〔比較⌊工欲善其事，必先利其器⌋〕

而且在船上行動自如，要看就看，要睡就睡，要喝酒就喝酒。(烏蓬船)

你要不願意，就把⌊願意⌋兩個字抹了去，留⌊不願意⌋；要願意，就把⌊不願
意⌋三個字抹了去，留⌊願意⌋。(兒，二六)〔願意不願意，不是可以⌊要⌋得
的，所以這個⌊要⌋字已不是動詞〕

要姑奶奶在這邊幫着，我更放心了。(兒，二七)〔誰⌊要⌋?〕

要是李老四家的船出了門，叫鄧祥發家的也可以。(一隻馬蜂)

只要成全了他，就你我吃些虧也說不得。(兒，一六)〔這句的⌊就⌋作⌊卽使⌋

講,見 23.25〕

祇要人家稍微幫他一點忙,他就卽刻請他們吃飯。(北平的空氣)

所以什麼謊都可以說,祇要說得好聽; 做賊,賭錢,都可以做,祇要做得好看?(一隻馬蜂)〔此句係反詰語氣〕

而

22.36　文言裏的條件小句還有一種表示法,是在主語和謂語之間用一個⌊而⌉字。例如:

相鼠有皮,人而無儀?人而無儀,不死何爲?(詩,鄘風)

人而無恆,不可以作巫醫。(論,子路)

富而可求也,雖執鞭之士,吾亦爲之。(論,述而)

我有子弟,子產誨之;我有田疇,子產殖之。子產而死,誰其嗣之? (左,襄三〇)

君言太謙,君而不可,尚誰可者?(漢,張安世傳)

前人往往說這個⌊而⌉字等於⌊若⌉。其實這只是一種方便說法,這個⌊而⌉字雖然有表示條件的作用, 可不必當作與常見的⌊而⌉字不相干涉的另一關係詞。⌊而⌉字仍是轉折的用法,⌊人而無恆⌉是說⌊人應有恆,而今無恆,則雖巫醫之事亦不勝任矣⌉。此意例一最顯,⌊人而無儀⌉叠用,第一句是純粹轉折,第二句以轉折表條件。其餘例句,⌊富而可求⌉隱有⌊富不可求⌉之意,⌊子產而死⌉隱有⌊子產不可死⌉之意,⌊君而不可⌉隱有⌊君自可⌉之意,都可以見出⌊而⌉字的轉折作用。但用久了也有不含轉折之意的。

也,者

22.37　後果小句之後,白話多用⌊了⌉字結束。文言也常用⌊矣⌉字,

但有時也用﹁也﹂字,這兩個字語氣上的差別依照一般原則(15.71—5)。

但文言有時在條件小句後也用﹁也﹂字。例如:

是可忍也,孰不可忍也?(論,八佾)

朔之婦有遺腹。若幸而男,吾奉之;卽女也,吾徐死耳。(史,趙世家)〔卽=若〕

有時候又用﹁者﹂字。例如:

客亦何面目復見文乎?如復見文者,必唾其面而大辱之。(史,孟嘗君傳)

卿能辦之者,誠快;邂逅不如意,便還就孤,孤將與孟德決之。(赤壁)

爲君計者,勿攻便。(魏策四)

東亦客也,不可以久。圖久遠者,莫如西歸。(祭十二郎文)

﹁也﹂和﹁者﹂都表示語意未完,但這兩個字比較起來,﹁者﹂字只是頓住了等下文說明,﹁也﹂字多一點悠宕的神氣(17.81—2)。

22.38 白話裏和﹁也﹂字相當的是﹁啊﹂,此外又用﹁呢﹂、﹁罷﹂等語氣詞(17.84)。例如:

我要認得外國字啊,我都不來請教你了。

我怕熱。聽了兩齣,熱的很。要走呢,客又不散。(紅,三〇)

現在我在街上擺卦攤,好了呢,一天也抓弄個三毛五毛的。(柳家大院)

要說是丟開罷,一時那裏丟得開。

22.39 白話裏有一個很特別的詞語用在條件小句之後,就是﹁的話﹂。如:

你要是請客的話,千萬別忘記請我。

要是跌倒的話,這二位一定是一齊倒下。(有聲電影)

﹁的話﹂兩字在這裏毫無實義,可以算是準語氣詞;倘若拿來和﹁也﹂、﹁者﹂兩字比較,似乎於﹁者﹂字爲近。

充足條件和必需條件

22.41　條件有⌐充足條件⌐和⌐必需條件⌐的區別。充足條件是說具
此條件卽有此後果，但不具此條件，不一定就無此後果。例如：

胡亂吃東西，就會生病。

但不胡亂吃東西，不一定不會生病。必需條件是說不具此條件，必無此
後果，但具此條件，不一定就有此後果。例如：

人不呼吸空氣不得生存。

但是呼吸空氣不一定就可以生存，因爲不喝水不吃飯，光喝西北風，還
是活不了。因此往往有從兩方面來說，表示條件之爲充足而又必要的。
例如：

你能吃就吃點兒，不能吃倒別勉強。

話雖這樣說，在日常語言裏，充足條件也帶上必需條件的色彩，必
需條件也帶上充足條件的色彩，髣髴以此時此地而論都成了唯一的條
件了。例如說，⌐你去我也去⌐，事實上就有⌐你不去我不去⌐的意思，除
非接着說個⌐你不去我也去⌐。又如說⌐不吃辣椒不知道辣椒味道之美⌐，
髣髴一吃辣椒就能欣賞辣味似的，其實是儘有人能吃辣而不愛吃辣的。
日常說話不能拿嚴格的邏輯來要求。

我們前邊講的都是充足條件的表示法。其中儘管同時隱含此條件
亦爲必需之意，表面上是看不出來的。現在要討論必需條件的表示法。

22·42　必需條件有兩種說法，正說和反說。正說是應用⌐方才⌐、
⌐然後⌐等詞。這些關係詞原是表示時間關係的，但其中皆有有待而然的
意思（20.71—3）。有些句子，尤其是第一小句裏有⌐必⌐、⌐須⌐等字的，
裏面的條件關係比時間關係更顯著，例如：

可知這樣大族人家……必須先從家裏自殺自滅起來，才能一敗塗地呢。

（紅，七四）

親戚們好，也不必要死住着才好。（紅，七五）

讀書須讀得不忍舍處，方見得眞味。（朱子語類）

每食，必問價乃擧箸。

人恆過，然後能改；困於心，衡於慮，而後作；徵於色，發於聲，而後喩。（孟，告子下）

陷之死地而後生，置之亡地而後存。（淮陰）

世有伯樂，然後有千里馬。（韓愈，雜說）

22.43　其次，在條件小句和後果小句各加否定詞，也可以表示條件之爲必需。採取這種句法，未嘗不可再在條件小句加用「若」、「要」等關係詞，但多數例句都不用。如：

再說，安老爺若榜下不用知縣，不得到河工；不到河工，不至於獲罪；不至獲罪，安公子不得上路；安公子不上路，華蒼頭不必隨行；華蒼頭不隨行，不至途中患病；華蒼頭不患病，安公子不得落難；安公子不落難，好端端家裏坐着，可就成不了這番英雄兒女的情節，天理人情的說部。（兒，三）

這裏一連七個假設句，只在第一個條件小句用一「若」字，在最後的後果小句用一「就」字。餘如：

不到黄河心不死。

不登高山，不見平地。

不經一事，不長一智。

不入虎穴，不得虎子。

不憤不啓，不悱不發，擧一隅不以三隅反，則不復也。（論，述而）

利不百，不變法；功不十，不易器。（史，商君傳）

士卒不盡飮，不近水；不盡餐，不嘗食。（漢，李廣傳）

君非姬氏, 居不安, 食不飽。(左, 僖四)

臣無祖母, 無以至今日; 祖母無臣, 無以終餘年。(李密, 陳情表)

微夫人之力不及此。(左, 僖三〇)

沒家親引不出外鬼來。(紅, 七二)

這一正一反兩種說法可以交換, 例如┗不到黃河心不死┚也可以說┗定要到了黃河邊上心才死┚。我們可以比較常在一起說的兩句格言:

書到用時方恨少;

事非經過不知難。

又有一件事情連用兩種說法的, 如:

要下陣雨纔得涼快, 不下雨不得涼快的。

俟母食, 然後食; 母未食, 不先食也。(啞孝子)

條件隱於加語

22.5　許多句子, 表面上不是假設句, 但裏頭實在含有條件的意思, 大多數是隱藏在一個加語裏。例如我們說:

巧婦難爲無米之炊,

表面上並不分成條件和後果兩小句, 但實際上和

要是沒有米, 怎麼樣能幹的女人也做不出飯來,

是一個意思, 而後者是顯明的假設句。又如:

〔吉老太太〕我不相信, 一個女人會做了飯, 就不會做文章。〔吉先生〕不錯,
不過困難的不是會做了飯的女人不會做文章, 是會做了文章的女人就
不會做飯。(一隻馬蜂)

在這個例句裏, 吉老太太用的是假設句, 但吉先生就把條件隱在加語裏。其他的例如:

蒼蠅不抱沒縫的雞蛋。(紅, 六一)

離開了土地的花草,離開了水的魚,能快活嗎?能生存嗎?(康橋)

文言裏也常利用⌐者⌐字(間或用⌐所⌐字)把條件納入詞組。如漢高祖入關,約法三章,說:

> 殺人者死,傷人及盜抵罪。(漢,高帝紀)

下半句不用⌐者⌐,顯然是假設句,但上半句就成了隱含的假設句了。又如:

> 小負之牛,尚可養成氣力,更決雌雄;大負,則殺而烹之。(鬭牛)

也是上半句藏條件於詞組,下半句便明用假設句。其餘的例如:

> 士志於道而恥惡衣惡食者,未足與議也。(論,里仁)

> 愛人者人恆愛之,敬人者人恆敬之。(孟,離婁下)

> 趙孟之所貴,趙孟能賤之。(孟,告子上)

> 不知子都之姣者,無目者也。(孟,告子上)

> 適百里者宿舂糧,適千里者三月聚糧。(莊,逍遙遊)

> 食肉者寢其骨,食果者寢其核,未有渾淪而吞之者也。(文明之消化)

這些例句裏,要是把⌐者⌐字除去,在後句頭上加個⌐則⌐字,就成了普通的假設句了。

兩歧假設

22.61 假設句常常一正一反的疊用:或雖不相反,而意思相對。有時候,尤其是在文言裏頭,也可以不取嚴格的假設句式,而採一問一答的形式;但兩個這樣對立的問答句,自然使人感覺是對立的兩個假設。這種句子可以稱為兩歧假設句,他的作用或是表示兩可,或是表示兩難是議論文中常用的句法。先舉採用假設句式的例:

> 這要是個眞的,不買可惜;要是個假的,買了又上當。

> 與之則費難供,不與則失其心。(後漢,班勇傳)

賢而多財，則損其志；愚而多財，則益其過。(漢，疏廣傳)

前日之不受是，則今日之受非也；今日之受是，則前日之不受非也。(孟，公
孫丑下)

以下例句，第一和第三小句之末用 ⌊罷⌉、⌊邪⌉等疑問語氣詞，像是問句，
但是開頭又有 ⌊若⌉、⌊要⌉等字，是假設句的標識。我們爲方便計，把 ⌊罷⌉
和 ⌊邪⌉等詞算做假設小句後的停頓語氣詞。假設句和問句很多相通之
處，就因爲同是不定的語氣。例如：

我要告訴二爺吧，對不起四爺；不告訴吧，又怕把二爺也饒在裏面。簡直的
沒法兒！(黑白李)

那時候，我要說願意罷，一個女孩兒家，怎麼說得出口來？ 要說不願意罷，
人也得有個天良， 是這樣的門第我不願意呀？ 是這樣的公婆我不願意
呀？(兒，二六)

若有 ⌊意⌉邪，非賦之所盡；若無 ⌊意⌉邪，復何所賦？(世說，文學)

若以此譬爲盡耶，則不盡；若謂本不盡耶，則不可以爲譬也。(沈約，難神滅
論)

另外有些句子，頭上沒有 ⌊若⌉字，我們雖然仍不妨把 ⌊邪⌉字或 ⌊也⌉字算
做停頓語氣詞，可是不要忘記他們原是疑問語氣。至於用 ⌊乎⌉字和 ⌊與⌉
字的，還是認爲問句的好。例如：

言君臣邪，固當諫爭；語朋友邪，應有切磋。(後漢，馬援傳)

以我爲君子也，君子安可無敬也？以我爲暴人也，暴人安可侮也？(韓非，說
林下)

我之大賢與？ 於人何所不容？我之不賢與？人將拒我，如之何其拒人？(論，
子張)

以盟爲有益乎？前盟口血未乾，足以結信矣；以盟爲無益乎？君王舍甲兵之
威，以武臨之，而胡重於鬼神以自輕也？(國語，吳語)

這一類兩歧假設句和無論句可以相通，如⌊賢而多財⌉例，含有⌊無論智愚，多財無益⌉之意，⌊我之大賢⌉例含有⌊無論我之賢不賢，皆不可拒人⌉之意。

22.62　另有一類句子，形式上也是兩歧假設，實際上上句是陪襯，為下句蓄勢。第一後果小句白話多用⌊就罷⌉，文言多用⌊則已⌉。例如：

> 不說話也罷，一說話是鼻子裏先帶點兒齆音兒，嗓子裏還略沾點兒膛腔。（兒，三八）

> 你不來就罷；旣來了，索性等開過會再回去。

> 使趙不將括則已；若必將之，破趙軍者必括也。（史，廉藺列傳）

> 天下當無事則已，有事則洛陽必先受兵。（李去非，書洛陽名園記後）

以下例句，用語略異，作用相同。如：

> 除非不算帳，算起帳來一個錢也不放鬆。

> 要就不作聲，說動了頭就沒有完的時候。

> 你瞧瞧，不喝就不喝，喝起來就得使這麼個大盅子。（兒，三七）

> 有弗學；學之弗能，弗措也。有弗問；問之弗知，弗措也。（中庸）

若夫, 至如

22.71　現在討論幾個跟假設的意思有關的熟語。第一是⌊要講⌉、⌊若夫⌉、⌊至如⌉、⌊至於⌉等用法大致相同的幾個詞。⌊要⌉、⌊若⌉兩字明爲設論之辭，⌊至⌉字本身雖無此意，⌊至如⌉、⌊至於⌉也都有假設的意思。可是這幾個詞的假設之意甚輕，他們的主要作用在於另提一事。例如：

> 那時候，要論我的家當兒，再有幾個五百，也拿得出來。（兒，一五）

> 要講說話，我也算得會說的了，不知爲什麼總說他不過。

> 此其大略也；若夫潤澤之，則在君與子矣。（孟，滕文公上）

> 諸將易得耳；至如信，國士無雙。（淮陰）

夫才德不稱,固自知之矣;至於不孚之病,則不才爲尤甚。(宗臣,報劉一丈
書)

白話裏面有時單用一個└論┘字,例如:

論畫,可比的許只有柯羅的田野;論音樂,可比的許只有蕭班的夜曲。(康
橋)

文言裏又常常不用└若夫┘、└至於┘等詞,而仍然含有這種意思;有在句
中用└則┘字的,也有不用的。例如:

追惟一二,彷彿如昨,餘則茫然矣。(先妣)〔至於旁的〕

人情,一日不再食則飢,終歲不製衣則寒。(重農貴粟疏)〔論人情〕

騏驥騄駬,一日而馳千里,捕鼠不如狸狌。(莊,秋水)〔至於捕鼠〕

疇昔之羊,子爲政;今日之事,我爲政。(左,宣二)〔論從前的羊……至於今
天的事情……〕

漢之得人,於茲爲盛:儒雅則公孫弘,董仲舒,兒寬;篤行則石建,石慶;質
直則汲黯,卜式……。(漢,公孫弘傳)

最後三例,也可以說是表示└方面┘的概念。

除 非

22.72 其次有└除非┘,表示唯一的條件。既是唯一的條件,自然是
兼有必需和充足兩種性質,但用└除非┘的句子,必需之意更爲顯著。└除
非┘這個詞大致是兩個來由湊合而成:一是└非┘,卽 22.43 後面幾例的
└非……不……┘的└非┘;一是└除┘,卽 18.92 └除……外┘的└除┘,但用
於條件句,如:

除吾死外,當無見期。(祭妹文)

假如這個分析是對的,則└除非┘應該也是表示└若無此條件卽無此後
果┘的,後果小句裏應有否定詞和└除非┘相應。例如:

除非你親自去請他，他不會來的。

但事實上常看見的句式不是如此。有些是在前面加「若要……」把後果倒換成條件的，如：

若要人不知，除非己莫爲。

欲寫相思，除非天樣紙。（董解元西廂）

若問相思甚了期？除非相見時。（晏幾道詞）

有些是在後面接上「纔……」的正面說法的，如：

只除非得這三個人，方才完得這件事。（水滸，一五）

除非少爺賞我個本錢，才可以回家養活母親。（儒林外史，三二）

學者若有絲毫氣在，必須進力；除非無了此氣，只口不會說話，方可休也。

（朱子語類）

應知別後，除非夢裏，時時得見伊。（晏幾道詞）

還有照我們原來的說法，在當中加「否則」的，如：

除非你親自去請他，否則他不會來的。

除非是你，換了第二個人，我是不會給他看的。

以這些句式而論，「除非」和「必須」或「惟有」、「只有」同義。

否　則

22.73　又其次要講到「否則」和「然則」。用「否則」的句子也是一種假設句。比如我們說：

你不去我去。

要是你還不來，我就不等你了。

這是普通假設句。假如我們爲別種理由把第一小句說成非條件式，而仍然要表示全句的條件意思，我們就用「否則」，如：

最好你去，否則只有我去。

這是你來了，否則我就不等你了。

⌊否則⌋二字雖然習慣上連起來說，實在是兩個成分組成的：⌊否⌋一字代表一個條件小句（倘若不如此），⌊則⌋字接上後果小句。在文言裏，這兩個字還是活的，可分離的，我們有和⌊否則⌋同義的⌊不卽⌋、⌊不且⌋，以及和⌊否⌋一字相當的⌊不者⌋（此⌊者⌋卽 22.37 之⌊者⌋）、⌊不然⌋、⌊非然⌋。例如：

> 凡殖貨財，貴其能施賑也；否則守財虜耳。（後漢，馬援傳）
>
> 齊趣下三國！不且見屠。（史，齊悼惠王世家）
>
> 王巳屬政於執事。使者去！不者，且得罪。（史，越世家）
>
> 思深哉，其有陶唐氏之遺風乎！不然，何憂之遠也？（左，襄二十九）
>
> 蓋謂不如是不足以窮其理也。

白話裏頭⌊否則⌋二字已成固定的結合，所以我們可以說⌊否則我就不等你⌋（就＝則）。但白話裏更普通的還是用 ⌊不然⌋ 或⌊不⌋來代替⌊否⌋字。例如：

> 虧得你告訴我，不然我還在鼓裏呢。
>
> 是這麼着，我就住些日子；不，我可就不敢從命了。（兒，二九）
>
> 輕易得不着好陳酒，求老太爺這裏找幾罈，交給回空的糧船帶回去。不是，他就叫武生買幾罈帶去了，說那東西的好歹外人摸不着。（兒，三八）

有隱含⌊否則⌋之意而不明著其辭者，如：

> 吾王庶幾無疾病與？何以能鼓樂也？……吾王庶幾無疾病與？何以能田樂也？（孟，梁惠王下）

然　則

22.74　⌊然則⌋的構成和⌊否則⌋相同，⌊然⌋字自爲一句（倘若如此），⌊則⌋字引出下文。用⌊然則⌋的句子的特點是多數用於對話，卽順着對方

的語意,接過口來申說應有的後果；即使不是對話,也往往含有說話的
本人自為問答的神氣。這又可以分為兩類:一,後果小句取問句的形式,
多半是└逗出下文┘的語氣,但也有真的詢問,如例一:

　　晏平仲端委立於虎門之外,四族召之,無所往。其徒曰:└助陳鮑乎?┘曰,
　　└何善焉?┘└助樂高乎?┘曰,└庸愈乎?┘└然則歸乎?┘曰,└公伐焉歸?┘
　　(左,昭十)

　　大雩者何?旱祭也。然則何以不言旱?言雩則旱見,言旱則雩不見。(公羊,
　　桓五)

　　故世之言道者,或即其所見而名之!或莫之見而意之,皆求道之過也。然則
　　道卒不可求歟?蘇子曰,道可致而不可求。(日喻)

另一類後果句不是問句,如:

　　莊王曰:└諾,舍而止。雖然,吾猶取此然後歸爾。┘司馬子反曰,└然則君請
　　處於此,臣請歸爾。┘(公羊,宣十五)

　　└鄒人與楚人戰,則王以為孰勝?┘曰,└楚人勝。┘曰,└然則小固不可以敵
　　大,寡固不可以敵眾,弱固不可以敵彊。┘(孟,梁惠王上)

　　└子年幾何矣?┘曰,└年十五矣。┘└以何時而眇?┘曰,└三歲耳。┘└然則子之
　　眇也,且十二年矣。┘(眇者說)

不用在對話裏的,如:

　　楚子在城父,將救陳。卜戰,不吉。卜退,不吉。王曰,└然則死也。┘(左,哀六)

　　子璨遇大鐵椎為壬寅歲,當年三十;然則大鐵椎今四十耳。(鐵椎)

不用└然┘而用└如是┘等詞的,如:

　　孟子曰,└否,我四十不動心。┘曰,└若是,則夫子過孟賁遠矣。┘(孟,公孫丑
　　上)

　　操軍破必北還,如此,則荊吳之勢強,鼎足之形成矣。(赤壁)

└然則┘的構造雖和└否則┘相同,但因└否┘字建立的是與上述事實(已然

的或蓋然的)相反的條件,所以⌐否則⌐句的條件性甚顯; 而⌐然⌐字建立
的條件是肯定的,往往和已經確定的事實相符,所以⌐然則⌐句的條件性
不顯。以上諸例中,一部分可以作⌐倘若如此⌐講,其餘的就不如作⌐既然
如此⌐或⌐這樣說起來⌐講更貼切些。換句話說,⌐然則⌐的⌐然⌐字有時候
等於⌐若然⌐,有時候又等於⌐既然⌐。後者,嚴格說,不能算是假設句,只
能算是推理句。

　　白話裏和⌐然則⌐相當的是⌐那麼⌐或⌐這麼說⌐。例如:

　　　　⌐你我還有什麼客氣的,收了,收了。⌐──⌐那麼我就恭敬不如從命了。⌐

　　　　去又不是,不去又不是;那怎麼辦呢?

　　　　這麼說,你是不去定了?

推論: 既, 既然

　　22.8　前邊說過,⌐然則⌐有時可作⌐若然⌐講,有時又該作⌐既然⌐
講。事實上,有一類句子就把⌐既⌐(文)或⌐既然⌐(話)嵌在上句中間,和
下句連合成一整句。這一個整句可以分爲⌐前提⌐和⌐結論⌐兩個小句,結
論句中有時用⌐就⌐或⌐則⌐和⌐既⌐相應,又常有⌐應該⌐、⌐自必⌐等詞語,
或雖無此等詞語,還是有這樣的意思。結論句有時也出以問句的形式,
和用⌐然則⌐的句子相似。例如:

　　　　你既受了我的定錢,這房子就算租了給我。(壓迫)

　　　　我想你應該知道吧?──你既把房子都租了給他。(同)

　　　　且既有吸收,卽有消化。(文明之消化)

　　　　吾輩既以壯士自許,當仗劍而起。(林覺民傳)

　　　　易曰,⌐雲從龍⌐,既曰龍,雲從之矣。(韓愈,雜說)

　　但文言裏用⌐既⌐的句子,也有直敍事實的因果的,如:

　　　　朕既不敏,常畏過行以羞先王之遺德。(史,文帝紀)

齊哀王聞之,舉兵西……絳侯等旣誅諸呂,齊王罷兵歸。(史,灌嬰傳)

⌊旣⌉字的本義是⌊已⌉,和⌊已⌉一樣,可以用來連接先後兩事, 表純粹的時間關係(20.22)。要是先後二事因果相關,如此處最後二例,⌊旣⌉字又有因果關係詞的性質,也和⌊已⌉相同(21.11)。但是⌊旣⌉字又可以用於推論的句子,如前面所舉的例,這是⌊已⌉字所無的用法。所以文言裏頭只一個⌊旣⌉字,到了白話裏頭就有⌊已經⌉和⌊旣然⌉之分。

假設句,推論句,因果句

22.91 用⌊要是⌉和⌊就⌉連繫的假設句;用⌊旣然⌉和⌊就⌉連繫的推論句,用⌊因為⌉和⌊所以⌉連繫的因果句,這三種句法, 雖然各有各的用處,所表示的是根本上相同的一個關係:廣義的因果關係, 包括客觀的卽事實的因果和主觀的卽行事的理由目的等等。這三種句法的同異,可以綜括如下:

假設句: 若甲則乙, 甲乙皆虛, 理論的 , 一般的, 泛論因果。

推論句: 旣甲應乙, 甲實乙虛, 應用理論於實際, 推斷因果。

因果句: 因甲故乙, 甲乙皆實, 實際的 , 個案的, 說明因果。

雖然假設句和因果句各有一部分例外,以典型的例句而論,這三種句法是彼此相應的,例如:

倘若他天亮就動身,晌午準可以趕到。

這是假設句,前後都是未確定的事實,只設定二者之間有相應而生的關係。假如我們知道他天亮就動身,我們就說:

他旣是天亮就動身,晌午準可趕到。

這是由因推果。假如我們知道他晌午已到。我們就說:

他旣是晌午就到,至遲是天亮就動身的。

這是由果推因。這兩句是推論句。假如這兩者都已確知是事實,我們就

說：

> 他天亮就動身，所以晌午就趕到了。．

這是直捷說明的語氣，是紀效句。或是先說事實，然後解釋原因，那就是釋因句，如：

> 他晌午就趕到，因爲天亮就動身。

此外，還有把預期的後果作成條件形式的假設句：

> 他倘若要晌午趕到，至遲得天亮就動身。

這也有因果句和他相應，說明行事的理由或目的：

> 他要晌午趕到，所以天亮就動身。

> 他天亮就動身，爲的是要趕晌午趕到。

有了說明事實因果的句子，按說不必再作成假設句，但是我們有時仍然用假設句的形式來特別申述其間的因果關係。假如仍用上面的例句，那就是：

> 他要不是天亮就動身，哪能晌午就趕到。

或是，

> 虧得他天亮就動身，否則晌午就趕不到了。

這就是我們在本章頭上所說條件與確定事實相反的句子。由上所述，可知假設句和因果句息息相關了。

22.92　因爲這幾種句法的密切相關，所以一方面往往有參互着用的例子，如：

> 唇竭則齒寒，魯酒薄而邯鄲圍，聖人生而大盜起。(莊，胠篋)

> 夫川竭而谷虛，丘夷而淵實，聖人已死則大盜不起。(同)

> 與楚則漢破，與漢而楚破。(史，欒布傳)

> 五子哀戀，思念其母。其母既亡，則無五子；五子若殂，亦復無淮。(世說，方
>   正)

另一方面，又有些句子，可作假設句講，也可作推論句講。例如：

　　你熱心，你就發起。

　　你不容我進去，我就走。

這裏的上一小句，因爲不用特殊的關係詞，可說是⌊要是你熱心⌋、⌊要是你不容我進去⌋，也可以說是⌊你既熱心⌋、⌊你既不容我進去⌋。

　　又有些句子，可以作假設句看，也可以作因果句看。例如：

　　飛鳥盡，良弓藏。

可以說是⌊要是飛鳥盡了，良弓就要放在一邊⌋，也可以說是⌊因爲飛鳥已經盡了，所以良弓也就放在一邊了⌋。不但此也，無論假設句或推論句或因果句，都是先有⌊先後⌋而後有⌊相因⌋的，所以必然包含時間關係在內。因此⌊飛鳥盡⌋這句還可以講做⌊鳥打完了，弓也就收起來了⌋。反正這三種意思很相近，決不衝突。

　　甚而至於有可以作這三種講法而作者用意還在這三種之外的，例如⌊水落石出⌋可以是⌊水落之時石出⌋，或⌊若水落則石出⌋，或⌊因水落故石出⌋，但赤壁賦裏用這句句子似乎意在平列，是說⌊水已落矣，石已出矣⌋。

　　總之，漢語的語句結構，不像西文非處處用關係詞連絡不可。有時不妨重複，用了⌊以⌋字還可以用⌊故⌋字，有了⌊雖然⌋再來個⌊但是⌋；在不會發生誤會的時候卻又會全不用關係詞，讓聽的人去理會。

第二十三章　擒縱・襯托

容　認

23.11　容認句指應用⌊雖然⌉等關係詞連繫的句子。這是擒縱句法的一種，先承認甲事之爲事實（一放），接下去說乙事不因甲事而不成立（一收）。容認句和轉折句很相近，同是表示不調和或相違逆的兩件事情；所不同者，轉折句是平說，上句不表示下句將有轉折，而容認句則上句卽已作勢，預爲下句轉折之地。例如說⌊吾嘗將百萬軍⌉時，並未預示下面將有⌊然安知獄吏之貴乎？⌉一轉，若說⌊吾雖嘗將百萬軍⌉，則我們自然預期下面將有一個轉折。

23.12　表示容認的關係詞，最重要的是⌊雖⌉字，文言單用，白話常說⌊雖然⌉、⌊雖則⌉、⌊雖說⌉。文言的⌊雖⌉字可位於主語之前或之後，在後更常見；白話則通例位於主語之後。在第二小句裏頭，也常用⌊也⌉、⌊亦⌉等字照應。例如：

> 事情雖多，也該保全身子，檢點着偷空兒歇歇。（紅，四五）
> 旺兒的那小子，雖然年輕，在外吃酒賭錢，無所不至。（紅，七二）
> 我那時候雖說無靠，到底還有我的爹媽。（兒，二六）
> 我雖則沒有見過，也聽人說過。
> 雖君有命，寡人弗敢與聞。（左，隱十一）〔⌊雖⌉在主語前〕
> 此言雖小，可以喩大也。（史，李將軍傳）
> 雖無絲竹管絃之盛，一觴一詠，亦足以暢敍幽情。（蘭亭集序）
> 汝時尤小，當不復記憶；吾時雖能記憶，亦未知其言之悲也。（祭十二郎文）

容認小句照例在上，但近來受西洋語法的影響，有放在後面的，如：

沒有月光的晚上，這路上陰森森的的有些怕人。今晚卻很好，雖然月光也還是淡淡的。(朱自清，荷塘月色)

23.13 文言也用L雖然7，但L然7字有實在的意義，不像在白話裏只是一個襯字。L雖然7承接上文，自成一頓，等於白話L雖說如此7。(L雖然7一詞在文言和白話裏用法不同，正如 L所以7一樣，都是應該注意的。)例如：

微子則不及此；雖然，子弒二君與一大夫，爲子君者不亦難乎？(左，僖十)

及楚，楚子饗之。曰：L公子若反晉國，則何以報不穀？7對曰：L子女玉帛，則君有之……7曰：L雖然，何以報我？7(左，僖二四)

雖然如此，到底該請大夫來瞧瞧是什麼病，也都好放心。(紅，七二)

這種句子的作用，實際全句只等於轉折句的下句，如L周勃厚重少文，然安劉氏者必勃也7，即可改作L周勃厚重少文；雖然，安劉氏者必勃也7。

23.14 容認句和轉折句的性質既是這樣相近，一方面就有不用關係詞的句子，我們可以在上句中間加個L雖然7，也不妨在下句頭上加個L可是7，如：

實對你說了罷，身子去了，我的心不去。

身子雖然去了，我的心不去。

身子去了，可是我的心不去。

另一方面，又有上句用容認關係詞，下句又用轉折關係詞的句子；這在白話裏幾已成爲常例，文言裏也常常遇見。例如：

他雖是姑娘家，心裏卻事事明白，不過是言語謹愼。(紅，五五)

雖是不差，卻也差得一着。(兒，一九)

雖是不合他的路數，可奈文有定評，他看了也知道愛不釋手。(兒，三五)

荊軻雖遊於酒人乎，然其爲人沈深好書。(史，刺客列傳)

楚雖有富大之名，而實空虛；其卒雖多，然而輕走易北。(史，張儀傳)

園日涉以成趣，門雖設而常關。(歸去來辭)

予雖親在未敢言老，而齒危髮禿，暗裏自知。(祭妹文)

23.15　文言裏頭，除用⌐雖⌐字外，又可用⌐誠⌐、⌐信⌐、⌐固⌐等限制詞表肯定，卽用以爲下文轉折之地。例如：

賈子厚誠實凶德，然洗心向善；仲尼不逆互鄉，故吾許其進也。(後漢，郭林宗傳)

子晳信美矣，抑子南大也。(左，昭元)

固知其爲錢，但怪其不在紙裏中耳。(東坡志林)

⌐固⌐字在文言裏用於這類容認小句的並不多，但⌐固然⌐在白話裏就很常見。例如：

這張照片固然很好看？但是總不及照片的主人好看。(一隻馬蜂)

能有，固然最好；沒有，也沒什麼。

有學問的人，固然有有文憑有學位的，也有沒有文憑沒有學位的。(求學)

用⌐固然⌐的句子，固然是表示容認，可不一定全是容認之後繼以轉折。要是上下兩事不很相背，往往就轉折之意輕而加合之意重了。

23.16　此外白話還有些詞語表示容認：⌐只管(是)⌐、⌐儘管(是)⌐、⌐是說(是)⌐、⌐別看⌐等，底下也一樣可用轉折關係詞來呼應。例如：

他只管是這等勸着，却也在那裏拿着小手巾擦眼淚。(兒，四〇)

不知怎的，往日這兩道眉毛，一擰就鎖在一塊兒了，此刻只管要往中間兒擰，那兩個眉梢兒他自己會往兩邊兒展。(兒，二七)

價錢儘管這麼貴，買的還是買。

是說公公准他喝酒，他喝開了可沒把門兒人，攔不住。(兒，三二)

別看他年紀輕，倒是事事精通。

23.17　白話裏表示容認還有一個方式：就是在上句用一⌐是⌐字，例如：

雨是下了,天還是不涼快。

人是捉住了,東西可已經出了口,追不回來了。

用這個L是l字,有時更把動詞或形容詞一先一後重複說兩遍,有l要論什麼,確然是什麼,可是……l的口氣。例如:

好可是好,就是咱們馱着往回裏這--走,碰見個不對眼的瞧出來呢? 那不是活饑荒嗎?(兒,四)

妙却妙,只是不知怎麼變?(紅,一九)

聽是聽懂了,不過……。(壓迫)

當中用L是l字本來只是肯定。因爲有下文的一轉,L是l字才有l雖然l之意。(比較: 兒,二L吃是吃飽了,擄是擄够了,算沒他的事了l,無l雖然l意。)但因此也有簡直就用L雖然l或L只管l的,如:

但是說雖說了,憑怎的問他那仇人的姓名,可休想他說出來了。(兒,一六)

讓姑娘吃些東西,哭只管哭,可不要儘自餓着。(兒,二四)

我說可只管這麼說了,想了想眞也沒法兒。(兒,四〇)

23.18　這種句法,文言裏本來也有,當中用L則l字,不用L雖l字。例如:

哀則哀矣,而難爲繼也。(檀弓上)。

臣鄰人之女設爲不嫁,行年三十而有七子。不嫁則不嫁,然嫁過畢矣。(齊策四)

彼齊雲落星,高則高矣,井幹麗譙,華則華矣,止於貯伎女,藏歌舞,非騷人之事,吾所不取。(黃岡竹樓記)

23.19　上邊的例句中,不但有特殊的句式,並且必用L矣l字一頓。事實上還有單憑這一個L矣l字表示容認語氣的。(參閱 17.85) 例如:

盡美矣,未盡善也。(論,八佾)

有志矣,不隨以止矣,然力不足者亦不能至也。(遊褒禪山記)

漢以後,天方大秦之文物稍稍輸入矣,而影響不著……自元以來,與歐洲
文明相接觸,逾六百年矣,而未嘗大有所吸收。(文明之消化)

縱　予

23.21　縱予句和容認句屬於同類,通常合稱爲讓步句;所謂讓步,
卽姑且承認之意。但容認句所承認的是實在的事實,縱予句所承認的是
假設的事實。我們前面說過,大多數轉折句,其中下句所表事實和上句
所引起的預期相反,這種情形在容認句更容易看出,到了縱予句尤爲明
顯。我們可以說那些轉折句及容認句是跟一般的因果句相對,而縱予句
是跟假設句相對。因果句和假設句都是表示「有此因方有此果」,而容認
句和縱予句是表示「有此因卻無此果」或「無此因仍有此果」。比較:

　　我把地址說了給他,所以他一找就找到。〔因果〕

　　我雖然把地址說了給他,他還是沒有找到。〔容認〕

　　我雖然沒有把地址說給他,他還是找到了。〔容認〕

　　你要是把地址說給他,他自然找得到。〔假設〕

　　那是個大地方,你就是把地址說給他,他也不容易找到。〔縱予〕

　　那是個小地方,你就是不把地址說給他,他也找得到。〔縱予〕

正如假設句之表因果相關比因果句更斬截,縱予句之表前後違異(不
合預期)也比容認句更明朗。縱予句的下句不大用「可是」、「然而」等轉
折關係詞,但常用「也」字呼應(文言用「亦」是後起),又常變成反詰性的
問句,這也是和容認句不同處。但縱予句所假設的事實也有容或有之和
顯屬不然之分,前者和容認句的意味就很接近,有時竟很不容易分別。

23.22　表縱予的關係詞文言以「縱」字爲最顯明,白話也說「縱
然」。「縱」字只能位於主語之前(因爲原是動詞),但「縱然」也可以用在
主語之後。例如:

青青子佩，悠悠我思，縱我不往，子寧不來？（詩，鄭風）

縱江東父兄憐而王我，我何面目見之？縱彼不言，籍獨無愧於心乎？（項羽）

縱使長條似舊垂，也應攀折他人手。（唐人詩）

便總有千種風情，更與何人說？（柳永詞）〔宋人詞中多以ㄑ總〕爲ㄑ縱〕〕

我縱然有話，從那裏說起？（兒，一六）

縱然有你這樣的能幹，也一定不會這樣的和善，這樣的體貼。（一隻馬蜂）

23.23　ㄑ縱〕字是代表的縱予關係詞，因爲他兼有ㄑ假使〕和ㄑ雖然〕兩層意思。文言也常常借用ㄑ雖〕字。這些ㄑ雖〕字和 23.12 所說的不同，用白話說就不是ㄑ雖然〕而是ㄑ就是〕。例如：

雖鞭之長，不及馬腹。（左，宣一五）

雖九死其猶未悔。（離騷）

然而汝已不在人間，則雖年光倒流，兒時可再，而亦無與爲證印者矣。（祭妹文）

23.24　更普通的是借用條件關係詞ㄑ卽〕、ㄑ假〕等字。此時我們要注意和他們原來的單純作用區別。ㄑ卽〕字的單純條件用法，近代文言裏已不大見，所以ㄑ卽〕字就只作ㄑ縱〕字講。ㄑ藉〕字本來等於ㄑ假〕，可表單純的條件關係，但ㄑ藉曰〕也只表縱予，等於白話的ㄑ就算〕。例如：

卽饑寒毒熱不可忍，不去也。（報劉一丈書）

卽羣不亡而己不免於亡，亦較之羣已俱亡者爲勝。（爲羣）

摧傷之餘，氣力可想。假令病盡已，身復壯，悠悠人世，不過爲三十年客耳。（柳宗元，與李建書）

人而無自治力，則禽獸也，非人也。藉曰人矣，小兒也，非成人也。藉曰成人矣，野蠻之成人也，非文明之成人也。（論自治）

若由此業自致卿相，亦不願汝曹爲之。（顏氏家訓）

23.25　白話裏頭最常用的縱予關係詞ㄑ就〕、ㄑ就是〕、ㄑ就算〕、ㄑ就

讓⌉等就是⌊卽⌉、⌊卽 令⌉等詞變的。現在語體文裏也還用⌊卽使⌉，而⌊就⌉
字也早已見於魏晉以後的文言。例如：

> 法孝直若在，則能制主上，令不東行；就復東行，必不傾危矣。（蜀志，法正
> 傳）

> 就你我吃些虧，也說不得。（兒，一六）

> 大約他要說的話，作的事，你就攔他也莫想攔得他住手住口。（同）

> 姐姐也自己保重些兒；就是哭出兩缸淚來，也醫不好棒瘡。（紅，三四）

> 就算他有本事罷，一個女孩兒家可怎麼合你同行同住呢？（兒，一二）

> 滿算我教你們裝了去罷，我也是個帶氣兒的活人，難道叫人定了去我會不
> 知道。（兒，二六）

> 卽使帶着家譜，而上面只有一個名字，並無畫像，也不能證明這名字就是
> 我。（魯迅，說鬍鬚）

> 季子平安否？便歸來，生平萬事那堪回首？（顧貞觀詞）

23.26　此外白話又用⌊那怕⌉表縱予關係，這和前述諸詞不屬於一
個系統。例如：

> 那怕毒死了，也要吃盡了（紅，四〇）

> 自己只管其醜如鬼，那怕丈夫弄個比鬼醜的，他也不容；自己只管其笨如
> 牛，那怕丈夫弄個比牛笨的，他還不肯。（兒，二七）

23.27　縱予句又常常不用縱予關係詞，這是順了假設句不用關係
詞的趨勢來的。白話裏尤爲常見，多數仍在下句用⌊也⌉字以爲連繫，例
如：

> 不看僧面看佛面。

> 輸理不輸嘴，輸嘴不輸氣。

> 作夢也想不到。

> 事已至此，怕也無益，哭也無用。（兒，二）

姐姐不用哈我,哈我我也是說。(兒,二六)

有他也不多,無他也不少。

一日不思量,也攢眉千度。(柳永詞)〔「一日」在意義上屬下句〕

這回去也,千萬徧「陽關」,也祇難留。(李清照詞)

文言也有類似的句法,如:

人亦有言,「柔則茹之,剛則吐之」。維仲山甫,剛亦不吐,柔亦不茹。(詩,大
雅)〔比較:上一句用假設句〕

極端和襯托

23.31　另有一類常見的讓步句,文言仍用「雖」字發端,白話也用
「就是」,但所引進的不是一個小句而是一個詞,因此這類句子的性質介
乎單句與複句之間。例如:

就是孃子,見生米做成熟飯,也只得罷了。(紅,六四)

當日在京,我們彼此都是通家;便是姑娘你小時節,我也曾見過。(兒,一九)

一著之失,人皆見之,雖護前者不能諱也。(錢大昕,奕喻)

及左公下廠獄……逆閹防伺甚嚴,雖家僕不得近。(左公逸事)

中國之畫……雖名山水之畫,亦多以記憶所得者爲之。西人之畫……雖理
想派之作,亦先有所本,乃增損而潤色之。(圖畫)

23.32　這類句子在白話裏還有一種說法,不用「就是」而用「連
……也」或「連……都」,較早的白話不用「連」而用「和」。例如:

你怎麼發獃,連他也不認得?(紅,二四)

你管定連門兒也不准他進。(兒,一九)

姑姑病了,你怎麼連影兒也不見?(姑姑)

你爺兒們今日這幾句文兒,連我聽着都懂得了。(兒,三七)

我同她姪兒舉着風箏在前走,連頭都不敢回。(姑姑)

無據,和夢也新來不做。(宋徽宗詞)

23.33 還有連這個⌊連⌉字也省去的,如:

人人都說我那夜叉婆俊,如今我看來,給你拾鞋也不要。(紅,六五).

聽見人說句外話他都不懂。(兒,一)

這可眞說得起活老了的都沒見過的一個希希罕兒。(兒,三八)

一個大錢也沒讓那些大兵欠過。(冬兒)

冬兒在旁邊聽着,一聲兒也不言語。(同)

文言裏也有類似的句子,卽省去⌊雖⌉字的,如:

葉脫亦無時,隨落隨生,春時亦搖落滿庭。(嶺外代答)

行事如此,三尺童子亦將從而竊笑之。

嘑爾而與之,行道之人弗受;蹴爾而與之,乞人不屑也。(孟,告子上)〔此句
連⌊亦⌉字也不用〕

23.34 以上所舉各種例句,形式上儘管有些參差,句法是同一類
型。就白話論,不但用⌊連⌉字的句子⌊連⌉字可省,不用⌊連⌉字的可加,並
且用⌊就是⌉和用⌊連⌉的句子也多數可以互換;就文言論,用⌊雖⌉字的也
可以省,不用⌊雖⌉字的也可以加,而翻成白話也是可用⌊就是⌉可用⌊連⌉
(或者後者更順些, 因爲同樣是整句一氣呵成, 不像用⌊就是⌉須要一
頓)。

⌊就是⌉表縱予,⌊連⌉字上頭隱含⌊不但⌉(18.37),表襯托,何以在這
類句子裏頭可以替換呢?這是因爲這類句子的要義是表極端卽⌊甚至⌉,
這個極端的概念用襯托加縱予表示,例如:

自己不但不能料理薪水,連丈夫身上一針一綫也照顧不來。(兒,二七)

只見那條街上,不但南來北往的車馬絡繹不絕, 便是本地那些居民, 也男
男女女老老少少的都穿梭一般,擁擠不動。(兒,三八)

不獨是對於一個人如此, 就是對於家庭, 對於社會……都是如此。(最苦與

最樂)

墨子曰,「不唯越王不知翟之意, 雖子亦不知翟之意。」(呂氏春秋,高義)

非惟頑固愚陋者不能, 即號稱賢達有志者亦不能也。(論合羣)

不獨兒時意緒, 邈難再得, 即曩昔家居骨肉聚處之樂亦惝然如夢, 不可追憶。(侍膳圖記)

單用「雖」或「就是」, 是顧着縱予, 而言外仍有襯托之意, 所以才用「也」用「亦」。例如「就是孃子」, 含有「不但老爺老太太」之意。單用「連」字, 是順着「不但」的口氣下來, 可是縱予之意自在言外, 所以才可以改用「就是」。例如「管定連門兒也不准他進」, 一方面自然是承「不但不會讓他開口」而來, 同時也就等於「就是讓他進門, 你也一定不准」。

而實際上這些句子的要點是表示「甚至」, 不但用「連」字的和省「連」字的句子如此, 如「甚至他也不認得」、「甚至影兒也不見」; 就是用「雖」和「就是」的句子也只是一種「甚而言之」的說法, 如「甚至姑娘你, 我也見過」。

23.35　下面用「連……也」的句子, 上面也可以用「……罷了」來襯托。這兒的「罷了」是「算了」的意思, 和「而已」不同。例如:

不想這班人, 不肯也罷了, 連回話都沒得一句。(兒, 三九)

你只在這裏閙倒罷了, 怎麼連親戚也都得罪起來?(紅, 五九)

老太太豈不怪你: 不管閒事, 連一句現成的話也不說? (紅, 四五) 〔不管閒事罷了, 連……〕

雖然「罷了」的作用和「不但」差不多, 如上例也可說「不但不肯」等等, 口氣卻不同, 是加以容認而後撇開的說法。所以也有在這種地方用「雖」字的, 例如:

如今託我在家照料, 我雖不能爲力, 難道連一句話也不肯說不成?(兒, 三)

23.36　另一類襯托句, 用「別說」、「慢說」等開端, 底下不限於用

└連┐,也可以用└就是┐。例如:

> 慢說別人,連我也不放心。

> 慢講模樣兒,就這說話兒,氣度兒,瞥們兒裏頭大家子的孩子只怕也少少
> 兒的。(兒,二二)

> 這會子熱剌剌的說一個└去┐,別說他是個實心的傻孩子,便是冷心腸的大
> 人也要傷心。(紅,五七)

這些句子仍有└不但┐的意思,就是一淺一深相比較,用淺的襯托深的。

23.37　但如下列例句,就談不到兩件事物的比較,只是先把事實
一說,然後撇開,從相反的假設來立論。(比較 22.62 假設句前加襯托
句。)

> 別說我不去,就讓我去,你也不能不去。

> 慢說沒花兒,就是有花兒,也犯不上給你。(三俠五義,八九)

> 慢說我沒有這樣家當,便有,我也不肯這樣作法。(兒,二)

> 慢講照這樣辦法沒有差錯,就便有些差錯,老爺日後要怪,就算你我一同
> 商量的都使得。(兒,三)

有時也可以不用└慢說┐等發端,例如:

> 不見得我這一進場就中,滿算着中了,老人家弄到如此光景,我還要這舉
> 人何用?(兒,三)

> 我沒有一個錢——有錢也不給他,只管叫他告去。(紅,四四)

文言也有類似的句法。例如:

> 無論弟不能樵,縱或能之,且猶不可。(張誠)

> 微論勢易時移,今非昔比,即往昔施行此制,亦復議者紛紜。

逼　進

23.41　上邊幾節討論過的襯托句,又往往可以換一種說法,把前

後小句倒換次序。例如：

> 我有錢也不給他，別說沒錢了。

> 連丈夫身上一針一錢也照顧不來，別說料理家務了。

> 你行動就是壞心，連我也不放心，別說他呀。（紅，二一）

> 連他都不知道，別人更不用說了。

> 我們有時在小說劇本上遇到的字句，尚且要把他記下來，那關於思想學問
> 　上的，更是要緊了。

> 問今是何世；乃不知有漢，無論魏晉。（桃源）

這類句子的構成部分雖然和襯托句相同，而作用大不相同：「不但甲，而
且乙」，乙事比甲事有更大的意義；「乙尚且如此，別說是甲」，甲事比乙
事有更大的理由。襯托句是由淺入深，這類句子則用深證淺，可以稱為
逼進句。

　　23.42　白話的逼進句通常用「別說」等，文言的典型的逼進句式則
應用「況」或「而況」作成反詰句，如上邊「無論魏晉」的例子比較少見（這
句當然不能改用「況」）。這類逼進句的上半句常用「尚」、「猶」、「且」等字
和底下的「況」字呼應。白話把「況」字說成「何況」，上句也常用「還」或
「尚且」。例如：

> 一夫不可狃，況國乎？（左，僖十五）

> 吾未聞枉己而正人者也，況辱己以正天下者乎？（孟，萬章上）〔更所未聞〕

> 天地尚不能久，而況於人乎？（老子）

> 夫罪輕且督深，而況有重罪乎？（史，李斯傳）

> 連校長還讓他三分，何況你我？〔更該讓他〕

> 寶姐姐先在家裏住着，薛大哥的事他也不知道，何況如今在裏頭住着呢？

> 　（紅，二八）〔更不會知道了〕

文言也用「矧」字，解同「況」，例如：

夫以子之不遇時，苟慕義彊仁者，皆愛惜焉，矧燕趙之士出乎其性者哉？

　　（韓愈，送董邵南序）

　　求其生而不得，則死者與我皆無恨也，矧求而有得邪？（歐陽修，瀧岡阡表）

23.43　文言和白話又都有不用⌊況⌉字的說法，下句仍用反詰語氣，上句仍用⌊猶⌉、⌊且⌉、⌊尚⌉等字照應，句法大體上和用⌊況⌉字的相同。例如：

　　臣死且不避，卮酒安足辭？（項羽）〔況卮酒乎？〕

　　民不樂生，尚不避死，安能避罪？（漢，董仲舒傳）

　　他尚自輸了，你如何拚得他過？（水滸，二）〔何況你？〕

　　課本還念不過來，還談什麼參考書？

無條件

23.51　用⌊無論⌉、⌊任憑⌉等關係詞連繫的句子，表示不同的條件有同一後果，即條件的變動不影響後果，所以可以稱爲⌊無條件⌉。這類句子其實只是假設句擴展的結果，其中有一部分又可以說是縱予句的變型。先說後面的一種。

　　我們在上面曾經舉過縱予句前加襯托句的例：⌊別說我不去，就是我去，你也不能不去。⌉這句話可以拆成兩句：

　　我不去，你不能不去。〔假設句，賓〕

　　我去，你還是不能不去。〔縱予句，主〕

合起來說：

　　無論我去不去，你不能不去。

⌊我去⌉和⌊我不去⌉是一正一反兩種條件，結果相同，⌊你不能不去⌉。所以我們說這種句子表示條件的變動不影響後果。這一類無條件句，白話裏有時就用一正一反並列的兩個條件句構成，用⌊也⌉字連繫。例如：

我不去你也得去,我去你也得去。

你此時,依,也是這樣辦;不依,也是這樣辦。(兒,二六)

干他的事他也作,不干他的事他也作;作得來的他也作,作不來的他也作。(兒,一六)

有時在正反條件之後各加「也罷」,把後果總作一句說。例如:

我去也罷,不去也罷,你不能不去。

賺錢也罷,不賺錢也罷,且躲躲羞去。(紅,四八)

23.52 再進一步,可以把一正一反兩個條件也合成一個小句,例如:

你吃飯不吃飯,到底老太太太跟前坐一會子,和姑娘們頑一會子再回來。(紅,二〇)

林之孝說道:「才聽見雨村降了,卻不知何事,只怕未必真。」賈璉道:「真不真,他那官兒未必保的長。」(紅,七二)

有時再在頭上加用「不管」或「無論」,如:

不管有鬼沒有鬼,讓我們來看看房子好不好?(壓迫)

無論成與不成,你務必給我說到。

以上例句中,形式上正反並列,意思中仍有所偏,「依也是這樣辦,不依也是這樣辦」,句意側重「不依也是這樣辦」,上句只是一個陪襯。同樣,「吃飯不吃飯」等於「就是不吃飯」。所以說這類無論句是縱予句的變型。

23.53 第二類無條件句所提出的條件不是一正一反(即某一條件之有無),而是或此或彼,二者不一定衝突,也不一定不。這類句子也可採取前面那種平列兩小句的說法,如:

晴天也是一把傘,雨天也是一把傘。

左想也不妥,右想也不妥。

早也是去,晚也是去;早帶了去,早清淨一日。(紅,五二)

又或把條件提在一處，叠用「也罷」以爲表示，如：

> 晴天也罷，雨天也罷，他那把傘老不離手。

> 你眞愛念書也罷，假愛也罷……只作出個愛念書的樣子來。（紅，一九）

> 反正他掙錢不多，花匠也罷，草匠也罷。（柳家大院）

> 明天也好，後天也好，總之三天之內你得交這個卷。

這類句子裏頭，所提兩條件要是衝突的，性質和第一類相同，也就是和縱予句相近。如第一例也可作「就是不下雨，也是一把傘不離手」，第二例等於「卽使不愛念書，也作出個愛念書的樣子」。

23.54　這類句子也可以用「不管」或「無論」。「無論」之後或不用連繫詞，或加用「是……（還）是……」，或再在中間用「與」或「或」(18.72)。例如：

> 不管晴天雨天，他那把傘老不離手。

> 無論講意思，講表現，這首詩都不可多得。

> 無論中外，也無論古今，大家都要求「老實話」，可見「老實話」是不容易聽
> 　　到見到的。（朱自淸，論老實話）

> 不論秋菊與春花，箇箇能噇空腹茶。（唐人詩）

我們常用的限制詞「反正」、「橫豎」、「左右」等等也都含有「無論」的意思。卽「無論是這樣或那樣」之意。

23.55　第三類無條件句所提的是一個無限變異的條件，常用無定指稱詞來表示。例如「無論是誰，都不願意挨罵」，實在代表「你也不願意挨罵，我也不願意挨罵，張三，李四，王五，趙六……都不願意挨罵」的意思，所以我們說這是條件句擴展的結果。「誰」字代表一個無限變異的人物，我們稱之爲任指性的無定指稱詞（參閱 11.63）。這些無定指稱詞的前面常常加「無論」、「不管」、「不拘」、「任憑」等詞語，例如：

> 憑你是誰，憑你是怎樣合他說着，再也休想他開一開口。（兒，二五）

後來我想老太太就要回南，無論怎樣忙，都要來陪老太太頑半天。(一隻馬
蜂)

那是我一生最快樂的兩個星期——噯，無論怎樣，不會再有的。(同)

不管裝什麼的，你都每樣打幾個罷。(紅，三五)

丫頭不拘叫個什麼罷了，是誰起的這樣刁鑽名字？(紅，二三)

但也常常不加這些詞語；雖然不說 L 無論 ⌐ ，仍然是 L 無論 ⌐ 的意思。例
如：

全有我呢。包管平允：誰也不能吃虧，誰也不能佔便宜。(三俠五義，九一)

哥兒倆一般兒高，誰也不用說誰。〔此句 L 誰 ⌐ 字不是絕對無範圍〕

到了那個地方兒，吃喝穿戴，甚麼都買不短。(兒，三八)

天天放得天高的風箏，那天竟怎麼放也放不起來。(姑姑)

走遍半個城，哪兒都是一樣。

甚麼時候說聲 L 走 ⌐ ，我拔腿就走。(兒，三二)

你放心好了，哪一天我不在這裏住的時候，我通知你就是了。(壓迫)

多高的樹枝他都上的去。

前面第二類無條件句裏，所提交替條件不互相衝突的，性質和這一類相
近，如 L 明天也好，後天也好 ⌐ 等於 L 無論哪天都成 ⌐ 。

第三類無條件句不一定都有縱予的意思。例如 L 憑你跑到哪兒 ⌐ 也
許可說 L 你就跑到天上 ⌐ ， L 任憑你有多大權力 ⌐ 也許可說 L 那怕你是皇
帝 ⌐ ，但如 L 誰也知道 ⌐ ， L 哪兒也一樣 ⌐ 之類就不隱含某一單個事物可作
為縱予的條件。

23.56 以上所舉都是白話的例。這種種句法，雖不盡數是白話裏
發展出來的，但白話裏較為發達。文言裏原來也有正反並列的說法，
例如：

從之將退，不從亦退；猶將退也，不如從楚。(左，襄十)〔猶＝均〕

華元曰:﹝過我而不假道,鄙我也,鄙我,亡也;殺其使者,必伐我,伐我,亦

　　亡也;亡,一也。﹞乃殺之。(左,宣十四)

是進亦憂,退亦憂,然則何時而樂耶?(岳陽樓記)

23.57　至於﹝無論……﹞的說法,文言原來只用﹝無﹞字,有主語則

必須放在主語之後。例如:

無小無大,從公於邁。(詩,魯頌,泮水)

吾觀郭解,狀貌不及中人,言語不足採者,然天下無賢與不肖,知與不知,

　　皆慕其聲。(史,游俠列傳)

百姓聞之,知與不知,無老壯,皆為垂涕。(史,李將軍傳)

愚以為宮中之事,事無大小,悉以咨之,然後施行。(出師表)

是故無貴無賤,無長無少,道之所存,師之所存也。(師說)

在句首用﹝無論﹞是比較晚起的句法,大概是受了後世口語的影響。例

如:

無論事之難易,掉以輕心則必敗。〔事無難易……〕

地無分於中外,時不論乎古今,未有不立志不勉力而能有成者也。〔地無中

　　外,時無古今〕

無論服藥與否,休養仍為最要。

無論其言有無依據,不可不預為之地。

以上文言諸例和前面所說第一第二兩類句法相當。至於利用無定指稱

詞的第三類無論句,近代文言裏也有,如:

無論如何區分,皆不免有遊移兩可之例。

任何社會,不得其平則亂。

但﹝無論﹞或﹝任何﹞適用的範圍仍然很有限制,常常要利用﹝者﹞、﹝所﹞、

﹝莫﹞、﹝事事﹞、﹝無事﹞、﹝隨時﹞、﹝所在﹞等詞造成別種句式,表示﹝無論﹞

之意。

連　鎖

23.61　連鎖句指⌊誰先到誰買票⌉這一式的句子。這類句子一方面和倚變句(19.7)相似,因爲同是表示甲變則乙變,⌊我先到,我買票;你先到,你買票⌉。一方面仍是無論句的變式,因爲也可以說⌊無論誰先到,就把票買了⌉。

連鎖句不用⌊無論⌉、⌊不管⌉等詞語,而在上下兩小句叠用同一無定指稱詞。第一個是任指性的,第二個表面上也是任指的, 實際上隨第一個爲轉移,並不是絕對無定,而是相對有定的。例如:

> 誰和我好,我就和誰好。(紅,二七)

> 等到家,橫豎還姐姐,那時姐姐愛送誰送誰。(兒,二一)

> 心裏有什麼,口裏說什麼。(紅,三四)

> 送什麼我就收什麼,橫豎我有主意。(紅,三六)

> 我不過是接手兒,怎麼來,怎麼去,由不得我作主。(紅,三六)

> 都照你說的,怎麼好,怎麼好。(兒,三)

> 你愛和那個姐姐妹妹哥哥嫂子頑,就和那個頑。(紅,二〇)

> 你們那天要人,那天現成。(兒,四〇)

> 這個東西禁不住攔,多會兒要,多會兒買就是了。〔現用現買〕

> 我沒有成見,哪兒好玩,就在哪兒多住幾天。

> 說到哪兒做到哪兒。

> 該攔哪兒攔哪兒。

23.62　以上都是利用無定指稱詞的連鎖句。另有一些,是用數量來連繫的,例如:

> 此刻還不能說定,借到多少算多少。

> 守着多大碗兒吃多大的飯。(紅,六)

他的喉嚨,要多高有多高;他的中氣,要多長有多長。(老殘,二)

他要幾張給他幾張,別多給。

治一個,好一個,眞好大夫!

實打實,有一句,說一句。(兒,三二)

一等貨色,一等價錢;一等價錢,一等貨色。〔比較:哪等價錢,哪等 貨色〕

一步一回頭。

大家圍在窗外偸聽,聽他哼一聲,就知道是挨了一下。

23.63　再還有用時間來連繫的,或是表示兩事起訖相同,或是表示兩事次數相等(上節最後兩例也可以歸入次數相等類)。例如:

一日不說跪一日。(紅,六一)

從此後,我活一日,是你給我一日。(紅,七二)

你只說舅舅見你一遭兒就派你一遭兒不是,你小人兒家很不知好歹。(紅,二四)

正是了,我們得盡一番心,且盡一番心。(兒,一七)

這類連鎖句也依然含有﹂無論﹁的意思。

23.64　連鎖句是白話裏發展出來的句法。第一類卽利用無定指稱詞的句子,在文言只有改用其他句式來表達,如﹂願與我遊者我與之遊﹁,﹂擇所願贈者贈之﹁,﹂胸有所蓄,輒出之口﹁等等。第二類連鎖句文言裏雖然也可以見到,如:

一日不作,一日不食。

凡此瑣瑣,雖爲陳迹,然我一日未死則一日不能忘。(祭妹文)

似乎只限於用時日詞連繫的句子,而且不見很早的例子,顯然是從較後的口語裏接受過去的。此外又有別種句式來表示這個意思,如﹂有生之日,戴德之年﹁,﹂得盡力時且盡力﹁,﹂每見輒加訶責﹁等等。

常引書名篇名表

論（論語）

孟（孟子）

荀（荀子）

莊（莊子）

左（左傳）

齊策，趙策等（戰國策）

馮諼（戰國策，齊策）

史（史記）

項羽（史記，項羽本紀）

留侯（史記，留侯世家）

淮陰（史記，淮陰侯列傳）

漢（漢書）

後漢（後漢書）

赤壁（資治通鑑，赤壁之戰）

重農貴粟疏（鼂錯）

出師表（諸葛亮）

蘭亭集序（王羲之）

桃源（陶潛，桃花源記）

木蘭辭（闕名）

師說；祭十二郎文（韓愈）

郭橐駝（柳宗元，種樹郭橐駝傳）

柳記（柳宗元，柳州諸記）

冷泉亭記（白居易）

黃岡竹樓記（王禹偁）

岳陽樓記（范仲淹）

醉翁亭記；秋聲賦（歐陽修）

游褒禪山記（王安石）

赤壁賦；日喻（蘇軾）

王冕傳；杜環小傳；送馬生序（宋濂）

先妣（歸有光，先妣事略）

項脊（歸有光，項脊軒志）

示龍場諸生（王守仁）

五人墓碑記（張溥）

與阮光祿書（侯方域）

郭老僕（侯方域，郭老僕墓誌銘）

畫羅漢記（黃淳耀，李龍眠畫羅漢記

核舟記（魏學洢）

核工記（宋起鳳）

口技（甲）（東軒主人）

口技（乙）（林嗣環）

口技（丙）；張誠（蒲松齡，聊齋志異）

鐵椎（魏禧，大鐵椎傳）

健兒（李漁，秦淮健兒傳）

看桃花記（劉大紳）

啞孝子（劉大紳，啞孝子傳）

市罎說（沙張白）

瞽者說（戴名世）

辨志（張爾岐）

爲學（彭端淑）

示程在仁（汪縉）

左公逸事（方苞，左忠毅公逸事）

祭妹文（袁枚）

記趣（沈復，浮生六記，閒情記趣）

侍膳圖（朱琦，北堂侍膳圖記）

課誦圖（王拯，媭碪課誦圖記）

鬥牛（陳其元，婺州鬥牛俗）

巴黎油畫（薛福成，巴黎觀油畫記）

機器說（薛福成，用機器殖財養民說）

記馮婉貞事（近人，闕名）

林覺民傳（近人，闕名）

劉叟墓碣（張謇，良農海門劉叟墓碣）

雲岡（袁希濤，大同雲岡石窟佛像記）

圖畫;雕刻;文明之消化;文明(文明與奢侈);
　爲羣(舍己爲羣);有恆(有恆與保守);自由
　(自由與放縱);理信(理信與迷信);祭中山
　先生文(以上蔡元培)

毅力;論自治;論合羣;權利(論權利思想);最
　苦與最樂(梁啓超)

記超微山(林紓)

求學(朱執信,求學與辦事)

社戲;鴨的喜劇;藤野先生;讀書雜談(魯迅)

寄小讀者;冬兒;姑姑;分(冰心)

上任;黑白李;犧牲;柳家大院;有聲電影(老
　舍)

一隻馬蜂;壓迫;親愛的丈夫;北平的空氣(丁
　西林)

康橋(徐志摩,我所知道的康橋)

荷塘月色;背影(朱自清)

最後五分鐘;北風和太陽(趙元任)

水滸(一百二十回本)〔註一〕

紅(紅樓夢)〔註二〕

兒(兒女英雄傳)

老殘(老殘遊記)

　　〔註一〕七十回本詞句大致相同，回數
減去一回即得，如一百二十回本之二十回
等於七十回之十九回。

　　〔註二〕亞東圖書館民國十六年重排
本，與通行本詞句有出入。

詞 語 索 引

以字音爲序,數字指章節。

B (ㄅ)

N （ㄋ）

L （ㄌ）

G （ㄍ）

Ch （ㄔ）

Sh （ㄕ）

I （一）

Y (ㄩ)